LORENZACCIO

On ne badine pas avec l'amour

et autres pièces

Du même auteur
dans la même collection

Les Caprices de Marianne (édition avec dossier).
La Confession d'un enfant du siècle.
Lorenzaccio (édition avec dossier).
Lorenzaccio. On ne badine pas avec l'amour et autres pièces.
On ne badine pas avec l'amour (édition avec dossier).
Poésies nouvelles.
Premières poésies.

ALFRED DE MUSSET

LORENZACCIO
On ne badine pas avec l'amour
et autres pièces

Introduction, notes, bibliographie et chronologie
par Bernard MASSON

GF Flammarion

On trouvera en fin de volume une bibliographie et une chronologie

ISBN 2-08-070486-9

INTRODUCTION

Le plus mauvais service que Musset ait rendu à son théâtre, c'est d'en avoir désigné trop ingénument les sources et les modèles. Deux alexandrins lapidaires ont fait plus de dégâts que vingt proses ambiguës. Que n'a-t-on inféré de ce discours somnambulique qu'on s'est ingénié à prendre au sérieux ?

Racine rencontrant Shakespeare sur ma table
S'endort près de Boileau qui leur a pardonné [1]

On se gardera bien, dans les notes qui suivent, de réveiller ce Racine endormi ; on laissera même Shakespeare, — et Schiller, — à la contagion du sommeil. Musset n'a pas besoin de ces maîtres encombrants. Une bousculade trop vive risquerait de briser ce verre qui n'est pas grand, mais qui est le sien. Entre la coupe et les lèvres il n'y aura pas de place pour les médiateurs.

Ce n'est pas que Racine, — pour se borner à cet unique exemple, — soit absent du théâtre de Musset. Mais, s'il y est, c'est rarement comme source ou comme modèle. Sa présence est autrement subtile, autrement féconde. Le vers racinien est un peu pour le jeune Musset ce qu'a été l'image des maîtres américains pour les jeunes cinéastes de la « nouvelle vague »

1. « Les secrètes pensées de Rafaël, gentilhomme français », in *Premières Poésies*, Pléiade, p. 133.

— un Fritz Lang pour Jean-Luc Godard, un Alfred Hitchcock pour François Truffaut : un code culturel, un objet ambigu de référence et de révérence, quelquefois un collage à double détente, affectueux et persifleur.

Aussi bien le même vers de *Phèdre* [1] peut-il nourrir, à trois ans de distance, deux situations théâtrales opposées : la plainte pathétique d'Octave, funambule foudroyé : « Adieu [...] les longs soupers à l'ombre des forêts [2] ! » ; et la jérémiade burlesque de Van Buck, très oncle du Gymnase : « Ah ciel ! Que ne suis-je à Anvers, assis devant mon comptoir, sur mon fauteuil de cuir, et dépliant mon taffetas [3] ! » A ce degré de maîtrise, la citation, même tronquée, fait coup double : elle accroît l'émotion ou décuple le rire ; en tous les cas, elle fait le jeu binoculaire du théâtre et de la poésie.

Mais en changeant ainsi de terrain, — non sans saluer au passage quelques illustres défricheurs de sources, notamment Léon Lafoscade et Jean Pommier, — on est loin d'avoir partie gagnée. Faut-il, en effet, privilégier l'approche biographique ? Faut-il donner toute sa part à l'approche politique ? Chaque point de vue a ses zones d'ombre et ses plages lumineuses. Mais la chaleur des passions personnelles [4] ou les procédures d'une idéologie réductrice [5] sont parfois de mauvais conseil, voire de mauvaise méthode : le trait paraît appuyé, l'effet grossi, la perspective déplacée. Un Musset en quelque sorte « dévoyé » sort en fin de compte de ces manipulations pourtant pleines de science et de talent.

1. « Dieux ! Que ne suis-je assise à l'ombre des forêts ! » (I, 3, v. 176).
2. *Les Caprices de Marianne*, II, 6.
3. *Il ne faut jurer de rien*, III, 1.
4. Voir Henri Guillemin, *La Liaison Musset-Sand*, Gallimard, 1972.
5. Voir Henri Lefebvre, *Musset*, L'Arche, 1955.

J'emprunterai pour ma part une voie moins risquée, même si globalement je demeure fidèle au précepte baudelairien fécond entre tous : « La critique doit être partiale, passionnée, politique, c'est-à-dire faite à un point de vue exclusif, mais au point de vue qui ouvre le plus d'horizons[1]. » Il importe seulement que le point de vue choisi permette le coup d'œil en profondeur et la plus large synthèse. Le choix du point de vue m'est ici suggéré par une réflexion sagace du chef d'orchestre Wilhelm Furtwängler travaillant la symphonie n° 5 en ut mineur de Beethoven : « On n'approchera jamais l'essence de la musique de Beethoven si on ne part pas de la construction. Cette architecture doit être immédiatement ressentie, entendue et pour ainsi dire vous entrer dans le sang[2] ! » Point de vue de chef d'orchestre, qui n'est pas fondamentalement différent du point de vue du dramaturge ou du metteur en scène de théâtre. On verra, de reste, à la rencontre, la part prépondérante qui revient aux hommes de théâtre dans la démarche qui, en définitive, sera la nôtre : partir de la construction des comédies et proverbes, de telle sorte que cette architecture soit immédiatement ressentie, éprouvée comme le support même d'une subtile musique de l'âme à travers laquelle capter les bribes d'un discours cohérent sur la condition de l'homme.

Vu sous cet angle, le théâtre de Musset s'articule autour de quelques éléments constitutifs simples : l'espace, le temps, les choses, les mots. Reste à les ordonner entre eux de telle sorte qu'une synthèse s'opère, que naisse l'harmonie, comme dit encore Furtwängler, « entre la langue des sons et la langue de l'âme ». Secret de poète, qu'on essaiera de surprendre par effraction et non sans quelque effroi, — sans oublier cependant l'avertissement « Au lecteur des

1. « Salon de 1846 », in *Curiosités esthétiques*, Calmann-Lévy, s.d., p. 82.
2. *Musique et Verbe*, Livre de Poche, coll. « Pluriel ».

deux pièces qui suivent[1] » et de quelques autres qui viendront ensuite :

> Un spectacle ennuyeux est chose assez commune,
> Et tu verras le mien sans quitter ton fauteuil.

Car telle est bien l'essence du théâtre de Musset et qu'il ne faut jamais perdre de vue tant dans le commentaire que pour la représentation. Né pour la lecture, — mais pour une lecture *active* (« Il te coûte à peu près ce que coûte une stalle »), jouée, mimée, projetée sur l'écran intérieur, dialoguée en deçà des lèvres, — ce théâtre garde la trace de ses origines dans sa substance même. De là cet espace émietté aux quatre vents, cette cadence accélérée des images, le libre essor et l'incessante métamorphose des objets, les modulations infinies sur la trame du langage. De là aussi la difficulté de le représenter d'une façon congruente à sa nature : autant vouloir capter les nuages à la main ou reconstituer, intacts, ses songes au réveil. Mais les miracles existent aussi au théâtre, comme on verra.

Le théâtre de Musset est avant tout grand dévoreur d'espace. Il est vrai que tant que le spectacle est dans un fauteuil, l'espace ne coûte pas cher : Musset multiplie donc à loisir et à plaisir les changements de lieux. Quand viendra le temps de la représentation, les directeurs de théâtre le contraindront à l'économie. De là ces regroupements de décors, ces concentrations de scènes propres aux versions remaniées et qui dénaturent, au sens strict du terme, les pièces originales.

Un coup d'œil synoptique sur les deux versions d'*Il ne faut jurer de rien* fait apparaître clairement les différences. A l'alternance plus ou moins régulière d'une scène d'intérieur et d'une scène de plein air dans la version de lecture succède dans la version remaniée le plat regroupement des scènes de chaque acte au sein

1. « La Coupe et les lèvres » et « A quoi rêvent les jeunes filles », in *Premières Poésies*, Bibliothèque de la Pléiade, p. 163.

d'un décor unique : décor d'intérieur au premier acte : (« la chambre de Valentin »), décor mixte au deuxième (« Au château, un salon ouvert. Au fond, un grand jardin »), décor de plein air au troisième (« Un bois, une petite maison sur le côté »). L'économie des décors se fait au détriment du mouvement de la pièce : une comédie poétique, dont l'écoulement à la fois allègre et tranquille se répartissait en huit tableaux sur trois actes, devient un vaudeville mondain qui ne peut fonctionner logiquement qu'au prix d'incessantes sorties de personnages et d'une prolifération anormale des scènes, notamment au deuxième acte (quinze scènes au lieu de deux[1] !).

La même anémie graisseuse frappe la version remaniée des *Caprices de Marianne*. Aux trois scènes du premier acte et aux six scènes du second Musset substitue une énorme machine à moudre le grain : douze scènes au premier acte, vingt scènes au second. La pièce y gagne peut-être en continuité logique ; elle y perd en tous les cas sa juste respiration théâtrale[2].

Car la respiration propre des comédies de Musset est tout entière non dans la fragmentation de l'intrigue, mais dans le morcellement de l'espace où cette intrigue se déroule, ce qui est tout différent. En vérité, Musset dramaturge ne tient pas en place, je veux dire au même endroit trop longtemps. Il est là, mais voudrait en même temps être ailleurs. Ce n'est pas une question de dramaturgie, mais d'ontologie. Assurément, l'auteur qui tient la plume et fixe ses rêves au théâtre a sans cesse présente à l'oreille la confidence de Fantasio : « O Spark, mon cher Spark, si tu pouvais me transporter en Chine ! Si je pouvais seulement sortir de ma peau pendant une heure ou deux ! Si je pouvais être ce monsieur qui passe ! » (I, 2). Tout le théâtre de Musset

1. Voir, à ce sujet, le tableau de concordance et les commentaires qu'il appelle dans mon édition d'*Il ne faut jurer de rien*, Bordas (1966), 1985, p. 34-37.

2. Voir à ce sujet P.-G. Castex, *Les Caprices de Marianne*, SEDES, 1978, p. 41-50.

tient dans ces allées et venues incessantes entre cour et jardin, d'un lieu à un autre, d'un endroit à son envers, d'un intérieur à un extérieur, d' « une rue » à « une autre rue », ainsi qu'il est écrit, en toute désinvolture, dans les didascalies du second acte des *Caprices de Marianne*.

Encore faut-il ne pas se méprendre sur les intentions du dramaturge et ne pas inférer de la fameuse indication scénique qui situe l'action d'*A quoi rêvent les jeunes filles* « où on voudra » je ne sais quelle indifférence à la qualification de l'espace et à la justification des changements de lieux. Une boutade n'est pas un art poétique. On en retiendra seulement l'affirmation par Musset lui-même d'une crâne liberté dans le traitement de l'espace théâtral et dans la succession des lieux où il entend conduire ses personnages.

Cette liberté bat tous les records de prodigalité et d'audace dans *Lorenzaccio* : dix-sept lieux scéniques pour trente-neuf scènes. Encore convient-il d'affiner ce décompte brut. Car, pour ne prendre qu'un exemple, il y a peu de chances que deux scènes simplement situées « chez les Strozzi » (II, 1 ; III, 7) puissent se dérouler dans le même décor. Au reste, les didascalies nous détrompent aussitôt : à la première scène du deuxième acte, Philippe est « dans son cabinet » ; à la dernière scène du troisième acte, les quarante Strozzi sont « à souper ». Entre les deux scènes, savamment disposées de part et d'autre du noyau central de la pièce, il y a toute la montée en puissance d'un destin funeste qui frappe à la porte, la dilatation d'un espace familial où semble se concentrer le malheur de tout un peuple.

En vérité, Musset dramaturge est travaillé du désir d'ubiquité. Au constat désenchanté de Fantasio : « Quelles solitudes que tous ces corps humains[1] ! », il répond par l'enchantement du théâtre : du moins, les regarder vivre ensemble dans les lieux et les affaires qui leur sont propres, qui les qualifient et les disqualifient

1. *Fantasio*, I, 2.

tour à tour, — la marquise Cibo dans son palais, puis dans sa chambre, puis dans son boudoir intime; Philippe Strozzi, de son cabinet florentin à son cabinet vénitien; le duc Alexandre, des lieux multipliés du pouvoir et de la luxure à la solitude glacée du lit de mort; Lorenzo, des errances florentines à la fatale promenade au Rialto.

Gaston Baty, en homme de théâtre avisé, avait compris que la fidélité à l'esthétique de Musset au théâtre passe d'abord par la fidélité aux incessants changements de lieux. Choisissant délibérément la version de lecture des *Caprices de Marianne* pour sa présentation restée fameuse du texte de Musset au théâtre Montparnasse, le 3 décembre 1935, il proposera six décors construits, deux rideaux de fond de scène et un rideau d'avant-scène[1]. A partir de ces éléments, le jeu du maître d'œuvre est d'une extrême subtilité : car il convient de maintenir en juste balance unité tonale et diversité scénographique au sein du spectacle dramatique. La tonalité décorative sera homogène (« camaïeu de gris » rehaussé de « touches de gouache blanche, de pastel et de sanguine »); le motif des charmilles, récurrent tout au long du spectacle, apparentera entre eux les lieux successifs de l'action en qualifiant à la fois la rue devant la maison de Claudio, le jardin de Claudio, la terrasse du cabaret et le cimetière final. Mais l'action dramatique se déploie comme à travers les fragments d'un unique espace entièrement éclaté : le décor du cabaret est très exactement l'espace retourné du jardin de Claudio; on a tour à tour l'endroit et l'envers d'une grille, elle-même tantôt ouverte, tantôt fermée. Les charmilles sont à géométrie variable : taillée en arceaux dans la première scène, au carré dans le jardin de Claudio, en haute arcade « ogivale » pour le cimetière. Et sur cet espace démultiplié et pourtant homogène joueront, maniés splendidement par Baty, grand maître des

1. Voir *Les Caprices de Marianne*, mise en scène et commentaires de Gaston Baty, Seuil, 1952.

éclairages, les dégradés de la lumière : « lumière sereine » du premier tableau ; soleil et lointains bleus du jardin de Claudio ; « fin d'après-midi doucement ensoleillée » pour le décor de cabaret ; clair de lune et lointains noirs pour la nuit du guet-apens ; charmilles roussies par l'automne et lumière dorée du soir pour le cimetière. Musset est là tout entier, dans sa hâte de vivre et d'en mourir.

Reprenant le 18 décembre 1936, à la Comédie-Française, *Le Chandelier*, pièce pourtant bien plus « régulière » que *Les Caprices de Marianne*, proche en tout cas de la comédie de boulevard, Baty récidivera dans sa fidélité à Musset et à son traitement singulier de l'espace théâtral. Il conçoit non sans audace un décor simultané offrant en coupe une maison entière dont le quatrième mur aurait été enlevé : à l'étage, la chambre de Jacqueline ; au rez-de-chaussée, l'étude de Maître André ; devant la façade intérieure percée de multiples portes et fenêtres, un jardin planté d'arbres, de verdures et de fleurs. Mais ce qui compte, en définitive, c'est moins la multiplication des aires de jeu, somme toute assez banale dans les dramaturgies modernes, que la manifestation tangible, omniprésente du désir d'ubiquité. La comédie nous est pour ainsi dire offerte tout entière à livre ouvert. Nous tenons sous notre regard, en une vue synoptique, la circulation des intrigues et l'intimité des situations. Rien ne nous échappe des mensonges, des roueries, des apparences et des faux-semblants qui font tout le plaisir doux-amer de la comédie.

Ce désir d'ubiquité a naturellement un *sens*, dans la double acception, sémantique et vectorielle, du terme. Envisagée, en effet, sous cet angle, l'action de la plupart des comédies de Musset peut se représenter selon un diagramme simple : la quête incessante, obstinée, parfois désespérée d'un lieu magique, d'une terre promise dont chacun porte en soi la forme idéale et comme la nostalgie profonde. Le drame naît de ces parcours croisés et le plus souvent contrariés.

Ainsi en va-t-il des *Caprices de Marianne* dont

l'action repose sur une stratégie de conquête entièrement lisible dans la disposition même des décors : deux maisons voisines, celle de Cœlio (I, 2 ; II, 4) et celle de Claudio (I, 3 ; II, 3 et 5) ; dans l'entre-deux, la rue (I, 1 ; II, 1 et 2), lieu par excellence des parcours et des rencontres. Chacun à sa manière occupera cette zone stratégique. Cœlio, parti le premier, les yeux rivés sur « le mirage léger de son Eldorado », n'a que la rue à traverser pour aller du domicile maternel à la chambre de Marianne, mais « entre elle et moi, avoue-t-il, est une muraille imaginaire que je n'ai pu escalader[1] ». Marianne, de son côté, ne tient pas en place et fait la navette entre l'église et le domicile conjugal, avant de se payer un petit caprice domestique, inattendu et fatal. Octave se perd en divagations carnavalesques : funambule ivre, sans port d'attache, toujours dans la rue, il cherche où toucher terre et poser le pied, — au cabaret, chez Claudio, chez Cœlio. Mais sa démarche a quelque chose de noyé, d'ambigu et de trouble.

Entrepris dans de telles conditions, tous ces parcours solidaires et séparés tourneront mal. D'où l'importance capitale de la dernière scène et du lieu où elle se situe : un cimetière, lieu abstrait, à l'écart, point obligé de rassemblement et de rupture. L'image qu'en donne Musset est celle d'un Eden retourné. La coupe joyeuse du danseur de corde est devenue urne funéraire ; la tombe est comme une barque chavirée (belle invention de Baty, fidèle en cela à l'esprit de Musset !) ; Octave, funambule sans emploi, fait la douloureuse expérience de la chute et de l'anéantissement : « ma place est vide sur la terre » ; Marianne est à jamais une femme sans amour, autant vaut dire, pour Musset, sans existence personnelle.

L'oratoire d'*On ne badine pas avec l'amour* remplit, dans une tonalité différente, une fonction analogue à celle du cimetière dans la résolution des parcours. L'Eden a pour Perdican et, à un moindre degré, pour Camille la figure d'une petite fontaine dans un bois.

1. I, 1.

Mais cet Eden entrevu fait l'objet d'une perversion, d'une sorte de profanation. L'oratoire est dès lors le seul décor à la mesure de la faute commise et la prière la seule forme de langage convenable à la gravité de l'instant.

Même dans les comédies mondaines, Musset soigne le décor final, pour la simple raison qu'il a le dernier mot et qu'il donne un sens à la comédie. Assurément, les deux fiancés d'*Il ne faut jurer de rien* auraient pu terminer leur carrière sous les seuls regards complices de la baronne et de l'oncle à héritage. Mais leur long passage par les étoiles met leur amour à l'unisson du mouvement des planètes et de l'ordre des choses. L'union des cœurs s'augmente de toute la richesse du monde environnant et tire sa force d'être une étincelle du foyer commun.

En évacuant sans remords le décor du cimetière, en sabrant sans vergogne le dialogue lyrique sous les étoiles, Musset, dans les versions remaniées des *Caprices de Marianne* et d'*Il ne faut jurer de rien*, semble n'avoir pas mesuré l'enjeu. On croit seulement dépayser un dialogue ; en réalité, on le tue.

S'il dévore l'espace, le théâtre de Musset dévore aussi le temps, parfois pour les mêmes raisons. L'esthétique classique et la bénédiction de Boileau n'y sont pour rien. En revanche, la rage de vivre et d'aimer à mort sont des explications plus essentielles. Toute une vie tient dans les deux ou trois actes brefs d'une comédie. Et l'on verra que dans les cinq actes de *Lorenzaccio* Musset accomplit le tour de force d'une formidable concentration d'événements que la chronique de Varchi étalait sur une quinzaine d'années.

Ce qui le presse, en vérité, c'est lui-même, c'est sa jeunesse impatiente des contraintes, ce feu intérieur qui le consume, ce goût de consommer à l'excès, sans ménagement, jusqu'à la destruction, la part du gâteau plein de douceurs ou de fiel qui s'offre à ses appétits. Tout le théâtre de Musset et, à un degré exemplaire,

Lorenzaccio portent le signe d'un effort pour capter la fertilité du temps qui passe, pour reproduire, autant qu'il se peut, dans son intensité promise à la destruction, le mouvement même de la vie.

A peine entré en scène, Cœlio a déjà à la bouche le mot de la fin : « Ah ! malheureux que je suis, je n'ai plus qu'à mourir. » Une seule journée, rythmée par les offices de la liturgie catholique, — la messe du matin, les vêpres de l'après-midi, — suffit à l'accomplissement d'une vie, au scellement d'un destin.

La chronologie interne des événements est plus desserrée dans *On ne badine pas avec l'amour* et l'air des choses y circule : trois jours, — un par acte —, rythmés ou plutôt identifiés par les heures des repas. Il est vrai que Blazius et Bridaine, « deux formidables dîneurs », ont une horloge dans l'estomac et qu'ils sont, en bons dessus de pendule, chargés d'annoncer l'heure du dîner. Mais on retrouve, indépendamment de cette chronologie desserrée, la même structure haletante que dans les *Caprices de Marianne* : ici, quatre rencontres entre Octave et Marianne et l'épilogue du cimetière ; là, cinq entrevues entre Camille et Perdican et le faux apaisement de l'oratoire. Le crescendo des passions et des périls tient le spectateur en haleine sans lui laisser le loisir de regarder passer le temps.

La chronologie historique de *Lorenzaccio* est un prodige de concentration. Musset regroupe durant la même année des événements étirés sur plus de quinze ans. Le bal des Nasi a lieu en 1532, l'affaire Salviati en 1533, la mort de Louise Strozzi en 1534, l'adultère de la Marquise en 1535, la mort de Lorenzino en 1548. Mais que peut bien signifier le respect scrupuleux de l'histoire pour un dramaturge soucieux avant tout de capter dans le réseau serré d'une pièce en cinq actes la figure exemplaire d'une société et d'un destin ?

Le resserrement de la chronologie historique reçoit, de surcroît, l'appoint d'un resserrement complémentaire : celui de la chronologie interne des événements mis en scène. Une réplique du marquis Cibo au premier acte laissait entendre une absence d'une semaine. En réalité, la durée d'une semaine ne sera pas respectée : parti au premier acte, revenu au quatrième, le marquis n'aura pas passé plus de trois jours hors de chez lui. Un examen attentif du texte, — et du manuscrit, très révélateur à cet égard[1], — ne laisse aucun doute sur la continuité chronologique obligée du premier et du deuxième acte. Si le premier acte, ajusté avec soin en toutes ses parties, épouse la courbe d'une journée bien remplie et fertile en conséquences, — vingt-quatre heures d'une tyrannie en exercice, de la débauche de minuit au bannissement du lendemain à la tombée du jour, — le deuxième acte est si plein à craquer qu'on se demande comment tant d'événements peuvent tenir en un si court laps de temps, — très exactement entre l'heure du dîner (« le dîner est servi », II, 1) et l'heure plus tardive où Julien Salviati hurle à la mort aux portes du palais (II, 7).

En fait, chercher querelle à Musset sur ce terrain, c'est se tromper d'objet ou d'adresse. C'est confondre la vraisemblance avec la vérité. C'est oublier que le théâtre vit d'illusion et mourrait de s'assujettir trop servilement aux conditions de la vie réelle. Au reste, on peut trancher les difficultés par un autre biais et se souvenir de nos remarques sur l'ubiquité. Au désir d'ubiquité correspond analogiquement un désir de simultanéité.

La chronologie serrée, aux jointures parfois grinçantes, cesse de faire difficulté dès lors que des scènes qu'on croyait successives sont en réalité concomitantes. Il y a toujours eu chez Musset, comme on l'a vu, un sentiment aigu des existences simultanées et, au plan de la création littéraire, le souci de multiplier les moyens de les tenir ensemble sous le regard et d'en préserver autant que possible l'unanimité. L'entrecroisement d'au moins trois intrigues, d'étendue et d'importance inégales, implique cet appel à la repré-

1. Voir à ce sujet mon livre *Musset et le théâtre intérieur*, A. Colin, 1974, p. 427-458.

sentation simultanée des événements mis en scène. Insoucieux de toute réalisation scénique, Musset peut à loisir organiser entre eux ses grands fantasmes historiques. Il anticipe avec bonheur sur des techniques propres aux cinéastes : le découpage de la matière dramatique en séquences, puis le montage aux ciseaux et à la colle du manuscrit destiné à l'impression. Il déplace, rogne, rallonge, ampute, interpole en toute liberté, selon les besoins d'une dramaturgie d'essence poétique plus soucieuse d'une émotion ou d'un sens à produire que d'un déroulement chronologique à respecter. De là ces « effets de montage » dont Musset a d'instinct l'intuition : par exemple, au deuxième acte de *Lorenzaccio,* les gestes parallèles de la marquise Cibo (scène 3) et de Philippe Strozzi (scène 5) ouvrant, chacun de son côté, la fenêtre pour contempler, dans le trouble et l'effroi, Florence basculant dans la nuit. Deux intrigues autonomes — l'adultère de la marquise, la vengeance des Strozzi, — ont ici trouvé ce singulier moyen de communication : le petit détail par où, musicalement, lyriquement, elles entrent en résonance. C'est là le trait d'une dramaturgie de poète.

Dramaturgie de poète également, cet art subtil de la modulation, je veux dire du passage d'une figure à une autre dans l'ordre de la représentation du temps. « Pourquoi, d'une heure à l'autre, changes-tu d'apparence et de couleur, comme la pierre de cette bague à chaque rayon du soleil ? » (III, 6) — ce que Perdican dit à Camille sur le ton du reproche, c'est sur le ton de la gratitude que nous avons envie de le dire à Musset. Le poète est en effet passé maître dans la représentation de ces lents dégradés de la lumière suivant pas à pas la courbe déclinante du soleil.

On ne badine pas avec l'amour, pièce solaire, maintient son chant d'été aussi longtemps qu'il est possible ; mais l'ombre fraîche de l'oratoire et la dureté de ses « dalles insensibles » préparent ce « froid mortel » qui paralyse soudain Perdican et occultent le signe solaire du parcours des « enfants insensés », ce « vert sentier » à « pente douce » qui les amenait l'un vers l'autre.

La nuit descend plus lentement sur *Les Caprices de Marianne* ; chaque heure du jour a ses plaisirs ou ses peines et, quand la lune paraît à l'horizon (II, 4), la nuit s'annonce belle. Tout l'art d'un poète tient dans les sept répliques d'une modulation pathétique : la pure sonate au clair de lune se fige en danse macabre. L'épilogue au cimetière est comme un au-delà de la mort, — « désert aride », « froide pierre », cendre et poussière.

Rien n'est plus signifiant, dans sa figure un peu tremblée, que le terrible cinquième acte de *Lorenzaccio,* sur lequel Musset semble du reste avoir beaucoup peiné faute de modèle et peut-être de matière. Mais le résultat est là : c'est l'image même du chaos. Une double chronologie historique s'y installe : les deux tableaux situés à Venise (scène 2 et scène 6), — où il faut tout de même le temps de se rendre, — sont des scènes *a posteriori* où s'agitent en vain des questions déjà réglées à Florence, sur le terrain. Une sorte d'ironie partout répandue fait grincer ces courtes scènes désœuvrées, disloquées, erratiques et qui paraissent flotter sans destination, tandis qu'en sous-main la volonté du cardinal Cibo, invisible et présent, amène un nouveau duc à régner. Lorenzo, hors champ, meurt par hasard assassiné par on ne sait qui sur l'ordre de qui l'on sait ; il n'aura même pas, comme Cœlio, la sécurité dérisoire d'un tombeau.

Poète de la course du temps, Musset ne l'est pas moins de son suspens. Chacun de ses héros semble porter en soi la nostalgie d'un temps immobile, d'une heure éblouissante liée à la magie d'un lieu et qu'on ne revit pas deux fois : une tonnelle où l'on boit du lacryma-christi, une petite fontaine dans un bois, un ciel étoilé qu'on interroge de concert. Lorenzo aussi aura son heure sans rivage avant de s'abîmer à jamais : cette nuit magique après le meurtre, quand « son âme se dilate singulièrement » (IV, 11) et qu'un printemps mystique semble soudain fleurir dans le froid transi de l'hiver florentin. Il faut un poète, — et des plus grands, — pour oser nommer un tel moment.

Si j'insiste sur le caractère constamment poétique de ce théâtre, ce n'est point pour le confiner au livre et l'arracher en quelque sorte à la scène, mais pour l'y ramener au mieux de sa force. Le langage de Musset au théâtre est, en effet, d'un poète dans l'exacte mesure où il est travaillé du désir des choses. Le nominalisme lui est étranger ; les objets y circulent à l'aise, les images y sont moins des ornements de style que des concrétions de la parole. Mots et choses s'unissent pour en constituer la substance profonde.

Ainsi l'objet n'a-t-il pas de peine à s'intégrer au langage pour la raison évidente que le décor ne préexiste pas au texte, mais qu'il en est le fruit. La scène de Musset est le plus souvent, à l'origine, un espace vide, à construire. Voyez *Lorenzaccio,* acte IV, scène 9 : « Une place ; il est nuit. » Cet espace vide va peu à peu se remplir d'objets, appelés à l'existence par la parole de Lorenzo : « L'horloge vient de sonner » ; puis voici la lune, dont l'apparition respecte les préséances : « Te voilà, toi, face livide ? (La lune paraît). » A la lettre, c'est d'avoir été nommé par son nom que l'astre daigne éclairer la place. Le même pouvoir créateur apparaît quand la fatigue se fait sentir : « Je tombe de lassitude. (Il s'assoit sur un banc). » La fonction semble ici créer l'organe. Puis voici une lumière sous le portique de l'église, des sculpteurs taillant un crucifix de marbre. Une psyché en miettes ne peut construire qu'un décor éclaté en fragments. Chaque fragment vient pour ainsi dire en support d'une série de fantasmes groupés, pour la clarté et le suivi du récit, autour d'un thème central. Ainsi, le banc où Lorenzo se laisse choir devient le lieu d'une rêverie assise et apaisée où flottent des souvenirs heureux. Mais vienne la nervosité des attentes prolongées, et voici, se construisant sous nos yeux, un espace fait pour la gambade et l'escalade : « Je sauterais comme un moineau sur tous ces gros plâtras et sur toutes ces poutres. »

Dans *Les Caprices de Marianne*, le décor est d'abord nu au début du deuxième acte : « Une rue. » C'est la soif et la faim d'Octave qui suscitent l'auberge ; et la tonnelle doit son acte de naissance au désir d'être à la fois dedans et dehors, à l'abri et pourtant dans la rue. Les objets se lèvent à l'appel de leur nom, quand leur présence est requise par l'exigence de la situation et les nécessités de la conversation.

S'il est vrai, comme je le pense[1], que le théâtre de Musset cherche à assigner, de pièce en pièce, au langage humain sa plus haute fonction, — celle de dire tout simplement, c'est-à-dire héroïquement, la vérité, fût-ce au prix du bonheur et au péril de sa vie, il est assez naturel que les objets puissent être, selon les cas, obstacles ou, au contraire, adjuvants de cette parole de vérité.

Musset a construit, par exemple, un court proverbe, *Il faut qu'une porte soit ouverte ou fermée*, sur une opposition radicale entre paroles et objets ; ou plus exactement, il jette à la traverse des fadaises ou des roueries d'une conversation de salon une série d'objets qui en retardent ou en modifient progressivement le cours. Au comte qui lui fait la cour dans les règles et se croit obligé de lui tenir des discours amoureux propres à obtenir ses faveurs, la marquise oppose une série d'objets destinés à tarir le flot de son éloquence ou à en dénoncer les platitudes : voici, après la porte qu'il faut fermer, la bûche qu'il faut mettre au feu, l'écran à installer devant la flamme, le coussin à mettre sous les pieds. On mobilise tous ces objets en rafales pour aboutir en fin de compte à cette simple question qui démonétise tout le dialogue antérieur : « Mais, enfin, Monsieur, qu'est-ce que vous me voulez ? » Alors peut apparaître à point nommé l'objet symbolique, introduit un peu par hasard au cours de la comédie, — la bague cassée à faire réparer chez Fossin, — et qui fait désormais un ultime retour triomphant : « Dites

1. Voir à ce sujet mon étude, *Théâtre et langage, essai sur le dialogue dans les comédies de Musset*, Lettres modernes, 1977.

donc, Comte, qu'en pensez-vous ? il faudra peut-être en changer les fleurons ? »

A l'inverse, les choses peuvent venir au secours des mots ; et c'est tout le jeu des fleurs dans une scène célèbre de *Fantasio* (II, 1). C'est du cycle des fleurs qu'il faudrait même parler, puisqu'on part des bluets pour aboutir à la violette en passant par la tulipe, la rose et l'aubépine. En réalité, ces choses dites ou montrées, selon les cas, sont insérées dans un rigoureux et pourtant sinueux parcours dialectique où elles font bon ménage avec les genres littéraires et les fleurs de rhétorique, — élégie, acrostiche et calembour. Objets de la nature et figures du discours s'entrelacent en un savant contrepoint pour éveiller peu à peu la conscience d'une jeune fille endormie.

Il y aura bien d'autres fleurs dans le théâtre de Musset, mais leur fonction ne sera jamais aussi directement dialectique. Tel est, par exemple, le cycle des fleurs dans *Lorenzaccio*. Dites ou montrées selon les cas, — et c'est sans importance, — les fleurs entrent dans la constitution d'un réseau très complexe d'échos intérieurs, mais d'échos dynamiques qui déterminent des vecteurs de sens. Ainsi, les fleurs sont, dans le roman de la marquise Cibo, l'unité de mesure de sa propre histoire, c'est-à-dire de son échec : née dans l'émoi d'une fleur au printemps (« La première fleur de notre belle pelouse m'est toujours chère », I, 3), l'intrigue s'épanouit dans la plénitude sensuelle de sa croissance (« voilà des fleurs qui embaument », III, 5) pour s'étioler et périr d'inanition dans un cimetière (« ... quand un misérable jardinier payé à la journée viendra arroser à contrecœur quelques chétives marguerites autour du tombeau d'Alexandre », III, 6).

Dans le même temps, une ligne mélodique continue relie ensemble les victimes de la tyrannie : la marquise dont les fleurs embaument, Catherine qui arrange des fleurs sur sa fenêtre (II, 4), Louise dont les yeux s'ouvraient, au matin, comme « deux fleurs d'azur » (IV, 6). Il n'est pas jusqu'à Lorenzo qui ne soit mêlé lui aussi, au quatrième acte, à ce parcours fleuri : le pot de réséda sur la table (scène 1), les fleurs au pied du lit (scène 5), les fleurs des prairies qui s'entrouvrent après le meurtre (scène 11). Ainsi se tisse entre les trois victimes et Lorenzo un lien thématique qui fait apparaître des solidarités fondamentales entre des personnages que l'entrecroisement des intrigues isole ou sépare. Le motif des fleurs recrée une unité tonale à l'intérieur d'une dramaturgie de l'émiettement.

Et quand on aura découvert qu'à ce réseau féminin ou féminisé des fleurs s'oppose le réseau viril, agressif, mortel des armes de toutes sortes, — hallebardes, épées, couteaux, stylets, — chacune d'elles engendrant sa propre symbolique, on sera mieux en mesure d'évaluer le prix d'une dramaturgie de poète qui restitue aux choses leur épaisseur et sait le poids des mots.

J'ai dit plus haut que le langage chez Musset est comme travaillé du désir des choses. C'est dans le domaine alimentaire qu'on pourra s'en rendre le mieux compte. Car on mange beaucoup et on boit plus encore dans le théâtre de Musset et cette thématique alimentaire n'est pas le fruit du hasard. Elle est très exactement à la jointure des mots et des choses, du sensible et du symbolique, du textuel et du gestuel, — essence même de la théâtralité.

On mange et on boit chez les Strozzi (« Mes enfants, mettons-nous à table [...] Emplissez vos coupes et levez-vous », III, 7). Lorenzo, généralement gris au coucher du soleil, rêve de chair humaine en faisant des armes (« Coupons-le par morceaux, et mangeons, mangeons ! », III, 1). C'est gorgé de nourriture que le duc vient au rendez-vous de la mort (« Aujourd'hui surtout que j'ai soupé comme trois moines », IV, 11). On mange et on boit, — du champagne et du chambertin, — dans *Il ne faut jurer de rien* ; et c'est autour d'une tasse de bouillon que se cristallise le sentiment amoureux (« Vous teniez la tasse à deux mains, et vous avez bu tout d'un trait », III, 4). On mange, on boit surtout, jusqu'à l'ivresse, dans *Les Caprices de Marianne* : la grande affaire d'Octave est d'abord de souper (« Dis en sortant qu'on me monte à souper », II, 4). Dans *On ne badine pas avec l'amour*, si Camille et Perdican n'ont guère le cœur à manger, les deux curés le font pour eux et pour ainsi dire en leur nom. Encore l'acte alimentaire est-il rarement innocent : il entre le plus souvent dans une symbolique de l'intimité ; il a partie liée avec les rites d'intégration et de nuptialité.

Il n'est pas étonnant, dans ces conditions, que les ustensiles et le rituel de la libation s'installent au cœur du dialogue et nourrissent, si l'on peut dire, la dramaturgie elle-même. Ainsi naît dans le texte même des *Caprices de Marianne* une sensation de faim et de soif, un désir de manger et de boire assorti d'un besoin de compagnie. Puis vient à Octave l'idée de mettre en scène ce désir qui le tenaille en créant à la fois, — théâtre dans le théâtre, — le lieu de sa consommation et le cérémonial de son assouvissement. D'où la brusque apparition, au cœur du texte théâtral, d'un décor de la convivialité : « Apportez-moi, *sous cette tonnelle,* une bouteille de quelque chose » (II, 1). La tonnelle qui, l'instant d'auparavant, n'avait pas d'existence scénique, devient désormais le *casus belli* qu'attendait la jalousie homicide de Claudio ; c'est elle qui met en marche le destin : « Ou vous sentirez l'inconvenance de s'arrêter sous une tonnelle, ou vous me réduirez à une violence qui répugne à mon habit » (II, 3).

Quant à l'acte de communion alimentaire, il est d'abord mimé en présence de Marianne par Octave, le flacon de cristal à la main, sans qu'il y ait le moindre doute dans l'esprit de Marianne sur l'identité symbolique de cet objet, image de la femme vierge et désirable, et sur sa destination : « Elle a failli passer tout entière sur mes lèvres dans la chaleur de son premier baiser » (II,1). Il suffira à Octave de compléter ensuite sa leçon de choses par un vaste discours lyrique remontant pour ainsi dire aux origines du monde et sacralisant au passage le rapport entre les sexes conçu comme l'expression même de la volonté divine.

La conversation sous la tonnelle déclenchera à son tour chez Marianne, — moins séduite par la magie du discours libertin qu'ébranlée dans son cœur et dans son corps par l'appel d'air que ce discours a suscité, — un mouvement analogue. Quand elle éprouve soudain l'envie de battre quelqu'un, c'est une violence qui s'installe dans le texte. Marianne veut aller, elle aussi, par-delà les mots, vers les choses qu'ils désignent ou qu'ils masquent. D'où les chaises renversées, qui disent la fin de l'ordre ancien qu'on récuse ou qu'on abandonne ; et le désir inavoué d'être enfin « bonne à boire » et « faite pour être bue » qu'exprime le souhait de changer de robe (« Comment suis-je donc faite aujourd'hui ? Voilà une robe affreuse », II, 3).

En vérité, il faut un poète pour capter les mouvements du cœur si près du corps et des sens, pour jeter si hardiment la sonde dans les pénombres et les secrets, pour mettre en jeu si gravement sous des apparences badines les racines mêmes de la condition humaine.

Telle est, me semble-t-il, la vérité de ce théâtre quand on prend le temps et la peine, sans quitter son fauteuil, de le regarder en face, — ou plutôt de face. Il cesse alors d'être ce qu'on a cru trop longtemps qu'il était, une simple confession dialoguée. On ne se croira plus obligé d'évoquer à son sujet les premières trahisons, la vie de bamboche, Venise et les yeux noirs de George Sand. Voici le théâtre de Musset rendu à son essence même qui est la théâtralité.

J'admets toutefois volontiers que ce déplacement de point de vue ouvre la voie au plus irritant des paradoxes : car il faut bien admettre que ce théâtre, qui n'est pleinement lui-même que représenté, est très difficilement représentable. Aussi bien les représentations qui font date sont-elles rares et se comptent sur les doigts d'une main.

Car il importe avant tout de préserver l'impalpable

du rêve. Ce théâtre, même quand il met en scène la société contemporaine (*Le Chandelier*, *Il ne faut jurer de rien*), ne se donne pas d'abord comme un tableau de société ; il n'a pas non plus pour mission première l'inventaire des abîmes. Marxisme et psychanalyse, loin d'être des potions magiques, sont pour lui des médecines fatales : l'hécatombe de ces vingt dernières années en témoigne.

Car la vérité de ce théâtre est ailleurs : à fleur de peau, à fleur de rêve, à fleur d'âme. La lumière est son climat propre, la musique sa respiration nécessaire. Pas étonnant que Baty, pour *Les Caprices de Marianne*, ait fait appel au peintre : « Ce qu'il nous faut, écrit-il, c'est l'Italie telle que la rêvait Musset quelques mois avant son funeste voyage, celle même qu'évoque à jamais pour nous Hubert Robert. Elle est déjà toute irréelle et stylisée[1]. » Les comédiens eux-mêmes auront à cœur de déranger le moins possible l'organisation du tableau, car ils « font partie de l'estampe et n'en sortiront pas ».

Jean Vilar, lui aussi, aura recours à ce type d'invention propre à accentuer la théâtralité du spectacle. Les costumes de *Lorenzaccio*[2] conçus par le peintre Gischia sont des taches de couleur sur fond de nuit ; ils dessinent des arabesques, ils s'organisent en farandoles, avant de désigner les sexes, les âges ou les rôles. Des oriflammes inaugurent la fête ; des étoffes étalées à même les marches du podium désignent tour à tour les lieux clés d'une action en perpétuelle métamorphose : le commerce et le pouvoir, l'amour et la mort.

Jouer Musset, c'est aussi révéler la musique du texte ; non pas celle des mots, évidente et souvent éloquente ; celle qui est entre les mots ou derrière eux et qu'une oreille exercée perçoit sans peine. Les textes de Musset sont pleins de musiques, de bruits, de

1. *Les Caprices de Marianne*, mise en scène et commentaires de G. Baty, *op. cit.*, p. 17.
2. *Lorenzaccio*, mise en scène de Gérard Philipe, Avignon, 1952 ; T.N.P., Palais de Chaillot, 1953.

soupirs, de murmures, d'échos enfouis qui s'éveillent.

Les guitares se mêlent au bruit des bottes, au cliquetis des épées, à l'entrechoquement des hallebardes, à la plainte des condamnés dans *Lorenzaccio*. Vilar confiera à la musique de Maurice Jarre une mission à la fois décorative et thématique : des fanfares pour le pouvoir, des airs de danse pour la fête, des musiques bucoliques pour Massa et Caffagiuolo, un chant de gondolier brutalement interrompu pour la mort à Venise. Déjà Baty pour *Les Caprices de Marianne* avait eu cette idée : le carnaval permet de faire chanter et danser quatre personnages traditionnels de la comédie italienne chargés de ponctuer les temps forts du drame et d'assurer la continuité du spectacle ; on ne comptera pas moins de quatre-vingt-cinq repères d'intervention de la partition musicale d'André Cadou, qui mêle « à des thèmes populaires napolitains le souvenir des romances du temps ».

A la limite, jouer Musset, ce n'est pas seulement jouer le texte, mais aussi, mais surtout l'imaginaire du texte, ce réseau mouvant d'images qui sous-tend le dialogue et en constitue la dynamique cachée. Une lecture attentive et déliée du texte des *Caprices de Marianne* met à jour toute une série d'images liquides qu'un homme de théâtre avisé ne saurait laisser captives du texte[1]. Baty, d'un bout à l'autre de sa lecture, libère cette inspiration et la répand en images théâtrales : c'est autour d'une « vasque de pierre surmontée d'une coquille et d'une gueule de lion crachant l'eau » que se noue le destin complémentaire des deux amis ; un rideau de fond de scène sur lequel se détachent une cascade et des lavandières au lavoir désigne métaphoriquement la maison de Cœlio et d'Hermia ; la tapisserie grise et rose qui est au fond du boudoir de Marianne représente à son tour une perspective de parc, de bassins et de jets d'eau. Naturelle-

1. Voir à ce sujet mon article : « Musset, *Les Caprices de Marianne* et le pouvoir des mots », in *L'Information littéraire*, mars-avril 1978, p. 69-77.

ment la fiasque et la coupe sont au centre du jeu de scène prévu par Musset lui-même dans la scène de la tonnelle. Dès lors, l'urne voilée de deuil, la haute colonne se dressant comme un jet d'eau pétrifié, la barque retournée du tableau final peuvent délivrer toute leur charge tragique : images de l'échouement, de l'aridité et de la mort.

Otomar Krejca, dans une présentation mémorable de *Lorenzaccio* au Divadlo Za Branou de Prague [1], ira plus loin encore dans cette voie, sans jamais trahir l'esprit du théâtre de Musset. En construisant et en détruisant sans cesse, à vue, le décor de la pièce, — des cubes mobiles aux volumes variés librement disposés entre des miroirs, — le metteur en scène ne faisait après tout qu'obéir au rythme de l'œuvre originale, qui ne fait à peu près jamais reparaître deux fois le même décor. En multipliant à plaisir les jeux de masques il accentuait la théâtralité du spectacle. En réalisant sur scène, sous forme de brefs mimodrames éphémères quelques fantasmes du texte original, en faisant notamment vivre aux côtés de Lorenzo son propre double, à la fois semblable et différent, il ne faisait que jouer l'imaginaire du texte, en révéler les implications, en saisir les contradictions, en dévoiler ouvertement la dynamique absurde et profonde.

De telles réussites tiennent un peu du miracle. C'est si vrai que ni Baty ni Vilar, si visités qu'ils fussent par la grâce du théâtre de Musset, ne retrouveront les chemins d'un tel bonheur de scène, tout en bénéficiant du talent des mêmes interprètes, — respectivement Marguerite Jamois et Gérard Philipe. Il y a loin, en effet, du *Lorenzaccio* de 1945 aux *Caprices de Marianne* joués dans le même théâtre Montparnasse dix ans plus tôt ; et, en dépit de leurs qualités, ni *Les Caprices de*

1. *Lorenzaccio* (traduit en tchèque), mise en scène d'Otomar Krejca, Divadlo Za Branou, Prague, 1969 ; Théâtre des Nations, Odéon, Paris, 1970.

Marianne, en 1958, ni *On ne badine pas avec l'amour*, en 1959, n'atteindront au Palais de Chaillot l'équilibre, le rayonnement, l'éclat du *Lorenzaccio* d'Avignon, en 1953. Mais les miracles eux-mêmes ont des raisons que la raison parfois peut reconnaître.

Avec *Les Caprices de Marianne*, Baty trouve enfin l'occasion de mettre en jeu, autour d'un grand texte littéraire, une conception du théâtre vers laquelle l'acheminaient sa méditation et ses recherches antérieures, — ce fameux « théâtre du silence » fait, selon lui, d'un « dialogue muet qui se poursuivrait toujours sous le dialogue parlé et que traduiraient les regards, la voix, les silences, le jeu, mais jamais les mots ».

Lorenzaccio, choisi par Vilar, mais mis en scène par Gérard Philipe, est pour le fondateur du T.N.P. l'occasion de manifester avec éclat une certaine conception du spectacle dramatique : « La création scénique, écrit-il à ce propos, devient le gouvernement d'une équipe où chaque chef de service marie ses idées aux recherches des autres, où l'électricien, le constructeur, le peintre, la régie générale, le compositeur se passent de main en main cette palette multiple du théâtre, où le son, la lumière, les voix, l'architecture du plateau doivent concourir à l'harmonie[1]. » Le *Lorenzaccio* du T.N.P. est, dans de telles conditions, autant l'expression d'une méthode de travail que la manifestation d'une esthétique.

Le *Lorenzaccio* de Prague est aussi, à sa manière, l'expression d'une éthique autant que d'une esthétique. L'aire de jeu définie par Krejca est celle d'un théâtre sans coulisses, dont la scène est coextensive à l'univers dramatique de la pièce, en l'occurrence l'espace d'une société. Tous les acteurs sont présents en scène d'un bout à l'autre du spectacle et Krejca en fait un système de jeu adapté, selon lui, à nos habitudes contemporaines : « cette présence de tous les personnages, dira-t-il, correspond [...] à notre manière de

1. *Gérard Philipe, souvenirs et témoignages*, Gallimard, 1960, p. 196-197.

saisir le monde d'aujourd'hui. Aujourd'hui chacun, qu'il vive à Paris ou à Prague, vit dans le monde entier. Le monde entier entre dans sa vie [1] ».

Ces trois spectacles exemplaires ne sauraient constituer un palmarès ; ils témoignent, chacun à sa manière et en son temps, d'une rencontre exceptionnelle entre divers éléments jusque-là épars ou en suspension, qui trouvent entre eux la bonne combinaison, la parfaite épure. Les grandes histoires d'amour sont faites de ces hasards devenus nécessités, — et l'histoire du théâtre, à sa manière, en est une. Mais elle est aussi et en même temps une longue patience : un rude entraînement, des recherches tâtonnantes, de multiples essais précèdent toujours le pas décisif, le bond victorieux.

Rien ne serait pire pour le théâtre de Musset qu'il mourût de langueur ou plutôt d'indifférence, comme c'est, semble-t-il, le cas depuis quelques années. On souhaite que cette édition et quelques-uns de nos propos d'ouverture contribuent, autant qu'il se peut, à redonner aux comédiens, au public, aux gens de théâtre plaisir à Musset. Une telle œuvre, née du livre, périrait de n'être plus jouée. Il ne faut pas que retentisse à son chevet le cri de Philippe Strozzi — qui est pourtant un mot de théâtre :

Eh quoi ! pas même un tombeau ?

Bernard MASSON.

1. « Entretien avec Otomar Krejca et Karel Kraus », in *Les Lettres françaises*, 13 mai 1970.

NOTE SUR LA PRÉSENTE ÉDITION

Editer le théâtre de Musset, c'est d'abord donner une réponse claire à une question simple : non pas, comme on pourrait s'y attendre, « quel texte choisir ? », mais « quel théâtre ? » Il n'y a pas, en effet, un théâtre de Musset, mais deux, substantiellement différents de forme et d'écriture. Le premier, que j'ai nommé naguère, non sans ambiguïté, « intérieur », abreuvé aux meilleures sources, — Shakespeare, Racine, Molière, Marivaux, — s'avance en liberté, insoucieux de modèles à imiter et d'applaudissements à conquérir ; l'autre, fruit convenable des vertus de société, ploie l'échine, émousse le tranchant, feutre la fantaisie, pour obéir aux « nécessités du théâtre » et complaire aux ruses d'un métier dans l'exercice duquel Eugène Scribe reste, de toute façon, insurpassable. Le premier s'offre au lecteur en exact bilan de la trentaine : ce sont les *Comédies et Proverbes*, publiés en un volume chez Charpentier en 1840 ; le second flatte les vanités de la quarantaine et fait au plaisir d'être joué les concessions jugées à tort ou à raison nécessaires : ce sont les deux volumes des *Comédies et Proverbes* publiés chez Charpentier en 1853. Pour notre malheur, cette dernière édition est seule à porter le label d'authenticité : « seule édition complète, revue et corrigée par l'auteur ». Pour un esprit vétilleux, l'obstacle semble incontournable, et le vieux réflexe éditorial risque de jouer à plein, en l'espèce un mauvais tour.

Choisir, comme il est d'usage, le texte de la dernière édition publiée du vivant de l'auteur, — c'est-à-dire le texte de 1853, réimprimé sans changement en 1856, — c'est se priver du premier théâtre de Musset, ce théâtre tout de jeunesse et de liberté qui n'a que faire de règles et de modèles, sauf à être l'égal des plus grands, et c'est de surcroît s'exposer, sans y prendre garde, à quelque noir mélange, en associant dans un même recueil des textes d'origine et de destination différentes : version originale pour les uns, — *Lorenzaccio*, *On ne badine pas avec l'amour*, — et, pour les autres, version remaniée en vue de la représentation (*Les Caprices de Marianne*, *Il ne faut jurer de rien*, *Le Chandelier*).

Le bon sens est ici le meilleur des conseillers. S'agissant d'une édition partielle du théâtre de Musset dont les conditions d'établissement diffèrent sensiblement d'une édition complète, il convient avant tout de réunir des textes homogènes, c'est-à-dire de statut littéraire identique ou du moins comparable. En choisissant pour chaque pièce retenue la version originale, telle du moins qu'elle apparaît pour la première fois sous la forme imprimée, on est assuré d'offrir au lecteur un texte théâtral conforme aux conditions très particulières de publication des *Comédies et Proverbes*. Aussi bien, pour quatre des cinq pièces insérées dans cette édition, avons-nous suivi, sans hésitation, le texte de la *Revue des Deux Mondes* : *Les Caprices de Marianne* (15 mai 1833) ; *On ne badine pas avec l'amour* (1er juillet 1834) ; *Le Chandelier* (1er novembre 1835) ; *Il ne faut jurer de rien* (1er juillet 1836).

Pour *Lorenzaccio*, qui n'a pas été publié dans la *Revue des Deux Mondes*, sans doute en raison de sa longueur, nous avons reproduit le texte de l'édition originale, ou plus précisément du recueil au sein duquel est imprimé pour la première fois le drame de Musset : *Un spectacle dans un fauteuil, prose*, publié en deux volumes par la librairie de la *Revue des Deux Mondes* et enregistré dans la *Bibliographie de la France* le 23 août 1834.

Quant à l'ordre des pièces, il est conforme à l'ordre

chronologique de leur publication. Choisir une autre voie reviendrait à donner aux incertitudes de l'hypothèse le pas sur l'évidence des faits. Quand bien même, en effet, on peut estimer raisonnablement qu'*On ne badine pas avec l'amour* a été composé, partiellement ou en totalité, au retour du voyage de Venise (10 avril 1834) et que le manuscrit de *Lorenzaccio* était entièrement rédigé et prêt pour l'impression avant le départ pour Venise (12 décembre 1833), on serait mal venu d'en tenir compte dans l'organisation du recueil. Entre le probable et le certain, le bon sens commande d'opter pour la certitude des faits.

Parti d'un si bon pas sur les traces d'un théâtre capté au plus près de sa source première, j'ai poussé le respect du texte primitif jusqu'à maintenir certaines particularités de ponctuation propres à Musset, notamment l'emploi systématique de la virgule placée devant la conjonction « et » reliant deux propositions entre elles. Je me suis avisé, en lisant les textes à haute voix, que cette virgule intempestive ou superflue était moins un signe graphique que respiratoire, un point d'appui de la voix, une coupe nécessaire à la diction rythmique du texte, une manière de scansion qui apparente la belle prose fluide de Musset à une authentique langue de théâtre faite d'emblée pour la déclamation, cet art subtil de « dire juste », selon la forte expression de Louis Jouvet. Décidément, ce prétendu théâtre de lecture n'en finit pas de nous renvoyer à la scène, aux lumières du spectacle, au corps et à la voix des comédiens. Les remaniements imposés à Musset par les circonstances ou les habitudes de son temps n'y changent rien. La théâtralité est d'abord affaire d'écriture. Cette édition est là pour en témoigner.

LES CAPRICES DE MARIANNE

COMÉDIE

PERSONNAGES

CLAUDIO, juge.
MARIANNE, sa femme.
CŒLIO.
OCTAVE.
TIBIA, valet de CLAUDIO.
CIUTA, vieille femme.
HERMIA, mère de CŒLIO.
Domestiques.
MALVOLIO, intendant d'HERMIA.

Naples

ACTE I

SCÈNE I

Une rue devant la maison de Claudio

MARIANNE, *sortant de chez elle,*
un livre de messe à la main.
CIUTA, *l'aborde.*

CIUTA

Ma belle dame, puis-je vous dire un mot ?

MARIANNE

Que me voulez-vous ?

CIUTA

Un jeune homme de cette ville est éperdument amoureux de vous ; depuis un mois entier, il cherche vainement l'occasion de vous l'apprendre. Son nom est Cœlio ; il est d'une noble famille et d'une figure distinguée.

MARIANNE

En voilà assez. Dites à celui qui vous envoie qu'il perd son temps et sa peine, et que s'il a l'audace de me faire entendre une seconde fois un pareil langage, j'en instruirai mon mari.

Elle sort.

CŒLIO, *entrant.*

Eh bien ! Ciuta, qu'a-t-elle dit ?

CIUTA

Plus dévote et plus orgueilleuse que jamais. Elle instruira son mari, dit-elle, si on la poursuit plus longtemps.

CŒLIO

Ah ! malheureux que je suis ! je n'ai plus qu'à mourir. Ah ! la plus cruelle de toutes les femmes ! Et que me conseilles-tu, Ciuta ? quelle ressource puis-je encore trouver ?

CIUTA

Je vous conseille d'abord de sortir d'ici, car voici son mari qui la suit.

Ils sortent.
Entrent Claudio et Tibia.

CLAUDIO

Es-tu mon fidèle serviteur ? mon valet de chambre dévoué ? Apprends que j'ai à me venger d'un outrage.

TIBIA

Vous, monsieur !

CLAUDIO

Moi-même, puisque ces impudentes guitares ne cessent de murmurer sous les fenêtres de ma femme. Mais, patience ! tout n'est pas fini. — Ecoute un peu de ce côté-ci : voilà du monde qui pourrait nous entendre. Tu m'iras chercher ce soir le spadassin [1] que je t'ai dit.

TIBIA

Pour quoi faire ?

CLAUDIO

Je crois que Marianne a des amants.

TIBIA

Vous croyez, monsieur ?

CLAUDIO

Oui ; il y a autour de ma maison une odeur d'amants ; personne ne passe naturellement devant ma porte ; il y pleut des guitares et des entremetteuses.

TIBIA

Est-ce que vous pouvez empêcher qu'on donne des sérénades à votre femme ?

CLAUDIO

Non ; mais je puis poster un homme derrière la poterne[2], et me débarrasser du premier qui entrera.

TIBIA

Fi ! votre femme n'a pas d'amants. — C'est comme si vous disiez que j'ai des maîtresses.

CLAUDIO

Pourquoi n'en aurais-tu pas, Tibia ? Tu es fort laid, mais tu as beaucoup d'esprit.

TIBIA

J en conviens, j'en conviens.

CLAUDIO

Regarde, Tibia, tu en conviens toi-même ; il n'en faut plus douter, et mon déshonneur est public.

TIBIA

Pourquoi public ?

CLAUDIO

Je te dis qu'il est public.

TIBIA

Mais, monsieur, votre femme passe pour un dragon de vertu dans toute la ville ; elle ne voit personne, elle ne sort de chez elle que pour aller à la messe.

CLAUDIO

Laisse-moi faire. — Je ne me sens pas de colère, après tous les cadeaux qu'elle a reçus de moi ! — Oui, Tibia, je machine en ce moment une épouvantable trame, et me sens prêt à mourir de douleur.

TIBIA

Oh ! que non.

CLAUDIO

Quand je te dis quelque chose, tu me ferais plaisir de le croire.

Ils sortent.

CŒLIO, *rentrant.*

Malheur à celui qui, au milieu de la jeunesse, s'abandonne à un amour sans espoir ! Malheur à celui qui se livre à une douce rêverie, avant de savoir où sa chimère le mène, et s'il peut être payé de retour ! Mollement couché dans une barque, il s'éloigne peu à peu de la rive ; il aperçoit au loin des plaines enchantées, de vertes prairies et le mirage léger de son Eldorado [3]. Les vents l'entraînent en silence, et quand la réalité le réveille, il est aussi loin du but où il aspire que du rivage qu'il a quitté ; il ne peut plus ni poursuivre sa route, ni revenir sur ses pas.

On entend un bruit d'instruments.

Quelle est cette mascarade [4] ? N'est-ce pas Octave que j'aperçois ?

Entre Octave.

OCTAVE

Comment se porte, mon bon monsieur, cette gracieuse mélancolie ?

CŒLIO

Octave ! ô fou que tu es ! tu as un pied de rouge sur les joues. D'où te vient cet accoutrement ? N'as-tu pas de honte en plein jour !

OCTAVE

O Cœlio ! fou que tu es ! tu as un pied de blanc sur les joues ! D'où te vient ce large habit noir ? N'as-tu pas de honte en plein carnaval ?

CŒLIO

Quelle vie que la tienne ! ou tu es gris, ou je le suis moi-même.

OCTAVE

Ou tu es amoureux, ou je le suis moi-même.

CŒLIO

Plus que jamais de la belle Marianne.

OCTAVE

Plus que jamais de vin de Chypre.

CŒLIO

J'allais chez toi quand je t'ai rencontré.

OCTAVE

Et moi aussi j'allais chez moi. Comment se porte ma maison ? il y a huit jours que je ne l'ai vue.

CŒLIO

J'ai un service à te demander.

OCTAVE

Parle, Cœlio, mon cher enfant. Veux-tu de l'argent ? je n'en ai plus. Veux-tu des conseils ? je suis ivre.

Veux-tu mon épée ? voilà une batte d'arlequin[5]. Parle, parle, dispose de moi.

CŒLIO

Combien de temps cela durera-t-il ? huit jours hors de chez toi ! tu te tueras, Octave.

OCTAVE

Jamais de ma propre main, mon ami, jamais ; j'aimerais mieux mourir que d'attenter à mes jours.

CŒLIO

Et n'est-ce pas un suicide comme un autre, que la vie que tu mènes ?

OCTAVE

Figure-toi un danseur de corde, en brodequins[6] d'argent, le balancier au poing, suspendu entre le ciel et la terre ; à droite et à gauche, de vieilles petites figures racornies, de maigres et pâles fantômes, des créanciers agiles, des parents et des courtisanes, toute une légion de monstres, se suspendent à son manteau, et le tiraillent de tous côtés pour lui faire perdre l'équilibre ; des phrases redondantes, de grands mots enchâssés cavalcadent autour de lui ; une nuée de prédictions sinistres l'aveugle de ses ailes noires. Il continue sa course légère de l'orient à l'occident. S'il regarde en bas, la tête lui tourne ; s'il regarde en haut, le pied lui manque. Il va plus vite que le vent, et toutes les mains tendues autour de lui ne lui feront pas renverser une goutte de la coupe joyeuse qu'il porte à la sienne. Voilà ma vie, mon cher ami ; c'est ma fidèle image que tu vois.

CŒLIO

Que tu es heureux d'être fou !

OCTAVE

Que tu es fou de ne pas être heureux ! dis-moi un peu, toi, qu'est-ce qui te manque ?

CŒLIO

Il me manque le repos, la douce insouciance qui fait de la vie un miroir où tous les objets se peignent un instant, et sur lequel tout glisse. Une dette pour moi est un remords. L'amour, dont, vous autres, vous faites un passe-temps, trouble ma vie entière. O mon ami, tu ignoreras toujours ce que c'est qu'aimer comme moi. Mon cabinet d'étude est désert ; depuis un mois, j'erre autour de cette maison la nuit et le jour. Quel charme j'éprouve, au lever de la lune, à conduire sous ces petits arbres, au fond de cette place, mon chœur modeste de musiciens, à marquer moi-même la mesure, à les entendre chanter la beauté de Marianne ! Jamais elle n'a paru à sa fenêtre ; jamais elle n'est venue appuyer son front charmant sur sa jalousie[7].

OCTAVE

Qui est cette Marianne ? est-ce que c'est ma cousine ?

CŒLIO

C'est elle-même, la femme du vieux Claudio.

OCTAVE

Je ne l'ai jamais vue. Mais à coup sûr, elle est ma cousine. Claudio est fait exprès. Confie-moi tes intérêts, Cœlio.

CŒLIO

Tous les moyens que j'ai tentés pour lui faire connaître mon amour ont été inutiles. Elle sort du couvent ; elle aime son mari, et respecte ses devoirs. Sa porte est fermée à tous les jeunes gens de la ville, et personne ne peut l'approcher.

OCTAVE

Ouais ! est-elle jolie ? — Sot que je suis ! tu l'aimes, cela n'importe guère. Que pourrions-nous imaginer ?

CŒLIO

Faut-il te parler franchement ? ne te riras-tu pas de moi ?

OCTAVE

Laisse-moi rire de toi, et parle franchement.

CŒLIO

En ta qualité de parent, tu dois être reçu dans la maison.

OCTAVE

Suis-je reçu ? je n'en sais rien. Admettons que je suis reçu. A te dire vrai, il y a une grande différence entre mon auguste famille et une botte d'aspèrges. Nous ne formons pas un faisceau bien serré, et nous ne tenons guère les uns aux autres que par écrit. Cependant Marianne connaît mon nom. Faut-il lui parler en ta faveur ?

CŒLIO

Vingt fois j'ai tenté de l'aborder ; vingt fois j'ai senti mes genoux fléchir en approchant d'elle. J'ai été forcé de lui envoyer la vieille Ciuta. Quand je la vois, ma gorge se serre, et j'étouffe, comme si mon cœur se soulevait jusqu'à mes lèvres.

OCTAVE

J'ai éprouvé cela. C'est ainsi qu'au fond des forêts, lorsqu'une biche avance à petits pas sur les feuilles sèches, et que le chasseur entend les bruyères glisser sur ses flancs inquiets, comme le frôlement d'une robe légère, les battements de cœur le prennent malgré lui ; il soulève son arme en silence, sans faire un pas et sans respirer.

CŒLIO

Pourquoi donc suis-je ainsi ? n'est-ce pas une vieille maxime parmi les libertins, que toutes les femmes se ressemblent ? pourquoi donc y a-t-il si peu d'amours qui se ressemblent ? En vérité, je ne saurais aimer cette femme comme toi, Octave, tu l'aimerais, ou comme j'en aimerais une autre. Qu'est-ce donc pourtant que tout cela ? deux yeux bleus, deux lèvres vermeilles, une robe blanche, et deux blanches mains. Pourquoi ce qui te rendrait joyeux et empressé, ce qui t'attirerait, toi, comme l'aiguille aimantée attire le fer, me rend-il triste et immobile ! Qui pourrait dire : ceci est gai ou triste ? La réalité n'est qu'une ombre. Appelle imagination ou folie ce qui la divinise. — Alors la folie est la beauté elle-même. Chaque homme marche enveloppé d'un réseau transparent qui le couvre de la tête aux pieds ; il croit voir des bois et des fleuves, des visages divins, et l'universelle nature se teint sous ses regards des nuances infinies du tissu magique. Octave ! Octave ! viens à mon secours.

OCTAVE

J'aime ton amour, Cœlio, il divague dans ta cervelle comme un flacon syracusain. Donne-moi la main ; je viens à ton secours, attends un peu. — L'air me frappe au visage, et les idées me reviennent. Je connais cette Marianne, elle me déteste fort, sans m'avoir jamais vu. C'est une mince poupée, qui marmotte des *ave* sans fin.

CŒLIO

Fais ce que tu voudras, mais ne me trompe pas, je t'en conjure ; il est aisé de me tromper ; je ne sais pas me défier d'une action que je ne voudrais pas faire moi-même.

OCTAVE

Si tu escaladais les murs ?

CŒLIO

Entre elle et moi est une muraille imaginaire que je n'ai pu escalader.

OCTAVE

Si tu lui écrivais ?

CŒLIO

Elle déchire mes lettres, ou me les renvoie.

OCTAVE

Si tu en aimais une autre! Viens avec moi chez Rosalinde.

CŒLIO

Le souffle de ma vie est à Marianne; elle peut d'un mot de ses lèvres l'anéantir ou l'embraser. Vivre pour une autre me serait plus difficile que de mourir pour elle; ou je réussirai, ou je me tuerai. Silence! la voici qui rentre; elle détourne la rue.

OCTAVE

Retire-toi, je vais l'aborder.

CŒLIO

Y penses-tu? dans l'équipage ou te voilà! essuie-toi le visage; tu as l'air d'un fou.

OCTAVE

Voilà qui est fait. L'ivresse et moi, mon cher Cœlio, nous nous sommes trop chers l'un à l'autre pour nous jamais disputer; elle fait mes volontés comme je fais les siennes. N'aie aucune crainte là-dessus; c'est le fait d'un étudiant en vacance qui se grise un jour de grand dîner, de perdre la tête et de lutter avec le vin; moi, mon caractère est d'être ivre, ma façon de penser est de me laisser faire, et je parlerais au roi en ce moment, comme je vais parler à ta belle.

CŒLIO

Je ne sais ce que j'éprouve. — Non! ne lui parle pas.

OCTAVE

Pourquoi?

CŒLIO

Je ne puis dire pourquoi; il me semble que tu vas me tromper.

OCTAVE

Touche là. Je te jure sur mon honneur que Marianne sera à toi, ou à personne au monde, tant que j'y pourrai quelque chose.

Cœlio sort.

Entre MARIANNE. OCTAVE *l'aborde.*

OCTAVE

Ne vous détournez pas, princesse de beauté ! Laissez tomber vos regards sur le plus indigne de vos serviteurs.

MARIANNE

Qui êtes-vous ?

OCTAVE

Mon nom est Octave ; je suis cousin de votre mari.

MARIANNE

Venez-vous pour le voir ? entrez au logis ; il va revenir.

OCTAVE

Je ne viens pas pour le voir et n'entrerai point au logis, de peur que vous ne m'en chassiez tout à l'heure, quand je vous aurai dit ce qui m'amène.

MARIANNE

Dispensez-vous donc de le dire, et de m'arrêter plus longtemps.

OCTAVE

Je ne saurais m'en dispenser, et vous supplie de vous arrêter pour l'entendre. Cruelle Marianne ! vos yeux ont causé bien du mal, et vos paroles ne sont pas faites pour le guérir. Que vous avait fait Cœlio ?

MARIANNE

De qui parlez-vous, et quel mal ai-je causé ?

OCTAVE

Un mal le plus cruel de tous, car c'est un mal sans espérance ; le plus terrible, car c'est un mal qui se chérit lui-même, et repousse la coupe salutaire jusque dans la main de l'amitié ; un mal qui fait pâlir les lèvres sous des poisons plus doux que l'ambroisie, et qui fond en une pluie de larmes le cœur le plus dur, comme la perle de Cléopâtre[8] ; un mal que tous les aromates, toute la science humaine ne sauraient soulager, et qui se nourrit du vent qui passe, du parfum d'une rose fanée, du refrain d'une chanson ; et qui suce l'éternel aliment de ses souffrances dans tout ce qui l'entoure, comme une abeille son miel dans tous les buissons d'un jardin.

MARIANNE

Me direz-vous le nom de ce mal ?

OCTAVE

Que celui qui est digne de le prononcer vous le dise ; que les rêves de vos nuits, que ces orangers verts, cette fraîche cascade vous l'apprennent ; que vous puissiez le chercher un beau soir, vous le trouverez sur vos lèvres ; son nom n'existe pas sans lui.

MARIANNE

Est-il si dangereux à dire, si terrible dans sa contagion, qu'il effraie une langue qui plaide en sa faveur ?

OCTAVE

Est-il si doux à entendre, cousine, que vous le demandiez ? Vous l'avez appris à Cœlio.

MARIANNE

C'est donc sans le vouloir ; je ne connais ni l'un ni l'autre.

OCTAVE

Que vous les connaissiez ensemble, et que vous ne les sépariez jamais, voilà le souhait de mon cœur.

MARIANNE

En vérité ?

OCTAVE

Cœlio est le meilleur de mes amis ; si je voulais vous faire envie, je vous dirais qu'il est beau comme le jour, jeune, noble, et je ne mentirais pas ; mais je ne veux que vous faire pitié, et je vous dirai qu'il est triste comme la mort, depuis le jour où il vous a vue.

MARIANNE

Est-ce ma faute s'il est triste ?

OCTAVE

Est-ce sa faute si vous êtes belle ? Il ne pense qu'à vous ; à toute heure, il rôde autour de cette maison ; n'avez-vous jamais entendu chanter sous vos fenêtres ? N'avez-vous jamais soulevé, à minuit, cette jalousie et ce rideau ?

MARIANNE

Tout le monde peut chanter le soir, et cette place appartient à tout le monde.

OCTAVE

Tout le monde aussi peut vous aimer ; mais personne ne peut vous le dire. Quel âge avez-vous, Marianne ?

MARIANNE

Voilà une jolie question, et si je n'avais dix-neuf ans, que voudriez-vous que j'en pense ?

OCTAVE

Vous avez donc encore cinq ou six ans pour être aimée, huit ou dix pour aimer vous-même, et le reste pour prier Dieu.

MARIANNE

Vraiment ? Eh bien ! pour mettre le temps à profit, j'aime Claudio, votre cousin et mon mari.

OCTAVE

Mon cousin et votre mari ne feront jamais à eux deux qu'un pédant de village ; vous n'aimez point Claudio.

MARIANNE

Ni Cœlio ; vous pouvez le lui dire.

OCTAVE

Pourquoi ?

MARIANNE

Pourquoi n'aimerais-je pas Claudio ? c'est mon mari.

OCTAVE

Pourquoi n'aimeriez-vous pas Cœlio ? c'est votre amant.

MARIANNE

Me direz-vous aussi pourquoi je vous écoute ? Adieu, seigneur Octave ; voilà une plaisanterie qui a duré assez longtemps.

Elle sort.

OCTAVE

Ma foi, ma foi ! elle a de beaux yeux.

Il sort.

SCÈNE II

La maison de Cœlio

HERMIA, *plusieurs domestiques*, MALVOLIO

HERMIA

Disposez ces fleurs comme je vous l'ai ordonné ; a-t-on dit aux musiciens de venir ?

UN DOMESTIQUE

Oui, madame ; ils seront ici à l'heure du souper.

HERMIA

Ces jalousies fermées sont trop sombres ; qu'on laisse entrer le jour sans laisser entrer le soleil. — Plus de fleurs autour de ce lit ; le souper est-il bon ? Aurons-nous notre belle voisine, la comtesse Pergoli ? A quelle heure est sorti mon fils ?

MALVOLIO

Pour être sorti, il faudrait d'abord qu'il fût rentré. Il a passé la nuit dehors.

HERMIA

Vous ne savez ce que vous dites. — Il a soupé hier avec moi, et m'a ramenée ici. A-t-on fait porter dans le cabinet d'études, le tableau que j'ai acheté ce matin ?

MALVOLIO

Du vivant de son père, il n'en aurait pas été ainsi. Ne dirait-on pas que notre maîtresse a dix-huit ans, et qu'elle attend son Sigisbé[9] ?

HERMIA

Mais du vivant de sa mère, il en est ainsi, Malvolio. Qui vous a chargé de veiller sur sa conduite ? Songez-y : que Cœlio ne rencontre pas sur son passage un visage de mauvais augure ; qu'il ne vous entende pas grommeler entre vos dents, comme un chien de basse-cour à qui l'on dispute l'os qu'il veut ronger, ou par le ciel, pas un de vous ne passera la nuit sous ce toit.

MALVOLIO

Je ne grommelle rien ; ma figure n'est pas un mauvais présage, vous me demandez à quelle heure est sorti mon maître, et je vous réponds qu'il n'est pas rentré. Depuis qu'il a l'amour en tête, on ne le voit pas quatre fois la semaine.

HERMIA

Pourquoi ces livres sont-ils couverts de poussière ? Pourquoi ces meubles sont-ils en désordre ? Pourquoi faut-il que je mette ici la main à tout, si je veux obtenir quelque chose ? Il vous appartient bien de lever les yeux sur ce qui ne vous regarde pas, lorsque votre ouvrage est à moitié fait, et que les soins dont on vous charge retombent sur les autres ? Allez, et retenez votre langue.

Entre Cœlio.

Eh bien ! mon cher enfant, quels seront vos plaisirs aujourd'hui ?

Les domestiques se retirent.

CŒLIO

Les vôtres, ma mère.

Il s'assoit.

HERMIA

Eh quoi ? Les plaisirs communs, et non les peines communes ? C'est un partage injuste, Cœlio. Ayez des secrets pour moi, mon enfant, mais non pas de ceux qui vous rongent le cœur, et vous rendent insensible à tout ce qui vous entoure.

CŒLIO

Je n'ai point de secret, et plût à Dieu, si j'en avais, qu'ils fussent de nature à faire de moi une statue !

HERMIA

Quand vous aviez dix ou douze ans, toutes vos peines, tous vos petits chagrins se rattachaient à moi ; d'un regard sévère ou indulgent de ces yeux que voilà, dépendait la tristesse ou la joie des vôtres, et votre petite tête blonde tenait par un fil bien délié au cœur de votre mère. Maintenant, mon enfant, je ne suis plus que votre vieille sœur, incapable peut-être de soulager vos ennuis, mais non pas de les partager.

CŒLIO

Et vous aussi, vous avez été belle ! Sous ces cheveux argentés qui ombragent votre noble front, sous ce long manteau qui vous couvre, l'œil reconnaît encore le port majestueux d'une reine, et les formes gracieuses d'une Diane chasseresse. O ma mère ! vous avez inspiré l'amour ! Sous vos fenêtres entrouvertes a murmuré le son de la guitare ; sur ces places bruyantes, dans le tourbillon de ces fêtes, vous avez promené une insouciante et superbe jeunesse ; vous n'avez point aimé ; un parent de mon père est mort d'amour pour vous.

HERMIA

Quel souvenir me rappelles-tu ?

CŒLIO

Ah ! si votre cœur peut en supporter la tristesse, si ce n'est pas vous demander des larmes, racontez-moi cette aventure, ma mère, faites-m'en connaître les détails.

HERMIA

Votre père ne m'avait jamais vue alors. Il se chargea, comme allié de ma famille, de faire agréer la demande du jeune Orsini, qui voulait m'épouser. Il fut reçu comme le méritait son rang, par votre grand-père, et admis dans notre intimité. Orsini était un excellent parti, et cependant je le refusai. Votre père, en plaidant pour lui, avait tué dans mon cœur le peu d'amour qu'il m'avait inspiré pendant deux mois d'assiduités constantes. Je n'avais pas soupçonné la force de sa passion pour moi. Lorsqu'on lui apporta ma réponse, il tomba, privé de connaissance, dans les bras de votre père. Cependant une longue absence, un voyage qu'il entreprit alors, et dans lequel il augmenta sa fortune, devaient avoir dissipé ses chagrins. Votre père changea de rôle, et demanda pour lui ce qu'il n'avait pu obtenir pour Orsini. Je l'aimais d'un amour sincère, et l'estime qu'il avait inspirée à mes parents ne me permit pas d'hésiter. Le mariage fut décidé le jour même, et l'église s'ouvrit pour nous quelques semaines après. Orsini revint à cette époque. Il fut trouver votre père, l'accabla de reproches, l'accusa d'avoir trahi sa confiance, et d'avoir causé le refus qu'il avait essuyé. Du reste, ajouta-t-il, si vous avez désiré ma perte, vous serez satisfait. Epouvanté de ces paroles, votre père vint trouver le mien, et lui demander son témoignage pour désabuser Orsini. — Hélas ! il n'était plus temps ; on trouva dans sa chambre le pauvre jeune homme traversé de part en part de plusieurs coups d'épée.

SCÈNE III

Le jardin de Claudio

Entrent CLAUDIO *et* TIBIA.

CLAUDIO

Tu as raison, et ma femme est un trésor de pureté. Que te dirais-je de plus ? c'est une vertu solide.

TIBIA

Vous croyez, monsieur ?

CLAUDIO

Peut-elle empêcher qu'on ne chante sous ses croisées ? Les signes d'impatience qu'elle peut donner dans son intérieur, sont les suites de son caractère. As-tu remarqué que sa mère, lorsque j'ai touché cette corde, a été tout d'un coup du même avis que moi ?

TIBIA

Relativement à quoi ?

CLAUDIO

Relativement à ce qu'on chante sous ses croisées.

TIBIA

Chanter n'est pas un mal, je fredonne moi-même à tout moment.

CLAUDIO

Mais bien chanter est difficile.

TIBIA

Difficile pour vous et pour moi, qui, n'ayant pas reçu de voix de la nature, ne l'avons jamais cultivée. Mais voyez comme ces acteurs de théâtre s'en tirent habilement.

CLAUDIO

Ces gens-là passent leur vie sur les planches.

TIBIA

Combien croyez-vous qu'on puisse donner par an ?

CLAUDIO

A qui ? à un juge de paix ?

TIBIA

Non, à un chanteur.

CLAUDIO

Je n'en sais rien. — On donne à un juge de paix le tiers de ce que vaut ma charge. Les conseillers de justice ont moitié.

TIBIA

Si j'étais juge en cour royale, et que ma femme eût des amants, je les condamnerais moi-même.

CLAUDIO

A combien d'années de galère ?

TIBIA

A la peine de mort. Un arrêt de mort est une chose superbe à lire à haute voix.

CLAUDIO

Ce n'est pas le juge qui le lit, c'est le greffier.

TIBIA

Le greffier de votre tribunal a une jolie femme.

CLAUDIO

Non, — c'est le président qui a une jolie femme ; j'ai soupé hier avec eux.

TIBIA

Le greffier aussi ! Le spadassin qui va venir ce soir est l'amant de la femme du greffier.

CLAUDIO

Quel spadassin ?

TIBIA

Celui que vous avez demandé.

CLAUDIO

Il est inutile qu'il vienne après ce que je t'ai dit tout à l'heure.

TIBIA

A quel sujet ?

CLAUDIO

Au sujet de ma femme.

TIBIA

La voici qui vient elle-même.

Entre Marianne.

MARIANNE

Savez-vous ce qui m'arrive pendant que vous courez les champs ? J'ai reçu la visite de votre cousin.

CLAUDIO

Qui cela peut-il être ? Nommez-le par son nom.

MARIANNE

Octave, qui m'a fait une déclaration d'amour, de la part de son ami Cœlio. Qui est ce Cœlio ? Connaissez-vous cet homme ? Trouvez bon que ni lui ni Octave ne mettent les pieds dans cette maison.

CLAUDIO

Je le connais ; c'est le fils d'Hermia, notre voisine· Qu'avez-vous répondu à cela ?

MARIANNE

Il ne s'agit pas de ce que j'ai répondu. Comprenez-vous ce que je dis ? Donnez ordre à vos gens qu'ils ne laissent entrer ni cet homme ni son ami. Je m'attends à quelques importunité de leur part, et suis bien aise de l'éviter.

Elle sort.

CLAUDIO

Que penses-tu de cette aventure, Tibia ? Il y a quelque ruse là-dessous.

TIBIA

Vous croyez, monsieur !

CLAUDIO

Pourquoi n'a-t-elle pas voulu dire ce qu'elle a répondu ? La déclaration est impertinente, il est vrai ; mais la réponse mérite d'être connue. J'ai le soupçon que ce Cœlio est l'ordonnateur de toutes ces guitares.

TIBIA

Défendre votre porte à ces deux hommes, est un moyen excellent de les éloigner.

CLAUDIO

Rapporte-t'en à moi : — il faut que je fasse part de cette découverte à ma belle-mère. J'imagine que ma femme me trompe, et que toute cette fable est une pure invention pour me faire prendre le change, et troubler entièrement mes idées.

Ils sortent.

ACTE II

SCÈNE I

Une rue
Entrent OCTAVE *et* CIUTA.

OCTAVE

Il y renonce, dites-vous ?

CIUTA

Hélas ! pauvre jeune homme ! il aime plus que jamais, et sa mélancolie se trompe elle-même sur les désirs qui la nourrissent. Je croirais presque qu'il se défie de vous, de moi, de tout ce qui l'entoure.

OCTAVE

Non, par le ciel ! je n'y renoncerai pas ; je me sens moi-même une autre Marianne, et il y a du plaisir à être entêté. Ou Cœlio réussira, ou j'y perdrai ma langue.

CIUTA

Agirez-vous contre sa volonté ?

OCTAVE

Oui, pour agir d'après la mienne, qui est sa sœur aînée, et pour envoyer aux enfers messer Claudio le juge, que je déteste, méprise et abhorre depuis les pieds jusqu'à la tête.

CIUTA

Je lui porterai donc votre réponse, et, quant à moi, je cesse de m'en mêler.

OCTAVE

Je suis comme un homme qui tient la banque d'un pharaon [10] pour le compte d'un autre, et qui a la veine contre lui ; il noierait plutôt son meilleur ami que de céder, et la colère de perdre avec l'argent d'autrui l'enflamme cent fois plus que ne le ferait sa propre ruine.

Entre Cœlio.

Comment, Cœlio, tu abandonnes la partie !

CŒLIO

Que veux-tu que je fasse ?

OCTAVE

Te défies-tu de moi ? Qu'as-tu ? Te voilà pâle comme la neige. Que se passe-t-il en toi ?

CŒLIO

Pardonne-moi, pardonne-moi ! Fais ce que tu voudras ; va trouver Marianne. — Dis-lui que me tromper, c'est me donner la mort, et que ma vie est dans ses yeux.

Il sort.

OCTAVE

Par le ciel, voilà qui est étrange !

CIUTA

Silence ! vêpres [11] sonnent ; la grille du jardin vient de s'ouvrir, Marianne sort. — Elle approche lentement. (*Ciuta se retire.*)

Entre Marianne.

OCTAVE

Belle Marianne, vous dormirez tranquille. — Le cœur de Cœlio est à une autre, et ce n'est plus sous vos fenêtres qu'il donnera ses sérénades.

MARIANNE

Quel dommage ! et quel grand malheur de n'avoir pu partager un amour comme celui-là ! Voyez ! comme le hasard me contrarie. Moi qui allais l'aimer.

OCTAVE

En vérité ?

MARIANNE

Oui, sur mon âme, ce soir ou demain matin, dimanche au plus tard, je lui appartenais. Qui pourrait ne pas réussir avec un ambassadeur tel que vous ? Il faut croire que sa passion pour moi était quelque chose comme du chinois ou de l'arabe, puisqu'il lui fallait un interprète, et qu'elle ne pouvait s'expliquer toute seule.

OCTAVE

Raillez, raillez ! nous ne vous craignons plus.

MARIANNE

Ou peut-être que cet amour n'était encore qu'un pauvre enfant à la mamelle, et vous, comme une sage nourrice, en le menant à la lisière [12], vous l'aurez laissé tomber la tête la première en le promenant par la ville.

OCTAVE

La sage nourrice s'est contentée de lui faire boire d'un certain lait que la vôtre vous a versé sans doute, et généreusement ; vous en avez encore sur les lèvres une goutte qui se mêle à toutes vos paroles.

MARIANNE

Comment s'appelle ce lait merveilleux ?

OCTAVE

L'indifférence. Vous ne pouvez ni aimer ni haïr, et vous êtes comme les roses du Bengale, Marianne, sans épine et sans parfum.

MARIANNE

Bien dit. Aviez-vous préparé d'avance cette comparaison ? Si vous ne brûlez pas le brouillon de vos harangues, donnez-le-moi de grâce, que je les apprenne à ma perruche.

OCTAVE

Qu'y trouvez-vous qui puisse vous blesser ? Une fleur sans parfum n'en est pas moins belle ; bien au contraire, ce sont les plus belles que Dieu a faites ainsi ; et le jour ou, comme une Galatée [13] d'une nouvelle espèce, vous deviendrez de marbre au fond de quelque église, ce sera une charmante statue que vous ferez, et qui ne laissera pas que de trouver quelque niche respectable dans un confessionnal.

MARIANNE

Mon cher cousin, est-ce que vous ne plaignez pas le sort des femmes ? Voyez un peu ce qui m'arrive. Il est décrété par le sort que Cœlio m'aime, ou qu'il croit m'aimer, lequel Cœlio le dit à ses amis, lesquels amis décrètent à leur tour que, sous peine de mort, je serai sa maîtresse. La jeunesse napolitaine daigne m'envoyer en votre personne un digne représentant, chargé de me faire savoir que j'aie à aimer ledit seigneur Cœlio d'ici à une huitaine de jours. Pesez cela, je vous en prie. Si je me rends, que dira-t-on de moi ? N'est-ce pas une femme bien abjecte que celle qui obéit à point nommé, à l'heure convenue, à une pareille proposition ? Ne va-t-on pas la déchirer à belles dents, la montrer au doigt, et faire de son nom le refrain d'une chanson à boire ? Si elle refuse au contraire, est-il un monstre qui lui soit comparable ? Est-il une statue plus froide qu'elle, et l'homme qui lui parle, qui ose l'arrêter en place publique son livre de messe à la main, n'a-t-il pas le droit de lui dire : Vous êtes une rose du Bengale, sans épine et sans parfum ?

OCTAVE

Cousine, cousine, ne vous fâchez pas.

MARIANNE

N'est-ce pas une chose bien ridicule que l'honnêteté et la foi jurée ? que l'éducation d'une fille, la fierté d'un cœur qui s'est figuré qu'il vaut quelque chose, et qu'avant de jeter au vent la poussière de sa fleur chérie, il faut que le calice en soit baigné de larmes, épanoui par quelques rayons de soleil, entrouvert par une main délicate ? Tout cela n'est-il pas un rêve, une bulle de savon que le premier soupir d'un cavalier à la mode doit évaporer dans les airs ?

OCTAVE

Vous vous méprenez sur mon compte et sur celui de Cœlio.

MARIANNE

Qu'est-ce après tout qu'une femme ? L'occupation d'un moment, une coupe fragile qui renferme une goutte de rosée, qu'on porte à ses lèvres et qu'on jette par-dessus son épaule. Une femme ! c'est une partie de plaisir ! Ne pourrait-on pas dire quand on en rencontre une : Voilà une belle nuit qui passe ? Et ne serait-ce pas un grand écolier en de telles matières, que celui qui baisserait les yeux devant elle, qui se dirait tout bas : « Voilà peut-être le bonheur d'une vie entière », et qui la laisserait passer ?

Elle sort.

OCTAVE, *seul.*

Tra, tra, poum ! poum ! tra deri la la. Quelle drôle de petite femme ! Hai ! holà ! *(Il frappe à une auberge.)* Apportez-moi ici, sous cette tonnelle, une bouteille de quelque chose.

LE GARÇON

Ce qui vous plaira, excellence. Voulez-vous du lacryma-christi [14] ?

OCTAVE

Soit, soit. Allez-vous-en un peu chercher dans les rues d'alentour le seigneur Cœlio, qui porte un manteau noir et des culottes plus noires encore. Vous lui direz qu'un de ses amis est là, qui boit tout seul du lacryma-christi. Après quoi, vous irez à la grande place, et vous m'apporterez une certaine Rosalinde qui est rousse et qui est toujours à sa fenêtre.

Le garçon sort.

Je ne sais ce que j'ai dans la gorge ; je suis triste comme une procession. *(Buvant.)* Je ferai aussi bien de dîner ici ; voilà le jour qui baisse. Drig ! drig ! quel ennui que ces vêpres ! est-ce que j'ai envie de dormir ? Je me sens tout pétrifié.

Entrent Claudio et Tibia.

Cousin Claudio, vous êtes un beau juge ; où allez-vous si couramment ?

CLAUDIO

Qu'entendez-vous par là, seigneur Octave ?

OCTAVE

J'entends que vous êtes un magistrat qui a de belles formes.

CLAUDIO

De langage, ou de complexion ?

OCTAVE

De langage, de langage. Votre perruque est pleine d'éloquence, et vos jambes sont deux charmantes parenthèses.

CLAUDIO

Soit dit en passant, seigneur Octave, le marteau de ma porte m'a tout l'air de vous avoir brûlé les doigts.

OCTAVE

En quelle façon, juge plein de science ?

CLAUDIO

En y voulant frapper, cousin plein de finesse.

OCTAVE

Ajoute hardiment plein de respect, juge, pour le marteau de ta porte : mais tu peux le faire peindre à neuf, sans que je craigne de m'y salir les doigts.

CLAUDIO

En quelle façon, cousin plein de facéties ?

OCTAVE

En n'y frappant jamais, juge plein de causticité.

CLAUDIO

Cela vous est pourtant arrivé, puisque ma femme a enjoint à ses gens de vous fermer la porte au nez à la première occasion.

OCTAVE

Tes lunettes sont myopes, juge plein de grâce ; tu te trompes d'adresse dans ton compliment.

CLAUDIO

Mes lunettes sont excellentes, cousin plein de riposte ; n'as-tu pas fait à ma femme une déclaration amoureuse ?

OCTAVE

A quelle occasion, subtil magistrat ?

CLAUDIO

A l'occasion de ton ami Cœlio, cousin ; malheureusement j'ai tout entendu.

OCTAVE

Par quelle oreille, sénateur incorruptible ?

CLAUDIO

Par celle de ma femme, qui m'a tout raconté, godelureau chéri [15].

OCTAVE

Tout absolument, juge idolâtré ? Rien n'est resté dans cette charmante oreille ?

CLAUDIO

Il y est resté sa réponse, charmant pilier de cabaret, que je suis chargé de te faire.

OCTAVE

Je ne suis pas chargé de l'entendre, cher procès-verbal.

CLAUDIO

Ce sera donc ma porte en personne qui te la fera, aimable croupier de roulette, si tu t'avises de la consulter.

OCTAVE

C'est ce dont je ne me soucie guère, chère sentence de mort, je vivrai heureux sans cela.

CLAUDIO

Puisses-tu le faire en repos, cher cornet de passe-dix [16] ! je te souhaite mille prospérités.

OCTAVE

Rassure-toi sur ce sujet, cher verrou de prison ! je dors tranquille comme une audience.

Sortent Claudio et Tibia.

OCTAVE, *seul.*

Il me semble que voilà Cœlio qui s'avance de ce côté. Cœlio ! Cœlio ! A qui diable en a-t-il ?

Entre Cœlio.

Sais-tu, mon cher ami, le beau tour que nous joue ta princesse ? Elle a tout dit à son mari !

CŒLIO

Comment le sais-tu ?

OCTAVE

Par la meilleure de toutes les voies possibles. Je quitte à l'instant Claudio. Marianne nous fera fermer la porte au nez, si nous nous avisons de l'importuner davantage.

CŒLIO

Tu l'as vue tout à l'heure ; que t'avait-elle dit ?

OCTAVE

Rien qui pût me faire pressentir cette douce nouvelle ; rien d'agréable cependant. Tiens, Cœlio, renonce à cette femme. Holà ! un second verre !

CŒLIO

Pour qui ?

OCTAVE

Pour toi. Marianne est une bégueule[17] ; je ne sais trop ce qu'elle m'a dit ce matin, je suis resté comme une brute sans pouvoir lui répondre. Allons ! n'y pense plus ; voilà qui est convenu ; et que le ciel m'écrase si je lui adresse jamais la parole. Du courage, Cœlio, n'y pense plus.

CŒLIO

Adieu, mon cher ami.

OCTAVE

Où vas-tu ?

CŒLIO

J'ai affaire en ville ce soir.

OCTAVE

Tu as l'air d'aller te noyer. Voyons, Cœlio, à quoi penses-tu ? Il y a d'autres Mariannes sous le ciel. Soupons ensemble, et moquons-nous de cette Marianne-là.

CŒLIO

Adieu, adieu, je ne puis m'arrêter plus longtemps. Je te verrai demain, mon ami.

Il sort.

OCTAVE

Cœlio ! écoute donc ! nous te trouverons une Marianne bien gentille, douce comme un agneau, et n'allant point à vêpres surtout ! Ah ! les maudites cloches ! quand auront-elles fini de me mener en terre ?

LE GARÇON, *rentrant.*

Monsieur, la demoiselle rousse n'est point à sa fenêtre ; elle ne peut se rendre à votre invitation.

OCTAVE

La peste soit de tout l'univers ! Est-il donc décidé que je souperai seul aujourd'hui ? La nuit arrive en poste [18] ; que diable vais-je devenir ? Bon ! bon ! ceci me convient. *(Il boit.)* Je suis capable d'ensevelir ma tristesse dans ce vin, ou du moins ce vin dans ma tristesse. Ah ! ah ! les vêpres sont finies ; voici Marianne qui revient.

Entre Marianne.

MARIANNE

Encore ici, seigneur Octave ? et déjà à table ? C'est un peu triste de s'enivrer tout seul.

OCTAVE

Le monde entier m'a abandonné ; je tâche d'y voir double, afin de me servir à moi-même de compagnie.

MARIANNE

Comment ! pas un de vos amis, pas une de vos maîtresses, qui vous soulage de ce fardeau terrible, la solitude ?

OCTAVE

Faut-il vous dire ma pensée ? J'avais envoyé chercher une certaine Rosalinde, qui me sert de maîtresse ; elle soupe en ville comme une personne de qualité.

MARIANNE

C'est une fâcheuse affaire sans doute, et votre cœur en doit ressentir un vide effroyable.

OCTAVE

Un vide que je ne saurais exprimer, et que je communique en vain à cette large coupe. Le carillon des vêpres m'a fendu le crâne pour toute l'après-dîner.

MARIANNE

Dites-moi, cousin, est-ce du vin à quinze sous la bouteille que vous buvez ?

OCTAVE

N'en riez pas ; ce sont les larmes de Christ en personne.

MARIANNE

Cela m'étonne que vous ne buviez pas du vin à quinze sous, buvez-en, je vous en supplie.

OCTAVE

Pourquoi en boirais-je, s'il vous plaît ?

MARIANNE

Goûtez-en ; je suis sûre qu'il n'y a aucune différence avec celui-là.

OCTAVE

Il y en a une aussi grande qu'entre le soleil et une lanterne.

MARIANNE

Non, vous dis-je, c'est la même chose.

OCTAVE

Dieu m'en préserve ! vous moquez-vous de moi ?

MARIANNE

Vous trouvez qu'il y a une grande différence ?

OCTAVE

Assurément.

MARIANNE

Je croyais qu'il en était du vin comme des femmes. Une femme n'est-elle pas aussi un vase précieux, scellé comme ce flacon de cristal ? Ne renferme-t-elle pas une ivresse grossière ou divine, selon sa force et sa valeur ? Et n'y a-t-il pas parmi elles le vin du peuple et les larmes du Christ ? Quel misérable cœur est-ce donc que le vôtre, pour que vos lèvres lui fassent la leçon ? Vous ne boiriez pas le vin que boit le peuple ; vous aimez les femmes qu'il aime ; l'esprit généreux et poétique de ce flacon doré, ces sucs merveilleux que la lave du Vésuve a cuvés sous son ardent soleil, vous conduiront chancelant et sans force dans les bras d'une fille de joie ; vous rougiriez de boire un vin grossier ; votre gorge se souleverait. Ah ! vos lèvres sont délicates, mais votre cœur s'enivre à bon marché. Bonsoir, cousin ; puisse Rosalinde rentrer ce soir chez elle !

OCTAVE

Deux mots, de grâce, belle Marianne, et ma réponse sera courte. Combien de temps pensez-vous qu'il faille faire la cour à la bouteille que vous voyez, pour obtenir ses faveurs ? Elle est, comme vous dites, toute pleine d'un esprit céleste, et le vin du peuple lui ressemble aussi peu qu'un paysan à son seigneur. Cependant regardez comme elle se laisse faire ! — Elle n'a reçu, j'imagine, aucune éducation, elle n'a aucun principe ; voyez comme elle est bonne fille ! Un mot a suffi pour la faire sortir du couvent ; toute poudreuse encore, elle s'en est échappée pour me donner un quart d'heure d'oubli, et mourir. Sa couronne virginale, empourprée de cire odorante, est aussitôt tombée en poussière, et, je ne puis vous le cacher, elle a failli passer tout entière sur mes lèvres dans la chaleur de son premier baiser.

MARIANNE

Etes-vous sûr qu'elle en vaut davantage ? et si vous êtes un de ses vrais amants, n'iriez-vous pas, si la recette en était perdue, en chercher la dernière goutte jusque dans la bouche du volcan ?

OCTAVE

Elle n'en vaut ni plus ni moins. Elle sait qu'elle est bonne à boire et qu'elle est faite pour être bue. Dieu n'en a pas caché la source au sommet d'un pic inabordable, au fond d'une caverne profonde : il l'a suspendue en grappes dorées au bord de nos chemins ; elle y fait le métier des courtisanes, elle y effleure la main du passant ; elle y étale aux rayons du soleil sa gorge rebondie, et tout une cour d'abeilles et de frelons murmure autour d'elle matin et soir. Le voyageur dévoré de soif peut se coucher sous ses rameaux verts : jamais elle ne l'a laissé languir, jamais elle ne lui a refusé les douces larmes dont son cœur est plein. Ah ! Marianne, c'est un don fatal que la beauté ! — La sagesse dont elle se vante est sœur de l'avarice, et il y a plus de miséricorde dans le ciel pour ses faiblesses que pour sa cruauté. Bonsoir, cousine ; puisse Cœlio vous oublier !

Il rentre dans l'auberge, et Marianne dans sa maison.

SCÈNE II

Une autre rue

CŒLIO, CIUTA

CIUTA

Seigneur Cœlio, défiez-vous d'Octave. Ne vous a-t-il pas dit que la belle Marianne lui avait fermé sa porte ?

CŒLIO

Assurément. — Pourquoi m'en défierais-je ?

CIUTA

Tout à l'heure, en passant dans sa rue, je l'ai vu en conversation avec elle sous une tonnelle couverte.

CŒLIO

Qu'y a-t-il d'étonnant à cela ? Il aura épié ses démarches et saisi un moment favorable pour lui parler de moi.

CIUTA

J'entends qu'ils se parlaient amicalement et comme gens qui sont de bon accord ensemble.

CŒLIO

En es-tu sûre, Ciuta ? Alors je suis le plus heureux des hommes ; il aura plaidé ma cause avec chaleur.

CIUTA

Puisse le ciel vous favoriser !

Elle sort.

CŒLIO

Ah ! que je fusse né dans le temps des tournois et des batailles ! Qu'il m'eût été permis de porter les couleurs de Marianne et de les teindre de mon sang ! Qu'on m'eût donné un rival à combattre, une armée entière à défier ! Que le sacrifice de ma vie eût pu lui être utile ! Je sais agir, mais je ne puis parler. Ma langue ne sert point mon cœur, et je mourrai sans m'être fait comprendre, comme un muet dans une prison.

Il sort.

SCÈNE III

Chez Claudio

CLAUDIO, MARIANNE

CLAUDIO

Pensez-vous que je sois un mannequin, et que je me promène sur la terre pour servir d'épouvantail aux oiseaux ?

MARIANNE

D'où vous vient cette gracieuse idée ?

CLAUDIO

Pensez-vous qu'un juge criminel ignore la valeur des mots, et qu'on puisse se jouer de sa crédulité, comme de celle d'un danseur ambulant ?

MARIANNE

A qui en avez-vous ce soir ?

CLAUDIO

Pensez-vous que je n'ai pas entendu vos propres paroles : Si cet homme ou son ami se présente à ma porte, qu'on la lui fasse fermer ? et croyez-vous que je trouve convenable de vous voir converser librement avec lui sous une tonnelle, lorsque le soleil est couché ?

MARIANNE

Vous m'avez vue sous une tonnelle ?

CLAUDIO

Oui, oui, de ces yeux que voilà, sous la tonnelle d'un cabaret ! La tonnelle d'un cabaret n'est point un lieu de conversation pour la femme d'un magistrat, et il est inutile de faire fermer sa porte, quand on se renvoie le dé en plein air avec si peu de retenue.

MARIANNE

Depuis quand m'est-il défendu de causer avec un de vos parents ?

CLAUDIO

Quand un de mes parents est un de vos amants, il est fort bien fait de s'en abstenir.

MARIANNE

Octave ! un de mes amants ? Perdez-vous la tête ? Il n'a de sa vie fait la cour à personne.

CLAUDIO

Son caractère est vicieux. — C'est un coureur de tabagies [19].

MARIANNE

Raison de plus pour qu'il ne soit pas, comme vous dites fort agréablement, *un de mes amants.* — Il me plaît de parler à Octave sous la tonnelle d'un cabaret.

CLAUDIO

Ne me poussez pas à quelque fâcheuse extrémité par vos extravagances, et réfléchissez à ce que vous faites.

MARIANNE

A quelle extrémité voulez-vous que je vous pousse ? Je suis curieuse de savoir ce que vous feriez ?

CLAUDIO

Je vous défendrais de le voir, et d'échanger avec lui aucune parole, soit dans ma maison, soit dans une maison tierce, soit en plein air.

MARIANNE

Ah ! ah ! vraiment ! Voilà qui est nouveau ; Octave est mon parent tout autant que le vôtre ; je prétends lui parler quand bon me semblera, en plein air ou ailleurs, et dans cette maison, s'il lui plaît d'y venir.

CLAUDIO

Souvenez-vous de cette dernière phrase que vous venez de prononcer. Je vous ménage un châtiment exemplaire, si vous allez contre ma volonté.

MARIANNE

Trouvez bon que j'aille d'après la mienne, et ménagez-moi ce qui vous plaît. Je m'en soucie comme de cela.

CLAUDIO

Marianne, brisons cet entretien. Ou vous sentirez l'inconvenance de s'arrêter sous une tonnelle, ou vous me réduirez à une violence qui répugne à mon habit. *(Il sort.)*

MARIANNE, *seule.*

Holà ! quelqu'un !

Un domestique entre.

Voyez-vous là-bas dans cette rue ce jeune homme assis devant une table, sous cette tonnelle ? Allez lui dire que j'ai à lui parler, et qu'il prenne la peine d'entrer dans ce jardin. *(Le domestique sort.)*

Voilà qui est nouveau ! Pour qui me prend-on ? Quel mal y a-t-il donc ? Comment suis-je donc faite aujourd'hui ? Voilà une robe affreuse. Qu'est-ce que cela signifie ? — Vous me réduirez à la violence ! Quelle violence ? Je voudrais que ma mère fût là. Ah, bah !

elle est de son avis, dès qu'il dit un mot. J'ai une envie de battre quelqu'un ! *(Elle renverse les chaises.)* Je suis bien sotte en vérité. Voilà Octave qui vient. — Je voudrais qu'il le rencontrât. — Ah ! c'est donc là le commencement ? On me l'avait prédit. — Je le savais. — Je m'y attendais ! Patience, patience. Il me ménage un châtiment ! et lequel, par hasard ? Je voudrais bien savoir ce qu'il veut dire.

Entre Octave.

Asseyez-vous, Octave, j'ai à vous parler.

OCTAVE

Où voulez-vous que je m'assoie ? Toutes les chaises sont les quatre fers en l'air. — Que vient-il donc de se passer ici ?

MARIANNE

Rien du tout.

OCTAVE

En vérité, cousine, vos yeux disent le contraire.

MARIANNE

J'ai réfléchi à ce que vous m'avez dit sur le compte de votre ami Cœlio. Dites-moi, pourquoi ne s'explique-t-il pas lui-même ?

OCTAVE

Par une raison assez simple. — Il vous a écrit, et vous avez déchiré ses lettres. Il vous a envoyé quelqu'un, et vous lui avez fermé la bouche. Il vous a donné des concerts, vous l'avez laissé dans la rue. Ma foi, il s'est donné au diable, et on s'y donnerait à moins.

MARIANNE

Cela veut dire qu'il a songé à vous ?

OCTAVE

Oui.

MARIANNE

Eh bien ! parlez-moi de lui.

OCTAVE

Sérieusement ?

MARIANNE

Oui, oui, sérieusement. Me voilà. J'écoute.

OCTAVE

Vous voulez rire ?

MARIANNE

Quel pitoyable avocat êtes-vous donc ? Parlez, que je veuille rire ou non.

OCTAVE

Que regardez-vous à droite et à gauche ? En vérité, vous êtes en colère.

MARIANNE

Je veux prendre un amant, Octave... sinon un amant, du moins un cavalier. Qui me conseillez-vous ? Je m'en rapporte à votre choix. — Cœlio ou tout autre, peu m'importe ; — dès demain, — dès ce soir, — celui qui aura la fantaisie de chanter sous mes fenêtres, trouvera ma porte entrouverte. Eh bien ! vous ne parlez pas ? Je vous dis que je prends un amant. Tenez, voilà mon écharpe en gage : — qui vous voudrez, la rapportera.

OCTAVE

Marianne ! quelle que soit la raison qui a pu vous inspirer une minute de complaisance, puisque vous m'avez appelé, puisque vous consentez à m'entendre, au nom du ciel, restez la même une minute encore, permettez-moi de vous parler !

Il se jette à genoux.

MARIANNE

Que voulez-vous me dire ?

OCTAVE

Si jamais homme au monde a été digne de vous comprendre, digne de vivre et de mourir pour vous, cet homme est Cœlio. Je n'ai jamais valu grand-chose, et je me rends cette justice, que la passion dont je fais l'éloge, trouve un misérable interprète. Ah ! si vous saviez sur quel autel sacré vous êtes adorée comme un Dieu ! Vous, si belle, si jeune, si pure encore, livrée à un vieillard qui n'a plus de sens, et qui n'a jamais eu de cœur ! si vous saviez quel trésor de bonheur, quelle mine féconde repose en vous ! en lui ! dans cette fraîche aurore de jeunesse, dans cette rosée céleste de la vie, dans ce premier accord de deux âmes jumelles ! Je ne vous parle pas de sa souffrance, de cette douce et triste mélancolie qui ne s'est jamais lassée de vos rigueurs, et qui en mourrait sans se plaindre. Oui, Marianne, il en mourra. Que puis-je vous dire ? qu'inventerais-je pour donner à mes paroles la force qui leur manque ? Je ne sais pas le langage de l'amour. Regardez dans votre âme ; c'est elle qui peut vous parler de la sienne. Y a-t-il un pouvoir capable de vous toucher ? Vous qui savez supplier Dieu, existe-t-il une prière qui puisse rendre ce dont mon cœur est plein ?

MARIANNE

Relevez-vous, Octave. En vérité, si quelqu'un entrait ici, ne croirait-on pas, à vous entendre, que c'est pour vous que vous plaidez ?

OCTAVE

Marianne ! Marianne ! au nom du ciel, ne souriez pas ! ne fermez pas votre cœur au premier éclair qui l'ait peut-être traversé ! Ce caprice de bonté, ce moment précieux va s'évanouir. — Vous avez prononcé le nom de Cœlio ; vous avez pensé à lui, dites-vous. Ah ! si c'est une fantaisie, ne me la gâtez pas. — Le bonheur d'un homme en dépend.

MARIANNE

Etes-vous sûr qu'il ne me soit pas permis de sourire ?

OCTAVE

Oui, vous avez raison ; je sais tout le tort que mon amitié peut faire. Je sais qui je suis, je le sens ; un pareil langage dans ma bouche a l'air d'une raillerie. Vous doutez de la sincérité de mes paroles ; jamais peut-être je n'ai senti avec plus d'amertume qu'en ce moment le peu de confiance que je puis inspirer.

MARIANNE

Pourquoi cela ? vous voyez que j'écoute. Cœlio me déplaît ; je ne veux pas de lui. Parlez-moi de quelque autre, de qui vous voudrez. Choisissez-moi dans vos amis un cavalier digne de moi ; envoyez-le-moi, Octave. Vous voyez que je m'en rapporte à vous.

OCTAVE

O femme trois fois femme ! Cœlio vous déplaît, — mais le premier venu vous plaira. L'homme qui vous aime depuis un mois, qui s'attache à vos pas, qui mourrait de bon cœur sur un mot de votre bouche, celui-là vous déplaît ! Il est jeune, beau, riche et digne en tout point de vous ; mais il vous déplaît ! et le premier venu vous plaira !

MARIANNE

Faites ce que je vous dis, ou ne me revoyez pas.

Elle sort.

OCTAVE, *seul.*

Ton écharpe est bien jolie, Marianne, et ton petit caprice de colère est un charmant traité de paix. — Il ne me faudrait pas beaucoup d'orgueil pour le comprendre : un peu de perfidie suffirait. Ce sera pourtant Cœlio qui en profitera.

Il sort.

SCÈNE IV

Chez Cœlio
CŒLIO, *un domestique.*

CŒLIO

Il est en bas, dites-vous ? Qu'il monte. Pourquoi ne le faites-vous pas monter sur-le-champ ?

Entre Octave.

Eh bien ! mon ami, quelle nouvelle ?

OCTAVE

Attache ce chiffon à ton bras droit, Cœlio ; prends ta guitare et ton épée. — Tu es l'amant de Marianne.

CŒLIO

Au nom du ciel, ne te ris pas de moi.

OCTAVE

La nuit est belle ; — la lune va paraître à l'horizon. Marianne est seule, et sa porte est entrouverte. Tu es un heureux garçon, Cœlio.

CŒLIO

Est-ce vrai ? — est-ce vrai ? Ou tu es ma vie, Octave, ou tu es sans pitié.

OCTAVE

Tu n'es pas encore parti ? Je te dis que tout est convenu. Une chanson sous la fenêtre ; cache-toi un peu le nez dans ton manteau, afin que les espions du mari ne te reconnaissent pas. Sois sans crainte, afin qu'on te craigne ; et si elle résiste, prouve-lui qu'il est un peu tard.

CŒLIO

Ah ! mon Dieu, le cœur me manque.

OCTAVE

Et à moi aussi, car je n'ai dîné qu'à moitié. — Pour récompense de mes peines, dis en sortant qu'on me monte à souper. *(Il s'assoit.)* As-tu du tabac turc ? Tu me retrouveras probablement ici demain matin. Allons, mon ami, en route ! tu m'embrasseras en revenant. En route ! en route ! la nuit s'avance.

Cœlio sort.

OCTAVE, *seul.*

Ecris sur tes tablettes, Dieu juste, que cette nuit doit m'être comptée dans ton paradis. Est-ce bien vrai que tu as un paradis ? En vérité cette femme était belle, et sa petite colère lui allait bien. D'où venait-elle ? c'est ce que j'ignore. Qu'importe comment la bille d'ivoire tombe sur le numéro que nous avons appelé ? Souffler une maîtresse à son ami, c'est une rouerie trop commune pour moi. Marianne ou toute autre, qu'est-ce que cela me fait ? La véritable affaire est de souper ; il est clair que Cœlio est à jeun. Comme tu m'aurais détesté, Marianne, si je t'avais aimée ! comme tu m'aurais fermé ta porte ! comme ton bélître de mari t'aurait paru un Adonis, un Sylvain [20], en comparaison de moi ! Où est donc la raison de tout cela ? pourquoi la fumée de cette pipe va-t-elle à droite plutôt qu'à gauche ? Voilà la raison de tout. — Fou ! trois fois fou à lier, celui qui calcule ses chances, qui met la raison de son côté ! La justice céleste tient une balance dans ses mains. La balance est parfaitement juste, mais tous les poids sont creux. Dans l'un il y a une pistole [21], dans l'autre un soupir amoureux, dans celui-là une migraine, dans celui-ci il y a le temps qu'il fait, et toutes les actions humaines s'en vont de haut en bas selon ces poids capricieux.

Un domestique entrant.

LE DOMESTIQUE

Monsieur, voilà une lettre à votre adresse ; elle est si pressée que vos gens l'ont apportée ici ; on a recommandé de vous la remettre, en quelque lieu que vous fussiez ce soir.

OCTAVE

Voyons un peu cela.

Il lit.

« Ne venez pas ce soir. Mon mari a entouré la maison d'assassins, et vous êtes perdu s'ils vous trouvent.

« MARIANNE. »

Malheureux que je suis ! qu'ai-je fait ? Mon manteau ! mon chapeau ! Dieu veuille qu'il soit encore temps ! suivez-moi, vous et tous les domestiques qui sont debout à cette heure. Il s'agit de la vie de votre maître.

Il sort en courant.

SCÈNE V

Le jardin de Claudio. Il est nuit.
CLAUDIO, *deux spadassins,* TIBIA.

CLAUDIO

Laissez-le entrer, et jetez-vous sur lui dès qu'il sera parvenu à ce bosquet.

TIBIA

Et s'il entre par l'autre côté ?

CLAUDIO

Alors, attendez-le au coin du mur.

UN SPADASSIN

Oui, monsieur.

TIBIA

Le voilà qui arrive. Tenez, monsieur. Voyez comme son ombre est grande ! c'est un homme d'une belle stature.

CLAUDIO

Retirons-nous à l'écart, et frappons quand il en sera temps.

Entre Cœlio.

CŒLIO, *frappant à la jalousie.*

Marianne, Marianne, êtes-vous là ?

MARIANNE, *paraissant à la fenêtre.*

Fuyez, Octave, vous n'avez donc pas reçu ma lettre ?

CŒLIO

Seigneur mon Dieu ! quel nom ai-je entendu ?

MARIANNE

La maison est entourée d'assassins ; mon mari vous a vu entrer ce soir ; il a écouté notre conversation, et votre mort est certaine, si vous restez une minute encore.

CŒLIO

Est-ce un rêve ? suis-je Cœlio ?

MARIANNE

Octave, Octave, au nom du ciel, ne vous arrêtez pas. Puisse-t-il être encore temps de vous échapper ! Demain, trouvez-vous, à midi, dans un confessionnal de l'église, j'y serai.

La jalousie se referme.

CŒLIO

O mort ! puisque tu es là, viens donc à mon secours. Octave, traître Octave, puisse mon sang retomber sur toi ! Puisque tu savais quel sort m'attendait ici, et que tu m'y as envoyé à ta place, tu seras satisfait dans ton désir. O mort ! je t'ouvre les bras ; voici le terme de mes maux.

Il sort. On entend des cris étouffés et un bruit éloigné dans le jardin.

OCTAVE, *en dehors.*

Ouvrez, ou j'enfonce les portes.

CLAUDIO, *ouvrant, son épée sous le bras.*

Que voulez-vous ?

OCTAVE

Où est Cœlio ?

CLAUDIO

Je ne pense pas que son habitude soit de coucher dans cette maison.

OCTAVE

Si tu l'as assassiné, Claudio, prends garde à toi ; je te tordai le cou de ces mains que voilà.

CLAUDIO

Etes-vous fou ou somnambule ?

OCTAVE

Ne l'es-tu pas, toi-même, pour te promener à cette heure, ton épée sous le bras !

CLAUDIO

Cherchez dans ce jardin, si bon vous semble ; je n'y ai vu entrer personne ; et si quelqu'un l'a voulu faire, il me semble que j'avais le droit de ne pas lui ouvrir.

OCTAVE, *à ses gens.*

Venez, et cherchez partout.

CLAUDIO, *bas à Tibia.*

Tout est-il fini, comme je l'ai ordonné ?

TIBIA

Oui, monsieur ; soyez en repos, ils peuvent chercher tant qu'ils voudront

Tous sortent.

SCÈNE VI

Un cimetière

OCTAVE *et* MARIANNE, *auprès d'un tombeau.*

OCTAVE

Moi seul au monde je l'ai connu. Cette urne d'albâtre, couverte de ce long voile de deuil, est sa parfaite image. C'est ainsi qu'une douce mélancolie voilait les perfections de cette âme tendre et délicate. Pour moi seul, cette vie silencieuse n'a point été un mystère. Les longues soirées que nous avons passées ensemble sont comme de fraîches oasis dans un désert aride ; elles ont versé sur mon cœur les seules gouttes de rosée qui y soient jamais tombées. Cœlio était la bonne partie de moi-même ; elle est remontée au ciel avec lui. C'était un homme d'un autre temps ; il connaissait les plaisirs, et leur préférait la solitude ; il savait combien les illusions sont trompeuses, et il préférait ses illusions à la réalité. Elle eût été heureuse, la femme qui l'eût aimé.

MARIANNE

Ne serait-elle point heureuse, Octave, la femme qui t'aimerait ?

OCTAVE

Je ne sais point aimer ; Cœlio seul le savait. La cendre que renferme cette tombe est tout ce que j'ai aimé sur la terre, tout ce que j'aimerai. Lui seul savait verser dans une autre âme toutes les sources de bonheur qui reposaient dans la sienne. Lui seul était

capable d'un dévouement sans bornes ; lui seul eût consacré sa vie entière à la femme qu'il aimait, aussi facilement qu'il aurait bravé la mort pour elle. Je ne suis qu'un débauché sans cœur ; je n'estime point les femmes ; l'amour que j'inspire est comme celui que je ressens, l'ivresse passagère d'un songe. Je ne sais pas les secrets qu'il savait. Ma gaieté est comme le masque d'un histrion ; mon cœur est plus vieux qu'elle, mes sens blasés n'en veulent plus. Je ne suis qu'un lâche ; sa mort n'est point vengée.

MARIANNE

Comment aurait-elle pu l'être, à moins de risquer votre vie ? Claudio est trop vieux pour accepter un duel, et trop puissant dans cette ville pour rien craindre de vous.

OCTAVE

Cœlio m'aurait vengé si j'étais mort pour lui, comme il est mort pour moi. Ce tombeau m'appartient ; c'est moi qu'ils ont étendu sous cette froide pierre ; c'est pour moi qu'ils avaient aiguisé leurs épées ; c'est moi qu'ils ont tué. Adieu la gaieté de ma jeunesse, l'insouciante folie, la vie libre et joyeuse au pied du Vésuve ! adieu les bruyants repas, les causeries du soir, les sérénades sous les balcons dorés ! adieu Naples et ses femmes, les mascarades à la lueur des torches, les longs soupers à l'ombre des forêts ! adieu l'amour et l'amitié ! ma place est vide sur la terre !

MARIANNE

Mais non pas dans mon cœur, Octave. Pourquoi dis-tu : Adieu l'amour ?

OCTAVE

Je ne vous aime pas, Marianne ; c'était Cœlio qui vous aimait.

ON NE BADINE PAS AVEC L'AMOUR

PROVERBE

PERSONNAGES

LE BARON.
PERDICAN, son fils.
MAÎTRE BLAZIUS, gouverneur de Perdican.
MAÎTRE BRIDAINE, curé.
CAMILLE, nièce du baron.
DAME PLUCHE, sa gouvernante.
ROSETTE, sœur de lait de Camille.
Paysans, valets, etc.

ACTE I

SCÈNE I

Une place devant le château

LE CHŒUR

Doucement bercé sur sa mule fringante, messer Blazius s'avance dans les bluets fleuris, vêtu de neuf, l'écritoire au côté. Comme un poupon sur l'oreiller, il se ballotte sur son ventre rebondi, et les yeux à demi fermés, il marmotte un *Pater noster* dans son triple menton. Salut, maître Blazius ; vous arrivez au temps de la vendange, pareil à une amphore antique.

MAÎTRE BLAZIUS

Que ceux qui veulent apprendre une nouvelle d'importance, m'apportent ici premièrement un verre de vin frais.

LE CHŒUR

Voilà notre plus grande écuelle ; buvez, maître Blazius, le vin est bon ; vous parlerez après.

MAÎTRE BLAZIUS

Vous saurez, mes enfants, que le jeune Perdican, fils de notre seigneur, vient d'atteindre à sa majorité, et qu'il est reçu docteur à Paris. Il revient aujourd'hui même au château, la bouche toute pleine de façons de parler si belles et si fleuries, qu'on ne sait que lui répondre les trois quarts du temps. Toute sa gracieuse personne est un livre d'or; il ne voit pas un brin d'herbe à terre, qu'il ne vous dise comment cela s'appelle en latin; et quand il fait du vent ou qu'il pleut, il vous dit tout clairement pourquoi. Vous ouvririez des yeux grands comme la porte que voilà, de le voir dérouler un des parchemins qu'il a coloriés d'encres de toutes couleurs, de ses propres mains et sans en rien dire à personne. Enfin, c'est un diamant fin des pieds à la tête, et voilà ce que je viens annoncer à M. le baron. Vous sentez que cela me fait quelque honneur, à moi, qui suis son gouverneur depuis l'âge de quatre ans; ainsi donc, mes bons amis, apportez une chaise que je descende un peu de cette mule-ci sans me casser le cou; la bête est tant soit peu rétive, et je ne serais pas fâché de boire encore une gorgée avant d'entrer.

LE CHŒUR

Buvez, maître Blazius, et reprenez vos esprits. Nous avons vu naître le petit Perdican, et il n'était pas besoin, du moment qu'il arrive, de nous en dire si long. Puissions-nous retrouver l'enfant dans le cœur de l'homme!

MAÎTRE BLAZIUS

Ma foi, l'écuelle est vide; je ne croyais pas avoir tout bu. Adieu; j'ai préparé, en trottant sur la route, deux ou trois phrases sans prétention qui plairont à monseigneur; je vais tirer la cloche.

Il sort.

LE CHŒUR

Durement cahotée sur son âne essoufflé, dame Pluche gravit la colline; son écuyer transi gourdine à tour de bras le pauvre animal, qui hoche la tête, un chardon entre les dents. Ses longues jambes maigres trépignent de colère, tandis que, de ses mains osseuses, elle égratigne son chapelet. Bonjour donc, dame Pluche ; vous arrivez comme la fièvre, avec le vent qui fait jaunir les bois.

DAME PLUCHE

Un verre d'eau, canaille que vous êtes ; un verre d'eau et un peu de vinaigre.

LE CHŒUR

D'où venez-vous, Pluche, ma mie ? vos faux cheveux sont couverts de poussière ; voilà un toupet de gâté, et votre chaste robe est retroussée jusqu'à vos vénérables jarretières.

DAME PLUCHE

Sachez, manants, que la belle Camille, la nièce de votre maître, arrive aujourd'hui au château. Elle a quitté le couvent sur l'ordre exprès de monseigneur, pour venir en son temps et lieu recueillir, comme faire se doit, le bon bien qu'elle a de sa mère. Son éducation, Dieu merci, est terminée, et ceux qui la verront auront la joie de respirer une glorieuse fleur de sagesse et de dévotion. Jamais il n'y a rien eu de si pur, de si ange, de si agneau et de si colombe que cette chère nonnain [1] ; que le Seigneur Dieu du ciel la conduise ! Ainsi soit-il. Rangez-vous, canaille ; il me semble que j'ai les jambes enflées.

LE CHŒUR

Défripez-vous, honnête Pluche, et quand vous prierez Dieu, demandez de la pluie ; nos blés sont secs comme vos tibias.

DAME PLUCHE

Vous m'avez apporté de l'eau dans une écuelle qui sent la cuisine ; donnez-moi la main pour descendre ; vous êtes des butors et des malappris.

Elle sort.

LE CHŒUR

Mettons nos habits du dimanche, et attendons que le baron nous fasse appeler. Ou je me trompe fort, ou quelque joyeuse bombance est dans l'air d'aujourd'hui.

Ils sortent.

SCÈNE II

Le salon du baron
Entrent LE BARON, MAÎTRE BRIDAINE
et MAÎTRE BLAZIUS

LE BARON

Maître Bridaine, vous êtes mon ami ; je vous présente maître Blazius, gouverneur de mon fils. Mon fils a eu hier matin, à midi huit minutes, vingt et un ans comptés ; il est docteur à quatre boules blanches[2]. Maître Blazius, je vous présente maître Bridaine, curé de la paroisse ; c'est mon ami.

MAÎTRE BLAZIUS, *saluant.*

A quatre boules blanches, seigneur ; littérature, botanique, droit romain, droit canon[3].

LE BARON

Allez à votre chambre, cher Blazius, mon fils ne va pas tarder à paraître ; faites un peu de toilette, et revenez au coup de la cloche.

Maître Blazius sort.

MAÎTRE BRIDAINE

Vous dirai-je ma pensée, monseigneur ? le gouverneur de votre fils sent le vin à pleine bouche.

LE BARON

Cela est impossible.

MAÎTRE BRIDAINE

J'en suis sûr comme de ma vie ; il m'a parlé de fort près tout à l'heure ; il sentait le vin à faire peur.

LE BARON

Brisons là ; je vous répète que cela est impossible.

Entre dame Pluche.

Vous voilà, bonne dame Pluche ? Ma nièce est sans doute avec vous ?

DAME PLUCHE

Elle me suit, monseigneur, je l'ai devancée de quelques pas.

LE BARON

Maître Bridaine, vous êtes mon ami. Je vous présente la dame Pluche, gouvernante de ma nièce. Ma nièce est depuis hier, à sept heures de nuit, parvenue à l'âge de dix-huit ans. Elle sort du meilleur couvent de France. Dame Pluche, je vous présente maître Bridaine, curé de la paroisse ; c'est mon ami.

DAME PLUCHE, *saluant.*

Du meilleur couvent de France, seigneur, et je puis ajouter : la meilleure chrétienne du couvent.

LE BARON

Allez, dame Pluche, réparer le désordre où vous voilà ; ma nièce va bientôt venir, j'espère ; soyez prête à l'heure du dîner.

Dame Pluche sort.

MAÎTRE BRIDAINE

Cette vieille demoiselle paraît tout à fait pleine d'onction.

LE BARON

Pleine d'onction et de componction[4], maître Bridaine ; sa vertu est inattaquable.

MAÎTRE BRIDAINE

Mais le gouverneur sent le vin ; j'en ai la certitude.

LE BARON

Maître Bridaine ! Il y a des moments où je doute de votre amitié. Prenez-vous à tâche de me contredire ? Pas un mot de plus là-dessus. J'ai formé le dessein de marier mon fils avec ma nièce ; c'est un couple assorti ; leur éducation me coûte six mille écus.

MAÎTRE BRIDAINE

Il sera nécessaire d'obtenir des dispenses.

LE BARON

Je les ai, Bridaine ; elles sont sur ma table, dans mon cabinet. O mon ami, apprenez maintenant que je suis plein de joie. Vous savez que j'ai eu de tout temps la plus profonde horreur de la solitude. Cependant la place que j'occupe, et la gravité de mon habit, me forcent à rester dans ce château pendant trois mois d'hiver, et trois mois d'été. Il est impossible de faire le bonheur des hommes en général, et de ses vassaux en particulier, sans donner parfois à son valet de chambre l'ordre rigoureux de ne laisser entrer personne. Qu'il est austère et difficile, le recueillement de l'homme d'état ! et quel plaisir ne trouverai-je pas à tempérer, par la présence de mes deux enfants réunis, la sombre tristesse à laquelle je dois nécessairement être en proie depuis que le roi m'a nommé receveur [5] !

MAÎTRE BRIDAINE

Ce mariage se fera-t-il ici, ou à Paris ?

LE BARON

Voilà où je vous attendais, Bridaine ; j'étais sûr de cette question. Eh bien ! mon ami, que diriez-vous si ces mains que voilà, oui, Bridaine, vos propres mains, ne les regardez pas d'une manière aussi piteuse, étaient destinées à bénir solennellement l'heureuse confirmation de mes rêves les plus chers ? Hé ?

MAÎTRE BRIDAINE

Je me tais ; la reconnaissance me ferme la bouche.

LE BARON

Regardez par cette fenêtre ; ne voyez-vous pas que mes gens se portent en foule à la grille ? Mes deux enfants arrivent en même temps ; voilà la combinaison la plus heureuse. J'ai disposé les choses de manière à tout prévoir. Ma nièce sera introduite par cette porte à gauche, et mon fils par cette porte à droite. Qu'en dites-vous ? Je me fais une fête de voir comment ils s'aborderont, ce qu'ils se diront ; six mille écus ne sont pas une bagatelle, il ne faut pas s'y tromper. Ces enfants s'aimaient d'ailleurs fort tendrement dès le berceau. — Bridaine, il me vient une idée.

MAÎTRE BRIDAINE

Laquelle ?

LE BARON

Pendant le dîner, sans avoir l'air d'y toucher, — vous comprenez, mon ami, — tout en vidant quelques coupes joyeuses, — vous savez le latin, Bridaine.

MAÎTRE BRIDAINE

Ita edepol[6] : pardieu, si je le sais !

LE BARON

Je serais bien aise de vous voir entreprendre ce garçon, — discrètement, s'entend, — devant sa cousine ; cela ne peut produire qu'un bon effet ; — faites-le parler un peu latin, — non pas précisément pendant le dîner, — cela deviendrait fastidieux, et quant à moi, je n'y comprends rien ; — mais au dessert, — entendez-vous ?

MAÎTRE BRIDAINE

Si vous n'y comprenez rien, monseigneur, il est probable que votre nièce est dans le même cas.

LE BARON

Raison de plus ; ne voulez-vous pas qu'une femme admire ce qu'elle comprend ? D'où sortez-vous, Bridaine ? Voilà un raisonnement qui fait pitié.

MAÎTRE BRIDAINE

Je connais peu les femmes ; mais il me semble qu'il est difficile qu'on admire ce qu'on ne comprend pas.

LE BARON

Je les connais, Bridaine ; je connais ces êtres charmants et indéfinissables. Soyez persuadé qu'elles aiment à avoir de la poudre dans les yeux, et que plus on leur en jette, plus elles les écarquillent, afin d'en gober davantage.

Perdican entre d'un côté, Camille de l'autre.

Bonjour, mes enfants ; bonjour, ma chère Camille, mon cher Perdican ! embrassez-moi, et embrassez-vous.

PERDICAN

Bonjour, mon père, ma sœur bien-aimée ! Quel bonheur ! que je suis heureux !

CAMILLE

Mon père et mon cousin, je vous salue.

PERDICAN

Comme te voilà grande, Camille ! et belle comme le jour.

LE BARON

Quand as-tu quitté Paris, Perdican ?

PERDICAN

Mercredi, je crois, ou mardi. Comme te voilà métamorphosée en femme ! Je suis donc un homme, moi ! Il me semble que c'est hier que je t'ai vue pas plus haute que cela.

LE BARON

Vous devez être fatigués ; la route est longue et il fait chaud.

PERDICAN

Oh ! mon Dieu, non. Regardez donc, mon père, comme Camille est jolie !

LE BARON

Allons, Camille, embrasse ton cousin.

CAMILLE

Excusez-moi.

LE BARON

Un compliment vaut un baiser ; embrasse-la, Perdican.

PERDICAN

Si ma cousine recule quand je lui tends la main, je vous dirai à mon tour : Excusez-moi ; l'amour peut voler un baiser, mais non pas l'amitié.

CAMILLE

L'amitié ni l'amour ne doivent recevoir que ce qu'ils peuvent rendre.

LE BARON, *à maître Bridaine.*

Voilà un commencement de mauvais augure ; hé ?

MAÎTRE BRIDAINE, *au baron.*

Trop de pudeur est sans doute un défaut ; mais le mariage lève bien des scrupules.

LE BARON, *à maître Bridaine.*

Je suis choqué, — blessé. — Cette réponse m'a déplu. — *Excusez-moi !* Avez-vous vu qu'elle a fait mine de se signer ? — Venez ici, que je vous parle. — Cela m'est pénible au dernier point. Ce moment qui devait m'être si doux est complètement gâté. — Je suis vexé, — piqué. — Diable ! voilà qui est fort mauvais.

MAÎTRE BRIDAINE

Dites-leur quelques mots ; les voilà qui se tournent le dos.

LE BARON

Eh bien ! mes enfants, à quoi pensez-vous donc ? Que fais-tu là, Camille, devant cette tapisserie ?

CAMILLE, *regardant un tableau.*

Voilà un beau portrait, mon oncle. N'est-ce pas une grand-tante à nous ?

LE BARON

Oui, mon enfant, c'est ta bisaïeule, — ou du moins, — la sœur de ton bisaïeul, — car la chère dame n'a jamais concouru, — pour sa part, je crois, autrement qu'en prières, — à l'accroissement de la famille. — C'était, ma foi, une sainte femme.

CAMILLE

Oh ! oui, une sainte ! c'est ma grand-tante Isabelle. Comme ce costume religieux lui va bien !

LE BARON

Et toi, Perdican, que fais-tu là devant ce pot de fleurs ?

PERDICAN

Voilà une fleur charmante, mon père. C'est un héliotrope.

LE BARON

Te moques-tu ? elle est grosse comme une mouche.

PERDICAN

Cette petite fleur grosse comme une mouche a bien son prix.

MAÎTRE BRIDAINE

Sans doute ! le docteur a raison ; demandez-lui à quel sexe, à quelle classe elle appartient ; de quels éléments elle se forme, d'où lui viennent sa sève et sa couleur ; il vous ravira en extase en vous détaillant les phénomènes de ce brin d'herbe, depuis la racine jusqu'à la fleur.

PERDICAN

Je n'en sais pas si long, mon révérend. Je trouve qu'elle sent bon, voilà tout.

SCÈNE III

Devant le château.

Entre LE CHŒUR.

Plusieurs choses me divertissent et excitent ma curiosité. Venez, mes amis, et asseyons-nous sous ce noyer. Deux formidables dîneurs sont en ce moment en présence au château, maître Bridaine et maître Blazius. N'avez-vous pas fait une remarque ? c'est que lorsque deux hommes à peu près pareils, également gros, également sots, ayant les mêmes vices et les mêmes passions, viennent par hasard à se rencontrer, il faut nécessairement qu'ils s'adorent ou qu'ils s'exècrent. Par la raison que les contraires s'attirent, qu'un homme grand et desséché aimera un homme petit et rond, que les blonds recherchent les bruns, et réciproquement, je prévois une lutte secrète entre le gouverneur et le curé. Tous deux sont armés d'une égale impudence ; tous deux ont pour ventre un tonneau ; non seulement ils sont gloutons, mais ils sont gourmets ; tous deux se disputeront à dîner, non seulement la quantité, mais la qualité. Si le poisson est petit, comment faire ? et dans tous les cas une langue de carpe ne peut se partager, et une carpe ne peut avoir deux langues. *Item,* tous deux sont bavards ; mais à la rigueur ils peuvent parler ensemble sans s'écouter ni l'un ni l'autre. Déjà maître Bridaine a voulu adresser au jeune Perdican plusieurs questions pédantes, et le gouverneur a froncé le sourcil. Il lui est désagréable qu'un autre que lui semble mettre son élève à l'épreuve. *Item,* ils sont aussi ignorants l'un que l'autre. *Item,* ils sont prêtres tous deux ; l'un se targuera de sa cure, l'autre se rengorgera dans sa charge de gouverneur. Maître Blazius confesse le fils, et maître Bridaine le père. Déjà, je les vois accoudés sur la table, les joues enflammées, les yeux à fleur de tête, secouer pleins de haine leurs triples mentons. Ils se regardent de la tête aux pieds, ils préludent par de légères escarmouches ; bientôt la guerre se déclare ; les cuistreries de toute espèce se croisent et s'échangent ; et, pour comble de malheur, entre les deux ivrognes s'agite dame Pluche, qui les repousse l'un et l'autre de ses coudes affilés[7].

Maintenant que voilà le dîner fini, on ouvre la grille du château. C'est la compagnie qui sort ; retirons-nous à l'écart.

Ils sortent.
Entrent le baron et dame Pluche.

LE BARON

Vénérable Pluche, je suis peiné.

DAME PLUCHE

Est-il possible, monseigneur ?

LE BARON

Oui, Pluche, cela est possible. J'avais compté depuis longtemps, — j'avais même écrit, noté, — sur mes tablettes de poche, — que ce jour devait être le plus agréable de mes jours, — oui, bonne dame, le plus agréable. — Vous n'ignorez pas que mon dessein était de marier mon fils avec ma nièce ; — cela était résolu, — convenu, — j'en avais parlé à Bridaine, — et je vois, je crois voir, que ces enfants se parlent froidement ; ils ne se sont pas dit un mot.

DAME PLUCHE

Les voilà qui viennent, monseigneur. Sont-ils prévenus de vos projets ?

LE BARON

Je leur en ai touché quelques mots en particulier. Je crois qu'il serait bon, puisque les voilà réunis, de nous asseoir sous cet ombrage propice, et de les laisser ensemble un instant.

Il se retire avec dame Pluche.
Entrent Camille et Perdican.

PERDICAN

Sais-tu que cela n'a rien de beau, Camille, de m'avoir refusé un baiser ?

CAMILLE

Je suis comme cela ; c'est ma manière.

PERDICAN

Veux-tu mon bras, pour faire un tour dans le village ?

CAMILLE

Non, je suis lasse.

PERDICAN

Cela ne te ferait pas plaisir de revoir la prairie ? Te souviens-tu de nos parties sur le bateau ? Viens, nous descendrons jusqu'aux moulins ; je tiendrai les rames, et toi le gouvernail.

CAMILLE

Je n'en ai nulle envie.

PERDICAN

Tu me fends l'âme. Quoi ! pas un souvenir, Camille ? pas un battement de cœur pour notre enfance, pour tout ce pauvre temps passé, si bon, si doux, si plein de niaiseries délicieuses ? Tu ne veux pas venir voir le sentier par où nous allions à la ferme ?

CAMILLE

Non, pas ce soir.

PERDICAN

Pas ce soir ! et quand donc ? Toute notre vie est là.

CAMILLE

Je ne suis ni assez jeune pour m'amuser de mes poupées, ni assez vieille pour aimer le passé.

PERDICAN

Comment dis-tu cela ?

CAMILLE

Je dis que les souvenirs d'enfance ne sont pas de mon goût.

PERDICAN

Cela t'ennuie ?

CAMILLE

Oui, cela m'ennuie.

PERDICAN

Pauvre enfant ! Je te plains sincèrement.

Ils sortent chacun de leur côté.

LE BARON, *rentrant avec dame Pluche.*

Vous le voyez, et vous l'entendez, excellente Pluche ; je m'attendais à la plus suave harmonie, et il me semble assister à un concert où le violon joue *mon cœur soupire*, pendant que la flûte joue *vive Henri IV*[8].

Songez à la discordance affreuse qu'une pareille combinaison produirait. Voilà pourtant ce qui se passe dans mon cœur.

DAME PLUCHE

Je l'avoue ; il m'est impossible de blâmer Camille, et rien n'est de plus mauvais ton, à mon sens, que les parties de bateau.

LE BARON

Parlez-vous sérieusement ?

DAME PLUCHE

Seigneur, une jeune fille qui se respecte ne se hasarde pas sur les pièces d'eau.

LE BARON

Mais observez donc, dame Pluche, que son cousin doit l'épouser, et que dès lors...

DAME PLUCHE

Les convenances défendent de tenir un gouvernail, et il est malséant de quitter la terre ferme seule avec un jeune homme.

LE BARON

Mais je répète... je vous dis...

DAME PLUCHE

C'est là mon opinion.

LE BARON

Etes-vous folle ? En vérité, vous me feriez dire... Il y a certaines expressions... que je ne veux pas... qui me répugnent... Vous me donnez envie... En vérité, si je ne me retenais... Vous êtes une pécore, Pluche ! Je ne sais que penser de vous.

Il sort.

SCÈNE IV

Une place

LE CHŒUR, PERDICAN

PERDICAN

Bonjour, mes amis. Me reconnaissez-vous ?

LE CHŒUR

Seigneur, vous ressemblez à un enfant que nous avons beaucoup aimé.

PERDICAN

N'est-ce pas vous qui m'avez porté sur votre dos pour passer les ruisseaux de vos prairies, vous qui m'avez fait danser sur vos genoux, qui m'avez pris en croupe sur vos chevaux robustes, qui vous êtes serrés quelquefois autour de vos tables pour me faire une place au souper de la ferme ?

LE CHŒUR

Nous nous en souvenons, seigneur. Vous étiez bien le plus mauvais garnement et le meilleur garçon de la terre.

PERDICAN

Et pourquoi donc alors ne m'embrassez-vous pas, au lieu de me saluer comme un étranger ?

LE CHŒUR

Que Dieu te bénisse, enfant de nos entrailles ! chacun de nous voudrait te prendre dans ses bras ; mais nous sommes vieux, monseigneur, et vous êtes un homme.

PERDICAN

Oui, il y a dix ans que je ne vous ai vus, et en un jour tout change sous le soleil. Je me suis élevé de quelques pieds vers le ciel, et vous vous êtes courbés de quelques pouces vers le tombeau. Vos têtes ont blanchi, vos pas sont devenus plus lents ; vous ne pouvez plus soulever de terre votre enfant d'autrefois. C'est donc à moi d'être votre père, à vous qui avez été les miens.

LE CHŒUR

Votre retour est un jour plus heureux que votre naissance. Il est plus doux de retrouver ce qu'on aime, que d'embrasser un nouveau-né.

PERDICAN

Voilà donc ma chère vallée ! mes noyers, mes sentiers verts, ma petite fontaine ; voilà mes jours passés encore tout pleins de vie, voilà le monde mystérieux des rêves de mon enfance ! O patrie ! patrie ! mot incompréhensible ! l'homme n'est-il donc né que pour un coin de terre, pour y bâtir son nid et pour y vivre un jour ?

LE CHŒUR

On nous a dit que vous êtes un savant, monseigneur.

PERDICAN

Oui, on me l'a dit aussi. Les sciences sont une belle chose, mes enfants ; ces arbres et ces prairies enseignent à haute voix la plus belle de toutes, l'oubli de ce qu'on sait.

LE CHŒUR

Il s'est fait plus d'un changement pendant votre absence. Il y a des filles mariées et des garçons partis pour l'armée.

PERDICAN

Vous me conterez tout cela. Je m'attends bien à du nouveau, mais en vérité je n'en veux pas encore. Comme ce lavoir est petit ! autrefois il me paraissait immense ; j'avais emporté dans ma tête un océan et des forêts, et je retrouve une goutte d'eau et des brins d'herbe. Quelle est donc cette jeune fille qui chante à sa croisée derrière ces arbres ?

LE CHŒUR

C'est Rosette, la sœur de lait de votre cousine Camille.

PERDICAN, *s'avançant.*

Descends vite, Rosette, et viens ici.

ROSETTE, *entrant.*

Oui, monseigneur.

PERDICAN

Tu me voyais de ta fenêtre, et tu ne venais pas, méchante fille ? Donne-moi vite cette main-là, et ces joues-là, que je t'embrasse.

ROSETTE

Oui, monseigneur.

PERDICAN

Es-tu mariée, petite ? on m'a dit que tu l'étais.

ROSETTE

Oh ! non.

PERDICAN

Pourquoi ? Il n'y a pas dans le village de plus jolie fille que toi. Nous te marierons, mon enfant.

LE CHŒUR

Monseigneur, elle veut mourir fille.

PERDICAN

Est-ce vrai, Rosette ?

ROSETTE

Oh ! non.

PERDICAN

Ta sœur Camille est arrivée. L'as-tu vue ?

ROSETTE

Elle n'est pas encore venue par ici.

PERDICAN

Va-t'en vite mettre ta robe neuve, et viens souper au château.

SCÈNE V

Une salle

Entrent LE BARON *et* MAÎTRE BLAZIUS.

MAÎTRE BLAZIUS

Seigneur, j'ai un mot à vous dire ; le curé de la paroisse est un ivrogne.

LE BARON

Fi donc ! cela ne se peut pas.

MAÎTRE BLAZIUS

J'en suis certain ; il a bu à dîner trois bouteilles de vin.

LE BARON

Cela est exorbitant.

MAÎTRE BLAZIUS

Et en sortant de table, il a marché sur les plates-bandes.

LE BARON

Sur les plates-bandes ? — Je suis confondu. — Voilà qui est étrange ! — Boire trois bouteilles de vin à dîner ! marcher sur les plates-bandes ? c'est incompréhensible. Et pourquoi ne marchait-il pas dans l'allée ?

MAÎTRE BLAZIUS

Parce qu'il allait de travers.

LE BARON, *à part.*

Je commence à croire que Bridaine avait raison ce matin. Ce Blazius sent le vin d'une manière horrible.

MAÎTRE BLAZIUS

De plus, il a mangé beaucoup ; sa parole était embarrassée.

LE BARON

Vraiment, je l'ai remarqué aussi.

MAÎTRE BLAZIUS

Il a lâché quelques mots latins ; c'étaient autant de solécismes[9]. Seigneur, c'est un homme dépravé.

LE BARON, *à part.*

Pouah ! ce Blazius a une odeur qui est intolérable. — Apprenez, gouverneur, que j'ai bien autre chose en tête, et que je ne me mêle jamais de ce qu'on boit ni de ce qu'on mange. Je ne suis point un majordome.

MAÎTRE BLAZIUS

A Dieu ne plaise que je vous déplaise, monsieur le baron ; votre vin est bon.

LE BARON

Il y a de bon vin dans mes caves.

MAÎTRE BRIDAINE, *entrant.*

Seigneur, votre fils est sur la place, suivi de tous les polissons du village.

LE BARON

Cela est impossible.

MAÎTRE BRIDAINE

Je l'ai vu de mes propres yeux. Il ramassait des cailloux pour faire des ricochets.

LE BARON

Des ricochets ? ma tête s'égare ; voilà mes idées qui se bouleversent. Vous me faites un rapport insensé, Bridaine. Il est inouï qu'un docteur fasse des ricochets.

MAÎTRE BRIDAINE

Mettez-vous à la fenêtre, monseigneur, vous le verrez de vos propres yeux.

LE BARON, *à part.*

O ciel ! Blazius a raison ; Bridaine va de travers.

MAÎTRE BRIDAINE

Regardez, monseigneur, le voilà au bord du lavoir. Il tient sous le bras une jeune paysanne.

LE BARON

Une jeune paysanne ? Mon fils vient-il ici pour débaucher mes vassales ? Une paysanne sous son bras ! et tous les gamins du village autour de lui ! Je me sens hors de moi.

MAÎTRE BRIDAINE

Cela crie vengeance.

LE BARON

Tout est perdu ! — perdu sans ressource ! — Je suis perdu : Bridaine va de travers, Blazius sent le vin à faire horreur, et mon fils séduit toutes les filles du village en faisant des ricochets.

Il sort.

ACTE II

SCÈNE I

Un jardin
Entrent MAÎTRE BLAZIUS *et* PERDICAN.

MAÎTRE BLAZIUS

Seigneur, votre père est au désespoir.

PERDICAN

Pourquoi cela ?

MAÎTRE BLAZIUS

Vous n'ignorez pas qu'il avait formé le projet de vous unir à votre cousine Camille ?

PERDICAN

Eh bien ? — Je ne demande pas mieux.

MAÎTRE BLAZIUS

Cependant le baron croit remarquer que vos caractères ne s'accordent pas.

PERDICAN

Cela est malheureux ; je ne puis refaire le mien.

MAÎTRE BLAZIUS

Rendrez-vous par là ce mariage impossible ?

PERDICAN

Je vous répète que je ne demande pas mieux que d'épouser Camille. Allez trouver le baron et dites-lui cela.

MAÎTRE BLAZIUS

Seigneur, je me retire : voilà votre cousine qui vient de ce côté.

Il sort.
Entre Camille.

PERDICAN

Déjà levée, cousine ? J'en suis toujours pour ce que je t'ai dit hier ; tu es jolie comme un cœur.

CAMILLE

Parlons sérieusement, Perdican ; votre père veut nous marier. Je ne sais ce que vous en pensez ; mais je crois bien faire en vous prévenant que mon parti est pris là-dessus.

PERDICAN

Tant pis pour moi si je vous déplais.

CAMILLE

Pas plus qu'un autre ; je ne veux pas me marier : il n'y a rien là dont votre orgueil doive souffrir.

PERDICAN

L'orgueil n'est pas mon fait ; je n'en estime ni les joies ni les peines.

CAMILLE

Je suis venue ici pour recueillir le bien de ma mère ; je retourne demain au couvent.

PERDICAN

Il y a de la franchise dans ta démarche ; touche là, et soyons bons amis.

CAMILLE

Je n'aime pas les attouchements.

PERDICAN, *lui prenant la main.*

Donne-moi ta main, Camille, je t'en prie. Que crains-tu de moi ? Tu ne veux pas qu'on nous marie ? Eh bien ! ne nous marions pas ; est-ce une raison pour nous haïr ? ne sommes-nous pas le frère et la sœur ? Lorsque ta mère a ordonné ce mariage dans son testament, elle a voulu que notre amitié fût éternelle, voilà tout ce qu'elle a voulu ; pourquoi nous marier ? voilà ta main et voilà la mienne ; et pour qu'elles restent unies ainsi jusqu'au dernier soupir, crois-tu qu'il nous faille un prêtre ? Nous n'avons besoin que de Dieu.

CAMILLE

Je suis bien aise que mon refus vous soit indifférent.

PERDICAN

Il ne m'est point indifférent, Camille. Ton amour m'eût donné la vie, mais ton amitié m'en consolera. Ne quitte pas le château demain ; hier, tu as refusé de faire un tour de jardin, parce que tu voyais en moi un mari dont tu ne voulais pas. Reste ici quelques jours ; laisse-moi espérer que notre vie passée n'est pas morte à jamais dans ton cœur.

CAMILLE

Je suis obligée de partir.

PERDICAN

Pourquoi ?

CAMILLE

C'est mon secret.

PERDICAN

En aimes-tu un autre que moi ?

CAMILLE

Non ; mais je veux partir.

PERDICAN

Irrévocablement ?

CAMILLE

Oui, irrévocablement.

PERDICAN

Eh bien ! adieu. J'aurais voulu m'asseoir avec toi sous les marronniers du petit bois, et causer de bonne amitié une heure ou deux. Mais si cela te déplaît, n'en parlons plus ; adieu, mon enfant.

Il sort.

CAMILLE, *à dame Pluche qui entre.*

Dame Pluche, tout est-il prêt ? Partirons-nous demain ? Mon tuteur a-t-il fini ses comptes ?

DAME PLUCHE

Oui, chère colombe sans tache. Le baron m'a traitée de pécore hier soir, et je suis enchantée de partir.

CAMILLE

Tenez ; voilà un mot d'écrit que vous porterez avant dîner, de ma part, à mon cousin Perdican.

DAME PLUCHE

Seigneur, mon Dieu ! est-ce possible ? Vous écrivez un billet à un homme ?

CAMILLE

Ne dois-je pas être sa femme ? Je puis bien écrire à mon fiancé.

DAME PLUCHE

Le seigneur Perdican sort d'ici. Que pouvez-vous lui écrire ? Votre fiancé, miséricorde ! Serait-il vrai que vous oubliez Jésus ?

CAMILLE

Faites ce que je vous dis, et disposez tout pour notre départ.

Elles sortent.

SCÈNE II

La salle à manger — On met le couvert.

Entre MAÎTRE BRIDAINE.

Cela est certain, on lui donnera encore aujourd'hui la place d'honneur. Cette chaise que j'ai occupée si longtemps à la droite du baron sera la proie du gouverneur. O malheureux que je suis ! Un âne bâté, un ivrogne sans pudeur, me relègue au bas bout de la table ! Le majordome lui versera le premier verre de Malaga, et lorsque les plats arriveront à moi, ils seront à moitié froids et les meilleurs morceaux déjà avalés ; il ne restera plus autour des perdreaux ni choux ni carottes. O sainte église catholique ! Qu'on lui ait donné cette place hier, cela se concevait ; il venait d'arriver ; c'était la première fois, depuis nombre d'années, qu'il s'asseyait à cette table. Dieu ! comme il dévorait ! Non, rien ne me restera que des os et des pattes de poulet. Je ne souffrirai pas cet affront. Adieu, vénérable fauteuil où je me suis renversé tant de fois, gorgé de mets succulents ! Adieu, bouteilles cachetées, fumet sans pareil de venaisons cuites à point ! Adieu, table splendide, noble salle à manger, je ne dirai plus le *bénédicité* [10] ! Je retourne à ma cure ; on ne me verra pas confondu parmi la foule des convives, et j'aime mieux, comme César, être le premier au village que le second dans Rome.

Il sort.

SCÈNE III

Un champ devant une petite maison
Entrent ROSETTE *et* PERDICAN.

PERDICAN

Puisque ta mère n'y est pas, viens faire un tour de promenade.

ROSETTE

Croyez-vous que cela me fasse du bien, tous ces baisers que vous me donnez ?

PERDICAN

Quel mal y trouves-tu ? Je t'embrasserais devant ta mère. N'es-tu pas la sœur de Camille ? ne suis-je pas ton frère comme je suis le sien ?

ROSETTE

Des mots sont des mots, et des baisers sont des baisers. Je n'ai guère d'esprit, et je m'en aperçois bien sitôt que je veux dire quelque chose. Les belles dames savent leur affaire, selon qu'on leur baise la main droite ou la main gauche ; leurs pères les embrassent sur le front, leurs frères sur la joue, leurs amoureux sur les lèvres ; moi, tout le monde m'embrasse sur les deux joues, et cela me chagrine.

PERDICAN

Que tu es jolie, mon enfant !

ROSETTE

Il ne faut pas non plus vous fâcher pour cela. Comme vous paraissez triste ce matin ! Votre mariage est donc manqué ?

PERDICAN

Les paysans de ton village se souviennent de m'avoir aimé ; les chiens de la basse-cour et les arbres du bois s'en souviennent aussi ; mais Camille ne s'en souvient pas. Et toi, Rosette, à quand le mariage ?

ROSETTE

Ne parlons pas de cela, voulez-vous ? Parlons du temps qu'il fait, de ces fleurs que voilà, de vos chevaux et de mes bonnets.

PERDICAN

De tout ce qui te plaira, de tout ce qui peut passer sur tes lèvres sans leur ôter ce sourire céleste que je respecte plus que ma vie.

Il l'embrasse.

ROSETTE

Vous respectez mon sourire, mais vous ne respectez guère mes lèvres, à ce qu'il me semble. Regardez donc ; voilà une goutte de pluie qui me tombe sur la main, et cependant le ciel est pur.

PERDICAN

Pardonne-moi.

ROSETTE

Que vous ai-je fait pour que vous pleuriez ?

Ils sortent.

SCÈNE IV

Au château
Entrent MAÎTRE BLAZIUS *et* LE BARON.

MAÎTRE BLAZIUS

Seigneur, j'ai une chose singulière à vous dire. Tout à l'heure, j'étais par hasard dans l'office, je veux dire dans la galerie ; qu'aurais-je été faire dans l'office ? J'étais donc dans la galerie. J'avais trouvé par accident une bouteille, je veux dire une carafe d'eau ; comment aurais-je trouvé une bouteille dans la galerie ? J'étais donc en train de boire un coup de vin pour passer le temps, et je regardais par la fenêtre, entre deux vases de fleurs qui me paraissaient d'un goût moderne, bien qu'ils soient imités de l'étrusque.

LE BARON

Quelle insupportable manière de parler vous avez adoptée, Blazius ! vos discours sont inexplicables.

MAÎTRE BLAZIUS

Ecoutez-moi, seigneur, prêtez-moi un moment d'attention. Je regardais donc par la fenêtre. Ne vous impatientez pas, au nom du ciel, il y va de l'honneur de la famille.

LE BARON

De la famille ! voilà qui est incompréhensible. De l'honneur de la famille, Blazius ! Blazius ! Savez-vous que nous sommes trente-sept mâles, et presque autant de femmes, tant à Paris qu'en province ?

MAÎTRE BLAZIUS

Permettez-moi de continuer. Tandis que je buvais un coup de vin, je veux dire un verre d'eau, pour chasser la digestion tardive, imaginez que j'ai vu passer sous la fenêtre dame Pluche hors d'haleine.

LE BARON

Pourquoi hors d'haleine, Blazius ? ceci est insolite.

MAÎTRE BLAZIUS

Et à côté d'elle, rouge de colère, votre nièce Camille.

LE BARON

Qui était rouge de colère, ma nièce, ou dame Pluche ?

MAÎTRE BLAZIUS

Votre nièce, seigneur.

LE BARON

Ma nièce rouge de colère ! Cela est inouï ; et comment savez-vous que c'était de colère ? Elle pouvait être rouge pour mille raisons ; elle avait sans doute poursuivi quelques papillons dans mon parterre.

MAÎTRE BLAZIUS

Je ne puis rien affirmer là-dessus, cela se peut ; mais elle s'écriait avec force : Allez-y ! trouvez-le ! faites ce qu'on vous dit ! vous êtes une sotte ! je le veux ! et elle frappait avec son éventail sur le coude de dame Pluche, qui faisait un soubresaut dans la luzerne à chaque exclamation.

LE BARON

Dans la luzerne ! et que répondait la gouvernante aux extravagances de ma nièce ? car cette conduite mérite d'être qualifiée ainsi.

MAÎTRE BLAZIUS

La gouvernante répondait : Je ne veux pas y aller ! Je ne l'ai pas trouvé ! Il fait la cour aux filles du village, à des gardeuses de dindons ! Je suis trop vieille pour commencer à porter des messages d'amour ; grâce à

Dieu, j'ai vécu les mains pures jusqu'ici. — Et tout en parlant, elle froissait dans ses mains un petit papier plié en quatre.

LE BARON

Je n'y comprends rien ; mes idées s'embrouillent tout à fait. Quelle raison pouvait avoir dame Pluche pour froisser un papier plié en quatre en faisant des soubresauts dans une luzerne ! Je ne puis ajouter foi à de pareilles monstruosités.

MAÎTRE BLAZIUS

Ne comprenez-vous pas clairement, seigneur, ce que cela signifiait ?

LE BARON

Non, en vérité, non, mon ami, je n'y comprends absolument rien. Tout cela me paraît une conduite désordonnée, il est vrai, mais sans motif comme sans excuse.

MAÎTRE BLAZIUS

Cela veut dire que votre nièce a une correspondance secrète.

LE BARON

Que dites-vous ? Songez-vous de qui vous parlez ? Pesez vos paroles, monsieur l'abbé.

MAÎTRE BLAZIUS

Je les pèserais dans la balance céleste qui doit peser mon âme au jugement dernier, que je n'y trouverais pas un mot qui sente la fausse monnaie. Votre nièce a une correspondance secrète.

LE BARON

Mais songez donc, mon ami, que cela est impossible.

MAÎTRE BLAZIUS

Pourquoi aurait-elle chargé sa gouvernante d'une lettre ? Pourquoi aurait-elle crié : *Trouvez-le !* tandis que l'autre boudait et rechignait ?

LE BARON

Et à qui était adressée cette lettre ?

MAÎTRE BLAZIUS

Voilà précisément le *hic*, monseigneur, *hic jacet lepus*[11]. A qui était adressée cette lettre ? à un homme qui fait la cour à une gardeuse de dindons. Or, un homme qui recherche en public une gardeuse de dindons peut être soupçonné violemment d'être né pour les garder lui-même. Cependant il est impossible que votre nièce, avec l'éducation qu'elle a reçue, soit éprise d'un pareil homme ; voilà ce que je dis, et ce qui fait que je n'y comprends rien non plus que vous, révérence parler.

LE BARON

O ciel ! ma nièce m'a déclaré ce matin même qu'elle refusait son cousin Perdican. Aimerait-elle un gardeur de dindons ? Passons dans mon cabinet ; j'ai éprouvé depuis hier des secousses si violentes, que je ne puis rassembler mes idées.

Ils sortent.

SCÈNE V

Une fontaine dans un bois

Entre PERDICAN, *lisant un billet.*

« Trouvez-vous à midi à la petite fontaine... » Que veut dire cela ? tant de froideur, un refus si positif, si cruel, un orgueil si insensible, et un rendez-vous pardessus tout ? Si c'est pour me parler d'affaires, pourquoi choisir un pareil endroit ? Est-ce une coquetterie ? Ce matin, en me promenant avec Rosette, j'ai entendu remuer dans les broussailles, et il m'a semblé que c'était un pas de biche. Y a-t-il ici quelque intrigue ?

Entre Camille.

CAMILLE

Bonjour, cousin ; j'ai cru m'apercevoir, à tort ou à raison, que vous me quittiez tristement ce matin. Vous m'avez pris la main malgré moi, je viens vous demander de me donner la vôtre. Je vous ai refusé un baiser, le voilà.

Elle l'embrasse.

Maintenant, vous m'avez dit que vous seriez bien aise de causer de bonne amitié. Asseyez-vous là, et causons.

Elle s'assoit.

PERDICAN

Avais-je fait un rêve, ou en fais-je un autre en ce moment ?

CAMILLE

Vous avez trouvé singulier de recevoir un billet de moi, n'est-ce pas ? Je suis d'humeur changeante ; mais vous m'avez dit ce matin un mot très juste : « Puisque nous nous quittons, quittons-nous bons amis. » Vous ne savez pas la raison pour laquelle je pars, et je viens vous la dire : je vais prendre le voile.

PERDICAN

Est-ce possible ? Est-ce toi, Camille, que je vois dans cette fontaine, assise sur les marguerites, comme aux jours d'autrefois ?

CAMILLE

Oui, Perdican, c'est moi. Je viens revivre un quart d'heure de la vie passée. Je vous ai paru brusque et hautaine ; cela est tout simple, j'ai renoncé au monde. Cependant, avant de le quitter, je serais bien aise d'avoir votre avis. Trouvez-vous que j'aie raison de me faire religieuse ?

PERDICAN

Ne m'interrogez pas là-dessus, car je ne me ferai jamais moine.

CAMILLE

Depuis près de dix ans que nous avons vécu éloignés l'un de l'autre, vous avez commencé l'expérience de la vie. Je sais quel homme vous êtes, et vous devez avoir appris beaucoup en peu de temps avec un cœur et un esprit comme les vôtres. Dites-moi, avez-vous eu des maîtresses ?

PERDICAN

Pourquoi cela ?

CAMILLE

Répondez-moi, je vous en prie, sans modestie et sans fatuité.

PERDICAN

J'en ai eu.

CAMILLE

Les avez-vous aimées ?

PERDICAN

De tout mon cœur.

CAMILLE

Où sont-elles maintenant ? Le savez-vous ?

PERDICAN

Voilà, en vérité, des questions singulières. Que voulez-vous que je vous dise ? Je ne suis ni leur mari ni leur frère ; elles sont allées où bon leur a semblé.

CAMILLE

Il doit nécessairement y en avoir une que vous ayez préférée aux autres. Combien de temps avez-vous aimé celle que vous avez aimée le mieux ?

PERDICAN

Tu es une drôle de fille ; veux-tu te faire mon confesseur ?

CAMILLE

C'est une grâce que je vous demande, de me répondre sincèrement. Vous n'êtes point un libertin, et je crois que votre cœur a de la probité. Vous avez dû inspirer l'amour, car vous le méritez, et vous ne vous seriez pas livré à un caprice. Répondez-moi, je vous en prie.

PERDICAN

Ma foi, je ne m'en souviens pas.

CAMILLE

Connaissez-vous un homme qui n'ait aimé qu'une femme ?

PERDICAN

Il y en a certainement.

CAMILLE

Est-ce un de vos amis ? Dites-moi son nom.

PERDICAN

Je n'ai pas de nom à vous dire ; mais je crois qu'il y a des hommes capables de n'aimer qu'une fois.

CAMILLE

Combien de fois un honnête homme peut-il aimer ?

PERDIGAN

Veux-tu me faire réciter une litanie, ou récites-tu toi-même un catéchisme ?

CAMILLE

Je voudrais m'instruire, et savoir si j'ai tort ou raison de me faire religieuse. Si je vous épousais, ne devriez-vous pas répondre avec franchise à toutes mes questions, et me montrer votre cœur à nu ? Je vous estime beaucoup, et je vous crois, par votre éducation et par votre nature, supérieur à beaucoup d'autres hommes. Je suis fâchée que vous ne vous souveniez plus de ce que je vous demande ; peut-être en vous connaissant mieux je m'enhardirais.

PERDICAN

Où veux-tu en venir ? parle ; je répondrai.

CAMILLE

Répondez donc à ma première question. Ai-je raison de rester au couvent ?

PERDICAN

Non.

CAMILLE

Je ferais donc mieux de vous épouser ?

PERDICAN

Oui.

CAMILLE

Si le curé de votre paroisse soufflait sur un verre d'eau, et vous disait que c'est un verre de vin, le boiriez-vous comme tel ?

PERDICAN

Non.

CAMILLE

Si le curé de votre paroisse soufflait sur vous, et me disait que vous m'aimerez toute votre vie, aurais-je raison de le croire.

PERDICAN

Oui et non.

CAMILLE

Que me conseilleriez-vous de faire, le jour où je verrais que vous ne m'aimez plus ?

PERDICAN

De prendre un amant.

CAMILLE

Que ferai-je ensuite, le jour où mon amant ne m'aimera plus ?

PERDICAN

Tu en prendras un autre.

CAMILLE

Combien de temps cela durera-t-il ?

PERDICAN

Jusqu'à ce que tes cheveux soient gris, et alors les miens seront blancs.

CAMILLE

Savez-vous ce que c'est que les cloîtres, Perdican ? Vous êtes-vous jamais assis un jour entier sur le banc d'un monastère de femmes ?

PERDICAN

Oui, je m'y suis assis.

CAMILLE

J'ai pour amie une sœur qui n'a que trente ans, et qui a eu cinq cent mille livres de revenu à l'âge de quinze ans. C'est la plus belle et la plus noble créature qui ait marché sur terre. Elle était pairesse du parlement[12], et avait pour mari un des hommes les plus distingués de France. Aucune des nobles facultés humaines n'était restée sans culture en elle, et, comme un arbrisseau d'une sève choisie, tous ses bourgeons avaient donné des ramures. Jamais l'amour et le bonheur ne poseront leur couronne fleurie sur un front plus beau ; son mari l'a trompée ; elle a aimé un autre homme, et elle se meurt de désespoir.

PERDICAN

Cela est possible.

CAMILLE

Nous habitons la même cellule, et j'ai passé des nuits entières à parler de ses malheurs ; ils sont presque devenus les miens ; cela est singulier, n'est-ce pas ? Je ne sais trop comment cela se fait. Quand elle me parlait de son mariage, quand elle me peignait d'abord l'ivresse des premiers jours, puis la tranquillité des autres, et comme enfin tout s'était envolé ; comme elle était assise le soir au coin du feu, et lui auprès de la fenêtre, sans se dire un seul mot, comme leur amour avait langui, et comme tous les efforts pour se rapprocher n'aboutissaient qu'à des querelles ; comme une figure étrangère est venue peu à peu se placer entre eux et se glisser dans leurs souffrances, c'était moi que je voyais agir tandis qu'elle parlait. Quand elle disait : Là j'ai été heureuse, mon cœur bondissait ; et quand elle ajoutait : Là j'ai pleuré, mes larmes coulaient. Mais figurez-vous quelque chose de plus singulier encore ; j'avais fini par me créer une vie imaginaire ; cela a duré quatre ans ; il est inutile de vous dire par combien de réflexions, de retours sur moi-même, tout cela est venu. Ce que je voulais vous raconter, comme une curiosité, c'est que tous les récits de Louise, toutes les fictions de mes rêves portaient votre ressemblance.

PERDICAN

Ma ressemblance, à moi ?

CAMILLE

Oui, et cela est naturel : vous étiez le seul homme que j'eusse connu. En vérité, je vous ai aimé, Perdican.

PERDICAN

Quel âge as-tu, Camille ?

CAMILLE

Dix-huit ans.

PERDICAN

Continue, continue ; j'écoute.

CAMILLE

Il y a deux cents femmes dans notre couvent ; un petit nombre de ces femmes ne connaîtra jamais la vie, et tout le reste attend la mort. Plus d'une parmi elles sont sorties du monastère comme j'en sors aujourd'hui, vierges et pleines d'espérances. Elles sont revenues peu de temps après, vieilles et désolées. Tous les jours il en meurt dans nos dortoirs, et tous les jours il en vient de nouvelles prendre la place des mortes sur les matelas de crin. Les étrangers qui nous visitent admirent le calme et l'ordre de la maison ; ils regardent attentivement la blancheur de nos voiles ; mais ils se demandent pourquoi nous les rabaissons sur nos yeux. Que pensez-vous de ces femmes, Perdican ? Ont-elles tort, ou ont-elles raison ?

PERDICAN

Je n'en sais rien.

CAMILLE

Il s'en est trouvé quelques-unes qui me conseillent de rester vierge. Je suis bien aise de vous consulter. Croyez-vous que ces femmes-là auraient mieux fait de prendre un amant et de me conseiller d'en faire autant ?

PERDICAN

Je n'en sais rien.

CAMILLE

Vous aviez promis de me répondre.

PERDICAN

J'en suis dispensé tout naturellement ; je ne crois pas que ce soit toi qui parles.

CAMILLE

Cela se peut, il doit y avoir dans toutes mes idées des choses très ridicules. Il se peut bien qu'on m'ait fait la leçon, et que je ne sois qu'un perroquet mal appris. Il y a dans la galerie un petit tableau qui représente un moine courbé sur un missel ; à travers les barreaux obscurs de sa cellule glisse un faible rayon de soleil, et on aperçoit une locanda[13] italienne devant laquelle danse un chevrier. Lequel de ces deux hommes estimez-vous davantage ?

PERDICAN

Ni l'un ni l'autre et tous les deux. Ce sont deux hommes de chair et d'os ; il y en a un qui lit, et un autre qui danse ; je n'y vois pas autre chose. Tu as raison de te faire religieuse.

CAMILLE

Vous me disiez non tout à l'heure.

PERDICAN

Ai-je dit non ? Cela est possible.

CAMILLE

Ainsi vous me le conseillez ?

PERDICAN

Ainsi tu ne crois à rien ?

CAMILLE

Lève la tête, Perdican : quel est l'homme qui ne croit à rien ?

PERDICAN, *se levant.*

En voilà un ; je ne crois pas à la vie immortelle. — Ma sœur chérie, les religieuses t'ont donné leur expérience ; mais, crois-moi, ce n'est pas la tienne ; tu ne mourras pas sans aimer.

CAMILLE

Je veux aimer, mais je ne veux pas souffrir ; je veux aimer d'un amour éternel, et faire des serments qui ne se violent pas. Voilà mon amant.

Elle montre son crucifix.

PERDICAN

Cet amant-là n'exclut pas les autres.

CAMILLE

Pour moi, du moins, il les exclura. Ne souriez pas, Perdican ! Il y a dix ans que je ne vous ai vu, et je pars demain. Dans dix autres années, si nous nous revoyons, nous en reparlerons. J'ai voulu ne pas rester dans votre souvenir comme une froide statue ; car l'insensibilité mène au point où j'en suis. Ecoutez-moi : retournez à la vie, et tant que vous serez heureux, tant que vous aimerez comme on peut aimer sur la terre, oubliez votre sœur Camille ; mais s'il vous arrive jamais d'être oublié ou d'oublier vous-même, si l'ange de l'espérance vous abandonne, lorsque vous serez seul avec le vide dans le cœur, pensez à moi qui prierai pour vous.

PERDICAN

Tu es une orgueilleuse ; prends garde à toi.

CAMILLE

Pourquoi ?

PERDICAN

Tu as dix-huit ans, et tu ne crois pas à l'amour !

CAMILLE

Y croyez-vous, vous qui parlez ? Vous voilà courbé près de moi avec des genoux qui se sont usés sur les tapis de vos maîtresses, et vous n'en savez plus le nom. Vous avez pleuré des larmes de joie et des larmes de désespoir ; mais vous saviez que l'eau des sources est plus constante que vos larmes, et qu'elle serait toujours là pour laver vos paupières gonflées. Vous faites votre métier de jeune homme, et vous souriez quand on vous parle de femmes désolées ; vous ne croyez pas qu'on puisse mourir d'amour, vous qui vivez et qui avez aimé. Qu'est-ce donc que le monde ? Il me semble que vous devez cordialement mépriser les femmes qui vous prennent tels que vous êtes, et qui chassent leur dernier amant pour vous attirer dans leurs bras avec les baisers d'un autre sur les lèvres. Je vous demandais tout à l'heure si vous aviez aimé ; vous m'avez répondu comme un voyageur à qui l'on demanderait s'il a été en Italie ou en Allemagne, et qui dirait : Oui, j'y ai été ; puis qui penserait à aller en Suisse, ou dans le premier pays venu. Est-ce donc une monnaie que votre amour, pour qu'il puisse passer ainsi de main en main jusqu'à la mort ? Non, ce n'est pas même une monnaie ; car la plus mince pièce d'or vaut mieux que vous, et dans quelque main qu'elle passe, elle garde son effigie.

PERDICAN

Que tu es belle, Camille, lorsque tes yeux s'animent !

CAMILLE

Oui, je suis belle, je le sais. Les complimenteurs ne m'apprendront rien : la froide nonne qui coupera mes cheveux pâlira peut-être de sa mutilation ; mais ils ne se changeront pas en bagues et en chaînes pour courir les boudoirs ; il n'en manquera pas un seul sur ma tête, lorsque le fer y passera ; je ne veux qu'un coup de ciseau, et quand le prêtre qui me bénira [14] me mettra au doigt l'anneau d'or de mon époux céleste, la mèche de cheveux que je lui donnerai pourra lui servir de manteau.

PERDICAN

Tu es en colère, en vérité.

CAMILLE

J'ai eu tort de parler; j'ai ma vie entière sur les lèvres. O Perdican ! ne raillez pas ; tout cela est triste à mourir.

PERDICAN

Pauvre enfant, je te laisse dire, et j'ai bien envie de te répondre un mot. Tu me parles d'une religieuse qui me paraît avoir eu sur toi une influence funeste ; tu dis qu'elle a été trompée, qu'elle a trompé elle-même, et qu'elle est désespérée. Es-tu sûre que si son mari ou son amant revenait lui tendre la main à travers la grille du parloir, elle ne lui tendrait pas la sienne ?

CAMILLE

Qu'est-ce que vous dites ? J'ai mal entendu.

PERDICAN

Es-tu sûre que si son mari ou son amant revenait lui dire de souffrir encore, elle répondrait non ?

CAMILLE

Je le crois, je le crois.

PERDICAN

Il y a deux cents femmes dans ton monastère, et la plupart ont au fond du cœur des blessures profondes ; elles te les ont fait toucher, et elles ont coloré ta pensée virginale des gouttes de leur sang. Elles ont vécu, n'est-ce pas ? et elles t'ont montré avec horreur la route de leur vie ; tu t'es signée devant leurs cicatrices, comme devant les plaies de Jésus ; elles t'ont fait une place dans leurs processions lugubres, et tu te serres contre ces corps décharnés avec une crainte religieuse, lorsque tu vois passer un homme. Es-tu sûre que si l'homme qui passe était celui qui les a trompées, celui pour qui elles pleurent et elles souffrent, celui qu'elles maudissent en priant Dieu, es-tu sûre qu'en le voyant, elles ne briseraient pas leurs chaînes pour courir à leurs malheurs passés, et pour presser leurs poitrines sanglantes sur le poignard qui les a meurtries ? O mon enfant ! sais-tu les rêves de ces femmes, qui te disent de ne pas rêver ? Sais-tu quel nom elles murmurent quand les sanglots qui sortent de leurs lèvres font trembler l'hostie qu'on leur présente ? Elles qui s'asseoient près de toi avec leurs têtes branlantes pour verser dans ton oreille leur vieillesse flétrie, elles qui sonnent dans les ruines de ta jeunesse le tocsin de leur désespoir, et qui font sentir à ton sang vermeil la fraîcheur de leurs tombes, sais-tu qui elles sont ?

CAMILLE

Vous me faites peur ; la colère vous prend aussi.

PERDICAN

Sais-tu ce que c'est que des nonnes, malheureuse fille ? Elles qui te représentent l'amour des hommes comme un mensonge, savent-elles qu'il y a pis encore, le mensonge de l'amour divin ? Savent-elles que c'est un crime qu'elles font de venir chuchoter à une vierge des paroles de femme ? Ah ! comme elles t'ont fait la leçon ! Comme j'avais prévu tout cela quand tu t'es arrêtée devant le portrait de notre vieille tante ! Tu voulais partir sans me serrer la main ; tu ne voulais revoir ni ce bois ni cette pauvre petite fontaine, qui nous regarde tout en larmes ; tu reniais les jours de ton enfance, et le masque de plâtre que les nonnes t'ont plaqué sur les joues me refusait un baiser de frère ; mais ton cœur a battu, il a oublié sa leçon, lui qui ne sait pas lire, et tu es revenue t'asseoir sur l'herbe où nous voilà. Eh bien ! Camille, ces femmes ont bien parlé ; elles t'ont mise dans le vrai chemin ; il pourra m'en coûter le bonheur de ma vie ; mais dis-leur cela de ma part : le ciel n'est pas pour elles.

CAMILLE

Ni pour moi, n'est-ce pas ?

PERDICAN

Adieu, Camille, retourne à ton couvent, et lorsqu'on te fera de ces récits hideux qui t'ont empoisonnée, réponds ce que je vais te dire : Tous les hommes sont menteurs, inconstants, faux, bavards, hypocrites, orgueilleux et lâches, méprisables et sensuels ; toutes les femmes sont perfides, artificieuses, vaniteuses, curieuses et dépravées ; le monde n'est qu'un égout sans fond où les phoques les plus informes rampent et se tordent sur des montagnes de fange ; mais il y a au monde une chose sainte et sublime, c'est l'union de deux de ces êtres si imparfaits et si affreux. On est souvent trompé en amour, souvent blessé et souvent malheureux ; mais on aime, et quand on est sur le bord de sa tombe, on se retourne pour regarder en arrière, et on se dit : J'ai souffert souvent, je me suis trompé quelquefois ; mais j'ai aimé. C'est moi qui ai vécu, et non pas un être factice créé par mon orgueil et mon ennui.

Il sort.

ACTE III

SCÈNE I

Devant le château.
Entrent LE BARON *et* MAÎTRE BLAZIUS.

LE BARON

Indépendamment de votre ivrognerie, vous êtes un bélître[15], maître Blazius. Mes valets vous voient entrer furtivement dans l'office, et quand vous êtes convaincu d'avoir volé mes bouteilles de la manière la plus pitoyable, vous croyez vous justifier en accusant ma nièce d'une correspondance secrète.

MAÎTRE BLAZIUS

Mais, monseigneur, veuillez vous rappeler...

LE BARON

Sortez, monsieur l'abbé, et ne reparaissez jamais devant moi; il est déraisonnable d'agir comme vous faites, et ma gravité m'oblige à ne vous pardonner de ma vie.

Il sort; maître Blazius le suit.
Entre Perdican.

PERDICAN

Je voudrais bien savoir si je suis amoureux. D'un côté, cette manière d'interroger est tant soit peu cavalière, pour une fille de dix-huit ans ; d'un autre, les idées que ces nonnes lui ont fourrées dans la tête auront de la peine à se corriger. De plus, elle doit partir aujourd'hui. Diable ! je l'aime, cela est sûr. Après tout, qui sait ? peut-être elle répétait une leçon, et d'ailleurs il est clair qu'elle ne se soucie pas de moi. D'une autre part, elle a beau être jolie, cela n'empêche pas qu'elle n'ait des manières beaucoup trop décidées et un ton trop brusque. Je n'ai qu'à n'y plus penser ; il est clair que je ne l'aime pas. Cela est certain qu'elle est jolie ; mais pourquoi cette conversation d'hier ne veut-elle pas me sortir de la tête ? En vérité, j'ai passé la nuit à radoter. Où vais-je donc ? — Ah ! je vais au village.

Il sort.

SCÈNE II

Un chemin

Entre MAÎTRE BRIDAINE.

Que font-ils maintenant ? Hélas ! voilà midi. — Ils sont à table. Que mangent-ils ? que ne mangent-ils pas ? J'ai vu la cuisinière traverser le village, avec un énorme dindon. L'aide portait les truffes, avec un panier de raisin.

Entre maître Blazius

MAÎTRE BLAZIUS

O disgrâce imprévue ! me voilà chassé du château, par conséquent de la salle à manger. Je ne boirai plus le vin de l'office.

MAÎTRE BRIDAINE

Je ne verrai plus fumer les plats ; je ne chaufferai plus au feu de la noble cheminée mon ventre copieux.

MAÎTRE BLAZIUS

Pourquoi une fatale curiosité m'a-t-elle poussé à écouter le dialogue de dame Pluche et de la nièce ? Pourquoi ai-je rapporté au baron ce que j'avais vu ?

MAÎTRE BRIDAINE

Pourquoi un vain orgueil m'a-t-il éloigné de ce dîner honorable où j'étais si bien accueilli ? Que m'importait d'être à droite ou à gauche ?

MAÎTRE BLAZIUS

Hélas ! j'étais gris, il faut en convenir, lorsque j'ai fait cette folie.

MAÎTRE BRIDAINE

Hélas ! le vin m'avait monté la tête quand j'ai commis cette imprudence.

MAÎTRE BLAZIUS

Il me semble que voilà le curé.

MAÎTRE BRIDAINE

C'est le gouverneur en personne.

MAÎTRE BLAZIUS

Oh ! oh ! monsieur le curé, que faites-vous là ?

MAÎTRE BRIDAINE

Moi ! je vais dîner. N'y venez-vous pas ?

MAÎTRE BLAZIUS

Pas aujourd'hui. Hélas ! maître Bridaine, intercédez pour moi ; le baron m'a chassé. J'ai accusé faussement Mlle Camille d'avoir une correspondance secrète, et cependant Dieu m'est témoin que j'ai vu, ou que j'ai cru voir dame Pluche dans la luzerne. Je suis perdu, monsieur le curé.

MAÎTRE BRIDAINE

Que m'apprenez-vous là ?

MAÎTRE BLAZIUS

Hélas ! hélas ! la vérité ! Je suis en disgrâce complète pour avoir volé une bouteille.

MAÎTRE BRIDAINE

Que parlez-vous, messire, de bouteilles volées à propos d'une luzerne et d'une correspondance ?

MAÎTRE BLAZIUS

Je vous supplie de plaider ma cause. Je suis honnête, seigneur Bridaine. O digne seigneur Bridaine, je suis votre serviteur.

MAÎTRE BRIDAINE, *à part.*

O fortune ! est-ce un rêve ? Je serai donc assis sur toi, ô chaise bienheureuse !

MAÎTRE BLAZIUS

Je vous serai reconnaissant d'écouter mon histoire, et de vouloir bien m'excuser, brave seigneur, cher curé.

MAÎTRE BRIDAINE

Cela m'est impossible, monsieur, il est midi sonné, et je m'en vais dîner. Si le baron se plaint de vous, c'est votre affaire. Je n'intercède point pour un ivrogne.

A part.

Vite, volons à la grille ; et toi, mon ventre, arrondis-toi.

Il sort en courant.

MAÎTRE BLAZIUS, *seul.*

Misérable Pluche ! c'est toi qui paieras pour tous ; oui, c'est toi qui es la cause de ma ruine, femme éhontée, vile entremetteuse. C'est à toi que je dois cette disgrâce ; ô sainte université de Paris ! on me traite d'ivrogne ! Je suis perdu si je ne saisis une lettre, et si je ne prouve au baron que sa nièce a une correspondance.

Je l'ai vue ce matin écrire à son bureau. Patience ! voici du nouveau.

Passe dame Pluche portant une lettre.

Pluche, donnez-moi cette lettre.

DAME PLUCHE

Que signifie cela ? C'est une lettre de ma maîtresse que je vais mettre à la poste au village.

MAÎTRE BLAZIUS

Donnez-la-moi, ou vous êtes morte.

DAME PLUCHE

Moi, morte ! morte ! Marie, Jésus, vierge et martyr.

MAÎTRE BLAZIUS

Oui, morte, Pluche ; donnez-moi ce papier.

Ils se battent ; entre Perdican.

PERDICAN

Qu'y a-t-il ? Que faites-vous, Blazius ? Pourquoi violenter cette femme ?

DAME PLUCHE

Rendez-moi la lettre. Il me l'a prise, seigneur, justice !

MAÎTRE BLAZIUS

C'est une entremetteuse, seigneur, cette lettre est un billet doux.

DAME PLUCHE

C'est une lettre de Camille, seigneur, de votre fiancée.

MAÎTRE BLAZIUS

C'est un billet doux à un gardeur de dindons.

DAME PLUCHE

Tu en as menti, abbé. Apprends cela de moi.

PERDICAN

Donnez-moi cette lettre ; je ne comprends rien à votre dispute ; mais en qualité de fiancé de Camille, je m'arroge le droit de la lire.

Il lit.

« A la sœur Louise, au couvent de ***. »

A part.

Quelle maudite curiosité me saisit malgré moi ? Mon cœur bat avec force, et je ne sais ce que j'éprouve. — Retirez-vous, dame Pluche, vous êtes une digne femme, et maître Blazius est un sot. Allez dîner ; je me charge de mettre cette lettre à la poste.

Sortent maître Blazius et dame Pluche.

PERDICAN, *seul.*

Que ce soit un crime d'ouvrir une lettre, je le sais trop bien pour le faire. Que peut dire Camille à cette sœur ? Suis-je donc amoureux ? Quel empire a donc pris sur moi cette singulière fille, pour que les trois mots écrits sur cette adresse me fassent trembler la main ? Cela est singulier ; Blazius, en se débattant avec dame Pluche, a fait sauter le cachet. Est-ce un crime de rompre le pli ? Bon, je n'y changerai rien.

Il ouvre la lettre et lit.

« Je pars aujourd'hui, ma chère, et tout est arrivé comme je l'avais prévu. C'est une terrible chose ; mais ce pauvre jeune homme a le poignard dans le cœur, il ne se consolera pas de m'avoir perdue. Cependant j'ai fait tout au monde pour le dégoûter de moi. Dieu me pardonnera de l'avoir réduit au désespoir par mon refus. Hélas ! ma chère, que pouvais-je y faire ? Priez pour moi ; nous nous reverrons demain, et pour toujours. Toute à vous du meilleur de mon âme.

CAMILLE. »

Est-il possible ? Camille écrit cela ! C'est de moi qu'elle parle ainsi ! Moi au désespoir de son refus ! Eh ! bon Dieu ! si cela était vrai, on le verrait bien ; quelle honte peut-il y avoir à aimer ? Elle a fait tout au monde pour me dégoûter, dit-elle, et j'ai le poignard dans le cœur ? Quel intérêt peut-elle avoir à inventer un roman pareil ? Cette pensée que j'avais cette nuit est-elle donc vraie ? O femmes ! Cette pauvre Camille a peut-être une grande piété ; c'est de bon cœur qu'elle se donne à Dieu, mais elle a résolu et décrété qu'elle me laisserait au désespoir. Cela était convenu entre les bonnes amies, avant de partir du couvent. On a décidé que Camille allait revoir son cousin, qu'on le lui voudrait faire épouser, qu'elle refuserait, et que le cousin serait désolé. Cela est si intéressant, une jeune fille qui fait à Dieu le sacrifice du bonheur d'un cousin ! Non, non, Camille, je ne t'aime pas ; je ne suis pas au désespoir. Je n'ai pas le poignard dans le cœur, et je te le prouverai. Oui, tu sauras que j'en aime une autre, avant que de partir d'ici. Holà ! brave homme !

Entre un paysan.

Allez au château, dites à la cuisine qu'on envoie un valet porter à Mlle Camille le billet que voici.

Il écrit.

LE PAYSAN

Oui, monseigneur.

Il sort.

PERDICAN

Maintenant, à l'autre. Ah ! je suis au désespoir ! Holà ! Rosette ! Rosette !

Il frappe à une porte.

ROSETTE, *ouvrant.*

C'est vous, monseigneur ? Entrez, ma mère y est.

PERDICAN

Mets ton plus beau bonnet, Rosette, et viens avec moi.

ROSETTE

Où donc ?

PERDICAN

Je te le dirai ; demande la permission à ta mère, mais dépêche-toi.

ROSETTE

Oui, monseigneur.

Elle rentre dans la maison.

PERDICAN

J'ai demandé un nouveau rendez-vous à Camille, et je suis sûr qu'elle y viendra ; mais, par le ciel ! elle n'y trouvera pas ce qu'elle y comptera trouver. Je veux faire la cour à Rosette, devant Camille elle-même.

SCÈNE III

Le petit bois
Entrent CAMILLE *et* LE PAYSAN.

LE PAYSAN

Mademoiselle, je vais au château porter une lettre pour vous ; faut-il que je vous la donne, ou que je la remette à la cuisine, comme me l'a dit le seigneur Perdican ?

CAMILLE

Donne-la-moi.

LE PAYSAN

Si vous aimez mieux que je la porte au château, ce n'est pas la peine de m'attarder.

CAMILLE

Je te dis de me la donner.

LE PAYSAN

Ce qui vous plaira.

Il donne la lettre.

CAMILLE

Tiens, voilà pour ta peine.

LE PAYSAN

Grand merci ; je m'en vais, n'est-ce pas ?

CAMILLE

Si tu veux.

LE PAYSAN

Je m'en vais, je m'en vais.

Il sort.

CAMILLE, *lisant.*

Perdican me demande de lui dire adieu avant de partir, près de la petite fontaine où je l'ai fait venir hier. Que peut-il avoir à me dire ? Voilà justement la fontaine, et je suis toute portée [16]. Dois-je accorder ce second rendez-vous ? Ah !

Elle se cache derrière un arbre.

Voilà Perdican qui approche avec Rosette, ma sœur de lait. Je suppose qu'il va la quitter ; je suis bien aise de ne pas avoir l'air d'arriver la première.

Entrent Perdican et Rosette, qui s'assoient.

CAMILLE, *cachée, à part.*

Que veut dire cela ? Il la fait asseoir près de lui ! Me demande-t-il un rendez-vous pour y venir causer avec une autre ? Je suis curieuse de savoir ce qu'il lui dit.

PERDICAN, *à haute voix, de manière que Camille l'entend.*

Je t'aime, Rosette ; toi seule au monde tu n'as rien oublié de nos beaux jours passés, toi seule tu te souviens de la vie qui n'est plus ; prends ta part de ma vie nouvelle ; donne-moi ton cœur, chère enfant ; voilà le gage de notre amour.

Il lui pose sa chaîne sur le cou.

ROSETTE

Vous me donnez votre chaîne d'or ?

PERDICAN

Regarde à présent cette bague. Lève-toi, et approchons-nous de cette fontaine. Nous vois-tu tous les deux, dans la source, appuyés l'un sur l'autre ? Vois-tu tes beaux yeux près des miens, ta main dans la mienne ? Regarde tout cela s'effacer.

Il jette sa bague dans l'eau.

Regarde comme notre image a disparu ; la voilà qui revient peu à peu ; l'eau qui s'était troublée reprend son équilibre ; elle tremble encore ; de grands cercles noirs courent à sa surface ; patience, nous reparaissons ; déjà je distingue de nouveau tes bras enlacés dans les miens ; encore une minute, et il n'y aura plus une ride sur ton joli visage ; regarde ! c'était une bague que m'avait donnée Camille.

CAMILLE, *à part.*

Il a jeté ma bague dans l'eau.

PERDICAN

Sais-tu ce que c'est que l'amour, Rosette ? Ecoute ! le vent se tait ; la pluie du matin roule en perles sur les feuilles séchées que le soleil ranime. Par la lumière du ciel, par le soleil que voilà, je t'aime. Tu veux bien de moi, n'est-ce pas ? On n'a pas flétri ta jeunesse ? on n'a pas infiltré dans ton sang vermeil les restes d'un sang affadi ? Tu ne veux pas te faire religieuse ; te voilà jeune et belle dans les bras d'un jeune homme ; ô Rosette, Rosette, sais-tu ce que c'est que l'amour ?

ROSETTE

Hélas ! monsieur le docteur, je vous aimerai comme je pourrai.

PERDICAN

Oui, comme tu pourras ; et tu m'aimeras mieux, tout docteur que je suis, et toute paysanne que tu es, que ces pâles statues fabriquées par les nonnes, qui ont la tête à la place du cœur, et qui sortent des cloîtres pour venir répandre dans la vie l'atmosphère humide de leurs cellules ; tu ne sais rien ; tu ne lirais pas dans un livre la prière que ta mère t'apprend, comme elle l'a apprise de sa mère ; tu ne comprends même pas le sens des paroles que tu répètes, quand tu t'agenouilles au pied de ton lit ; mais tu comprends bien que tu pries, et c'est tout ce qu'il faut à Dieu.

ROSETTE

Comme vous me parlez, monseigneur.

PERDICAN

Tu ne sais pas lire ; mais tu sais ce que disent ces bois et ces prairies, ces tièdes rivières, ces beaux champs couverts de moissons, toute cette nature splendide de jeunesse. Tu reconnais tous ces milliers de frères, et moi pour l'un d'entre eux ; lève-toi ; tu seras ma femme, et nous prendrons racine ensemble dans la sève du monde tout-puissant.

Il sort avec Rosette.

SCÈNE IV

Entre LE CHŒUR.

Il se passe assurément quelque chose d'étrange au château ; Camille a refusé d'épouser Perdican ; elle doit retourner aujourd'hui au couvent dont elle est venue. Mais je crois que le seigneur son cousin s'est consolé avec Rosette. Hélas ! la pauvre fille ne sait pas quel danger elle court, en écoutant les discours d'un jeune et galant seigneur.

DAME PLUCHE, *entrant.*

Vite, vite, qu'on selle mon âne.

LE CHŒUR

Passerez-vous comme un songe léger, ô vénérable dame ? Allez-vous si promptement enfourcher derechef cette pauvre bête qui est si triste de vous porter ?

DAME PLUCHE

Dieu merci, chère canaille, je ne mourrai pas ici.

LE CHŒUR

Mourez au loin, Pluche, ma mie ; mourez inconnue dans un caveau malsain. Nous ferons des vœux pour votre respectable résurrection.

DAME PLUCHE

Voici ma maîtresse qui s'avance.

A Camille qui entre.

Chère Camille, tout est prêt pour notre départ ; le baron a rendu ses comptes, et mon âne est bâté.

CAMILLE

Allez au diable, vous et votre âne ; je ne partirai pas aujourd'hui.

Elle sort.

LE CHŒUR

Que veut dire ceci ? Dame Pluche est pâle de terreur ; ses faux cheveux tentent de se hérisser, sa poitrine siffle avec force, et ses doigts s'allongent en se crispant.

DAME PLUCHE

Seigneur Jésus ! Camille a juré.

Elle sort.

SCÈNE V

Entrent LE BARON *et* MAÎTRE BRIDAINE.

MAÎTRE BRIDAINE

Seigneur, il faut que je vous parle en particulier. Votre fils fait la cour à une fille du village.

LE BARON

C'est absurde, mon ami.

MAITRE BRIDAINE

Je l'ai vu distinctement passer dans la bruyère en lui donnant le bras ; il se penchait à son oreille, et lui promettait de l'épouser.

LE BARON

Cela est monstrueux.

MAÎTRE BRIDAINE

Soyez-en convaincu ; il lui a fait un présent considérable que la petite a montré à sa mère.

LE BARON

O ciel ! considérable, Bridaine ? En quoi considérable ?

MAÎTRE BRIDAINE

Pour le poids et pour la conséquence. C'est la chaîne d'or qu'il portait à son bonnet.

LE BARON

Passons dans mon cabinet ; je ne sais à quoi m'en tenir.

Ils sortent.

SCÈNE VI

La chambre de Camille.
Entrent CAMILLE *et* DAME PLUCHE.

CAMILLE

Il a pris ma lettre, dites-vous ?

DAME PLUCHE

Oui, mon enfant, il s'est chargé de la mettre à la poste.

CAMILLE

Allez au salon, dame Pluche, et faites-moi le plaisir de dire à Perdican que je l'attends ici.

Dame Pluche sort.

Il a lu ma lettre, cela est certain ; sa scène du bois est une vengeance, comme son amour pour Rosette. Il a voulu me prouver qu'il en aimait une autre que moi, et jouer l'indifférent malgré son dépit. Est-ce qu'il m'aimerait, par hasard ?

Elle lève la tapisserie.

Es-tu là, Rosette ?

ROSETTE, *entrant.*

Oui ; puis-je entrer ?

CAMILLE

Ecoute-moi, mon enfant ; le seigneur Perdican ne te fait-il pas la cour ?

ROSETTE

Hélas ! oui.

CAMILLE

Que penses-tu de ce qu'il t'a dit ce matin ?

ROSETTE

Ce matin ? Où donc ?

CAMILLE

Ne fais pas l'hypocrite. — Ce matin, à la fontaine, dans le petit bois.

ROSETTE

Vous m'avez donc vue ?

CAMILLE

Pauvre innocente ! Non, je ne t'ai pas vue. Il t'a fait de beaux discours, n'est-ce pas ? Gageons qu'il t'a promis de t'épouser.

ROSETTE

Comment le savez-vous ?

CAMILLE

Qu'importe comment je le sais ? Crois-tu à ses promesses, Rosette ?

ROSETTE

Comment n'y croirais-je pas ? il me tromperait donc ? Pourquoi faire ?

CAMILLE

Perdican ne t'épousera pas, mon enfant.

ROSETTE

Hélas ! je n'en sais rien.

CAMILLE

Tu l'aimes, pauvre fille ; il ne t'épousera pas, et la preuve, je vais te la donner ; rentre derrière ce rideau, tu n'auras qu'à prêter l'oreille et à venir quand je t'appellerai.

Rosette sort.

CAMILLE, *seule.*

Moi qui croyais faire un acte de vengeance, ferais-je un acte d'humanité ? La pauvre fille a le cœur pris.

Entre Perdican.

Bonjour, cousin, asseyez-vous.

PERDICAN

Quelle toilette, Camille ! A qui en voulez-vous ?

CAMILLE

A vous, peut-être ; je suis fâchée de n'avoir pu me rendre au rendez-vous que vous m'avez demandé ; vous aviez quelque chose à me dire ?

PERDICAN, *à part.*

Voilà, sur ma vie, un petit mensonge assez gros, pour un agneau sans tache ; je l'ai vue derrière un arbre écouter la conversation.

Haut.

Je n'ai rien à vous dire, qu'un adieu, Camille ; je croyais que vous partiez ; cependant votre cheval est à l'écurie, et vous n'avez pas l'air d'être en robe de voyage.

CAMILLE

J'aime la discussion ; je ne suis pas bien sûre de ne pas avoir eu envie de me quereller encore avec vous.

PERDICAN

A quoi sert de se quereller, quand le raccommodement est impossible ? Le plaisir des disputes, c'est de faire la paix.

CAMILLE

Etes-vous convaincu que je ne veuille pas la faire ?

PERDICAN

Ne raillez pas ; je ne suis pas de force à vous répondre.

CAMILLE

Je voudrais qu'on me fît la cour ; je ne sais si c'est que j'ai une robe neuve, mais j'ai envie de m'amuser. Vous m'avez proposé d'aller au village, allons-y, je veux bien ; mettons-nous en bateau ; j'ai envie d'aller dîner sur l'herbe, ou de faire une promenade dans la forêt. Fera-t-il clair de lune, ce soir ? Cela est singulier ; vous n'avez plus au doigt la bague que je vous ai donnée.

PERDICAN

Je l'ai perdue.

CAMILLE

C'est donc pour cela que je l'ai trouvée ; tenez, Perdican, la voilà.

PERDICAN

Est-ce possible ? Où l'avez-vous trouvée ?

CAMILLE

Vous regardez si mes mains sont mouillées, n'est-ce pas ? En vérité, j'ai gâté ma robe de couvent pour retirer ce petit hochet d'enfant de la fontaine. Voilà pourquoi j'en ai mis une autre, et je vous dis, cela m'a changée ; mettez donc cela à votre doigt.

PERDICAN

Tu as retiré cette bague de l'eau, Camille, au risque de te précipiter ? Est-ce un songe ? La voilà ; c'est toi qui me la mets au doigt ! Ah ! Camille, pourquoi me le rends-tu, ce triste gage d'un bonheur qui n'est plus ? Parle, coquette et imprudente fille, pourquoi pars-tu, pourquoi restes-tu ? Pourquoi, d'une heure à l'autre, changes-tu d'apparence et de couleur, comme la pierre de cette bague à chaque rayon du soleil !

CAMILLE

Connaissez-vous le cœur des femmes, Perdican ? Etes-vous sûr de leur inconstance, et savez-vous si elles changent réellement de pensée en changeant quelquefois de langage ? Il y en a qui disent que non. Sans doute, il nous faut souvent jouer un rôle, souvent mentir ; vous voyez que je suis franche ; mais êtes-vous sûr que tout mente dans une femme, lorsque sa langue ment ? Avez-vous bien réfléchi à la nature de cet être faible et violent, à la rigueur avec laquelle on le juge, aux principes qu'on lui impose ? Et qui sait si, forcée à tromper par le monde, la tête de ce petit être sans cervelle ne peut pas y prendre plaisir, et mentir quelquefois par passe-temps, par folie, comme elle ment par nécessité ?

PERDICAN

Je n'entends rien à tout cela, et je ne mens jamais. Je t'aime, Camille, voilà tout ce que je sais.

CAMILLE

Vous dites que vous m'aimez, et vous ne mentez jamais ?

PERDICAN

Jamais.

CAMILLE

En voilà une qui dit pourtant que cela vous arrive quelquefois.

Elle lève la tapisserie. Rosette paraît dans le fond, évanouie sur une chaise.

Que répondrez-vous à cette enfant, Perdican, lorsqu'elle vous demandera compte de vos paroles ? Si vous ne mentez jamais, d'où vient donc qu'elle s'est évanouie en vous entendant me dire que vous m'aimez ? Je vous laisse avec elle ; tâchez de la faire revenir.

Elle veut sortir.

PERDICAN

Un instant, Camille, écoute-moi.

CAMILLE

Que voulez-vous me dire ? c'est à Rosette qu'il faut parler. Je ne vous aime pas, moi ; je n'ai pas été chercher par dépit cette malheureuse enfant au fond de sa chaumière, pour en faire un appât, un jouet ; je n'ai pas répété imprudemment devant elle des paroles brûlantes adressées à une autre ; je n'ai pas feint de jeter au vent pour elle le souvenir d'une amitié chérie ; je ne lui ai pas mis ma chaîne au cou ; je ne lui ai pas dit que je l'épouserais.

PERDICAN

Ecoute-moi, écoute-moi !

CAMILLE

N'as-tu pas souri tout à l'heure quand je t'ai dit que je n'avais pu aller à la fontaine ? Eh bien ! oui, j'y étais, et j'ai tout entendu ; mais, Dieu m'en est témoin, je ne voudrais pas y avoir parlé comme toi. Que feras-tu de cette fille-là, maintenant, quand elle viendra, avec tes baisers ardents sur les lèvres, te montrer en pleurant la blessure que tu lui as faite ? Tu as voulu te venger de moi, n'est-ce pas, et me punir d'une lettre écrite à mon couvent ? Tu as voulu me lancer à tout prix quelque trait qui pût m'atteindre, et tu comptais pour rien que ta flèche empoisonnée traversât cette enfant, pourvu qu'elle me frappât derrière elle. Je m'étais vantée de t'avoir inspiré quelque amour, de te laisser quelque regret. Cela t'a blessé dans ton noble orgueil ? Eh bien !

apprends-le de moi, tu m'aimes, entends-tu, mais tu épouseras cette fille, ou tu n'es qu'un lâche.

PERDICAN

Oui, je l'épouserai.

CAMILLE

Et tu feras bien.

PERDICAN

Très bien, et beaucoup mieux qu'en t'épousant toi-même. Qu'y a-t-il, Camille ? Qui t'échauffe si fort ? Cette enfant s'est évanouie ; nous la ferons bien revenir ; il ne faut pour cela qu'un flacon de vinaigre ; tu as voulu me prouver que j'avais menti une fois dans ma vie ; cela est possible, mais je te trouve hardie de décider à quel instant. Viens, aide-moi à secourir Rosette.

Ils sortent.

SCÈNE VII

Entrent LE BARON *et* CAMILLE.

LE BARON

Si cela se fait, je deviendrai fou.

CAMILLF

Employez votre autorité.

LE BARON

Je deviendrai fou, et je refuserai mon consentement, voilà qui est certain.

CAMILLE

Vous devriez lui parler, et lui faire entendre raison.

LE BARON

Cela me jettera dans le désespoir pour tout le carnaval, et je ne paraîtrai pas une fois à la cour. C'est un mariage disproportionné. Jamais on n'a entendu parler d'épouser la sœur de lait de sa cousine ; cela passe toute espèce de bornes.

CAMILLE

Faites-le appeler, et dites-lui nettement que ce mariage vous déplaît. Croyez-moi, c'est une folie, et il ne résistera pas.

LE BARON

Je serai vêtu de noir cet hiver, tenez-le pour assuré.

CAMILLE

Mais parlez-lui, au nom du ciel. C'est un coup de tête qu'il a fait ; peut-être n'est-il déjà plus temps ; s'il en a parlé, il le fera.

LE BARON

Je vais m'enfermer pour m'abandonner à la douleur. Dites-lui, s'il me demande, que je suis enfermé, et que je m'abandonne à ma douleur de le voir épouser une fille sans nom.

Il sort.

CAMILLE

Ne trouverai-je pas ici un homme de cœur ? En vérité, quand on en cherche, on est effrayé de sa solitude.

Entre Perdican.

Eh bien ! cousin, à quand le mariage ?

PERDICAN

Le plus tôt possible ; j'ai déjà parlé au notaire, au curé, et à tous les paysans.

CAMILLE

Vous comptez donc réellement que vous épouserez Rosette ?

PERDICAN

Assurément.

CAMILLE

Qu'en dira votre père ?

PERDICAN

Tout ce qu'il voudra ; il me plaît d'épouser cette fille ; c'est une idée que je vous dois, et je m'y tiens. Faut-il vous répéter les lieux communs les plus rebattus sur sa naissance et sur la mienne ? Elle est jeune et jolie, et elle m'aime. C'est plus qu'il n'en faut pour être trois fois heureux. Qu'elle ait de l'esprit ou qu'elle n'en ait pas, j'aurais pu trouver pire. On criera et on raillera ; je m'en lave les mains.

CAMILLE

Il n'y a rien là de risible ; vous faites très bien de l'épouser. Mais je suis fâchée pour vous d'une chose : c'est qu'on dira que vous l'avez fait par dépit.

PERDICAN

Vous êtes fâchée de cela ? Oh ! que non !

CAMILLE

Si, j'en suis vraiment fâchée pour vous. Cela fait du tort à un jeune homme, de ne pouvoir résister à un moment de dépit.

PERDICAN

Soyez-en donc fâchée ; quant à moi, cela m'est bien égal.

CAMILLE

Mais vous n'y pensez pas ; c'est une fille de rien.

PERDICAN

Elle sera donc de quelque chose, lorsqu'elle sera ma femme.

CAMILLE

Elle vous ennuiera avant que le notaire ait mis son habit neuf et ses souliers pour venir ici ; le cœur vous lèvera au repas de noces, et le soir de la fête, vous lui ferez couper les mains et les pieds, comme dans les contes arabes, parce qu'elle sentira le ragoût.

PERDICAN

Vous verrez que non. Vous ne me connaissez pas ; quand une femme est douce et sensible, franche, bonne et belle, je suis capable de me contenter de cela, oui, en vérité, jusqu'à ne pas me soucier de savoir si elle parle latin.

CAMILLE

Il est à regretter qu'on ait dépensé tant d'argent pour vous l'apprendre ; c'est trois mille écus de perdus.

PERDICAN

Oui, on aurait mieux fait de les donner aux pauvres.

CAMILLE

Ce sera vous qui vous en chargerez, du moins pour les pauvres d'esprit [17].

PERDICAN

Et ils me donneront en échange le royaume des cieux, car il est à eux.

CAMILLE

Combien de temps durera cette plaisanterie ?

PERDICAN

Quelle plaisanterie ?

CAMILLE

Votre mariage avec Rosette.

PERDICAN

Bien peu de temps ; Dieu n'a pas fait de l'homme une œuvre de durée : trente ou quarante ans, tout au plus.

CAMILLE

Je suis curieuse de danser à vos noces.

PERDICAN

Ecoutez-moi, Camille, voilà un ton de persiflage qui est hors de propos.

CAMILLE

Il me plaît trop pour que je le quitte.

PERDICAN

Je vous quitte donc vous-même, car j'en ai tout à l'heure assez.

CAMILLE

Allez-vous chez votre épousée ?

PERDICAN

Oui, j'y vais de ce pas.

CAMILLE

Donnez-moi donc le bras ; j'y vais aussi.

Entre Rosette.

PERDICAN

Te voilà, mon enfant ? Viens, je veux te présenter à mon père.

ROSETTE, *se mettant à genoux.*

Monseigneur, je viens vous demander une grâce. Tous les gens du village à qui j'ai parlé ce matin, m'ont dit que vous aimiez votre cousine, et que vous ne m'avez fait la cour que pour vous divertir tous deux ; on se moque de moi quand je passe, et je ne pourrai plus trouver de mari dans le pays, après avoir servi de risée à tout le monde. Permettez-moi de vous rendre le collier que vous m'avez donné, et de vivre en paix chez ma mère.

CAMILLE

Tu es une bonne fille, Rosette ; garde ce collier, c'est moi qui te le donne, et mon cousin prendra le mien à la place. Quant à un mari, n'en sois pas embarrassée, je me charge de t'en trouver un.

PERDICAN

Cela n'est pas difficile, en effet. Allons, Rosette, viens, que je te mène à mon père.

CAMILLE

Pourquoi ? Cela est inutile.

PERDICAN

Oui, vous avez raison, mon père nous recevrait mal ; il faut laisser passer le premier moment de surprise qu'il a éprouvée. Viens avec moi, nous retournerons sur la place. Je trouve plaisant qu'on dise que je ne t'aime pas quand je t'épouse. Pardieu ! nous les ferons bien taire.

Il sort avec Rosette.

CAMILLE

Que se passe-t-il donc en moi ? Il l'emmène d'un air bien tranquille. Cela est singulier ; il me semble que la tête me tourne. Est-ce qu'il l'épouserait tout de bon ? Holà ! dame Pluche, dame Pluche ! N'y a-t-il donc personne ici ?

Entre un valet.

Courez après le seigneur Perdican ; dites-lui vite qu'il remonte ici ; j'ai à lui parler.

Le valet sort.

Mais qu'est-ce donc que tout cela ? Je n'en puis plus, mes pieds refusent de me soutenir.

Rentre Perdican.

PERDICAN

Vous m'avez demandé, Camille ?

CAMILLE

Non, — non. —

PERDICAN

En vérité, vous voilà pâle ; qu'avez-vous à me dire ? Vous m'avez fait rappeler pour me parler.

CAMILLE

Non, non. — Oh ! Seigneur Dieu !

Elle sort.

SCÈNE VIII

Un oratoire

Entre CAMILLE *; elle se jette au pied de l'autel.*

M'avez-vous abandonnée, ô mon Dieu ? Vous le savez, lorsque je suis venue, j'avais juré de vous être fidèle ; quand j'ai refusé de devenir l'épouse d'un autre que vous, j'ai cru parler sincèrement, devant vous et ma conscience ; vous le savez ; mon père, ne voulez-vous donc plus de moi ? Oh ! pourquoi faites-vous mentir la vérité elle-même ? Pourquoi suis-je si faible ? Ah, malheureuse, je ne puis plus prier.

Entre Perdican.

PERDICAN

Orgueil, le plus fatal des conseillers humains, qu'es-tu venu faire entre cette fille et moi ? La voilà pâle et effrayée, qui presse sur les dalles insensibles son cœur et son visage. Elle aurait pu m'aimer, et nous étions nés l'un pour l'autre ; qu'es-tu venu faire sur nos lèvres, orgueil, lorsque nos mains allaient se joindre ?

CAMILLE

Qui m'a suivie ? Qui parle sous cette voûte ? Est-ce toi, Perdican ?

PERDICAN

Insensés que nous sommes ! nous nous aimons. Quel songe avons-nous fait, Camille ? Quelles vaines paroles, quelles misérables folies ont passé comme un vent funeste entre nous deux ? Lequel de nous a voulu tromper l'autre ? Hélas ! cette vie est elle-même un si pénible rêve ; pourquoi encore y mêler les nôtres ? O mon Dieu, le bonheur est une perle si rare dans cet océan d'ici-bas ! Tu nous l'avais donné, pêcheur céleste, tu l'avais tiré pour nous des profondeurs de l'abîme, cet inestimable joyau ; et nous, comme des enfants gâtés que nous sommes, nous en avons fait un jouet ; le vert sentier qui nous amenait l'un vers l'autre avait une pente si douce, il était entouré de buissons si fleuris, il se perdait dans un si tranquille horizon ! Il a bien fallu que la vanité, le bavardage et la colère vinssent jeter leurs rochers informes sur cette route céleste, qui nous aurait conduits à toi dans un baiser ! Il a bien fallu que nous nous fissions du mal, car nous sommes des hommes. O insensés ! nous nous aimons.

Il la prend dans ses bras.

CAMILLE

Oui, nous nous aimons, Perdican ; laisse-moi le sentir sur ton cœur ; ce Dieu qui nous regarde ne s'en offensera pas ; il veut bien que je t'aime ; il y a quinze ans qu'il le sait.

PERDICAN

Chère créature, tu es à moi !

Il l'embrasse ; on entend un grand cri derrière l'autel.

CAMILLE

C'est la voix de ma sœur de lait.

PERDICAN

Comment est-elle ici ! Je l'avais laissée dans l'escalier, lorsque tu m'as fait rappeler. Il faut donc qu'elle m'ait suivi, sans que je m'en sois aperçu.

CAMILLE

Entrons dans cette galerie ; c'est là qu'on a crié.

PERDICAN

Je ne sais ce que j'éprouve ; il me semble que mes mains sont couvertes de sang.

CAMILLE

La pauvre enfant nous a sans doute épiés ; elle s'est encore évanouie ; viens, portons-lui secours ; hélas ! tout cela est cruel.

PERDICAN

Non, en vérité, je n'entrerai pas ; je sens un froid mortel qui me paralyse. Vas-y, Camille, et tâche de la ramener.

Camille sort.

Je vous en supplie, mon Dieu ! ne faites pas de moi un meurtrier ! Vous voyez ce qui se passe ; nous sommes deux enfants insensés, et nous avons joué avec la vie et la mort ; mais notre cœur est pur ; ne tuez pas Rosette, Dieu juste ! Je lui trouverai un mari, je réparerai ma faute ; elle est jeune, elle sera riche, elle sera heureuse ; ne faites pas cela, ô Dieu, vous pouvez bénir encore quatre de vos enfants. Eh bien ! Camille, qu'y a-t-il ?

Camille rentre.

CAMILLE

Elle est morte. Adieu, Perdican.

LORENZACCIO

PERSONNAGES

ALEXANDRE DE MÉDICIS, duc de Florence.
LORENZO DE MÉDICIS (Lorenzaccio) } ses cousins.
COME DE MÉDICIS
LE CARDINAL CIBO.
LE MARQUIS DE CIBO, son frère.
SIRE MAURICE, chancelier des Huit.
LE CARDINAL BACCIO VALORI, commissaire apostolique.
JULIEN SALVIATI.
PHILIPPE STROZZI
PIERRE STROZZI } ses fils.
THOMAS STROZZI
LÉON STROZZI, prieur de Capoue
ROBERTO CORSINI, provéditeur de la forteresse.
PALLA RUCCELLAI } seigneurs républicains.
ALAMANNO SALVIATI
FRANÇOIS PAZZI
BINDO ALTOVITI, oncle de Lorenzo.
VENTURI, bourgeois.
TEBALDEO, peintre.
SCORONCONCOLO, spadassin.
Les Huit.
GIOMO LE HONGROIS, écuyer du duc.
MAFFIO, bourgeois.
DEUX DAMES DE LA COUR ET UN OFFICIER ALLEMAND, UN ORFÈVRE, UN MARCHAND, DEUX PRÉCEPTEURS ET DEUX ENFANTS, PAGES, SOLDATS, MOINES, COURTISANS, BANNIS, ÉCOLIERS, DOMESTIQUES, BOURGEOIS, ETC.
MARIE SODERINI, mère de Lorenzo.
CATHERINE GINORI, sa tante.
LA MARQUISE DE CIBO.
LOUISE STROZZI.

ACTE I

SCÈNE I

Un jardin. — Clair de lune ; un pavillon dans le fond, un autre sur le devant.
Entrent LE DUC *et* LORENZO, *couverts de leurs manteaux ;*
GIOMO, *une lanterne à la main.*

LE DUC

Qu'elle se fasse attendre encore un quart d'heure, et je m'en vais. Il fait un froid de tous les diables.

LORENZO

Patience, altesse, patience.

LE DUC

Elle devait sortir de chez sa mère à minuit ; il est minuit, et elle ne vient pourtant pas.

LORENZO

Si elle ne vient pas, dites que je suis un sot, et que la vieille mère est une honnête femme.

LE DUC

Entrailles du pape ! avec tout cela, je suis volé d'un millier de ducats !

LORENZO

Nous n'avons avancé que moitié. Je réponds de la petite. Deux grands yeux languissants, cela ne trompe pas. Quoi de plus curieux pour le connaisseur que la débauche à la mamelle ? Voir dans un enfant de quinze ans la rouée à venir ; étudier, ensemencer, infiltrer paternellement le filon mystérieux du vice dans un conseil d'ami, dans une caresse au menton ; — tout dire et ne rien dire, selon le caractère des parents ; — habituer doucement l'imagination qui se développe à donner des corps à ses fantômes, à toucher ce qui l'effraie, à mépriser ce qui la protège ! Cela va plus vite qu'on ne pense ; le vrai mérite est de frapper juste. Et quel trésor que celle-ci ! tout ce qui peut faire passer une nuit délicieuse à votre altesse ! Tant de pudeur ! Une jeune chatte qui veut bien des confitures, mais qui ne veut pas se salir la patte. Proprette comme une Flamande ! La médiocrité bourgeoise en personne ! D'ailleurs, fille de bonnes gens, à qui leur peu de fortune n'a pas permis une éducation solide ; point de fond dans les principes, rien qu'un léger vernis ; mais quel flot violent d'un fleuve magnifique sous cette couche de glace fragile, qui craque à chaque pas ! Jamais arbuste en fleurs n'a promis de fruits plus rares, jamais je n'ai humé dans une atmosphère enfantine plus exquise odeur de courtisanerie.

LE DUC

Sacrebleu ! je ne vois pas le signal. Il faut pourtant que j'aille au bal chez Nasi : c'est aujourd'hui qu'il marie sa fille.

GIOMO

Allons au pavillon, monseigneur. Puisqu'il ne s'agit que d'emporter une fille qui est à moitié payée, nous pouvons bien taper aux carreaux.

LE DUC

Viens par ici, le Hongrois a raison.

Ils s'éloignent.
Entre Maffio.

MAFFIO

Il me semblait dans mon rêve voir ma sœur traverser notre jardin, tenant une lanterne sourde, et couverte de pierreries. Je me suis éveillé en sursaut. Dieu sait que ce n'est qu'une illusion, mais une illusion trop forte pour que le sommeil ne s'enfuie pas devant elle. Grâce au ciel, les fenêtres du pavillon où couche la petite sont fermées comme de coutume ; j'aperçois faiblement la lumière de sa lampe entre les feuilles de notre vieux figuier. Maintenant mes folles terreurs se dissipent ; les battements précipités de mon cœur font place à une douce tranquillité. Insensé ! mes yeux se remplissent de larmes, comme si ma pauvre sœur avait couru un véritable danger. — Qu'entends-je ? Qui remue là entre les branches ?

La sœur de Maffio passe dans l'éloignement.

Suis-je éveillé ? c'est le fantôme de ma sœur. Il tient une lanterne sourde, et un collier brillant étincelle sur sa poitrine aux rayons de la lune. Gabrielle ! Gabrielle ! où vas-tu ?

Rentrent Giomo et le duc.

GIOMO

Ce sera le bonhomme de frère pris de somnambulisme. — Lorenzo conduira votre belle au palais par la petite porte ; et quant à nous, qu'avons-nous à craindre ?

MAFFIO

Qui êtes-vous ? Holà ! arrêtez !

Il tire son épée.

GIOMO

Honnête rustre, nous sommes tes amis.

MAFFIO

Où est ma sœur ? que cherchez-vous ici ?

GIOMO

Ta sœur est dénichée, brave canaille. Ouvre la grille de ton jardin.

MAFFIO

Tire ton épée et défends-toi, assassin que tu es !

GIOMO, *saute sur lui et le désarme.*

Halte-là ! maître sot, pas si vite !

MAFFIO

O honte ! ô excès de misère ! S'il y a des lois à Florence, si quelque justice vit encore sur la terre, par ce qu'il y a de vrai et de sacré au monde, je me jetterai aux pieds du duc, et il vous fera pendre tous les deux.

GIOMO

Aux pieds du duc ?

MAFFIO

Oui, oui, je sais que les gredins de votre espèce égorgent impunément les familles. Mais que je meure, entendez-vous, je ne mourrai pas silencieux comme tant d'autres. Si le duc ne sait pas que sa ville est une forêt pleine de bandits, pleine d'empoisonneurs et de filles déshonorées, en voilà un qui le lui dira. Ah ! massacre ! ah ! fer et sang ! j'obtiendrai justice de vous.

GIOMO, *l'épée à la main.*

Faut-il frapper, Altesse ?

LE DUC

Allons donc ! frapper ce pauvre homme ! Va te recoucher, mon ami ; nous t'enverrons demain quelques ducats.

Il sort.

MAFFIO

C'est Alexandre de Médicis !

GIOMO

Lui-même, mon brave rustre. Ne te vante pas de sa visite si tu tiens à tes oreilles.

Il sort.

SCÈNE II

Une rue. — Le point du jour.
Plusieurs masques sortent d'une maison illuminée ;
UN MARCHAND DE SOIERIES *et* UN ORFÈVRE
ouvrent leurs boutiques.

LE MARCHAND DE SOIERIES

Hé, hé, père Mondella, voilà bien du vent pour mes étoffes.

Il étale ses pièces de soie.

L'ORFÈVRE, *bâillant.*

C'est à se casser la tête ! Au diable leur noce ! Je n'ai pas fermé l'œil de la nuit.

LE MARCHAND

Ni ma femme non plus, voisin ; la chère âme s'est tournée et retournée comme une anguille. Ah ! dame ! quand on est jeune, on ne s'endort pas au bruit des violons.

L'ORFÈVRE

Jeune ! jeune ! cela vous plaît à dire. On n'est pas jeune avec une barbe comme celle-là ; et cependant Dieu sait si leur damnée musique me donne envie de danser.

Deux écoliers passent.

PREMIER ÉCOLIER

Rien n'est plus amusant. On se glisse contre la porte au milieu des soldats, et on les voit descendre avec leurs habits de toutes les couleurs. Tiens, voilà la maison des Nasi.

Il souffle dans ses doigts.

Mon portefeuille me glace les mains.

DEUXIÈME ÉCOLIER

Et on nous laissera approcher ?

PREMIER ÉCOLIER

En vertu de quoi est-ce qu'on nous en empêcherait ? Nous sommes citoyens de Florence. Regarde tout ce monde autour de la porte ; en voilà des chevaux, des pages et des livrées ! Tout cela va et vient, il n'y a qu'à s'y connaître un peu ; je suis capable de nommer toutes les personnes d'importance ; on observe bien tous les costumes, et le soir on dit à l'atelier : J'ai une terrible envie de dormir, j'ai passé la nuit au bal chez le prince Aldobrandini, chez le comte Salviati ; le prince était habillé de telle ou telle façon, la princesse de telle autre, et on ne ment pas. Viens, prends ma cape par-derrière.

Ils se placent contre la porte de la maison.

L'ORFÈVRE

Entendez-vous les petits badauds ? Je voudrais qu'un de mes apprentis fît un pareil métier !

LE MARCHAND

Bon, bon, père Mondella, où le plaisir ne coûte rien, la jeunesse n'a rien à perdre. Tous ces grands yeux étonnés de ces petits polissons me réjouissent le cœur. — Voilà comme j'étais, humant l'air et cherchant les nouvelles. Il paraît que la Nasi est une belle gaillarde, et que le Martelli est un heureux garçon. C'est une famille bien florentine, celle-là ! Quelle tournure ont tous ces grands seigneurs ! J'avoue que ces fêtes-là me font plaisir, à moi. On est dans son lit bien tranquille, avec un coin de ses rideaux retroussé ; on regarde de temps en temps les lumières qui vont et viennent dans le palais ; on attrape un petit air de danse sans rien payer, et on se dit : Hé, hé, ce sont mes étoffes qui dansent, mes belles étoffes du bon Dieu, sur le cher corps de tous ces braves et loyaux seigneurs.

L'ORFÈVRE

Il en danse plus d'une qui n'est pas payée, voisin ; ce sont celles-là qu'on arrose de vin et qu'on frotte sur les murailles avec le moins de regret. Que les grands seigneurs s'amusent, c'est tout simple, — ils sont nés pour cela. Mais il y a des amusements de plusieurs sortes, entendez-vous ?

LE MARCHAND

Oui, oui, comme la danse, le cheval, le jeu de paume, et tant d'autres. Qu'entendez-vous vous-même, père Mondella ?

L'ORFÈVRE

Cela suffit ; — je me comprends. — C'est-à-dire que les murailles de tous ces palais-là n'ont jamais mieux prouvé leur solidité. Il leur fallait moins de force pour défendre les aïeux de l'eau du ciel, qu'il ne leur en faut pour soutenir les fils quand ils ont trop pris de leur vin.

LE MARCHAND

Un verre de vin est de bon conseil, père Mondella. Entrez donc dans ma boutique, que je vous montre une pièce de velours.

L'ORFÈVRE

Oui, de bon conseil et de bonne mine, voisin ; un bon verre de vin vieux a une bonne mine au bout d'un bras qui a sué pour le gagner ; on le soulève gaiement d'un petit coup et il s'en va donner du courage au cœur de l'honnête homme qui travaille pour sa famille. Mais ce sont des tonneaux sans vergogne que tous ces godelureaux de la cour. A qui fait-on plaisir, en s'abrutissant jusqu'à la bête féroce? A personne, pas même à soi, et à Dieu encore moins.

LE MARCHAND

Le carnaval a été rude, il faut l'avouer; et leur maudit ballon m'a gâté de la marchandise pour une cinquantaine de florins *. Dieu merci! les Strozzi l'ont payé.

L'ORFÈVRE

Les Strozzi! Que le ciel confonde ceux qui ont osé porter la main sur leur neveu! Le plus brave homme de Florence, c'est Philippe Strozzi!

LE MARCHAND

Cela n'empêche pas Pierre Strozzi d'avoir traîné son maudit ballon sur ma boutique, et de m'avoir fait trois grandes taches dans une aune de velours brodé. A propos, père Mondella, nous verrons-nous à Montolivet[1]?

L'ORFÈVRE

Ce n'est pas mon métier de suivre les foires; j'irai cependant à Montolivet par piété. C'est un saint pèlerinage, voisin, et qui remet tous les péchés.

LE MARCHAND

Et qui est tout à fait vénérable, voisin, et qui fait gagner les marchands plus que tous les autres jours de l'année. C'est plaisir de voir ces bonnes dames, sortant de la messe, manier et examiner toutes les étoffes. Que Dieu conserve Son Altesse! La cour est une belle chose.

* C'était l'usage au carnaval de traîner dans les rues un énorme ballon qui renversait les passants et les devantures des boutiques. Pierre Strozzi avait été arrêté pour ce fait.

L'ORFÈVRE

La cour ! le peuple la porte sur le dos, voyez-vous ! Florence était encore (il n'y a pas longtemps de cela) une bonne maison bien bâtie ; tous ces grands palais, qui sont les logements de nos grandes familles, en étaient les colonnes. Il n'y en avait pas une, de toutes ces colonnes, qui dépassât les autres d'un pouce ; elles soutenaient à elles toutes une vieille voûte bien cimentée, et nous nous promenions là-dessous sans crainte d'une pierre sur la tête. Mais il y a de par le monde deux architectes mal avisés qui ont gâté l'affaire, je vous le dis en confidence, c'est le pape et l'empereur Charles[2]. L'empereur a commencé par entrer par une assez bonne brèche dans la susdite maison. Après quoi, ils ont jugé à propos de prendre une des colonnes dont je vous parle, à savoir celle de la famille Médicis, et d'en faire un clocher, lequel clocher a poussé comme un champignon de malheur dans l'espace d'une nuit. Et puis, savez-vous, voisin, comme l'édifice branlait au vent, attendu qu'il avait la tête trop lourde et une jambe de moins, on a remplacé le pilier devenu clocher par un gros pâté informe fait de boue et de crachat, et on a appelé cela la citadelle. Les Allemands se sont installés dans ce maudit trou comme des rats dans un fromage ; et il est bon de savoir que tout en jouant aux dés et en buvant leur vin aigrelet, ils ont l'œil sur nous autres. Les familles florentines ont beau crier, le peuple et les marchands ont beau dire, les Médicis gouvernent au moyen de leur garnison ; ils nous dévorent, comme une excroissance vénéneuse dévore un estomac malade ; c'est en vertu des hallebardes qui se promènent sur la plate-forme, qu'un bâtard, une moitié de Médicis[3], un butor que le ciel avait fait pour être garçon boucher ou valet de charrue, couche dans le lit de nos filles, boit nos bouteilles, casse nos vitres ; et encore le paie-t-on pour cela.

LE MARCHAND

Peste ! peste ! comme vous y allez ! Vous avez l'air de savoir tout cela par cœur ; il ne ferait pas bon dire cela dans toutes les oreilles, voisin Mondella.

L'ORFÈVRE

Et quand on me bannirait comme tant d'autres ! On vit à Rome aussi bien qu'ici. Que le diable emporte la noce, ceux qui y dansent et ceux qui la font !

Il rentre. Le marchand se mêle aux curieux.
Passe un bourgeois avec sa femme.

LA FEMME

Guillaume Martelli est un bel homme, et riche. C'est un bonheur pour Nicolo Nasi d'avoir un gendre comme celui-là. Tiens, le bal dure encore. — Regarde donc toutes ces lumières.

LE BOURGEOIS

Et nous, notre fille, quand la marierons-nous ?

LA FEMME

Comme tout est illuminé ! danser encore à l'heure qu'il est, c'est là une jolie fête ! — On dit que le duc y est.

LE BOURGEOIS

Faire du jour la nuit, et de la nuit le jour, c'est un moyen commode de ne pas voir les honnêtes gens. Une belle invention, ma foi, que des hallebardes à la porte d'une noce ! Que le bon Dieu protège la ville ! Il en sort tous les jours de nouveaux, de ces chiens d'Allemands, de leur damnée forteresse.

LA FEMME

Regarde donc le joli masque. Ah ! la belle robe ! Hélas ! tout cela coûte très cher, et nous sommes bien pauvres, à la maison.

Ils sortent.

UN SOLDAT, *au marchand.*

Gare, canaille ! laisse passer les chevaux.

LE MARCHAND

Canaille toi-même, Allemand du diable !

Le soldat le frappe de sa pique.

LE MARCHAND, *se retirant.*

Voilà comme on suit la capitulation[4] ! Ces gredins-là maltraitent les citoyens.

Il rentre chez lui.

L'ÉCOLIER, *à son camarade.*

Vois-tu celui-là qui ôte son masque ? C'est Palla Rucellai. Un fier luron ! Ce petit-là, à côté de lui, c'est Thomas Strozzi, Masaccio, comme on dit.

UN PAGE, *criant.*

Le cheval de Son Altesse !

LE SECOND ÉCOLIER

Allons-nous-en, voilà le duc qui sort.

LE PREMIER ÉCOLIER

Crois-tu pas qu'il va te manger ?

La foule s'augmente à la porte.

L'ÉCOLIER

Celui-là, c'est Nicolini ; celui-là, c'est le provéditeur[5].

Le duc sort, vêtu en religieuse, avec Julien Salviati, habillé de même, tous deux masqués.

LE DUC, *montant à cheval.*

Viens-tu, Julien ?

SALVIATI

Non, Altesse, pas encore.

Il lui parle à l'oreille.

LE DUC

Bien, bien, ferme !

SALVIATI

Elle est belle comme un démon. — Laissez-moi faire, si je peux me débarrasser de ma femme.

Il rentre dans le bal.

LE DUC

Tu es gris, Salviati ; le diable m'emporte, tu vas de travers.

Il part avec sa suite.

L'ÉCOLIER

Maintenant que voilà le duc parti, il n'y en a pas pour longtemps.

Les masques sortent de tous côtés.

LE SECOND ÉCOLIER

Rose, vert, bleu, j'en ai plein les yeux ; la tête me tourne.

UN BOURGEOIS

Il paraît que le souper a duré longtemps : en voilà deux qui ne peuvent plus se tenir.

Le provéditeur monte à cheval ; une bouteille cassée lui tombe sur l'épaule.

LE PROVÉDITEUR

Eh ! ventrebleu ! quel est l'assommeur, ici ?

UN MASQUE

Eh ! ne le voyez-vous pas, seigneur Corsini ? Tenez, regardez à la fenêtre ; c'est Lorenzo, avec sa robe de nonne.

LE PROVÉDITEUR

Lorenzaccio, le diable soit de toi, tu as blessé mon cheval.

La fenêtre se ferme.

Peste soit de l'ivrogne et de ses farces silencieuses ! un gredin qui n'a pas souri trois fois dans sa vie, et qui passe le temps à des espiègleries d'écolier en vacance !

Il sort.

Louise Strozzi sort de la maison, accompagnée de Julien Salviati ; il lui tient l'étrier. Elle monte à cheval ; un écuyer et une gouvernante la suivent.

JULIEN

La jolie jambe, chère fille ! Tu es un rayon de soleil, et tu as brûlé la moelle de mes os.

LOUISE

Seigneur, ce n'est pas là le langage d'un cavalier.

JULIEN

Quels yeux tu as, mon cher cœur ! quelle belle épaule à essuyer, tout humide et si fraîche ! Que faut-il te donner pour être ta camériste cette nuit ? Le joli pied à déchausser !

LOUISE

Lâche mon pied, Salviati.

JULIEN

Non, par le corps de Bacchus ! jusqu'à ce que tu m'aies dit quand nous coucherons ensemble.

Louise frappe son cheval et part au galop.

UN MASQUE, *à Julien.*

La petite Strozzi s'en va rouge comme la braise ; — vous l'avez fâchée, Salviati.

JULIEN

Bast ! colère de jeune fille, et pluie du matin...

Il sort.

SCENE III

Chez le marquis de Cibo.

LE MARQUIS, *en habit de voyage ;* LA MARQUISE ; ASCANIO. — LE CARDINAL CIBO, *assis*

LE MARQUIS, *embrassant son fils.*

Je voudrais pouvoir t'emmener, petit, toi et ta grande épée qui te traîne entre les jambes. Prends patience, Massa [6] n'est pas bien loin, et je te rapporterai un bon cadeau.

LA MARQUISE

Adieu, Laurent ; revenez, revenez !

LE CARDINAL

Marquise, voilà des pleurs qui sont de trop. Ne dirait-on pas que mon frère part pour la Palestine ? Il ne court pas grand danger dans ses terres, je crois.

LE MARQUIS

Mon frère, ne dites pas de mal de ces belles larmes.

Il embrasse sa femme.

LE CARDINAL

Je voudrais seulement que l'honnêteté n'eût pas cette apparence.

LA MARQUISE

L'honnêteté n'a-t-elle point de larmes, monsieur le cardinal ? sont-elles toutes au repentir ou à la crainte ?

LE MARQUIS

Non, par le ciel ! car les meilleures sont à l'amour. N'essuyez pas celles-ci sur mon visage ; le vent s'en chargera en route : qu'elles se sèchent lentement ! Eh bien ! ma chère, vous ne me dites rien pour vos favoris ? N'emporterai-je pas, comme de coutume, quelque belle harangue sentimentale à faire de votre part aux roches et aux cascades de mon vieux patrimoine ?

LA MARQUISE

Ah ! mes pauvres cascatelles !

LE MARQUIS

C'est la vérité, ma chère âme ; elles sont toutes tristes sans vous. *(Plus bas.)* Elles ont été joyeuses autrefois, n'est-il pas vrai, Ricciarda ?

LA MARQUISE

Emmenez-moi.

LE MARQUIS

Je le ferais si j'étais fou, et je le suis presque, avec ma vieille mine de soldat. N'en parlons plus ; — ce sera l'affaire d'une semaine. Que ma chère Ricciarda voie ses jardins quand ils sont tranquilles et solitaires ; les pieds boueux de mes fermiers ne laisseront pas de traces dans ses allées chéries. C'est à moi de compter mes vieux troncs d'arbres qui me rappellent ton père Albéric, et tous les brins d'herbe de mes bois ; les métayers et leurs bœufs, tout cela me regarde. A la première fleur que je verrai pousser, je mets tout à la porte, et je vous emmène alors.

LA MARQUISE

La première fleur de notre belle pelouse m'est toujours chère. L'hiver est si long ! Il me semble toujours que ces pauvres petites ne reviendront jamais.

ASCANIO

Quel cheval as-tu, mon père, pour t'en aller ?

LE MARQUIS

Viens avec moi dans la cour, tu le verras.

Il sort.
La marquise reste seule avec le cardinal.
— Un silence.

LE CARDINAL

N'est-ce pas aujourd'hui que vous m'avez demandé d'entendre votre confession, marquise ?

LA MARQUISE

Dispensez-m'en, cardinal. Ce sera pour ce soir, si Votre Eminence est libre, ou demain, comme elle voudra. — Ce moment-ci n'est pas à moi.

Elle se met à la fenêtre et fait un signe d'adieu à son mari.

LE CARDINAL

Si les regrets étaient permis à un fidèle serviteur de Dieu, j'envierais le sort de mon frère. — Un si court voyage, si simple, si tranquille ! — une visite à une de ses terres qui n'est qu'à quelques pas d'ici ! — une absence d'une semaine, — et tant de tristesse, une si douce tristesse, veux-je dire, à son départ ! Heureux celui qui sait se faire aimer ainsi après sept années de mariage ? N'est-ce pas sept années, marquise ?

LA MARQUISE

Oui, cardinal, mon fils a six ans.

LE CARDINAL

Etiez-vous hier à la noce des Nasi ?

LA MARQUISE

Oui, j'y étais.

LE CARDINAL

Et le duc en religieuse ?

LA MARQUISE

Pourquoi le duc en religieuse ?

LE CARDINAL

On m'avait dit qu'il avait pris ce costume ; il se peut qu'on m'ait trompé.

LA MARQUISE

Il l'avait en effet. Ah ! Malaspina[7], nous sommes dans un triste temps pour toutes les choses saintes !

LE CARDINAL

On peut respecter les choses saintes, et, dans un jour de folie, prendre le costume de certains couvents, sans aucune intention hostile à la sainte Eglise catholique.

LA MARQUISE

L'exemple est à craindre, et non l'intention. Je ne suis pas comme vous ; cela m'a révoltée. Il est vrai que je ne sais pas bien ce qui se peut et ce qui ne se peut pas, selon vos règles mystérieuses. Dieu sait où elles mènent. Ceux qui mettent les mots sur leur enclume, et qui les tordent avec un marteau et une lime, ne réfléchissent pas toujours que ces mots représentent des pensées, et ces pensées, des actions.

LE CARDINAL

Bon, bon ! le duc est jeune, marquise, et gageons que cet habit coquet des nonnes lui allait à ravir.

LA MARQUISE

On ne peut mieux ; il n'y manquait que quelques gouttes du sang de son cousin, Hippolyte de Médicis[8].

LE CARDINAL

Et le bonnet de la Liberté, n'est-il pas vrai, petite sœur ? Quelle haine pour ce pauvre duc !

LA MARQUISE

Et vous, son bras droit, cela vous est égal que le duc de Florence soit le préfet de Charles Quint, le commissaire civil du pape, comme Baccio [9] est son commissaire religieux ? Cela vous est égal, à vous, frère de mon Laurent, que notre soleil, à nous, promène sur la citadelle des ombres allemandes ? que César parle ici dans toutes les bouches ? que la débauche serve d'entremetteuse à l'esclavage, et secoue ses grelots sur les sanglots du peuple ? Ah ! le clergé sonnerait au besoin toutes ses cloches pour en étouffer le bruit, et pour réveiller l'aigle impérial, s'il s'endormait sur nos pauvres toits.

Elle sort.

LE CARDINAL, *seul, soulève la tapisserie et appelle à voix basse.*

Agnolo !

Entre un page.

Quoi de nouveau aujourd'hui ?

AGNOLO

Cette lettre, monseigneur.

LE CARDINAL

Donne-la-moi.

AGNOLO

Hélas ! Eminence, c'est un péché.

LE CARDINAL

Rien n'est un péché quand on obéit à un prêtre de l'Eglise romaine.

Agnolo remet la lettre.

LE CARDINAL

Cela est comique d'entendre les fureurs de cette pauvre marquise, et de la voir courir à un rendez-vous d'amour avec le cher tyran, toute baignée de larmes républicaines.

Il ouvre la lettre et lit.

« Ou vous serez à moi, ou vous aurez fait mon malheur, le vôtre, et celui de nos deux maisons. »

Le style du duc est laconique, mais il ne manque pas d'énergie. Que la marquise soit convaincue ou non, voilà le difficile à savoir. Deux mois de cour presque assidue, c'est beaucoup pour Alexandre ; ce doit être assez pour Ricciarda Cibo.

Il rend la lettre au page.

Remets cela chez ta maîtresse ; tu es toujours muet, n'est-ce pas ? Compte sur moi.

Il lui donne sa main à baiser et sort.

SCÈNE IV

Une cour du palais du duc.

LE DUC ALEXANDRE *sur une terrasse ;*
des pages exercent des chevaux dans la cour.
Entrent VALORI *et* SIRE MAURICE.

LE DUC, *à Valori.*

Votre Eminence a-t-elle reçu ce matin des nouvelles de la cour de Rome ?

VALORI

Paul III[10] envoie mille bénédictions à Votre Altesse, et fait les vœux les plus ardents pour sa prospérité.

LE DUC

Rien que des vœux, Valori ?

VALORI

Sa Sainteté craint que le duc ne se crée de nouveaux dangers par trop d'indulgence. Le peuple est mal habitué à la domination absolue ; et César, à son dernier voyage, en a dit autant, je crois, à Votre Altesse.

LE DUC

Voilà, pardieu, un beau cheval, sire Maurice ! hé, quelle croupe de diable !

SIRE MAURICE

Superbe, Altesse.

LE DUC

Ainsi, monsieur le commissaire apostolique, il y a encore quelques mauvaises branches à élaguer. César et le pape ont fait de moi un roi ; mais, par Bacchus, ils m'ont mis dans la main une espèce de sceptre qui sent la hache d'une lieue. Allons, voyons, Valori, qu'est-ce que c'est ?

VALORI

Je suis un prêtre, Altesse ; si les paroles que mon devoir me force à vous rapporter fidèlement doivent être interprétées d'une manière aussi sévère, mon cœur me défend d'y ajouter un mot.

LE DUC

Oui, oui, je vous connais pour un brave. Vous êtes, pardieu, le seul prêtre honnête homme que j'aie vu de ma vie.

VALORI

Monseigneur, l'honnêteté ne se perd ni ne se gagne sous aucun habit, et parmi les hommes il y a plus de bons que de méchants.

LE DUC

Ainsi donc, point d'explications ?

SIRE MAURICE

Voulez-vous que je parle, Monseigneur ? tout est facile à expliquer.

LE DUC

Eh bien ?

SIRE MAURICE

Les désordres de la cour irritent le pape.

LE DUC

Que dis-tu là, toi ?

SIRE MAURICE

J'ai dit les désordres de la cour, Altesse ; les actions du duc n'ont d'autre juge que lui-même. C'est Lorenzo de Médicis que le pape réclame comme transfuge de sa justice.

LE DUC

De sa justice ? Il n'a jamais offensé de pape à ma connaissance, que Clément VII [11], feu mon cousin, qui, à cette heure, est en enfer.

SIRE MAURICE

Clément VII a laissé sortir de ses Etats le libertin qui, un jour d'ivresse, avait décapité les statues de l'arc de Constantin. Paul III ne saurait pardonner au modèle titré de la débauche florentine.

LE DUC

Ah ! parbleu, Alexandre Farnèse est un plaisant garçon ! Si la débauche l'effarouche, que diable fait-il de son bâtard, le cher Pierre Farnèse [12], qui traite si joliment l'évêque de Fano ? Cette mutilation revient toujours sur l'eau, à propos de ce pauvre Renzo. Moi, je trouve cela drôle, d'avoir coupé la tête à tous ces hommes de pierre. Je protège les arts comme un autre, et j'ai chez moi les premiers artistes de l'Italie. Mais je n'entends rien au respect du pape pour ces statues qu'il excommunierait demain, si elles étaient en chair et en os.

SIRE MAURICE

Lorenzo est un athée; il se moque de tout. Si le gouvernement de Votre Altesse n'est pas entouré d'un profond respect, il ne saurait être solide. Le peuple appelle Lorenzo, Lorenzaccio : on sait qu'il dirige vos plaisirs, et cela suffit.

LE DUC

Paix ! tu oublies que Lorenzo de Médicis est cousin d'Alexandre.

Entre le cardinal Cibo.

Cardinal, écoutez un peu ces messieurs qui disent que le pape est scandalisé des désordres de ce pauvre Renzo, et qui prétendent que cela fait tort à mon gouvernement.

LE CARDINAL

Messire Francesco Molza vient de débiter à l'Académie romaine une harangue en latin contre le mutilateur de l'arc de Constantin.

LE DUC

Allons donc, vous me mettriez en colère ! Renzo un homme à craindre ! le plus fieffé poltron ! une femmelette, l'ombre d'un ruffian énervé ! un rêveur qui marche nuit et jour sans épée, de peur d'en apercevoir l'ombre à son côté ! d'ailleurs un philosophe, un gratteur de papiers, un méchant poète, qui ne sait seulement pas faire un sonnet ! Non, non, je n'ai pas encore peur des ombres. Eh ! corps de Bacchus ! que me font les discours latins et les quolibets de ma canaille ! J'aime Lorenzo, moi, et, par la mort de Dieu, il restera ici.

LE CARDINAL

Si je craignais cet homme, ce ne serait pas pour votre cour, ni pour Florence, mais pour vous, duc.

LE DUC

Plaisantez-vous, cardinal, et voulez-vous que je vous dise la vérité ?

Il lui parle bas.

Tout ce que je sais de ces damnés bannis, de tous ces républicains entêtés qui complotent autour de moi, c'est par Lorenzo que je le sais. Il est glissant comme une anguille ; il se fourre partout, et me dit tout. N'a-t-il pas trouvé moyen d'établir une correspondance avec tous ces Strozzi de l'enfer ? Oui, certes, c'est mon entremetteur ; mais croyez que son entremise, si elle nuit à quelqu'un, ne me nuira pas. Tenez !

Lorenzo paraît au fond d'une galerie basse.

Regardez-moi ce petit corps maigre, ce lendemain d'orgie ambulant. Regardez-moi ces yeux plombés, ces mains fluettes et maladives, à peine assez fermes pour soutenir un éventail ; ce visage morne, qui sourit quelquefois, mais qui n'a pas la force de rire. C'est là un homme à craindre ? Allons, allons, vous vous moquez de lui. Hé ! Renzo, viens donc ici ; voilà sire Maurice qui te cherche dispute.

LORENZO, *monte l'escalier de la terrasse.*

Bonjour, messieurs les amis de mon cousin [13].

LE DUC

Lorenzo, écoute ici. Voilà une heure que nous parlons de toi. Sais-tu la nouvelle ? Mon ami, on t'excommunie en latin, et sire Maurice t'appelle un homme dangereux, le cardinal aussi ; quant au bon Valori, il est trop honnête homme pour prononcer ton nom.

LORENZO

Pour qui dangereux, Eminence ? pour les filles de joie ou pour les saints du paradis ?

LE CARDINAL

Les chiens de cour peuvent être pris de la rage comme les autres chiens.

LORENZO

Une insulte de prêtre doit se faire en latin.

SIRE MAURICE

Il s'en fait en toscan, auxquelles on peut répondre.

LORENZO

Sire Maurice, je ne vous voyais pas ; excusez-moi, j'avais le soleil dans les yeux ; mais vous avez bon visage et votre habit me paraît tout neuf.

SIRE MAURICE

Comme votre esprit ; je l'ai fait faire d'un vieux pourpoint de mon grand-père.

LORENZO

Cousin, quand vous aurez assez de quelque conquête des faubourgs, envoyez-la donc chez sire Maurice. Il est malsain de vivre sans femme, pour un homme qui a, comme lui, le cou court et les mains velues.

SIRE MAURICE

Celui qui se croit le droit de plaisanter doit savoir se défendre. A votre place, je prendrais une épée.

LORENZO

Si on vous a dit que j'étais un soldat, c'est une erreur ; je suis un pauvre amant de la science.

SIRE MAURICE

Votre esprit est une épée acérée, mais flexible. C'est une arme trop vile ; chacun fait usage des siennes.

Il tire son épée.

VALORI

Devant le duc, l'épée nue !

LE DUC, *riant.*

Laissez faire, laissez faire. Allons, Renzo, je veux te servir de témoin ; qu'on lui donne une épée.

LORENZO

Monseigneur, que dites-vous là ?

LE DUC

Eh bien ! ta gaieté s'évanouit si vite ? Tu trembles, cousin ? Fi donc ! tu fais honte au nom des Médicis. Je ne suis qu'un bâtard, et je le porterais mieux que toi, qui es légitime ? Une épée, une épée ! un Médicis ne se laisse point provoquer ainsi. Pages, montez ici ; toute la cour le verra, et je voudrais que Florence entière y fût.

LORENZO

Son Altesse se rit de moi.

LE DUC

J'ai ri tout à l'heure, mais maintenant je rougis de honte. Une épée !

Il prend l'épée d'un page et la présente à Lorenzo.

VALORI

Monseigneur, c'est pousser trop loin les choses. Une épée tirée en présence de Votre Altesse est un crime punissable dans l'intérieur du palais.

LE DUC

Qui parle ici, quand je parle ?

VALORI

Votre Altesse ne peut avoir eu d'autre dessein que celui de s'égayer un instant, et sire Maurice lui-même n'a point agi dans une autre pensée.

LE DUC

Et vous ne voyez pas que je plaisante encore ! Qui diable pense ici à une affaire sérieuse ? Regardez Renzo, je vous en prie ; ses genoux tremblent ; il serait devenu pâle, s'il pouvait le devenir. Quelle contenance, juste Dieu ! je crois qu'il va tomber.

Lorenzo chancelle ; il s'appuie sur la balustrade et glisse à terre tout d'un coup.

LE DUC, *riant aux éclats.*

Quand je vous le disais ! personne ne le sait mieux que moi ; la seule vue d'une épée le fait trouver mal. Allons, chère Lorenzetta, fais-toi emporter chez ta mère.

Les pages relèvent Lorenzo.

SIRE MAURICE

Double poltron ! fils de catin !

LE DUC

Silence, sire Maurice ; pesez vos paroles ; c'est moi qui vous le dis maintenant ; pas de ces mots-là devant moi.

Sire Maurice sort.

VALORI

Pauvre jeune homme !

LE CARDINAL, *resté seul avec le duc.*

Vous croyez à cela, monseigneur ?

LE DUC

Je voudrais bien savoir comment je n'y croirais pas.

LE CARDINAL

Hum ! c'est bien fort.

LE DUC

C'est justement pour cela que j'y crois. Vous figurez-vous qu'un Médicis se déshonore publiquement, par partie de plaisir ? D'ailleurs ce n'est pas la première fois que cela lui arrive ; jamais il n'a pu voir une épée.

LE CARDINAL

C'est bien fort. C'est bien fort.

Ils sortent.

SCÈNE V

Devant l'église de Saint-Miniato à Montolivet.
La foule sort de l'église.

UNE FEMME, *à sa voisine.*

Retournez-vous ce soir à Florence ?

LA VOISINE

Je ne reste jamais plus d'une heure ici, et je n'y viens jamais qu'un seul vendredi * ; je ne suis pas assez riche pour m'arrêter à la foire ; ce n'est pour moi qu'une affaire de dévotion, et que cela suffise pour mon salut, c'est tout ce qu'il me faut.

UNE DAME DE LA COUR, *à une autre.*

Comme il a bien prêché ! c'est le confesseur de ma fille.

Elle s'approche d'une boutique.

Blanc et or, cela fait bien le soir ; mais le jour, le moyen d'être propre avec cela !

Le marchand et l'orfèvre devant leurs boutiques avec quelques cavaliers.

L'ORFÈVRE

La citadelle ! voilà ce que le peuple ne souffrira jamais ; voir tout d'un coup s'élever sur la ville cette

* On allait à Montolivet tous les vendredis de certains mois ; c'était à Florence ce que Long-Champ était autrefois à Paris : les marchands y trouvaient l'occasion d'une foire et y transportaient leurs boutiques.

nouvelle tour de Babel, au milieu du plus maudit baragouin : les Allemands ne pousseront jamais à Florence, et pour les y greffer, il faudra un vigoureux lien.

LE MARCHAND

Voyez, mesdames ; que vos seigneuries acceptent un tabouret sous mon auvent.

UN CAVALIER

Tu es du vieux sang florentin, père Mondella ; la haine de la tyrannie fait encore trembler tes doigts ridés sur tes ciselures précieuses, au fond de ton cabinet de travail.

L'ORFÈVRE

C'est vrai, Excellence. Si j'étais un grand artiste, j'aimerais les princes, parce qu'eux seuls peuvent faire entreprendre de grands travaux ; les grands artistes n'ont pas de patrie ; moi, je fais des saints-ciboires et des poignées d'épée.

UN AUTRE CAVALIER

A propos d'artiste, ne voyez-vous pas dans ce petit cabaret ce grand gaillard qui gesticule devant des badauds ? Il frappe son verre sur la table ; si je ne me trompe, c'est ce hâbleur de Cellini [14].

LE PREMIER CAVALIER

Allons-y donc, et entrons ; avec un verre de vin dans la tête, il est curieux à entendre, et probablement quelque bonne histoire est en train.

Ils sortent.
Deux bourgeois s'assoient.

PREMIER BOURGEOIS

Il y a eu une émeute à Florence ?

DEUXIÈME BOURGEOIS

Presque rien. — Quelques pauvres jeunes gens ont été tués sur le Vieux-Marché.

PREMIER BOURGEOIS

Quelle pitié pour les familles !

DEUXIÈME BOURGEOIS

Voilà des malheurs inévitables. Que voulez-vous que fasse la jeunesse d'un gouvernement comme le nôtre ? On vient crier à son de trompe que César est à Bologne ; et les badauds répètent : « César est à Bologne », en clignant des yeux d'un air d'importance, sans réfléchir à ce qu'on y fait. Le jour suivant, ils sont plus heureux encore d'apprendre et de répéter : « Le pape est à Bologne[15] avec César. » Que s'ensuit-il ? Une réjouissance publique, ils n'en voient pas davantage ; et puis un beau matin ils se réveillent tout engourdis des fumées du vin impérial, et ils voient une figure sinistre à la grande fenêtre du palais des Pazzi[16]. Ils demandent quel est ce personnage, et on leur répond que c'est leur roi. Le pape et l'empereur sont accouchés d'un bâtard qui a droit de vie et de mort sur nos enfants, et qui ne pourrait pas nommer sa mère.

L'ORFÈVRE, *s'approchant.*

Vous parlez en patriote, ami ; je vous conseille de prendre garde à ce flandrin.

Passe un officier allemand.

L'OFFICIER

Otez-vous de là, messieurs ; des dames veulent s'asseoir.

Deux dames de la cour entrent et s'assoient.

PREMIÈRE DAME

Cela est de Venise ?

LE MARCHAND

Oui, magnifique, seigneurie ; vous en lèverai-je quelques aunes ?

PREMIÈRE DAME

Si tu veux. J'ai cru voir passer Julien Salviati.

L'OFFICIER

Il va et vient à la porte de l'église ; c'est un galant.

DEUXIÈME DAME

C'est un insolent. Montrez-moi des bas de soie.

L'OFFICIER

Il n'y en aura pas d'assez petits pour vous.

PREMIÈRE DAME

Laissez donc ; vous ne savez que dire. Puisque vous voyez Julien, allez lui dire que j'ai à lui parler.

L'OFFICIER

J'y vais, et je le ramène.

Il sort.

PREMIÈRE DAME

Il est bête à faire plaisir, ton officier ; que peux-tu faire de cela ?

DEUXIÈME DAME

Tu sauras qu'il n'y a rien de mieux que cet homme-là.

Elles s'éloignent.
Entre le prieur de Capoue[17].

LE PRIEUR

Donnez-moi un verre de limonade, brave homme.

Il s'assoit.

UN DES BOURGEOIS

Voilà le prieur de Capoue ; c'est là un patriote !

Les deux bourgeois se rassoient.

LE PRIEUR

Vous venez de l'église, messieurs ? que dites-vous du sermon ?

LE BOURGEOIS

Il était beau, seigneur prieur.

DEUXIÈME BOURGEOIS, *à l'orfèvre.*

Cette noblesse des Strozzi est chère au peuple, parce qu'elle n'est pas fière. N'est-il pas agréable de voir un grand seigneur adresser librement la parole à ses voisins d'une manière affable ? Tout cela fait plus qu'on ne pense.

LE PRIEUR

S'il faut parler franchement, j'ai trouvé le sermon trop beau ; j'ai prêché quelquefois, et je n'ai jamais tiré grande gloire du tremblement des vitres. Mais une petite larme sur la joue d'un brave homme m'a toujours été d'un grand prix.

Entre Salviati.

SALVIATI

On m'a dit qu'il y avait ici des femmes qui me demandaient tout à l'heure. Mais je ne vois de robe ici que la vôtre, prieur. Est-ce que je me trompe ?

LE MARCHAND

Excellence, on ne vous a pas trompé. Elles se sont éloignées ; mais je pense qu'elles vont revenir. Voilà dix aunes d'étoffes et quatre paires de bas pour elles.

SALVIATI, *s'asseyant.*

Voilà une jolie femme qui passe. — Où diable l'ai-je donc vue ? — Ah ! parbleu, c'est dans mon lit.

LE PRIEUR, *au bourgeois.*

Je crois avoir vu votre signature sur une lettre adressée au duc.

LE BOURGEOIS

Je le dis tout haut ; c'est la supplique adressée par les bannis.

LE PRIEUR

En avez-vous dans votre famille ?

LE BOURGEOIS

Deux, Excellence : mon père et mon oncle ; il n'y a plus que moi d'homme à la maison.

LE DEUXIÈME BOURGEOIS, *à l'orfèvre.*

Comme ce Salviati a une méchante langue !

L'ORFÈVRE

Cela n'est pas étonnant ; un homme à moitié ruiné, vivant des générosités de ces Médicis, et marié comme il l'est à une femme déshonorée partout ! Il voudrait qu'on dît de toutes les femmes possibles ce qu'on dit de la sienne.

SALVIATI

N'est-ce pas Louise Strozzi qui passe sur ce tertre ?

LE MARCHAND

Elle-même, seigneurie. Peu des dames de notre noblesse me sont inconnues. Si je ne me trompe, elle donne la main à sa sœur cadette.

SALVIATI

J'ai rencontré cette Louise la nuit dernière au bal de Nasi ; elle a, ma foi, une jolie jambe, et nous devons coucher ensemble au premier jour.

LE PRIEUR, *se retournant.*

Comment l'entendez-vous ?

SALVIATI

Cela est clair ; elle me l'a dit. Je lui tenais l'étrier, ne pensant guère à malice ; je ne sais par quelle distraction je lui pris la jambe, et voilà comme tout est venu.

LE PRIEUR

Julien, je ne sais pas si tu sais que c'est de ma sœur que tu parles.

SALVIATI

Je le sais très bien ; toutes les femmes sont faites pour coucher avec les hommes, et ta sœur peut bien coucher avec moi.

LE PRIEUR, *se lève.*

Vous dois-je quelque chose, brave homme ?

Il jette une pièce de monnaie sur la table et sort.

SALVIATI

J'aime beaucoup ce brave prieur, à qui un propos sur sa sœur a fait oublier le reste de son argent. Ne dirait-on pas que toute la vertu de Florence s'est réfugiée chez ces Strozzi ? Le voilà qui se retourne. Ecarquille les yeux tant que tu voudras, tu ne me feras pas peur.

Il sort.

SCÈNE VI

Le bord de l'Arno

MARIE SODERINI, CATHERINE.

CATHERINE

Le soleil commence à baisser. De larges bandes de pourpre traversent le feuillage, et la grenouille fait sonner sous les roseaux sa petite cloche de cristal. C'est une singulière chose que toutes les harmonies du soir, avec le bruit lointain de cette ville.

MARIE

Il est temps de rentrer ; noue ton voile autour de ton cou.

CATHERINE

Pas encore, à moins que vous n'ayez froid. Regardez, ma mère chérie* ; que le ciel est beau ! que tout cela est vaste et tranquille ! comme Dieu est partout ! Mais vous baissez la tête ; vous êtes inquiète depuis ce matin.

MARIE

Inquiète, non, mais affligée. N'as-tu pas entendu répéter cette fatale histoire de Lorenzo ? Le voilà la fable de Florence.

CATHERINE

O ma mère, la lâcheté n'est point un crime ; le courage n'est pas une vertu. Pourquoi la faiblesse est-elle blâmable ? Répondre des battements de son cœur est un triste privilège ; Dieu seul peut le rendre noble et digne d'admiration. Et pourquoi cet enfant n'aurait-il pas le droit que nous avons toutes, nous autres femmes ? Une femme qui n'a peur de rien n'est pas aimable, dit-on.

MARIE

Aimerais-tu un homme qui a peur ? Tu rougis, Catherine ; Lorenzo est ton neveu, tu ne peux pas l'aimer. Mais figure-toi qu'il s'appelle de tout autre nom, qu'en penserais-tu ? Quelle femme voudrait s'appuyer sur son bras pour monter à cheval ? quel homme lui serrerait la main ?

CATHERINE

Cela est triste ; et cependant ce n'est pas de cela que je le plains. Son cœur n'est peut-être pas celui d'un

* Catherine Ginori est belle-sœur de Marie ; elle lui donne le nom de *mère,* parce qu'il y a entre elles une différence d'âge très grande ; Catherine n'a guère que vingt-deux ans.

Médicis ; mais, hélas ! c'est encore moins celui d'un honnête homme.

MARIE

N'en parlons pas, Catherine ; — il est assez cruel pour une mère de ne pouvoir parler de son fils.

CATHERINE

Ah ! cette Florence ! c'est là qu'on l'a perdu. N'ai-je pas vu briller quelquefois dans ses yeux le feu d'une noble ambition ? Sa jeunesse n'a-t-elle pas été l'aurore d'un soleil levant ? Et souvent encore aujourd'hui il me semble qu'un éclair rapide... — Je me dis malgré moi que tout n'est pas mort en lui.

MARIE

Ah ! tout cela est un abîme. Tant de facilité, un si doux amour de la solitude ! Ce ne sera jamais un guerrier que mon Renzo, disais-je en le voyant rentrer de son collège, tout baigné de sueur, avec ses gros livres sous le bras ; mais un saint amour de la vérité brillait sur ses lèvres et dans ses yeux noirs ; il lui fallait s'inquiéter de tout, dire sans cesse : « Celui-là est pauvre, celui-là est ruiné ; comment faire ? » Et cette admiration pour les grands hommes de son Plutarque ! Catherine, Catherine, que de fois je l'ai baisé au front, en pensant au père de la patrie[18] !

CATHERINE

Ne vous affligez pas.

MARIE

Je dis que je ne veux pas parler de lui, et j'en parle sans cesse. Il y a de certaines choses, vois-tu, les mères ne s'en taisent que dans le silence éternel. Que mon fils eût été un débauche vulgaire ; que le sang des Soderini eût été pâle dans cette faible goutte tombée de mes veines, je ne me désespérerais pas ; mais j'ai espéré, et j'ai eu raison de le faire. Ah ! Catherine, il n'est même plus beau ; comme une fumée malfaisante, la souillure de son cœur lui est montée au visage. Le sourire, ce doux épanouissement qui rend la jeunesse semblable aux fleurs, s'est enfui de ses joues couleur de soufre, pour y laisser grommeler une ironie ignoble, et le mépris de tout.

CATHERINE

Il est encore beau quelquefois dans sa mélancolie étrange.

MARIE

Sa naissance ne l'appelait-elle pas au trône ? N'aurait-il pas pu y faire monter un jour avec lui la science d'un docteur, la plus belle jeunesse du monde, et couronner d'un diadème d'or tous mes songes chéris ? Ne devais-je pas m'attendre à cela ? Ah ! Cattina, pour dormir tranquille, il faut n'avoir jamais fait certains rêves. Cela est trop cruel d'avoir vécu dans un palais de fées, où murmuraient les cantiques des anges, de s'y être endormie, bercée par son fils, et de se réveiller dans une masure ensanglantée, pleine de débris d'orgie et de restes humains, dans les bras d'un spectre hideux qui vous tue en vous appelant encore du nom de mère.

CATHERINE

Des ombres silencieuses commencent à marcher sur la route ; rentrons, Marie, tous ces bannis me font peur.

MARIE

Pauvres gens ! ils ne doivent que faire pitié ! Ah ! ne puis-je voir un seul objet qu'il ne m'entre une épine dans le cœur ? Ne puis-je plus ouvrir les yeux ? Hélas ! ma Cattina, ceci est encore l'ouvrage de Lorenzo. Tous ces pauvres bourgeois ont eu confiance en lui ; il n'en est pas un, parmi tous ces pères de famille chassés de leur patrie, que mon fils n'ait pas trahi. Leurs lettres, signées de leur nom, sont montrées au duc. C'est ainsi qu'il fait tourner à un infâme usage jusqu'à la glorieuse mémoire de ses aïeux. Les républicains s'adressent à lui comme à l'antique rejeton de leur protecteur ; sa maison leur est ouverte, les Strozzi eux-mêmes y viennent. Pauvre Philippe ! il y aura une triste fin pour tes cheveux gris ! Ah ! ne puis-je voir une fille sans pudeur, un malheureux privé de sa famille, sans que tout cela ne me crie : Tu es la mère de nos malheurs ! Quand serai-je là ?

Elle frappe la terre.

CATHERINE

Ma pauvre mère, vos larmes se gagnent.

Elles s'éloignent. — Le soleil est couché. — Un groupe de bannis se forme au milieu d'un champ.

UN DES BANNIS

Où allez-vous ?

UN AUTRE

A Pise ; et vous ?

LE PREMIER

A Rome.

UN AUTRE

Et moi à Venise ; en voilà deux qui vont à Ferrare ; que deviendrons-nous ainsi éloignés les uns des autres ?

UN QUATRIÈME

Adieu, voisin, à des temps meilleurs.

Il s'en va.

LE SECOND

Adieu ; pour nous, nous pouvons aller ensemble jusqu'à la croix de la Vierge.

Il sort avec un autre.
Arrive Maffio.

LE PREMIER BANNI

C'est toi, Maffio ? Par quel hasard es-tu ici ?

MAFFIO

Je suis des vôtres. Vous saurez que le duc a enlevé ma sœur ; j'ai tiré l'épée ; une espèce de tigre avec des membres de fer s'est jeté à mon cou, et m'a désarmé. Après quoi j'ai reçu l'ordre de sortir de la ville, et une bourse à moitié pleine de ducats.

LE SECOND BANNI

Et ta sœur, où est-elle ?

MAFFIO

On me l'a montrée ce soir sortant du spectacle, dans une robe comme n'en a pas l'impératrice ; que Dieu lui pardonne ! Une vieille l'accompagnait, qui a laissé trois de ses dents à la sortie. Jamais je n'ai donné de ma vie un coup de poing qui m'ait fait ce plaisir-là.

LE TROISIÈME BANNI

Qu'ils crèvent tous dans leur fange crapuleuse, et nous mourrons contents.

LE QUATRIÈME

Philippe Strozzi nous écrira à Venise ; quelque jour nous serons tous étonnés de trouver une armée à nos ordres.

LE TROISIÈME

Que Philippe vive longtemps ! Tant qu'il y aura un cheveu sur sa tête, la liberté de l'Italie n'est pas morte.

Une partie du groupe se détache ; tous les bannis s'embrassent.

UNE VOIX

A des temps meilleurs.

UNE AUTRE

A des temps meilleurs.

Deux bannis montent sur une plate-forme d'où l'on découvre la ville.

LE PREMIER

Adieu, Florence, peste de l'Italie ; adieu, mère stérile, qui n'as plus de lait pour tes enfants.

LE SECOND

Adieu, Florence la bâtarde, spectre hideux de l'antique Florence ; adieu, fange sans nom.

TOUS LES BANNIS

Adieu, Florence ! maudites soient les mamelles de tes femmes ! maudits soient tes sanglots ! maudites les prières de tes églises, le pain de tes blés, l'air de tes rues ! Malédiction sur la dernière goutte de ton sang corrompu !

ACTE II

SCÈNE I

Chez les Strozzi

PHILIPPE, *dans son cabinet.*

Dix citoyens bannis dans ce quartier-ci seulement ! le vieux Galeazzo et le petit Maffio bannis ! sa sœur corrompue, devenue une fille publique en une nuit ! Pauvre petite ! Quand l'éducation des basses classes sera-t-elle assez forte pour empêcher les petites filles de rire lorsque leurs parents pleurent ? La corruption est-elle donc une loi de nature ? Ce qu'on appelle la vertu, est-ce donc l'habit du dimanche qu'on met pour aller à la messe ? Le reste de la semaine, on est à la croisée, et, tout en tricotant, on regarde les jeunes gens passer. Pauvre humanité ! quel nom portes-tu donc ? celui de ta race, ou celui de ton baptême ? Et nous autres vieux rêveurs, quelle tache originelle avons-nous lavée sur la face humaine depuis quatre ou cinq mille ans que nous jaunissons avec nos livres ? Qu'il t'est facile à toi, dans le silence du cabinet, de tracer d'une main légère une ligne mince et pure comme un cheveu sur ce papier blanc ! qu'il t'est facile de bâtir des palais et des villes avec ce petit compas et un peu d'encre ! Mais l'architecte, qui a dans son pupitre des milliers de plans admirables, ne peut soulever de terre le premier pavé de son édifice, quand il vient se mettre à l'ouvrage avec son dos voûté et ses idées obstinées. Que le bonheur des hommes ne soit qu'un rêve, cela est pourtant dur ; que le mal soit irrévocable, éternel, impossible à changer, non ! Pourquoi le philosophe qui travaille pour tous regarde-t-il autour de lui ? voilà le tort. Le moindre insecte qui passe devant ses yeux lui cache le soleil ; allons-y donc plus hardiment ; la république, il nous faut ce mot-là. Et quand ce ne serait qu'un mot, c'est quelque chose, puisque les peuples se lèvent quand il traverse l'air. Ah ! bonjour, Léon.

Entre le prieur de Capoue.

LE PRIEUR

Je viens de la foire de Montolivet.

PHILIPPE

Etait-ce beau ? Te voilà aussi, Pierre ? Assois-toi donc ; j'ai à te parler.

Entre Pierre Strozzi.

LE PRIEUR

C'était très beau, et je m'y suis assez amusé, sauf certaine contrariété un peu trop forte que j'ai quelque peine à digérer.

PIERRE

Bah ! qu'est-ce que c'est donc ?

LE PRIEUR

Figurez-vous que j'étais entré dans une boutique pour prendre un verre de limonade. — Mais non, cela est inutile, je suis un sot de m'en souvenir.

PHILIPPE

Que diable as-tu sur le cœur ? tu parles comme une âme en peine.

LE PRIEUR

Ce n'est rien ; un méchant propos, rien de plus. Il n'y a aucune importance à attacher à tout cela.

PIERRE

Un propos ? sur qui ? sur toi ?

LE PRIEUR

Non pas sur moi précisément. Je me soucierais bien d'un propos sur moi.

PIERRE

Sur qui donc ? Allons, parle, si tu veux.

LE PRIEUR

J'ai tort ; on ne se souvient pas de ces choses-là quand on sait la différence d'un honnête homme à un Salviati.

PIERRE

Salviati ? Qu'a dit cette canaille ?

LE PRIEUR

C'est un misérable, tu as raison. Q'importe ce qu'il peut dire ! Un homme sans pudeur, un valet de cour, qui, à ce qu'on raconte, a pour femme la plus grande dévergondée ! Allons, voilà qui est fait, je n'y penserai pas davantage.

PIERRE

Penses-y et parle, Léon ; c'est-à-dire que cela me démange de lui couper les oreilles. De qui a-t-il médit ? De nous ? De mon père ? Ah ! sang du Christ, je ne l'aime guère, ce Salviati. Il faut que je sache cela, entends-tu ?

LE PRIEUR

Si tu y tiens, je te le dirai. Il s'est exprimé devant moi, dans une boutique, d'une manière vraiment offensante sur le compte de notre sœur.

PIERRE

O mon Dieu ! Dans quels termes ? Allons, parle donc !

LE PRIEUR

Dans les termes les plus grossiers.

PIERRE

Diable de prêtre que tu es ! tu me vois hors de moi d'impatience, et tu cherches tes mots ! Dis les choses comme elles sont ; parbleu, un mot est un mot ; il n'y a pas de bon Dieu qui tienne.

PHILIPPE

Pierre, Pierre ! tu manques à ton frère.

LE PRIEUR

Il a dit qu'il coucherait avec elle, voilà son mot, et qu'elle le lui avait promis.

PIERRE

Qu'elle couch... Ah ! mort de mort, de mille morts ! Quelle heure est-il ?

PHILIPPE

Où vas-tu ? Allons, es-tu fait de salpêtre ? Qu'as-tu à faire de cette épée ? tu en as une au côté.

PIERRE

Je n'ai rien à faire ; allons dîner, le dîner est servi.

Ils sortent.

SCÈNE II

Le portail d'une église
Entrent LORENZO *et* VALORI.

VALORI

Comment se fait-il que le duc n'y vienne pas ? Ah ! monsieur, quelle satisfaction pour un chrétien que ces pompes magnifiques de l'Eglise romaine ! quel homme peut y être insensible ? L'artiste ne trouve-t-il pas là le paradis de son cœur ? le guerrier, le prêtre et le marchand n'y rencontrent-ils pas tout ce qu'ils aiment ? Cette admirable harmonie des orgues, ces tentures éclatantes de velours et de tapisserie, ces tableaux des premiers maîtres, les parfums tièdes et suaves que balancent les encensoirs, et les chants délicieux de ces voix argentines, tout cela peut choquer, par son ensemble mondain, le moine sévère et ennemi du plaisir. Mais rien n'est plus beau, selon moi, qu'une religion qui se fait aimer par de pareils moyens. Pourquoi les prêtres voudraient-ils servir un Dieu jaloux ? La religion n'est pas un oiseau de proie ; c'est une colombe compatissante qui plane doucement sur tous les rêves et sur tous les amours.

LORENZO

Sans doute ; ce que vous dites là est parfaitement vrai, et parfaitement faux, comme tout au monde.

TEBALDEO FRECCIA, *s'approchant de Valori.*

Ah ! monseigneur, qu'il est doux de voir un homme tel que Votre Eminence parler ainsi de la tolérance et de l'enthousiasme sacré ! Pardonnez à un citoyen obscur, qui brûle de ce feu divin, de vous remercier de ce peu de paroles que je viens d'entendre. Trouver sur les lèvres d'un honnête homme ce qu'on a soi-même dans le cœur, c'est le plus grand des bonheurs qu'on puisse désirer.

VALORI

N'êtes-vous pas le petit Freccia ?

TEBALDEO

Mes ouvrages ont peu de mérite ; je sais mieux aimer les arts que je ne sais les exercer. Mais ma jeunesse tout entière s'est passée dans les églises. Il me semble que je ne puis admirer ailleurs Raphaël et notre divin Buonarotti[19]. Je demeure alors durant des journées devant leurs ouvrages, dans une extase sans égale. Le chant de l'orgue me révèle leur pensée, et me fait pénétrer dans leur âme ; je regarde les personnages de leurs tableaux si saintement agenouillés, et j'écoute, comme si les cantiques du chœur sortaient de leurs bouches entrouvertes ; des bouffées d'encens aromatique passent entre eux et moi dans une vapeur légère ; je crois y voir la gloire de l'artiste ; c'est aussi une triste et douce fumée, et qui ne serait qu'un parfum stérile, si elle ne montait à Dieu.

VALORI

Vous êtes un vrai cœur d'artiste ; venez à mon palais, et ayez quelque chose sous votre manteau quand vous y viendrez. Je veux que vous travailliez pour moi.

TEBALDEO

C'est trop d'honneur que me fait Votre Eminence. Je suis un desservant bien humble de la sainte religion de la peinture.

LORENZO

Pourquoi remettre vos offres de service ? Vous avez, il me semble, un cadre dans les mains.

TEBALDEO

Il est vrai ; mais je n'ose le montrer à de si grands connaisseurs. C'est une esquisse bien pauvre d'un rêve magnifique.

LORENZO

Vous faites le portrait de vos rêves ? Je ferai poser pour vous quelques-uns des miens.

TEBALDEO

Réaliser des rêves, voilà la vie du peintre. Les plus grands ont représenté les leurs dans toute leur force, et sans y rien changer. Leur imagination était un arbre plein de sève ; les bourgeons s'y métamorphosaient sans peine en fleurs, et les fleurs en fruits ; bientôt ces fruits mûrissaient à un soleil bienfaisant, et quand ils étaient mûrs, ils se détachaient d'eux-mêmes et tombaient sur la terre sans perdre un seul grain de leur poussière virginale. Hélas ! les rêves des artistes médiocres sont des plantes difficiles à nourrir, et qu'on arrose de larmes bien amères pour les faire bien peu prospérer.

Il montre son tableau.

VALORI

Sans compliment, cela est beau ; non pas du premier mérite, il est vrai : pourquoi flatterais-je un homme qui ne se flatte pas lui-même ? Mais votre barbe n'est pas poussée, jeune homme.

LORENZO

Est-ce un paysage ou un portrait ? De quel côté faut-il le regarder, en long ou en large ?

TEBALDEO

Votre seigneurie se rit de moi. C'est la vue du Campo-Santo[20].

LORENZO

Combien y a-t-il d'ici à l'immortalité ?

VALORI

Il est mal à vous de plaisanter cet enfant. Voyez comme ses grands yeux s'attristent à chacune de vos paroles.

TEBALDEO

L'immortalité, c'est la foi. Ceux à qui Dieu a donné des ailes y arrivent en souriant.

VALORI

Tu parles comme un élève de Raphaël[21].

TEBALDEO

Seigneur, c'était mon maître. Ce que j'ai appris vient de lui.

LORENZO

Viens chez moi ; je te ferai peindre la Mazzafirra[22] toute nue.

TEBALDEO

Je ne respecte point mon pinceau, mais je respecte mon art ; je ne puis faire le portrait d'une courtisane.

LORENZO

Ton Dieu s'est bien donné la peine de la faire ; tu peux bien te donner celle de la peindre. Veux-tu me faire une vue de Florence ?

TEBALDEO

Oui, monseigneur.

LORENZO

Comment t'y prendrais-tu ?

TEBALDEO

Je me placerais à l'orient, sur la rive gauche de l'Arno. C'est de cet endroit que la perspective est la plus large et la plus agréable.

LORENZO

Tu peindrais Florence, les places, les maisons et les rues ?

TEBALDEO

Oui, monseigneur.

LORENZO

Pourquoi donc ne peux-tu peindre une courtisane, si tu peux peindre un mauvais lieu.

TEBALDEO

On ne m'a point encore appris à parler ainsi de ma mère.

LORENZO

Qu'appelles-tu ta mère ?

TEBALDEO

Florence, seigneur.

LORENZO

Alors tu n'es qu'un bâtard, car ta mère n'est qu'une catin.

TEBALDEO

Une blessure sanglante peut engendrer la corruption dans le corps le plus sain. Mais des gouttes précieuses du sang de ma mère sort une plante odorante qui guérit tous les maux. L'art, cette fleur divine, a quelquefois besoin du fumier pour engraisser le sol qui la porte.

LORENZO

Comment entends-tu ceci ?

TEBALDEO

Les nations paisibles et heureuses ont quelquefois brillé d'une clarté pure, mais faible. Il y a plusieurs cordes à la harpe des anges ; le zéphir peut murmurer sur les plus faibles, et tirer de leur accord une harmonie suave et délicieuse ; mais la corde d'argent ne s'ébranle qu'au passage du vent du nord. C'est la plus belle et la plus noble ; et cependant le toucher d'une rude main lui est favorable. L'enthousiasme est frère de la souffrance.

LORENZO

C'est-à-dire qu'un peuple malheureux fait les grands artistes. Je me ferai volontiers l'alchimiste de ton alambic ; les larmes des peuples y retombent en perles. Par la mort du diable, tu me plais. Les familles peuvent se désoler, les nations mourir de misère, cela échauffe la cervelle de monsieur. Admirable poète ! comment arranges-tu tout cela avec ta piété ?

TEBALDEO

Je ne ris point du malheur des familles : je dis que la poésie est la plus douce des souffrances, et qu'elle aime ses sœurs. Je plains les peuples malheureux ; mais je crois en effet qu'ils font les grands artistes : les champs de bataille font pousser les moissons, les terres corrompues engendrent le blé céleste.

LORENZO

Ton pourpoint est usé ; en veux-tu un à ma livrée ?

TEBALDEO

Je n'appartiens à personne ; quand la pensée veut être libre, le corps doit l'être aussi.

LORENZO

J'ai envie de dire à mon valet de chambre de te donner des coups de bâton.

TEBALDEO

Pourquoi, monseigneur ?

LORENZO

Parce que cela me passe par la tête. Es-tu boiteux de naissance ou par accident ?

TEBALDEO

Je ne suis pas boiteux ; que voulez-vous dire par là ?

LORENZO

Tu es boiteux ou tu es fou.

TEBALDEO

Pourquoi, monseigneur ? Vous vous riez de moi.

LORENZO

Si tu n'étais pas boiteux, comment resterais-tu, à moins d'être fou, dans une ville où, en l'honneur de tes idées de liberté, le premier valet d'un Médicis peut te faire assommer sans qu'on y trouve à redire ?

TEBALDEO

J'aime ma mère Florence ; c'est pourquoi je reste chez elle. Je sais qu'un citoyen peut être assassiné en plein jour et en pleine rue, selon le caprice de ceux qui la gouvernent ; c'est pourquoi je porte ce stylet à ma ceinture.

LORENZO

Frapperais-tu le duc si le duc te frappait, comme il lui est arrivé souvent de commettre par partie de plaisir des meurtres facétieux ?

TEBALDEO

Je le tuerais, s'il m'attaquait.

LORENZO

Tu me dis cela, à moi ?

TEBALDEO

Pourquoi m'en voudrait-on ? Je ne fais de mal à personne. Je passe les journées à l'atelier. Le dimanche, je vais à l'Annonciade ou à Sainte-Marie ; les moines trouvent que j'ai de la voix ; ils me mettent une robe blanche et une calotte rouge, et je fais ma partie dans les chœurs, quelquefois un petit solo : ce sont les seules occasions où je vais en public. Le soir, je vais chez ma maîtresse, et quand la nuit est belle, je la passe sur son balcon. Personne ne me connaît, et je ne connais personne : à qui ma vie ou ma mort peut-elle être utile ?

LORENZO

Es-tu républicain ? aimes-tu les princes ?

TEBALDEO

Je suis artiste ; j'aime ma mère et ma maîtresse.

LORENZO

Viens demain à mon palais, je veux te faire faire un tableau d'importance pour le jour de mes noces.

Ils sortent.

SCÈNE III

Chez la marquise de Cibo.

LE CARDINAL, *seul.*

Oui, je suivrai tes ordres, Farnèse*! Que ton commissaire apostolique s'enferme avec sa probité dans le cercle étroit de son office, je remuerai d'une main ferme la terre glissante sur laquelle il n'ose marcher. Tu attends cela de moi ; je t'ai compris, et j'agirai sans parler, comme tu as commandé. Tu as deviné qui j'étais lorsque tu m'as placé auprès d'Alexandre, sans me revêtir d'aucun titre qui me donnât quelque pouvoir sur lui. C'est d'un autre qu'il se défiera, en m'obéissant à son insu. Qu'il épuise sa force contre des ombres d'hommes gonflés d'une ombre de puissance, je serai l'anneau invisible qui l'attachera pieds et poings liés à la chaîne de fer dont Rome et César tiennent les deux bouts. Si mes yeux ne me trompent pas, c'est dans cette maison qu'est le marteau dont je me servirai. Alexandre aime ma belle-sœur ; que cet amour l'ait flattée, cela est croyable ; ce qui peut en résulter est douteux. Mais ce qu'elle en

* Le pape Paul III.

veut faire, c'est là ce qui est certain pour moi. Qui sait jusqu'où pourrait aller l'influence d'une femme exaltée, même sur cet homme grossier, sur cette armure vivante ? Un si doux péché, pour une si belle cause, cela est tentant, n'est-il pas vrai, Ricciarda ? Presser ce cœur de lion sur ton faible cœur tout percé de flèches saignantes, comme celui de saint Sébastien ; parler, les yeux en pleurs, des malheurs de la patrie, pendant que le tyran adoré passera ses rudes mains dans ta chevelure dénouée ; faire jaillir d'un rocher l'étincelle sacrée, cela valait bien le petit sacrifice de l'honneur conjugal, et de quelques autres bagatelles. Florence y gagnerait tant, et ces bons maris n'y perdent rien ! Mais il ne fallait pas me prendre pour confesseur.

La voici qui s'avance, son livre de prières à la main. Aujourd'hui donc tout va s'éclaircir ; laisse seulement tomber ton secret dans l'oreille du prêtre : le courtisan pourra bien en profiter ; mais, en conscience, il n'en dira rien.

Entre la marquise de Cibo.

LE CARDINAL, *s'asseyant.*

Me voilà prêt.

La marquise s'agenouille auprès de lui sur son prie-Dieu.

LA MARQUISE

Bénissez-moi, mon père, parce que j'ai péché.

LE CARDINAL

Avez-vous dit votre *Confiteor ?* Nous pouvons commencer, marquise.

LA MARQUISE

Je m'accuse de mouvements de colère, de doutes irréligieux et injurieux pour notre saint père le pape.

LE CARDINAL

Continuez.

LA MARQUISE

J'ai dit hier, dans une assemblée, à propos de l'évêque de Fano, que la sainte Eglise catholique était un lieu de débauche.

LE CARDINAL

Continuez.

LA MARQUISE

J'ai écouté des discours contraires à la fidélité que j'ai jurée à mon mari.

LE CARDINAL

Qui vous a tenu ces discours ?

LA MARQUISE

J'ai lu une lettre écrite dans la même pensée.

LE CARDINAL

Qui vous a écrit cette lettre ?

LA MARQUISE

Je m'accuse de ce que j'ai fait, et non de ce qu'ont fait les autres.

LE CARDINAL

Ma fille, vous devez me répondre, si vous voulez que je puisse vous donner l'absolution en toute sécurité. Avant tout, dites-moi si vous avez répondu à cette lettre.

LA MARQUISE

J'y ai répondu de vive voix, mais non pas par écrit.

LE CARDINAL

Qu'avez-vous répondu ?

LA MARQUISE

J'ai accordé à la personne qui m'avait écrit la permission de me voir comme elle le demandait.

LE CARDINAL

Comment s'est passée cette entrevue ?

LA MARQUISE

Je me suis accusée déjà d'avoir écouté des discours contraires à mon honneur.

LE CARDINAL

Comment y avez-vous répondu ?

LA MARQUISE

Comme il convient à une femme qui se respecte.

LE CARDINAL

N'avez-vous point laissé entrevoir qu'on finirait par vous persuader ?

LA MARQUISE

Non, mon père.

LE CARDINAL

Avez-vous annoncé à la personne dont il s'agit, la résolution de ne plus écouter de semblables discours à l'avenir ?

LA MARQUISE

Oui, mon père.

LE CARDINAL

Cette personne vous plaît-elle ?

LA MARQUISE

Mon cœur n'en sait rien, j'espère.

LE CARDINAL

Avez-vous averti votre mari ?

LA MARQUISE

Non, mon père. Une honnête femme ne doit point troubler son ménage par des récits de cette sorte.

LE CARDINAL

Ne me cachez-vous rien ? Ne s'est-il rien passé entre vous et la personne dont il s'agit, que vous hésitiez à me confier ?

LA MARQUISE

Rien, mon père.

LE CARDINAL

Pas un regard tendre ? Pas un baiser pris à la dérobée ?

LA MARQUISE

Non, mon père.

LE CARDINAL

Cela est-il sûr, ma fille ?

LA MARQUISE

Mon beau-frère, il me semble que je n'ai pas l'habitude de mentir devant Dieu.

LE CARDINAL

Vous avez refusé de me dire le nom que je vous ai demandé tout à l'heure ; je ne puis cependant vous donner l'absolution sans le savoir.

LA MARQUISE

Pourquoi cela ? Lire une lettre peut être un péché ; mais non pas lire une signature. Qu'importe le nom à la chose ?

LE CARDINAL

Il importe plus que vous ne pensez.

LA MARQUISE

Malaspina, vous en voulez trop savoir. Refusez-moi l'absolution, si vous voulez, je prendrai pour confesseur le premier prêtre venu, qui me la donnera

Elle se lève.

LE CARDINAL

Quelle violence, marquise ? Est-ce que je ne sais pas que c'est du duc que vous voulez parler ?

LA MARQUISE

Du duc ! — Eh bien ! si vous le savez, pourquoi voulez-vous me le faire dire ?

LE CARDINAL

Pourquoi refusez-vous de le dire ? Cela m'étonne.

LA MARQUISE

Et qu'en voulez-vous faire, vous, mon confesseur ? Est-ce pour le répéter à mon mari que vous tenez si fort à l'entendre ? Oui, cela est bien certain ; c'est un tort que d'avoir pour confesseur un de ses parents. Le ciel m'est témoin qu'en m'agenouillant devant vous, j'oublie que je suis votre belle-sœur. Mais vous prenez soin de me le rappeler ; prenez garde, Cibo, prenez garde à votre salut éternel, tout cardinal que vous êtes.

LE CARDINAL

Revenez donc à cette place, marquise ; il n'y a pas tant de mal que vous croyez.

LA MARQUISE

Que voulez-vous dire ?

LE CARDINAL

Qu'un confesseur doit tout savoir, parce qu'il peut tout diriger, et qu'un beau-frère ne doit rien dire, à certaines conditions.

LA MARQUISE

Quelles conditions ?

LE CARDINAL

Non, non, je me trompe ; ce n'était pas ce mot-là que je voulais employer. Je voulais dire que le duc est puissant, qu'une rupture avec lui peut nuire aux plus riches familles ; mais qu'un secret d'importance entre des mains expérimentées peut devenir une source de biens abondante.

LA MARQUISE

Une source de biens ! — des mains expérimentées ! — Je reste là, en vérité, comme une statue. Que couves-tu, prêtre, sous ces paroles ambiguës ? Il y a certains assemblages de mots qui passent par instant sur vos lèvres, à vous autres ; on ne sait qu'en penser.

LE CARDINAL

Revenez donc vous asseoir là, Ricciarda. Je ne vous ai point encore donné l'absolution.

LA MARQUISE

Parlez toujours ; il n'est pas prouvé que j'en veuille.

LE CARDINAL, *se levant.*

Prenez garde à vous, marquise ! Quand on veut me braver en face, il faut avoir une armure solide et sans défaut ; je ne veux point menacer ; je n'ai pas un mot à vous dire : prenez un autre confesseur.

Il sort.

LA MARQUISE, *seule.*

Cela est inouï. S'en aller en serrant les poings ! les yeux enflammés de colère ! Parler de mains expérimentées, de direction à donner à certaines choses ! Eh ! mais qu'y a-t-il donc ? Qu'il voulût pénétrer mon secret pour en informer mon mari, je le conçois. Mais si ce n'est pas là son but, que veut-il donc faire de moi ? la maîtresse du duc ? Tout savoir, dit-il, et tout diriger ! cela n'est pas possible ; il y a quelque autre mystère plus sombre et plus inexplicable là-dessous ; Cibo ne ferait pas un pareil métier. Non ! cela est sûr ; je le connais. C'est bon pour Lorenzaccio ; mais lui ! il faut qu'il ait quelque sourde pensée, plus vaste que cela et plus profonde. Ah ! comme les hommes sortent d'eux-mêmes tout à coup après dix ans de silence ! Cela est effrayant.

Maintenant, que ferai-je ? Est-ce que j'aime Alexandre ? Non, je ne l'aime pas, non, assurément ; j'ai dit que non dans ma confession, et je n'ai pas menti. Pourquoi Laurent est-il à Massa ? Pourquoi le duc me presse-t-il ? Pourquoi ai-je répondu que je ne voulais plus le voir ? pourquoi ? Ah ! pourquoi y a-t-il dans tout cela un aimant, un charme inexplicable qui m'attire ?

Elle ouvre sa fenêtre.

Que tu es belle, Florence, mais que tu es triste ! Il y a là plus d'une maison où Alexandre est entré la nuit, couvert de son manteau ; c'est un libertin, je le sais. — Et pourquoi est-ce que tu te mêles à tout cela, toi, Florence ? Qui est-ce donc que j'aime ? Est-ce toi ou est-ce lui ?

AGNOLO, *entrant.*

Madame, Son Altesse vient d'entrer dans la cour.

LA MARQUISE

Cela est singulier ; ce Malaspina m'a laissée toute tremblante.

SCÈNE IV

Au palais des Soderini

MARIE SODERINI, CATHERINE, LORENZO, *assis.*

CATHERINE, *tenant un livre.*

Quelle histoire vous lirai-je, ma mère ?

MARIE

Ma Cattina se moque de sa pauvre mère. Est-ce que je comprends rien à tes livres latins ?

CATHERINE

Celui-ci n'est point en latin, mais il en est traduit. C'est l'histoire romaine.

LORENZO

Je suis très fort sur l'histoire romaine. Il y avait une fois un jeune gentilhomme nommé Tarquin le fils[23].

CATHERINE

Ah ! c'est une histoire de sang.

LORENZO

Pas du tout ; c'est un conte de fées, Brutus était un fou, un monomane, et rien de plus. Tarquin était un duc plein de sagesse, qui allait voir en pantoufles si les petites filles dormaient bien.

CATHERINE

Dites-vous aussi du mal de Lucrèce ?

LORENZO

Elle s'est donné le plaisir du péché et la gloire du trépas. Elle s'est laissé prendre toute vive comme une alouette au piège, et puis elle s'est fourré bien gentiment son petit couteau dans le ventre.

MARIE

Si vous méprisez les femmes, pourquoi affectez-vous de les rabaisser devant votre mère et votre sœur ?

LORENZO

Je vous estime, vous et elle. Hors de là, le monde me fait horreur.

MARIE

Sais-tu le rêve que j'ai eu cette nuit, mon enfant ?

LORENZO

Quel rêve ?

MARIE

Ce n'était point un rêve, car je ne dormais pas. J'étais seule dans cette grande salle ; ma lampe était loin de moi, sur cette table auprès de la fenêtre. Je songeais aux jours où j'étais heureuse, aux jours de ton enfance, mon Lorenzino. Je regardais cette nuit obscure, et je me disais : il ne rentrera qu'au jour, lui qui passait autrefois les nuits à travailler. Mes yeux se remplissaient de larmes, et je secouais la tête en les sentant couler. J'ai entendu tout d'un coup marcher lentement dans la galerie ; je me suis retournée ; un homme vêtu de noir venait à moi, un livre sous le bras : c'était toi, Renzo : « Comme tu reviens de bonne heure ! » me suis-je écriée. Mais le spectre s'est assis auprès de la lampe sans me répondre ; il a ouvert son livre, et j'ai reconnu mon Lorenzino d'autrefois.

LORENZO

Vous l'avez vu ?

MARIE

Comme je te vois.

LORENZO

Quand s'est-il en allé ?

MARIE

Quand tu as tiré la cloche ce matin en rentrant.

LORENZO

Mon spectre, à moi ! Et il s'en est allé quand je suis rentré ?

MARIE

Il s'est levé d'un air mélancolique, et s'est effacé comme une vapeur du matin.

LORENZO

Catherine, Catherine, lis-moi l'histoire de Brutus.

CATHERINE

Qu'avez-vous ? vous tremblez de la tête aux pieds.

LORENZO

Ma mère, asseyez-vous ce soir à la place où vous étiez cette nuit, et si mon spectre revient, dites-lui qu'il verra bientôt quelque chose qui l'étonnera.

On frappe.

CATHERINE

C'est mon oncle Bindo, et Baptista Venturi.

Entrent Bindo et Venturi.

BINDO, *bas à Marie.*

Je viens tenter un dernier effort.

MARIE

Nous vous laissons, puissiez-vous réussir !

Elle sort avec Catherine.

BINDO

Lorenzo, pourquoi ne démens-tu pas l'histoire scandaleuse qui court sur ton compte ?

LORENZO

Quelle histoire ?

BINDO

On dit que tu t'es évanoui à la vue d'une épée.

LORENZO

Le croyez-vous, mon oncle ?

BINDO

Je t'ai vu faire des armes à Rome ; mais cela ne m'étonnerait pas que tu devinsses plus vil qu'un chien, au métier que tu fais ici.

LORENZO

L'histoire est vraie : je me suis évanoui. Bonjour, Venturi. A quel taux sont vos marchandises ? comment va le commerce ?

VENTURI

Seigneur, je suis à la tête d'une fabrique de soie ; mais c'est me faire une injure que de m'appeler marchand.

LORENZO

C'est vrai. Je voulais dire seulement que vous aviez contracté au collège l'habitude innocente de vendre de la soie.

BINDO

J'ai confié au seigneur Venturi les projets qui occupent en ce moment tant de familles à Florence. C'est un digne ami de la liberté, et j'entends, Lorenzo, que vous le traitiez comme tel. Le temps de plaisanter est passé. Vous nous avez dit quelquefois que cette confiance extrême que le duc vous témoigne n'était qu'un piège de votre part. Cela est-il vrai ou faux ? Etes-vous des nôtres, ou n'en êtes-vous pas ? voilà ce qu'il nous faut savoir. Toutes les grandes familles voient bien que le despotisme des Médicis n'est ni juste ni tolérable. De quel droit laisserions-nous s'élever paisiblement cette maison orgueilleuse sur les ruines de nos privilèges ? La capitulation n'est point observée. La puissance de l'Allemagne se fait sentir de jour en jour d'une manière plus absolue. Il est temps d'en finir, et de rassembler les patriotes. Répondez-vous à cet appel ?

LORENZO

Qu'en dites-vous, seigneur Venturi ? Parlez, parlez, voilà mon oncle qui reprend haleine ; saisissez cette occasion, si vous aimez votre pays.

VENTURI

Seigneur, je pense de même, et n'ai pas un mot à ajouter.

LORENZO

Pas un mot? pas un beau petit mot bien sonore? Vous ne connaissez pas la véritable éloquence. On tourne une grande période autour d'un beau petit mot, pas trop court ni trop long, et rond comme une toupie; on rejette son bras gauche en arrière de manière à faire faire à son manteau des plis pleins d'une dignité tempérée par la grâce; on lâche sa période qui se déroule comme une corde ronflante, et la petite toupie s'échappe avec un murmure délicieux. On pourrait presque la ramasser dans le creux de la main, comme les enfants des rues.

BINDO

Tu es insolent! Réponds, ou sors d'ici.

LORENZO

Je suis des vôtres, mon oncle. Ne voyez-vous pas à ma coiffure que je suis républicain dans l'âme? Regardez comme ma barbe est coupée. N'en doutez pas un seul instant; l'amour de la patrie respire dans mes vêtements les plus cachés.

On sonne à la porte d'entrée; la cour se remplit de pages et de chevaux.

UN PAGE, *entrant.*

Le duc.

Entre Alexandre.

LORENZO

Quel excès de faveur, mon prince! Vous daignez visiter un pauvre serviteur en personne?

LE DUC

Quels sont ces hommes-là? J'ai à te parler.

LORENZO

J'ai l'honneur de présenter à Votre Altesse mon oncle Bindo Altoviti, qui regrette qu'un long séjour à Naples ne lui ait pas permis de se jeter plus tôt à vos pieds. Cet autre seigneur est l'illustre Battista Venturi, qui fabrique, il est vrai, de la soie, mais qui n'en vend point. Que la présence inattendue d'un si grand prince dans cette humble maison ne vous trouble pas, mon cher oncle, ni vous non plus, digne Venturi. Ce que vous demandez vous sera accordé, ou vous serez en droit de dire que mes supplications n'ont aucun crédit auprès de mon gracieux souverain.

LE DUC

Que demandez-vous, Bindo ?

BINDO

Altesse, je suis désolé que mon neveu...

LORENZO

Le titre d'ambassadeur à Rome n'appartient à personne en ce moment. Mon oncle se flattait de l'obtenir de vos bontés. Il n'est pas dans Florence un seul homme qui puisse soutenir la comparaison avec lui, dès qu'il s'agit du dévouement et du respect qu'on doit aux Médicis.

LE DUC

En vérité, Renzino ? Eh bien ! mon cher Bindo, voilà qui est dit. Viens demain matin au palais.

BINDO

Altesse, je suis confondu ! Comment reconnaître...

LORENZO

Le seigneur Venturi, bien qu'il ne vende point de soie, demande un privilège pour ses fabriques.

LE DUC

Quel privilège ?

LORENZO

Vos armoiries sur la porte, avec le brevet. Accordez-le-lui, monseigneur, si vous aimez ceux qui vous aiment.

LE DUC

Voilà qui est bon. Est-ce fini ? Allez, messieurs, la paix soit avec vous.

VENTURI

Altesse !... vous me comblez de joie... je ne puis exprimer...

LE DUC, *à ses gardes.*

Qu'on laisse passer ces deux personnes.

BINDO, *sortant, bas à Venturi.*

C'est un tour infâme.

VENTURI, *de même.*

Qu'est-ce que vous ferez ?

BINDO, *de même.*

Que diable veux-tu que je fasse ? Je suis nommé.

VENTURI, *de même.*

Cela est terrible.

Ils sortent.

LE DUC

La Cibo est à moi.

LORENZO

J'en suis fâché.

LE DUC

Pourquoi ?

LORENZO

Parce que cela fera tort aux autres.

LE DUC

Ma foi, non, elle m'ennuie déjà. Dis-moi donc, mignon, quelle est donc cette belle femme qui arrange ces fleurs sur cette fenêtre ? Voilà longtemps que je la vois sans cesse en passant.

LORENZO

Où donc ?

LE DUC

Là-bas, en face, dans le palais.

LORENZO

Oh ! ce n'est rien.

LE DUC

Rien ? Appelles-tu rien ces bras-là ? Quelle Vénus, entrailles du diable !

LORENZO

C'est une voisine.

LE DUC

Je veux parler à cette voisine-là. Eh ! parbleu, si je ne me trompe, c'est Catherine Ginori.

LORENZO

Non.

LE DUC

Je la reconnais très bien ; c'est ta tante. Peste ! j'avais oublié cette figure-là. Amène-la donc souper.

LORENZO

Cela serait très difficile. C'est une vertu.

LE DUC

Allons donc ! Est-ce qu'il y en a pour nous autres ?

LORENZO

Je lui demanderai, si vous voulez. Mais je vous avertis que c'est une pédante ; elle parle latin.

LE DUC

Bon ! elle ne fait pas l'amour en latin. Viens donc par ici ; nous la verrons mieux de cette galerie.

LORENZO

Une autre fois, mignon ; — à l'heure qu'il est je n'ai pas de temps à perdre : — il faut que j'aille chez le Strozzi.

LE DUC

Quoi ! chez ce vieux fou ?

LORENZO

Oui, chez ce vieux misérable, chez cet infâme. Il paraît qu'il ne peut se guérir de cette singulière lubie d'ouvrir sa bourse à toutes ces viles créatures qu'on nomme bannies, et que ces meurt-de-faim se réunissent chez lui tous les jours avant de mettre leurs souliers et de prendre leurs bâtons. Maintenant, mon projet est d'aller au plus vite manger le dîner de ce vieux gibier de potence, et de lui renouveler l'assurance de ma cordiale amitié. J'aurai ce soir quelque bonne histoire à vous conter, quelque charmante petite fredaine qui pourra faire lever de bonne heure demain matin quelques-unes de toutes ces canailles.

LE DUC

Que je suis heureux de t'avoir, mignon ! J'avoue que je ne comprends pas comment ils te reçoivent.

LORENZO

Bon ! Si vous saviez comme cela est aisé de mentir impudemment au nez d'un butor ! Cela prouve bien que vous n'avez jamais essayé. A propos, ne m'avez-vous pas dit que vous vouliez donner votre portrait, je ne sais plus à qui ? J'ai un peintre à vous amener ; c'est un protégé.

LE DUC

Bon, bon ; mais pense à ta tante. C'est pour elle que je suis venu te voir ; le diable m'emporte, tu as une tante qui me revient.

LORENZO

Et la Cibo ?

LE DUC

Je te dis de parler de moi à ta tante.

Ils sortent.

SCENE VI

Une salle du palais des Strozzi.

PHILIPPE STROZZI ; LE PRIEUR ;
LOUISE, *occupée à travailler ;*
LORENZO, *couché sur un sopha.*

PHILIPPE

Dieu veuille qu'il n'en soit rien ! Que de haines inextinguibles, implacables, n'ont pas commencé autrement ! Un propos ! la fumée d'un repas jasant sur les lèvres épaisses d'un débauché ! voilà les guerres de famille, voilà comme les couteaux se tirent. On est insulté, et on tue ; on a tué, et on est tué. Bientôt les haines s'enracinent ; on berce les fils dans les cercueils de leurs aïeux, et des générations entières sortent de terre l'épée à la main.

LE PRIEUR

J'ai peut-être eu tort de me souvenir de ce méchant propos et de ce maudit voyage à Montolivet ; mais le moyen d'endurer ces Salviati ?

PHILIPPE

Ah ! Léon, Léon, je te le demande, qu'y aurait-il de changé pour Louise et pour nous-mêmes si tu n'avais rien dit à mes enfants ? La vertu d'une Strozzi ne peut-elle oublier un mot d'un Salviati ? L'habitant d'un palais de marbre doit-il savoir les obscénités que la populace écrit sur ses murs ? Qu'importe le propos d'un Julien ? Ma fille en trouvera-t-elle moins un honnête mari ? ses enfants la respecteront-ils moins ? M'en souviendrai-je, moi, son père, en lui donnant le baiser du soir ? Où en sommes-nous, si l'insolence du premier venu tire du fourreau des épées comme les nôtres ? Maintenant tout est perdu ; voilà Pierre furieux de tout ce que tu nous as conté. Il s'est mis en campagne ; il est allé chez les Pazzi. Dieu sait ce qui peut arriver ! Qu'il rencontre Salviati, voilà le sang répandu ; le mien, mon sang sur le pavé de Florence ! Ah ! pourquoi suis-je père ?

LE PRIEUR

Si on m'eût rapporté un propos sur ma sœur, quel qu'il fût, j'aurais tourné le dos, et tout aurait été fini là. Mais celui-là m'était adressé ; il était si grossier, que je me suis figuré que le rustre ne savait de qui il parlait ; — mais il le savait bien.

PHILIPPE

Oui, ils le savent, les infâmes ! ils savent bien où ils frappent ! Le vieux tronc d'arbre est d'un bois trop solide ; ils ne viendraient pas l'entamer. Mais ils connaissent la fibre délicate qui tressaille dans ses entrailles lorsqu'on attaque son plus faible bourgeon. Ma Louise ! ah ! qu'est-ce donc que la raison ? Les mains me tremblent à cette idée. Juste Dieu ! la raison, est-ce donc la vieillesse ?

LE PRIEUR

Pierre est trop violent.

PHILIPPE

Pauvre Pierre ! comme le rouge lui est monté au front ! comme il a frémi en t'écoutant raconter l'insulte faite à sa sœur ! C'est moi qui suis un fou, car je t'ai laissé dire. Pierre se promenait par la chambre à grands pas, inquiet, furieux, la tête perdue ; — il allait, il venait comme moi maintenant. Je le regardais en silence ; c'est un si beau spectacle qu'un sang pur montant à un front sans reproche ! O ma patrie ! pensais-je, en voilà un, et c'est mon aîné. Ah ! Léon, j'ai beau faire, je suis un Strozzi.

LE PRIEUR

Il n'y a peut-être pas tant de danger que vous le pensez. — C'est un grand hasard s'il rencontre Salviati ce soir. — Demain, nous verrons tous les choses plus sagement.

PHILIPPE

N'en doute pas ; Pierre le tuera, ou il se fera tuer.

Il ouvre la fenêtre.

Où sont-ils maintenant ? Voilà la nuit ; la ville se couvre de profondes ténèbres ; ces rues sombres me font horreur ; — le sang coule quelque part, j'en suis sûr.

LE PRIEUR

Calmez-vous.

PHILIPPE

A la manière dont mon Pierre est sorti, je suis sûr qu'il ne rentrera que vengé ou mort. Je l'ai vu décrocher son épée en fronçant le sourcil ; il se mordait les lèvres, et les muscles de ses bras étaient tendus comme des arcs. Oui, oui, maintenant il meurt ou il est vengé, cela n'est pas douteux.

LE PRIEUR

Remettez-vous, fermez cette fenêtre.

PHILIPPE

Eh bien ! Florence, apprends-la donc à tes pavés, la couleur de mon noble sang ! Il y a quarante de tes fils qui l'ont dans les veines. Et moi, le chef de cette famille immense, plus d'une fois encore ma tête blanche se penchera du haut de ces fenêtres, dans les angoisses paternelles ! plus d'une fois ce sang que tu bois peut-être à cette heure avec indifférence séchera au soleil de tes places. Mais ne ris pas ce soir du vieux Strozzi, qui a peur pour son enfant. Sois avare de sa famille, car il viendra un jour où tu la compteras, où tu te mettras avec lui à la fenêtre, et où le cœur te battra aussi lorsque tu entendras le bruit de nos épées.

LOUISE

Mon père, mon père ! vous me faites peur.

LE PRIEUR, *bas à Louise.*

N'est-ce pas Thomas qui rôde sous ces lanternes ? Il m'a semblé le reconnaître à sa petite taille ; le voilà parti.

PHILIPPE

Pauvre ville ! où les pères attendent ainsi le retour de leurs enfants ! Pauvre patrie ! pauvre patrie ! Il y en a bien d'autres à cette heure qui ont pris leur manteau et leur épée pour s'enfoncer dans cette nuit obscure ; et ceux qui les attendent ne sont point inquiets ; ils savent qu'ils mourront demain de misère, s'ils ne meurent de froid cette nuit. Et nous, dans ces palais somptueux, nous attendons qu'on nous insulte pour tirer nos épées ! Le propos d'un ivrogne nous transporte de colère, et disperse dans ces sombres rues nos fils et nos amis ! Mais les malheurs publics ne secouent pas la poussière de nos armes. On croit Philippe Strozzi un honnête homme, parce qu'il fait le bien sans empêcher le mal ; et maintenant, moi, père, que ne donnerais-je pas pour qu'il y eût au monde un être capable de me rendre mon fils et de punir juridiquement l'insulte faite à ma fille ? Mais pourquoi empêcherait-on le mal qui m'arrive, quand je n'ai pas empêché celui qui arrive aux autres, moi qui en avais le pouvoir ? Je me suis courbé sur des livres, et j'ai rêvé pour ma patrie ce que j'admirais dans l'antiquité. Les murs criaient vengeance autour de moi, et je me bouchais les oreilles pour m'enfoncer dans mes méditations ; il a fallu que la tyrannie vînt me frapper au visage pour me faire dire : Agissons ! et ma vengeance a des cheveux gris.

Entrent Pierre, Thomas et François Pazzi.

PIERRE

C'est fait Salviati est mort.

Il embrasse sa sœur.

LOUISE

Quelle horreur ! tu es couvert de sang.

PIERRE

Nous l'avons attendu au coin de la rue des Archers ; François a arrêté son cheval ; Thomas l'a frappé à la jambe, et moi...

LOUISE

Tais-toi ! tais-toi ! tu me fais frémir ; tes yeux sortent de leurs orbites ; tes mains sont hideuses ; tout ton corps tremble, et tu es pâle comme la mort.

LORENZO, *se levant.*

Tu es beau, Pierre ; tu es grand comme la vengeance.

PIERRE

Qui dit cela ? Te voilà ici, toi, Lorenzaccio ?

Il s'approche de son père.

Quand donc fermerez-vous votre porte à ce misérable ? ne savez-vous donc pas ce que c'est, sans compter l'histoire de son duel avec Maurice ?

PHILIPPE

C'est bon ; je sais tout cela ; si Lorenzo est ici, c'est que j'ai de bonnes raisons pour l'y recevoir. Nous en parlerons en temps et lieu.

PIERRE, *entre ses dents.*

Hum ! des raisons pour recevoir cette canaille ! Je pourrais bien en trouver un de ces matins une très bonne aussi pour le faire sauter par les fenêtres. Dites ce que vous voudrez, j'étouffe dans cette chambre de voir une pareille lèpre se traîner sur nos fauteuils.

PHILIPPE

Allons ! paix ; tu es un écervelé ! Dieu veuille que ton coup de ce soir n'ait pas de mauvaises suites pour nous ! Il faut commencer par te cacher.

PIERRE

Me cacher ! Et au nom de tous les saints, pourquoi me cacherais-je ?

LORENZO, *à Thomas.*

En sorte que vous l'avez frappé à l'épaule ?... Dites-moi donc un peu...

Il l'entraîne dans l'embrasure d'une fenêtre ; tous deux s'entretiennent à voix basse.

PIERRE

Non, mon père, je ne me cacherai pas. L'insulte a été publique, il nous l'a faite au milieu d'une place. Moi, je l'ai assommé au milieu d'une rue, et il me convient demain matin de le raconter à toute la ville. Depuis quand se cache-t-on pour avoir vengé son honneur ? Je me promènerais volontiers l'épée nue, et sans en essuyer une goutte de sang.

PHILIPPE

Viens par ici, il faut que je te parle. Tu n'es pas blessé, mon enfant ? tu n'as rien reçu dans tout cela ?

Ils sortent.

SCÈNE VI

Au palais du duc.
LE DUC, *à demi nu ;* TEBALDEO, *faisant son portrait ;*
GIOMO *joue de la guitare.*

GIOMO, *chantant.*

Quand je mourrai, mon échanson,
Porte mon cœur à ma maîtresse.
Qu'elle envoie au diable la messe,
La prêtraille et les oraisons.
Les pleurs ne sont que de l'eau claire ;
Dis-lui qu'elle éventre un tonneau ;
Qu'on entonne un chœur sur ma bière ;
J'y répondrai du fond de mon tombeau.

LE DUC

Je savais bien que j'avais quelque chose à te demander. Dis-moi, Hongrois, que t'avait donc fait ce garçon que je t'ai vu bâtonner tantôt d'une si joyeuse manière ?

GIOMO

Ma foi, je ne saurais le dire, ni lui non plus.

LE DUC

Pourquoi ? Est-ce qu'il est mort ?

GIOMO

C'est un gamin d'une maison voisine ; tout à l'heure, en passant, il m'a semblé qu'on l'enterrait.

LE DUC

Quand mon Giomo frappe, il frappe ferme.

GIOMO

Cela vous plaît à dire ; je vous ai vu tuer un homme d'un coup plus d'une fois.

LE DUC

Tu crois ! J'étais donc gris ? Quand je suis en pointe de gaieté, tous mes moindres coups sont mortels. Qu'as-tu donc, petit ? est-ce que la main te tremble ? tu louches terriblement.

TEBALDEO

Rien, Monseigneur, plaise à Votre Altesse.

Entre Lorenzo.

LORENZO

Cela avance-t-il ? Etes-vous content de mon protégé ?

Il prend la cotte de mailles du duc sur le sopha.

Vous avez là une jolie cotte de mailles, mignon ! Mais cela doit être bien chaud.

LE DUC

En vérité, si elle me gênait, je n'en porterais pas. Mais c'est du fil d'acier ; la lime la plus aiguë n'en pourrait ronger une maille, et en même temps c'est léger comme de la soie. Il n'y a peut-être pas la pareille dans toute l'Europe ; aussi je ne la quitte guère, jamais, pour mieux dire.

LORENZO

C'est très léger, mais très solide. Croyez-vous cela à l'épreuve du stylet ?

LE DUC

Assurément.

LORENZO

Au fait, j'y réfléchis à présent : vous la portez toujours sous votre pourpoint. L'autre jour, à la chasse, j'étais en croupe derrière vous, et en vous tenant à bras-le-corps, je la sentais très bien. C'est une prudente habitude.

LE DUC

Ce n'est pas que je me défie de personne ; comme tu dis, c'est une habitude, — pure habitude de soldat.

LORENZO

Votre habit est magnifique. Quel parfum que ces gants ! Pourquoi donc posez-vous à moitié nu ? Cette cotte de mailles aurait fait son effet dans votre portrait ; vous avez eu tort de la quitter.

LE DUC

C'est le peintre qui l'a voulu ; cela vaut toujours mieux, d'ailleurs, de poser le col découvert : regarde les antiques.

LORENZO

Où diable est ma guitare ? Il faut que je fasse un second dessus à Giomo.

Il sort.

TEBALDEO

Altesse, je n'en ferai pas davantage aujourd'hui.

GIOMO, *à la fenêtre.*

Que fait donc Lorenzo ? Le voilà en contemplation devant le puits qui est au milieu du jardin : ce n'est pas là, il me semble, qu'il devrait chercher sa guitare.

LE DUC

Donne-moi mes habits. Où est donc ma cotte de mailles ?

GIOMO

Je ne la trouve pas ; j'ai beau chercher : elle s'est envolée.

LE DUC

Renzino la tenait il n'y a pas cinq minutes ; il l'aura jetée dans un coin en s'en allant, selon sa louable coutume de paresseux.

GIOMO

Cela est incroyable ; pas plus de cotte de mailles que sur ma main.

LE DUC

Allons, tu rêves ! Cela est impossible.

GIOMO

Voyez vous-même, Altesse ; la chambre n'est pas si grande.

LE DUC

Renzo la tenait là, sur ce sopha.

Rentre Lorenzo.

Qu'as-tu donc fait de ma cotte ? nous ne pouvons plus la trouver.

LORENZO

Je l'ai remise où elle était. Attendez ; non : je l'ai posée sur ce fauteuil ; non, c'était sur le lit. Je n'en sais rien. Mais j'ai trouvé ma guitare.

Il chante en s'accompagnant.

Bonjour, madame l'abbesse...

GIOMO

Dans le puits du jardin, apparemment ? car vous étiez penché dessus tout à l'heure d'un air tout à fait absorbé.

LORENZO

Cracher dans un puits pour faire des ronds est mon plus grand bonheur. Après boire et dormir, je n'ai pas d'autre occupation.

Il continue à jouer.

Bonjour, bonjour, abbesse de mon cœur.

LE DUC

Cela est inouï que cette cotte se trouve perdue ! Je crois que je ne l'ai pas ôtée deux fois dans ma vie, si ce n'est pour me coucher.

LORENZO

Laissez donc, laissez donc. N'allez-vous pas faire un valet de chambre d'un fils de pape ? Vos gens la trouveront.

LE DUC

Que le diable t'emporte ! c'est toi qui l'as égarée.

LORENZO

Si j'étais duc de Florence, je m'inquiéterais d'autre chose que de mes cottes. A propos, j'ai parlé de vous à la chère tante. Tout est au mieux ; venez donc vous asseoir un peu ici que je vous parle à l'oreille.

GIOMO, *bas au duc.*

Cela est singulier, au moins ; la cotte de mailles est enlevée.

LE DUC

On la retrouvera.

Il s'assoit à côté de Lorenzo.

GIOMO, *à part.*

Quitter la compagnie pour aller cracher dans le puits, cela n'est pas naturel. Je voudrais retrouver cette cotte de mailles, pour m'ôter de la tête une vieille idée qui se rouille de temps en temps. Bah ! un Lorenzaccio ! La cotte est sous quelque fauteuil.

SCÈNE VII

Devant le palais.
Entre SALVIATI, *couvert de sang et boitant ; deux hommes le soutiennent.*

SALVIATI, *criant.*

Alexandre de Médicis, ouvre ta fenêtre, et regarde un peu comme on traite tes serviteurs.

ALEXANDRE, *à la fenêtre.*

Qui est là dans la boue ? Qui se traîne aux murailles de mon palais avec ces cris épouvantables ?

SALVIATI

Les Strozzi m'ont assassiné ; je vais mourir à ta porte.

LE DUC

Lesquels des Strozzi, et pourquoi ?

SALVIATI

Parce que j'ai dit que leur sœur était amoureuse de toi, mon noble duc. Les Strozzi ont trouvé leur sœur insultée, parce que j'ai dit que tu lui plaisais ; trois d'entre eux m'ont assassiné. J'ai reconnu Pierre et Thomas ; je ne connais pas le troisième.

ALEXANDRE

Fais-toi monter ici ; par Hercule ! les meurtriers passeront la nuit en prison, et on les pendra demain matin.

Salviati entre dans le palais.

ACTE III

SCÈNE I

La chambre à coucher de Lorenzo.
LORENZO, SCORONCONCOLO, *faisant des armes.*

SCORONCONCOLO

Maître, as-tu assez du jeu ?

LORENZO

Non ; crie plus fort. Tiens, pare celle-ci ! tiens, meurs ! tiens, misérable !

SCORONCONCOLO

A l'assassin ! on me tue ! on me coupe la gorge !

LORENZO

Meurs ! meurs ! meurs ! Frappe donc du pied.

SCORONCONCOLO

A moi, mes archers ! au secours ! on me tue ! Lorenzo de l'enfer !

LORENZO

Meurs, infâme ! Je te saignerai, pourceau, je te saignerai. Au cœur, au cœur, il est éventré. — Crie donc, frappe donc, tue donc ! Ouvre-lui les entrailles !

Coupons-le par morceaux, et mangeons, mangeons ! J'en ai jusqu'au coude. Fouille dans la gorge, roule-le, roule ! Mordons, mordons, et mangeons !

Il tombe épuisé.

SCORONCONCOLO, *s'essuyant le front.*

Tu as inventé un rude jeu, maître, et tu y vas en vrai tigre ; mille millions de tonnerre, tu rugis comme une caverne pleine de panthères et de lions.

LORENZO

O jour de sang, jour de mes noces ! O soleil, soleil ! il y a assez longtemps que tu es sec comme le plomb ; tu te meurs de soif, soleil ! son sang t'enivrera. O ma vengeance ! qu'il y a longtemps que tes ongles poussent ! O dents d'Ugolin[24], il vous faut le crâne, le crâne !

SCORONCONCOLO

Es-tu en délire ? As-tu la fièvre, ou es-tu toi-même un rêve ?

LORENZO

Lâche, lâche, — ruffian, — le petit maigre, les pères, les filles, — des adieux, des adieux sans fin, — les rives de l'Arno pleines d'adieux ! — Les gamins l'écrivent sur les murs ; — ris, vieillard, ris dans ton bonnet blanc, — tu ne vois pas que mes ongles poussent ? — Ah ! le crâne, le crâne !

Il s'évanouit.

SCORONCONCOLO

Maître, tu as un ennemi.

Il lui jette de l'eau à la figure.

Allons, maître, ce n'est pas la peine de tant te démener. On a des sentiments élevés ou on n'en a pas ; je n'oublierai jamais que tu m'as fait avoir une certaine grâce sans laquelle je serais loin. Maître, si tu as un ennemi, dis-le, et je t'en débarrasserai sans qu'il y paraisse autrement.

LORENZO

Ce n'est rien ; je te dis que mon seul plaisir est de faire peur à mes voisins.

SCORONCONCOLO

Depuis que nous trépignons dans cette chambre, et que nous y mettons tout à l'envers, ils doivent être bien accoutumés à notre tapage. Je crois que tu pourrais égorger trente hommes dans ce corridor, et les rouler sur ton plancher, sans qu'on s'aperçoive dans la maison qu'il s'y passe du nouveau. Si tu veux faire peur aux voisins, tu t'y prends mal. Ils ont eu peur la première fois, c'est vrai ; mais maintenant ils se contentent d'enrager, et ne s'en mettent pas en peine jusqu'au point de quitter leurs fauteuils ou d'ouvrir leurs fenêtres.

LORENZO

Tu crois ?

SCORONCONCOLO

Tu as un ennemi, maître. Ne t'ai-je pas vu frapper du pied la terre, et maudire le jour de ta naissance ? N'ai-je pas des oreilles ? Et au milieu de toutes tes fureurs, n'ai-je pas entendu résonner distinctement un petit mot bien net : la vengeance ? Tiens, maître, crois-moi, tu maigris ; — tu n'as plus le mot pour rire comme devant ; — crois-moi, il n'y a rien de si mauvaise digestion qu'une bonne haine. Est-ce que sur deux hommes au soleil il n'y en a pas toujours un dont l'ombre gêne l'autre ? Ton médecin est dans ma gaine ; laisse-moi te guérir.

Il tire son épée.

LORENZO

Ce médecin-là t'a-t-il jamais guéri, toi ?

SCORONCONCOLO

Quatre ou cinq fois. Il y avait un jour à Padoue une petite demoiselle qui me disait...

LORENZO

Montre-moi cette épée. Ah ! garçon, c'est une brave lame.

SCORONCONCOLO

Essaie-la, et tu verras.

LORENZO

Tu as deviné mon mal, — j'ai un ennemi. Mais pour lui je ne me servirai pas d'une épée qui ait servi pour d'autres. Celle qui le tuera n'aura ici-bas qu'un baptême ; elle gardera son nom.

SCORONCONCOLO

Quel est le nom de l'homme ?

LORENZO

Qu'importe ? M'es-tu dévoué ?

SCORONCONCOLO

Pour toi, je remettrais le Christ en croix.

LORENZO

Je te le dis en confidence, — je ferai le coup dans cette chambre. Ecoute bien, et ne te trompe pas. Si je l'abats du premier coup, ne t'avise pas de le toucher. Mais je ne suis pas plus gros qu'une puce, et c'est un sanglier. S'il se défend, je compte sur toi pour lui tenir les mains ; rien de plus, entends-tu ? c'est à moi qu'il appartient. Je t'avertirai en temps et lieu.

SCORONCONCOLO

Amen !

SCÈNE II

Au palais Strozzi.
Entrent PHILIPPE *et* PIERRE.

PIERRE

Quand je pense à cela, j'ai envie de me couper la main droite. Avoir manqué cette canaille ! Un coup si juste, et l'avoir manqué ! A qui n'était-ce pas rendre service que de faire dire aux gens : Il y a un Salviati de moins dans les rues ? Mais le drôle a fait comme les araignées, — il s'est laissé tomber en repliant ses pattes crochues, et il a fait le mort de peur d'être achevé.

PHILIPPE

Que t'importe qu'il vive ? ta vengeance n'en est que plus complète.

PIERRE

Oui, je le sais bien ; voilà comme vous voyez les choses. Tenez, mon père, vous êtes bon patriote, mais encore meilleur père de famille : ne vous mêlez pas de tout cela.

PHILIPPE

Qu'as-tu encore en tête ? Ne saurais-tu vivre un quart d'heure sans penser à mal ?

PIERRE

Non, par l'enfer, je ne saurais vivre un quart d'heure tranquille dans cet air empoisonné. Le ciel me pèse sur la tête comme une voûte de prison, et il me semble que je respire dans les rues des quolibets et des hoquets d'ivrognes. Adieu, j'ai à faire à présent.

PHILIPPE

Où vas-tu ?

PIERRE

Pourquoi voulez-vous le savoir ? Je vais chez les Pazzi.

PHILIPPE

Attends-moi donc, car j'y vais aussi.

PIERRE

Pas à présent, mon père ; ce n'est pas un bon moment pour vous.

PHILIPPE

Parle-moi franchement.

PIERRE

Cela est entre nous. Nous sommes là une cinquantaine, les Rucellaï et d'autres, qui ne portons pas le bâtard dans nos entrailles.

PHILIPPE

Ainsi donc ?

PIERRE

Ainsi donc les avalanches se font quelquefois au moyen d'un caillou gros comme le bout du doigt.

PHILIPPE

Mais vous n'avez rien d'arrêté ? pas de plan ? pas de mesures prises ? O enfants, enfants ! jouer avec la vie et la mort ! Des questions qui ont remué le monde ! des idées qui ont blanchi des milliers de têtes, et qui les ont fait rouler comme des grains de sable sur les pieds du bourreau ! des projets que la Providence elle-même regarde en silence et avec terreur, et qu'elle laisse achever à l'homme, sans oser y toucher ! Vous parlez de tout cela en faisant des armes et en buvant un verre de vin d'Espagne, comme s'il s'agissait d'un cheval ou d'une mascarade ! Savez-vous ce que c'est qu'une république ? que l'artisan au fond de son atelier, que le laboureur dans son champ, que le citoyen sur la place, que la vie entière d'un royaume ? le bonheur des hommes, Dieu de justice ! O enfants, enfants ! savez-vous compter sur vos doigts ?

PIERRE

Un bon coup de lancette guérit tous les maux.

PHILIPPE

Guérir ! guérir ! Savez-vous que le plus petit coup de lancette doit être donné par le médecin ? Savez-vous qu'il faut une expérience longue comme la vie, et une science grande comme le monde, pour tirer du bras d'un malade une goutte de sang ? N'étais-je pas offensé aussi, la nuit dernière, lorsque tu avais mis ton épée nue sous ton manteau ? Ne suis-je pas le père de ma Louise, comme tu es son frère ? N'était-ce pas une juste vengeance ? Et cependant sais-tu ce qu'elle m'a coûté ? Ah ! les pères savent cela, mais non les enfants. Si tu es père un jour, nous en parlerons.

PIERRE

Vous qui savez aimer, vous devriez savoir haïr.

PHILIPPE

Qu'ont donc fait à Dieu ces Pazzi ? Ils invitent leurs amis à venir conspirer, comme on invite à jouer aux dés, et les amis, en entrant dans leur cour, glissent dans le sang de leurs grands-pères*. Quelle soif ont donc leurs épées ? Que voulez-vous donc, que voulez-vous ?

PIERRE

Et pourquoi vous démentir vous-même ? Ne vous ai-je pas entendu cent fois dire ce que nous disons ? Ne savons-nous pas ce qui vous occupe, quand vos domestiques voient à leur lever vos fenêtres éclairées

* Voir la Conspiration des Pazzi.

des flambeaux de la veille ? Ceux qui passent les nuits sans dormir ne meurent pas silencieux.

PHILIPPE

Où en viendrez-vous ? réponds-moi.

PIERRE

Les Médicis sont une peste. Celui qui est mordu par un serpent n'a que faire d'un médecin ; il n'a qu'à se brûler la plaie.

PHILIPPE

Et quand vous aurez renversé ce qui est, que voulez-vous mettre à la place ?

PIERRE

Nous sommes toujours sûrs de ne pas trouver pire.

PHILIPPE

Je vous le dis, comptez sur vos doigts.

PIERRE

Les têtes d'une hydre sont faciles à compter.

PHILIPPE

Et vous voulez agir ? cela est décidé ?

PIERRE

Nous voulons couper les jarrets aux meurtriers de Florence.

PHILIPPE

Cela est irrévocable ? vous voulez agir ?

PIERRE

Adieu, mon père ; laissez-moi aller seul.

PHILIPPE

Depuis quand le vieil aigle reste-t-il dans le nid, quand ses aiglons vont à la curée ? O mes enfants ! ma brave et belle jeunesse ! vous qui avez la force que j'ai perdue, vous qui êtes aujourd'hui ce qu'était le jeune Philippe, laissez-le avoir vieilli pour vous ! Emmène-moi, mon fils, je vois que vous allez agir. Je ne vous ferai pas de long discours, je ne dirai que quelques mots ; il peut y avoir quelque chose de bon dans cette tête grise : deux mots, et ce sera fait. Je ne radote pas encore ; je ne vous serai pas à charge ; ne pars pas sans moi, mon enfant ; attends que je prenne mon manteau.

PIERRE

Venez, mon noble père ; nous baiserons le bas de votre robe. Vous êtes notre patriarche, venez voir marcher au soleil les rêves de votre vie. La liberté est mûre ; venez, vieux jardinier de Florence, voir sortir de terre la plante que vous aimez.

Ils sortent.

SCÈNE III

Une rue.

UN OFFICIER ALLEMAND *et des soldats,*
THOMAS STROZZI, *au milieu d'eux.*

L'OFFICIER

Si nous ne le trouvons pas chez lui, nous le trouverons chez les Pazzi.

THOMAS

Va ton train, et ne sois pas en peine ; tu sauras ce qu'il en coûte.

L'OFFICIER

Pas de menace ; j'exécute les ordres du duc, et n'ai rien à souffrir de personne.

THOMAS

Imbécile ! qui arrête un Strozzi sur la parole d'un Médicis !

Il se forme un groupe autour d'eux.

UN BOURGEOIS

Pourquoi arrêtez-vous ce seigneur ? Nous le connaissons bien ; c'est le fils de Philippe.

UN AUTRE

Lâchez-le ; nous répondons pour lui.

LE PREMIER

Oui, oui, nous répondons pour les Strozzi. Laisse-le aller, ou prends garde à tes oreilles.

L'OFFICIER

Hors de là, canaille ! laissez passer la justice du duc, si vous n'aimez pas les coups de hallebardes.

Pierre et Philippe arrivent.

PIERRE

Qu'y a-t-il ? quel est ce tapage ? Que fais-tu là, Thomas ?

LE BOURGEOIS

Empêche-le, Philippe, il veut emmener ton fils en prison.

PHILIPPE

En prison ? et sur quel ordre ?

PIERRE

En prison ? Sais-tu à qui tu as affaire ?

L'OFFICIER

Qu'on saisisse cet homme.

Les soldats arrêtent Pierre.

PIERRE

Lâchez-moi, misérables, ou je vous éventre comme des pourceaux !

PHILIPPE

Sur quel ordre agissez-vous, monsieur ?

L'OFFICIER, *montrant l'ordre du duc.*

Voilà mon mandat. J'ai ordre d'arrêter Pierre et Thomas Strozzi.

Les soldats repoussent le peuple, qui leur jette des cailloux.

PIERRE

De quoi nous accuse-t-on ? qu'avons-nous fait ? Aidez-moi, mes amis ; rossons cette canaille.

Il tire son épée. Un autre détachement de soldats arrive.

L'OFFICIER

Venez ici ; prêtez-moi main-forte.

Pierre est désarmé.

En marche ! et le premier qui approche de trop près, un coup de pique dans le ventre ! Cela leur apprendra à se mêler de leurs affaires.

PIERRE

On n'a pas le droit de m'arrêter sans un ordre des Huit[25]. Je me soucie bien des ordres d'Alexandre ! Où est l'ordre des Huit ?

L'OFFICIER

C'est devant eux que nous vous menons.

PIERRE

Si c'est devant eux, je n'ai rien à dire. De quoi suis-je accusé ?

UN HOMME DU PEUPLE

Comment, Philippe, tu laisses emmener tes enfants au tribunal des Huit !

PIERRE

Répondez donc, de quoi suis-je accusé ?

L'OFFICIER

Cela ne me regarde pas.

Les soldats sortent avec Pierre et Thomas.

PIERRE, *en sortant.*

N'ayez aucune inquiétude, mon père ; les Huit me renverront souper à la maison, et le bâtard en sera pour ses frais de justice.

PHILIPPE *seul, s'asseyant sur un banc.*

J'ai beaucoup d'enfants, mais pas pour longtemps, si cela va si vite. Où en sommes-nous donc si une vengeance aussi juste que le ciel que voilà est clair, est punie comme un crime ! Eh quoi ! les deux aînés d'une famille vieille comme la ville, emprisonnés comme des voleurs de grand chemin ! la plus grossière insulte châtiée, un Salviati frappé, seulement frappé, et des hallebardes en jeu ! Sors donc du fourreau, mon épée. Si le saint appareil des exécutions judiciaires devient la cuirasse des ruffians et des ivrognes, que la hache et le poignard, cette arme des assassins, protègent l'homme de bien. O Christ ! la justice devenue une entremetteuse ! l'honneur des Strozzi souffleté en place publique, et un tribunal répondant des quolibets d'un rustre ! Un Salviati jetant à la plus noble famille de Florence son gant taché de vin et de sang, et, lorqu'on le châtie, tirant pour se défendre le coupe-tête du bourreau ! Lumière du soleil ! j'ai parlé, il n'y a pas un quart d'heure, contre les idées de révolte, et voilà le pain qu'on me donne à manger, avec mes paroles de paix sur les lèvres ! Allons, mes bras, remuez ; et toi, vieux corps courbé par l'âge et par l'étude, redresse-toi pour l'action !

Entre Lorenzo.

LORENZO

Demandes-tu l'aumône, Philippe, assis au coin de cette rue ?

PHILIPPE

Je demande l'aumône à la justice des hommes ; je suis un mendiant affamé de justice, et mon honneur est en haillons.

LORENZO

Quel changement va donc s'opérer dans le monde, et quelle robe nouvelle va revêtir la nature, si le masque de la colère s'est posé sur le visage auguste et paisible du vieux Philippe ? O mon père, quelles sont ces plaintes ? pour qui répands-tu sur la terre les joyaux les plus précieux qu'il y ait sous le soleil, les larmes d'un homme sans peur et sans reproche ?

PHILIPPE

Il faut nous délivrer des Médicis, Lorenzo. Tu es un Médicis toi-même, mais seulement par ton nom ; si je t'ai bien connu, si la hideuse comédie que tu joues m'a trouvé impassible et fidèle spectateur, que l'homme sorte de l'histrion. Si tu as jamais été quelque chose d'honnête, sois-le aujourd'hui. Pierre et Thomas sont en prison.

LORENZO

Oui, oui, je sais cela.

PHILIPPE

Est-ce là ta réponse ? est-ce là ton visage, homme sans épée ?

LORENZO

Que veux-tu ? dis-le, et tu auras alors ma réponse.

PHILIPPE

Agir ! Comment, je n'en sais rien. Quel moyen employer, quel levier mettre sous cette citadelle de mort, pour la soulever et la pousser dans le fleuve ; quoi faire, que résoudre, quels hommes aller trouver, je ne puis le savoir encore. Mais agir, agir, agir ! O Lorenzo, le temps est venu. N'es-tu pas diffamé, traité de chien et de sans cœur ? Si je t'ai tenu en dépit de tout ma porte ouverte, ma main ouverte, mon cœur ouvert, parle, et que je voie si je me suis trompé. Ne m'as-tu pas parlé d'un homme qui s'appelle aussi Lorenzo, et qui se cache derrière le Lorenzo que voilà ? Cet homme n'aime-t-il pas sa patrie, n'est-il pas dévoué à ses amis ? Tu le disais, et je l'ai cru. Parle, parle, le temps est venu.

LORENZO

Si je ne suis pas tel que vous le désirez, que le soleil me tombe sur la tête.

PHILIPPE

Ami, rire d'un vieillard désespéré, cela porte malheur ; si tu dis vrai, à l'action ! J'ai de toi des promesses qui engageraient Dieu lui-même, et c'est sur ces promesses que je t'ai reçu. Le rôle que tu joues est un rôle de boue et de lèpre, tel que l'enfant prodigue ne l'aurait pas joué dans un jour de démence ; et cependant je t'ai reçu. Quand les pierres criaient à ton passage, quand chacun de tes pas faisait jaillir des mares de sang humain, je t'ai appelé du nom sacré d'ami ; je me suis fait sourd pour te croire, aveugle pour t'aimer ; j'ai laissé l'ombre de ta mauvaise réputation passer sur mon honneur, et mes enfants ont douté de moi en trouvant sur ma main la trace hideuse du contact de la tienne. Sois honnête, car je l'ai été ; agis, car tu es jeune, et je suis vieux.

LORENZO

Pierre et Thomas sont en prison ; est-ce là tout ?

PHILIPPE

O ciel et terre, oui ! c'est là tout. Presque rien, deux enfants de mes entrailles qui vont s'asseoir au banc des voleurs. Deux têtes que j'ai baisées autant de fois que j'ai de cheveux gris, et que je vais trouver demain matin clouées sur la porte de la forteresse ; oui, c'est là tout, rien de plus, en vérité.

LORENZO

Ne me parle pas sur ce ton ; je suis rongé d'une tristesse auprès de laquelle la nuit la plus sombre est une lumière éblouissante.

Il s'assoit près de Philippe.

PHILIPPE

Que je laisse mourir mes enfants, cela est impossible, vois-tu ! On m'arracherait les bras et les jambes, que, comme le serpent, les morceaux mutilés de Philippe se rejoindraient encore et se lèveraient pour la vengeance. Je connais si bien tout cela ! Les Huit ! un tribunal d'hommes de marbre ! une forêt de spectres, sur laquelle passe de temps en temps le vent lugubre du doute qui les agite pendant une minute, pour se résoudre en un mot sans appel. Un mot, un mot, ô conscience ! Ces hommes-là mangent, ils dorment, ils ont des femmes et des filles ! Ah ! qu'ils tuent et qu'ils égorgent ; mais pas mes enfants, pas mes enfants !

LORENZO

Pierre est un homme ; il parlera, et il sera mis en liberté.

PHILIPPE

O mon Pierre, mon premier né !

LORENZO

Rentrez chez vous, tenez-vous tranquille, ou faites mieux, quittez Florence. Je vous réponds de tout, si vous quittez Florence.

PHILIPPE

Moi, un banni ! moi dans un lit d'auberge à mon heure dernière ! O Dieu ! tout cela pour une parole d'un Salviati.

LORENZO

Sachez-le, Salviati voulait séduire votre fille, mais non pas pour lui seul. Alexandre a un pied dans le lit de cet homme ; il y exerce le droit du seigneur sur la prostitution.

PHILIPPE

Et nous n'agirions pas ! O Lorenzo, Lorenzo, tu es un homme ferme, toi ; parle-moi, je suis faible, et mon cœur est trop intéressé dans tout cela. Je m'épuise, vois-tu ; j'ai trop réfléchi ici-bas ; j'ai trop tourné sur moi-même, comme un cheval de pressoir ; je ne vaux plus rien pour la bataille. Dis-moi ce que tu penses, je le ferai.

LORENZO

Rentrez chez vous, mon bon monsieur.

PHILIPPE

Voilà qui est certain, je vais aller chez les Pazzi ; là sont cinquante jeunes gens, tous déterminés. Ils ont juré d'agir ; je leur parlerai noblement, comme un Strozzi et comme un père, et ils m'entendront. Ce soir, j'inviterai à souper les quarante membres de ma famille ; je leur raconterai ce qui m'arrive. Nous verrons ! nous verrons ! rien n'est encore fait. Que les Médicis prennent garde à eux ! Adieu, je vais chez les Pazzi ; aussi bien, j'y allais avec Pierre, quand on l'a arrêté.

LORENZO

Il y a plusieurs démons, Philippe ; celui qui te tente en ce moment n'est pas le moins à craindre de tous.

PHILIPPE

Que veux-tu dire ?

LORENZO

Prends-y garde; c'est un démon plus beau que Gabriel[26] : la liberté, la patrie, le bonheur des hommes, tous ces mots résonnent à son approche comme les cordes d'une lyre, c'est le bruit des écailles d'argent de ses ailes flamboyantes. Les larmes de ses yeux fécondent la terre, et il tient à la main la palme des martyrs. Ses paroles épurent l'air autour de ses lèvres; son vol est si rapide que nul ne peut dire où il va. Prends-y garde! une fois, dans ma vie, je l'ai vu traverser les cieux. J'étais courbé sur mes livres; le toucher de sa main a fait frémir mes cheveux comme une plume légère. Que je l'aie écouté ou non, n'en parlons pas.

PHILIPPE

Je ne te comprends qu'avec peine, et je ne sais pourquoi j'ai peur de te comprendre.

LORENZO

N'avez-vous dans la tête que cela : délivrer vos fils? Mettez la main sur la conscience; quelque autre pensée plus vaste, plus terrible, ne vous entraîne-t-elle pas comme un chariot étourdissant au milieu de cette jeunesse?

PHILIPPE

Eh bien! oui, que l'injustice faite à ma famille soit le signal de la liberté. Pour moi, et pour tous, j'irai!

LORENZO

Prends garde à toi, Philippe, tu as pensé au bonheur de l'humanité.

PHILIPPE

Que veut dire ceci? Es-tu dedans comme dehors une vapeur infecte? Toi qui m'as parlé d'une liqueur précieuse dont tu étais le flacon, est-ce là ce que tu renfermes?

LORENZO

Je suis en effet précieux pour vous, car je tuerai Alexandre.

PHILIPPE

Toi ?

LORENZO

Moi, demain ou après-demain. Rentrez chez vous, tâchez de délivrer vos enfants ; si vous ne le pouvez pas, laissez-leur subir une légère punition ; je sais pertinemment qu'il n'y a pas d'autres dangers pour eux, et je vous répète que d'ici à quelques jours il n'y aura pas plus d'Alexandre de Médicis à Florence qu'il n'y a de soleil à minuit.

PHILIPPE

Quand cela serait vrai, pourquoi aurais-je tort de penser à la liberté ? Ne viendra-t-elle pas quand tu auras fait ton coup, si tu le fais ?

LORENZO

Philippe, Philippe, prends garde à toi. Tu as soixante ans de vertu sur ta tête grise ; c'est un enjeu trop cher pour le jouer aux dés.

PHILIPPE

Si tu caches sous ces sombres paroles quelque chose que je puisse entendre, parle ; tu m'irrites singulièrement.

LORENZO

Tel que tu me vois, Philippe, j'ai été honnête. J'ai cru à la vertu, à la grandeur humaine, comme un martyr croit à son Dieu. J'ai versé plus de larmes sur la pauvre Italie, que Niobé[27] sur ses filles.

PHILIPPE

Eh bien, Lorenzo ?

LORENZO

Ma jeunesse a été pure comme l'or. Pendant vingt ans de silence, la foudre s'est amoncelée dans ma poitrine, et il faut que je sois réellement une étincelle du tonnerre, car tout à coup, une certaine nuit que j'étais assis dans les ruines du Colisée antique, je ne sais pourquoi je me levai, je tendis vers le ciel mes bras trempés de rosée, et je jurai qu'un des tyrans de la patrie mourrait de ma main. J'étais un étudiant paisible, je ne m'occupais alors que des arts et des sciences, et il m'est impossible de dire comment cet étrange serment s'est fait en moi. Peut-être est-ce là ce qu'on éprouve quand on devient amoureux.

PHILIPPE

J'ai toujours eu confiance en toi, et cependant je crois rêver.

LORENZO

Et moi aussi. J'étais heureux alors ; j'avais le cœur et les mains tranquilles ; mon nom m'appelait au trône, et je n'avais qu'à laisser le soleil se lever et se coucher pour voir fleurir autour de moi toutes les espérances humaines. Les hommes ne m'avaient fait ni bien ni mal ; mais j'étais bon, et, pour mon malheur éternel, j'ai voulu être grand. Il faut que je l'avoue ; si la Providence m'a poussé à la résolution de tuer un tyran, quel qu'il fût, l'orgueil m'y a poussé aussi. Que te dirais-je de plus ? Tous les Césars du monde me faisaient penser à Brutus[28].

PHILIPPE

L'orgueil de la vertu est un noble orgueil. Pourquoi t'en défendrais-tu ?

LORENZO

Tu ne sauras jamais, à moins d'être fou, de quelle nature est la pensée qui m'a travaillé. Pour comprendre l'exaltation fiévreuse qui a enfanté en moi le Lorenzo qui te parle, il faudrait que mon cerveau et mes entrailles fussent à nu sous un scalpel. Une statue qui descendrait de son piédestal pour marcher parmi les hommes sur la place publique serait peut-être semblable à ce que j'ai été le jour où j'ai commencé à vivre avec cette idée : il faut que je sois un Brutus.

PHILIPPE

Tu m'étonnes de plus en plus.

LORENZO

J'ai voulu d'abord tuer Clément VII ; je n'ai pas pu le faire, parce qu'on m'a banni de Rome avant le temps. J'ai recommencé mon ouvrage avec Alexandre. Je voulais agir seul, sans le secours d'aucun homme. Je travaillais pour l'humanité ; mais mon orgueil restait solitaire au milieu de tous mes rêves philanthropiques. Il fallait donc entamer par la ruse un combat singulier avec mon ennemi. Je ne voulais pas soulever les masses, ni conquérir la gloire bavarde d'un paralytique comme Cicéron ; je voulais arriver à l'homme, me prendre corps à corps avec la tyrannie vivante, la tuer, et après cela porter mon épée sanglante sur la tribune, et laisser la fumée du sang d'Alexandre monter au nez des harangueurs, pour réchauffer leur cervelle ampoulée.

PHILIPPE

Quelle tête de fer as-tu, ami ! quelle tête de fer !

LORENZO

La tâche que je m'imposais était rude avec Alexandre. Florence était, comme aujourd'hui, noyée de vin et de sang. L'empereur et le pape avaient fait un duc d'un garçon boucher. Pour plaire à mon cousin, il fallait arriver à lui porté par les larmes des familles ; pour devenir son ami, et acquérir sa confiance, il fallait baiser sur ses lèvres épaisses tous les restes de ses orgies. J'étais pur comme un lis, et cependant je n'ai pas reculé devant cette tâche. Ce que je suis devenu à cause de cela, n'en parlons pas. Tu dois comprendre que j'ai souffert, et il y a des blessures dont on ne lève pas l'appareil impunément. Je suis devenu vicieux, lâche, un objet de honte et d'opprobre ; qu'importe ? Ce n'est pas de cela qu'il sagit.

PHILIPPE

Tu baisses la tête ; tes yeux sont humides.

LORENZO

Non, je ne rougis point ; les masques de plâtre n'ont point de rougeur au service de la honte. J'ai fait ce que j'ai fait. Tu sauras seulement que j'ai réussi dans mon entreprise. Alexandre viendra bientôt dans un certain lieu d'où il ne sortira pas debout. Je suis au terme de ma peine, et sois certain, Philippe, que le buffle sauvage, quand le bouvier l'abat sur l'herbe, n'est pas entouré de plus de filets, de plus de nœuds coulants que je n'en ai tissu autour de mon bâtard. Ce cœur, jusques auquel une armée ne serait pas parvenue en un an, il est maintenant à nu sous ma main ; je n'ai qu'à laisser tomber mon stylet pour qu'il y entre. Tout sera fait. Maintenant, sais-tu ce qui m'arrive, et ce dont je veux t'avertir ?

PHILIPPE

Tu es notre Brutus, si tu dis vrai.

LORENZO

Je me suis cru un Brutus, mon pauvre Philippe ; je me suis souvenu du bâton d'or couvert d'écorce[29]. Maintenant, je connais les hommes, et je te conseille de ne pas t'en mêler.

PHILIPPE

Pourquoi ?

LORENZO

Ah ! vous avez vécu tout seul, Philippe. Pareil à un fanal éclatant, vous êtes resté immobile au bord de l'océan des hommes, et vous avez regardé dans les eaux la réflexion de votre propre lumière ; du fond de votre solitude, vous trouviez l'océan magnifique sous le dais splendide des cieux ; vous ne comptiez pas chaque flot, vous ne jetiez pas la sonde ; vous étiez plein de confiance dans l'ouvrage de Dieu. Mais moi, pendant ce temps-là, j'ai plongé ; je me suis enfoncé dans cette mer houleuse de la vie ; j'en ai parcouru toutes les profondeurs, couvert de ma cloche de verre ; tandis que vous admiriez la surface, j'ai vu les débris des naufrages, les ossements et les Léviathans[30].

PHILIPPE

Ta tristesse me fend le cœur.

LORENZO

C'est parce que je vous vois tel que j'ai été, et sur le point de faire ce que j'ai fait, que je vous parle ainsi. Je ne méprise point les hommes ; le tort des livres et des historiens est de nous les montrer différents de ce qu'ils sont. La vie est comme une cité ; on peut y rester cinquante ou soixante ans sans voir autre chose que des promenades et des palais ; mais il ne faut pas entrer dans les tripots, ni s'arrêter, en rentrant chez soi, aux fenêtres des mauvais quartiers. Voilà mon avis, Philippe ; s'il s'agit de sauver tes enfants, je te dis de rester tranquille ; c'est le meilleur moyen pour qu'on te les renvoie après une petite semonce. S'il s'agit de tenter quelque chose pour les hommes, je te conseille de te couper les bras, car tu ne seras pas longtemps à t'apercevoir qu'il n'y a que toi qui en aies.

PHILIPPE

Je conçois que le rôle que tu joues t'ait donné de pareilles idées. Si je te comprends bien, tu as pris, dans un but sublime, une route hideuse, et tu crois que tout ressemble à ce que tu as vu.

LORENZO

Je me suis réveillé de mes rêves, rien de plus. Je te dis le danger d'en faire. Je connais la vie, et c'est une vilaine cuisine, sois-en persuadé. Ne mets pas la main là-dedans, si tu respectes quelque chose.

PHILIPPE

Arrête ; ne brise pas comme un roseau mon bâton de vieillesse. Je crois à tout ce que tu appelles des rêves ; je crois à la vertu, à la pudeur et à la liberté.

LORENZO

Et me voilà dans la rue, moi, Lorenzaccio ? et les enfants ne me jettent pas de la boue ? Les lits des filles sont encore chauds de ma sueur, et les pères ne prennent pas, quand je passe, leurs couteaux et leurs balais pour m'assommer ! Au fond de ces dix mille maisons que voilà, la septième génération parlera encore de la nuit où j'y suis entré, et pas une ne vomit à ma vue un valet de charrue qui me fende en deux comme une bûche pourrie ? L'air que vous respirez, Philippe, je le respire ; mon manteau de soie bariolé traîne paresseusement sur le sable fin des promenades ; pas une goutte de poison ne tombe dans mon chocolat ; que dis-je ? ô Philippe ! les mères pauvres soulèvent honteusement le voile de leurs filles quand je m'arrête au seuil de leurs portes ; elles me laissent voir leur beauté avec un sourire plus vil que le baiser de Judas, tandis que moi, pinçant le menton de la petite, je serre les poings de rage en remuant dans ma poche quatre ou cinq méchantes pièces d'or.

PHILIPPE

Que le tentateur ne méprise pas le faible ; pourquoi tenter, lorsque l'on doute ?

LORENZO

Suis-je un Satan ? Lumière du ciel ! je m'en souviens encore ; j'aurais pleuré avec la première fille que j'ai séduite, si elle ne s'était mise à rire. Quand j'ai commencé à jouer mon rôle de Brutus moderne, je marchais dans mes habits neufs de la grande confrérie du vice comme un enfant de dix ans dans l'armure d'un géant de la fable. Je croyais que la corruption était un stigmate et que les monstres seuls le portaient au front. J'avais commencé à dire tout haut que mes vingt années de vertu étaient un masque étouffant; ô Philippe! j'entrai alors dans la vie, et je vis qu'à mon approche tout le monde en faisant autant que moi; tous les masques tombaient devant mon regard; l'humanité souleva sa robe, et me montra, comme à un adepte digne d'elle, sa monstrueuse nudité. J'ai vu les hommes tels qu'ils sont, et je me suis dit : Pour qui est-ce donc que je travaille? Lorsque je parcourais les rues de Florence, avec mon fantôme à mes côtés, je regardais autour de moi, je cherchais les visages qui me donnaient du cœur, et je me demandais : Quand j'aurai fait mon coup, celui-là en profitera-t-il? J'ai vu les républicains dans leurs cabinets; je suis entré dans les boutiques, j'ai écouté et j'ai guetté. J'ai recueilli les discours des gens du peuple; j'ai vu l'effet que produisait sur eux la tyrannie; j'ai bu dans les banquets patriotiques le vin qui engendre la métaphore et la prosopopée; j'ai avalé entre deux baisers les larmes les plus vertueuses; j'attendais toujours que l'humanité me laissât voir sur sa face quelque chose d'honnête. J'observais comme un amant observe sa fiancée en attendant le jour des noces.

PHILIPPE

Si tu n'as vu que le mal, je te plains, mais je ne puis te croire. Le mal existe, mais non pas sans le bien; comme l'ombre existe, mais non sans la lumière.

LORENZO

Tu ne veux voir en moi qu'un mépriseur d'hommes, c'est me faire injure. Je sais parfaitement qu'il y en a de bons. Mais à quoi servent-ils? que font-ils? comment agissent-ils? Qu'importe que la conscience soit vivante, si le bras est mort? Il y a de certains côtés par où tout devient bon : un chien est un ami fidèle; on peut trouver en lui le meilleur des serviteurs, comme on peut voir aussi qu'il se roule sur les cadavres, et que la langue avec laquelle il lèche son maître sent la charogne d'une lieue. Tout ce que j'ai à voir, moi, c'est que je suis perdu, et que les hommes n'en profiteront pas plus qu'ils ne me comprendront.

PHILIPPE

Pauvre enfant, tu me navres le cœur ! Mais si tu es honnête, quand tu auras délivré ta patrie, tu le redeviendras. Cela réjouit mon vieux cœur, Lorenzo, de penser que tu es honnête ; alors tu jetteras ce déguisement hideux qui te défigure, et tu redeviendras d'un métal aussi pur que les statues de bronze d'Harmodius et d'Aristogiton[31].

LORENZO

Philippe, Philippe, j'ai été honnête. La main qui a soulevé une fois le voile de la vérité ne peut plus le laisser retomber ; elle reste immobile jusqu'à la mort, tenant toujours ce voile terrible, et l'élevant de plus en plus au-dessus de la tête de l'homme, jusqu'à ce que l'ange du sommeil éternel lui bouche les yeux.

PHILIPPE

Toutes les maladies se guérissent ; et le vice est une maladie aussi.

LORENZO

Il est trop tard. Je me suis fait à mon métier. Le vice a été pour moi un vêtement ; maintenant, il est collé à ma peau. Je suis vraiment un ruffian, et quand je plaisante sur mes pareils, je me sens sérieux comme la mort au milieu de la gaieté. Brutus a fait le fou pour tuer Tarquin, et ce qui m'étonne en lui, c'est qu'il n'y ait pas laissé sa raison. Profite de moi, Philippe, voilà ce que j'ai à te dire : ne travaille pas pour ta patrie.

PHILIPPE

Si je te croyais, il me semble que le ciel s'obscurcirait pour toujours, et que ma vieillesse serait condamnée à marcher à tâtons. Que tu aies pris une route dangereuse, cela peut être; pourquoi ne pourrais-je en prendre une autre qui me mènerait au même point? Mon intention est d'en appeler au peuple, et d'agir ouvertement.

LORENZO

Prends garde à toi, Philippe, celui qui te le dit sait pourquoi il le dit. Prends le chemin que tu voudras, tu auras toujours affaire aux hommes.

PHILIPPE

Je crois à l'honnêteté des républicains.

LORENZO

Je te fais une gageure. Je vais tuer Alexandre; une fois mon coup fait, si les républicains se comportent comme ils le doivent, il leur sera facile d'établir une république, la plus belle qui ait jamais fleuri sur la terre. Qu'ils aient pour eux le peuple, et tout est dit. Je te gage que ni eux ni le peuple ne feront rien. Tout ce que je te demande, c'est de ne pas t'en mêler; parle, si tu le veux, mais prends garde à tes paroles; et encore plus à tes actions. Laisse-moi faire mon coup; tu as les mains pures, et moi, je n'ai rien à perdre.

PHILIPPE

Fais-le, et tu verras.

LORENZO

Soit, — mais souviens-toi de ceci. Vois-tu dans cette petite maison cette famille assemblée autour d'une table? ne dirait-on pas des hommes? Ils ont un corps, et une âme dans ce corps. Cependant, s'il me prenait envie d'entrer chez eux, tout seul, comme me voilà, et de poignarder leur fils aîné au milieu d'eux, il n'y aurait pas un couteau de levé sur moi.

PHILIPPE

Tu me fais horreur. Comment le cœur peut-il rester grand avec des mains comme les tiennes?

LORENZO

Viens, rentrons à ton palais, et tâchons de délivrer tes enfants.

PHILIPPE

Mais pourquoi tueras-tu le duc, si tu as des idées pareilles ?

LORENZO

Pourquoi ? tu le demandes ?

PHILIPPE

Si tu crois que c'est un meurtre inutile à ta patrie, comment le commets-tu ?

LORENZO

Tu me demandes cela en face ? regarde-moi un peu. J'ai été beau, tranquille et vertueux.

PHILIPPE

Quel abîme ! quel abîme tu m'ouvres !

LORENZO

Tu me demandes pourquoi je tue Alexandre ? Veux-tu donc que je m'empoisonne, ou que je saute dans l'Arno ? veux-tu donc que je sois un spectre, et qu'en frappant sur ce squelette *(il frappe sa poitrine)*, il n'en sorte aucun son ? Si je suis l'ombre de moi-même, veux-tu donc que je m'arrache le seul fil qui rattache aujourd'hui mon cœur à quelques fibres de mon cœur d'autrefois ? Songes-tu que ce meurtre, c'est tout ce qui me reste de ma vertu ? Songes-tu que je glisse depuis deux ans sur un mur taillé à pic, et que ce meurtre est le seul brin d'herbe où j'aie pu cramponner mes ongles ? Crois-tu donc que je n'aie plus d'orgueil, parce que je n'ai plus de honte ? et veux-tu que je laisse mourir en silence l'énigme de ma vie ? Oui, cela est certain, si je pouvais revenir à la vertu, si mon apprentissage de vice pouvait s'évanouir, j'épargnerais peut-être ce conducteur de bœufs. Mais j'aime le vin, le jeu et les filles ; comprends-tu cela ? Si tu honores en moi quelque chose, toi qui me parles, c'est mon meurtre que tu honores, peut-être justement parce que tu ne le ferais pas. Voilà assez longtemps, vois-tu, que les républicains me couvrent de boue et d'infamie ; voilà assez longtemps que les oreilles me tintent, et que l'exécration des hommes empoisonne le pain que je mâche ; j'en ai assez de me voir conspué par des lâches sans nom qui m'accablent d'injures pour se dispenser de m'assommer, comme ils le devraient. J'en ai assez d'entendre brailler en plein vent le bavardage humain ; il faut que le monde sache un peu qui je suis, et qui il est. Dieu merci, c'est peut-être demain que je tue Alexandre ; dans deux jours j'aurai fini. Ceux qui tournent autour de moi avec des yeux louches, comme autour d'une curiosité monstrueuse apportée d'Amérique, pourront satisfaire leur gosier et vider leur sac à paroles. Que les hommes me comprennent ou non, qu'ils agissent ou n'agissent pas, j'aurai dit tout ce que j'ai à dire ; je leur ferai tailler leur plume, si je ne leur fais pas nettoyer leurs piques, et l'humanité gardera sur sa joue le soufflet de mon épée marqué en traits de sang. Qu'ils m'appellent comme ils voudront, Brutus ou Erostrate [32], il ne me plaît pas qu'ils m'oublient. Ma vie entière est au bout de ma dague, et que la Providence retourne ou non la tête, en m'entendant frapper, je jette la nature humaine à pile ou face sur la tombe d'Alexandre ; dans deux jours les hommes comparaîtront devant le tribunal de ma volonté.

PHILIPPE

Tout cela m'étonne, et il y a dans ce que tu m'as dit des choses qui me font peine, et d'autres qui me font plaisir. Mais Pierre et Thomas sont en prison, et je ne saurais là-dessus m'en fier à personne qu'à moi-même. C'est en vain que ma colère voudrait ronger son frein ; mes entrailles sont émues trop vivement ; tu peux avoir raison, mais il faut que j'agisse ; je vais rassembler mes parents.

LORENZO

Viens, rentrons à ton palais, et tâchons de délivrer tes enfants.

PHILIPPE

Mais pourquoi tueras-tu le duc, si tu as des idées pareilles ?

LORENZO

Pourquoi ? tu le demandes ?

PHILIPPE

Si tu crois que c'est un meurtre inutile à ta patrie, comment le commets-tu ?

LORENZO

Tu me demandes cela en face ? regarde-moi un peu. J'ai été beau, tranquille et vertueux.

PHILIPPE

Quel abîme ! quel abîme tu m'ouvres !

LORENZO

Tu me demandes pourquoi je tue Alexandre ? Veux-tu donc que je m'empoisonne, ou que je saute dans l'Arno ? veux-tu donc que je sois un spectre, et qu'en frappant sur ce squelette *(il frappe sa poitrine)*, il n'en sorte aucun son ? Si je suis l'ombre de moi-même, veux-tu donc que je m'arrache le seul fil qui rattache aujourd'hui mon cœur à quelques fibres de mon cœur d'autrefois ? Songes-tu que ce meurtre, c'est tout ce qui me reste de ma vertu ? Songes-tu que je glisse depuis deux ans sur un mur taillé à pic, et que ce meurtre est le seul brin d'herbe où j'aie pu cramponner mes ongles ? Crois-tu donc que je n'aie plus d'orgueil, parce que je n'ai plus de honte ? et veux-tu que je laisse mourir en silence l'énigme de ma vie ? Oui, cela est certain, si je pouvais revenir à la vertu, si mon apprentissage de vice pouvait s'évanouir, j'épargnerais peut-être ce conducteur de bœufs. Mais j'aime le vin, le jeu et les filles ; comprends-tu cela ? Si tu honores en moi quelque chose, toi qui me parles, c'est mon meurtre que tu honores, peut-être justement parce que tu ne le ferais pas. Voilà assez longtemps, vois-tu, que les républicains me couvrent de boue et d'infamie ; voilà assez longtemps que les oreilles me tintent, et que l'exécration des hommes empoisonne le pain que je mâche ; j'en ai assez de me voir conspué par des lâches sans nom qui m'accablent d'injures pour se dispenser de m'assommer, comme ils le devraient. J'en ai assez d'entendre brailler en plein vent le bavardage humain ; il faut que le monde sache un peu qui je suis, et qui il est. Dieu merci, c'est peut-être demain que je tue Alexandre ; dans deux jours j'aurai fini. Ceux qui tournent autour de moi avec des yeux louches, comme autour d'une curiosité monstrueuse apportée d'Amérique, pourront satisfaire leur gosier et vider leur sac à paroles. Que les hommes me comprennent ou non, qu'ils agissent ou n'agissent pas, j'aurai dit tout ce que j'ai à dire ; je leur ferai tailler leur plume, si je ne leur fais pas nettoyer leurs piques, et l'humanité gardera sur sa joue le soufflet de mon épée marqué en traits de sang. Qu'ils m'appellent comme ils voudront, Brutus ou Erostrate[32], il ne me plaît pas qu'ils m'oublient. Ma vie entière est au bout de ma dague, et que la Providence retourne ou non la tête, en m'entendant frapper, je jette la nature humaine à pile ou face sur la tombe d'Alexandre ; dans deux jours les hommes comparaîtront devant le tribunal de ma volonté.

PHILIPPE

Tout cela m'étonne, et il y a dans ce que tu m'as dit des choses qui me font peine, et d'autres qui me font plaisir. Mais Pierre et Thomas sont en prison, et je ne saurais là-dessus m'en fier à personne qu'à moi-même. C'est en vain que ma colère voudrait ronger son frein ; mes entrailles sont émues trop vivement ; tu peux avoir raison, mais il faut que j'agisse ; je vais rassembler mes parents.

pice que la vie ! Comment, il est déjà neuf heures, et c'est le duc que j'attends dans cette toilette ! Qu'il en soit ce qu'il pourra, je veux essayer mon pouvoir.

Entre le cardinal.

LE CARDINAL

Quelle parure, marquise. Voilà des fleurs qui embaument.

LA MARQUISE

Je ne puis vous recevoir, cardinal ; j'attends une amie : vous m'excuserez.

LE CARDINAL

Je vous laisse, je vous laisse. Ce boudoir dont j'aperçois la porte entrouverte là-bas, c'est un petit paradis. Irai-je vous y attendre ?

LA MARQUISE

Je suis pressée, pardonnez-moi ; non, pas dans mon boudoir ; où vous voudrez.

LE CARDINAL

Je reviendrai dans un moment plus favorable.

Il sort.

LA MARQUISE

Pourquoi toujours le visage de ce prêtre ? Quels cercles décrit donc autour de moi ce vautour à tête chauve, pour que je le trouve sans cesse derrière moi quand je me retourne ? Est-ce que l'heure de ma mort serait proche ?

Entre un page qui lui parle à l'oreille.

C'est bon, j'y vais. Ah ! ce métier de servante, tu n'y es pas fait, pauvre cœur orgueilleux.

Elle sort.

SCÈNE VI

Le boudoir de la marquise
LA MARQUISE, LE DUC

LA MARQUISE

C'est ma façon de penser ; je t'aimerais ainsi.

LE DUC

Des mots, des mots, et rien de plus.

LA MARQUISE

Vous autres hommes, cela est si peu pour vous ! Sacrifier le repos de ses jours, la sainte chasteté de l'honneur ! quelquefois ses enfants même ; — ne vivre que pour un seul être au monde ; se donner, enfin, se donner, puisque cela s'appelle ainsi ! Mais cela n'en vaut pas la peine : à quoi bon écouter une femme ? une femme qui parle d'autre chose que de chiffons et de libertinage, cela ne se voit pas.

LE DUC

Vous rêvez tout éveillée.

LA MARQUISE

Oui, par le ciel ! oui, j'ai fait un rêve ; hélas ! les rois seuls n'en font jamais : toutes les chimères de leurs caprices se transforment en réalités, et leurs cauchemars eux-mêmes se changent en marbre. Alexandre ! Alexandre ! quel mot que celui-là : Je peux si je veux ! Ah ! Dieu lui-même n'en sait pas plus : devant ce mot, les mains des peuples se joignent dans une prière craintive, et le pâle troupeau des hommes retient son haleine pour écouter.

LE DUC

N'en parlons plus, ma chère, cela est fatigant.

LA MARQUISE

Etre un roi, sais-tu ce que c'est ? Avoir au bout de son bras cent mille mains ! Etre le rayon du soleil qui sèche les larmes des hommes ! être le bonheur et le malheur ! Ah ! quel frisson mortel cela donne ! Comme il tremblerait, ce vieux du Vatican, si tu ouvrais tes ailes, toi mon aiglon ! César est si loin ! la garnison t'est si dévouée. Et, d'ailleurs, on égorge une armée et l'on n'égorge pas un peuple. Le jour où tu auras pour toi la nation tout entière, où tu seras la tête d'un corps libre, où tu diras : Comme le doge de Venise épouse l'Adriatique[34], ainsi je mets mon anneau d'or au doigt de ma belle Florence, et ses enfants sont mes enfants... Ah ! sais-tu ce que c'est qu'un peuple qui prend son bienfaiteur dans ses bras ? Sais-tu ce que c'est que d'être porté comme un nourrisson chéri par le vaste océan des hommes ? Sais-tu ce que c'est que d'être montré par un père à son enfant ?

LE DUC

Je me soucie de l'impôt ; pourvu qu'on le paie, que m'importe ?

LA MARQUISE

Mais enfin, on t'assassinera. — Les pavés sortiront de terre et t'écraseront. Ah ! la postérité ! N'as-tu jamais vu ce spectre-là au chevet de ton lit ? Ne t'es-tu jamais demandé ce que penseront de toi ceux qui sont dans le ventre des vivants ? Et tu vis, toi, il est encore temps ! Tu n'as qu'un mot à dire. Te souviens-tu du père de la patrie ? Va, cela est facile d'être un grand roi, quand on est roi. Déclare Florence indépendante ; réclame l'exécution du traité avec l'empire ; tire ton épée et montre-la ; ils te diront de la remettre au fourreau, que ses éclairs leur font mal aux yeux. Songe donc comme tu es jeune ! Rien n'est décidé sur ton compte. — Il y a dans le cœur des peuples de larges indulgences pour les princes, et la reconnaissance publique est un profond fleuve d'oubli pour leurs fautes passées. On t'a mal conseillé ; on t'a trompé. — Mais il est encore temps ; tu n'as qu'à dire ; tant que tu es vivant, la page n'est pas tournée dans le livre de Dieu.

LE DUC

Assez, ma chère, assez.

LA MARQUISE

Ah ! quand elle le sera ! quand un misérable jardinier payé à la journée viendra arroser à contrecœur quelques chétives marguerites autour du tombeau d'Alexandre — quand les pauvres respireront gaiement l'air du ciel, et n'y verront plus planer le sombre météore de ta puissance ; — quand ils parleront de toi en secouant la tête ; — quand ils compteront autour de ta tombe les tombes de leurs parents, — es-tu sûr de dormir tranquille dans ton dernier sommeil ? — Toi qui ne vas pas à la messe, et qui ne tiens qu'à l'impôt, es-tu sûr que l'éternité soit sourde, et qu'il n'y ait pas un écho de la vie dans le séjour hideux des trépassés ? Sais-tu où vont les larmes des peuples quand le vent les emporte ?

LE DUC

Tu as une jolie jambe.

LA MARQUISE

Ecoute-moi ; tu es étourdi, je le sais ; mais tu n'es pas méchant ; non, sur Dieu, tu ne l'es pas, tu ne peux pas l'être. Voyons, fais-toi violence ; — réfléchis un instant, un seul instant à ce que je te dis. N'y a-t-il rien dans tout cela ? Suis-je décidément une folle ?

LE DUC

Tout cela me passe bien par la tête ; mais qu'est-ce que je fais donc de si mal ? Je vaux bien mes voisins ; je vaux, ma foi, mieux que le pape. Tu me fais penser aux Strozzi avec tous tes discours ; — et tu sais que je les déteste. Tu veux que je me révolte contre César ; César est mon beau-père[35], ma chère amie. Tu te figures que les Florentins ne m'aiment pas ; je suis sûr qu'ils m'aiment, moi. Eh ! parbleu, quand tu aurais raison, de qui veux-tu que j'aie peur ?

LA MARQUISE

Tu n'as pas peur de ton peuple, — mais tu as peur de l'empereur ; tu as tué ou déshonoré des centaines de citoyens, et tu crois avoir tout fait quand tu mets une cotte de mailles sous ton habit.

LE DUC

Paix ! point de ceci.

LA MARQUISE

Ah ! je m'emporte ; je dis ce que je ne veux pas dire. Mon ami, qui ne sait pas que tu es brave ? Tu es brave, comme tu es beau ; ce que tu as fait de mal, c'est ta jeunesse, c'est ta tête, — que sais-je, moi ? C'est le sang qui coule violemment dans ces veines brûlantes, c'est ce soleil étouffant qui nous pèse. — Je t'en supplie, que je ne sois pas perdue sans ressource ; que mon nom, que mon pauvre amour pour toi ne soit pas inscrit sur une liste infâme. Je suis une femme, c'est vrai, et si la beauté est tout pour les femmes, bien d'autres valent mieux que moi. Mais n'as-tu rien, dis-moi, — dis-moi donc, toi ! voyons ! n'as-tu donc rien, rien là !

Elle lui frappe le cœur.

LE DUC

Quel démon ! Assois-toi donc là, ma petite.

LA MARQUISE

Eh bien ! oui, je veux bien l'avouer, oui, j'ai de l'ambition, non pas pour moi, — mais toi ! toi, et ma chère Florence ! O Dieu ! tu m'es témoin de ce que je souffre.

LE DUC

Tu souffres ! Qu'est-ce que tu as ?

LA MARQUISE

Non, je ne souffre pas. Ecoute ! écoute ! Je vois que tu t'ennuies auprès de moi. Tu comptes les moments, tu détournes la tête ; ne t'en va pas encore : c'est peut-être la dernière fois que je te vois. Ecoute ! je te dis que Florence t'appelle sa peste nouvelle, et qu'il n'y a pas une chaumière où ton portrait ne soit collé sur les murailles avec un coup de couteau dans le cœur. Que je sois folle, que tu me haïsses demain, que m'importe ? tu sauras cela.

LE DUC

Malheur à toi, si tu joues avec ma colère !

LA MARQUISE

Oui, malheur à moi ! malheur à moi !

LE DUC

Une autre fois, — demain matin, si tu veux, nous pourrons nous revoir, — et parler de cela. Ne te fâche pas, si je te quitte à présent, il faut que j'aille à la chasse.

LA MARQUISE

Oui, malheur à moi ! malheur à moi !

LE DUC

Pourquoi ? Tu as l'air sombre comme l'enfer. Pourquoi diable aussi te mêles-tu de politique ? Allons, allons, ton petit rôle de femme, et de vraie femme, te va si bien. Tu es trop dévote ; cela se formera. Aide-moi donc à remettre mon habit ; je suis tout débraillé.

LA MARQUISE

Adieu, Alexandre.

Le duc l'embrasse. — Entre le cardinal Cibo.

LE CARDINAL

Ah ! — Pardon, Altesse, je croyais ma sœur toute seule. Je suis un maladroit ; c'est à moi d'en porter la peine. Je vous supplie de m'excuser.

LE DUC

Comment l'entendez-vous ? Allons donc, Malaspina, voilà qui sent le prêtre. Est-ce que vous devez voir ces choses-là ? Venez donc, venez donc ; que diable est-ce que cela vous fait ?

Ils sortent ensemble.

LA MARQUISE, *seule,*
tenant le portrait de son mari.

Où es-tu, maintenant, Laurent ? Il est midi passé ; tu te promènes sur la terrasse, devant les grands marronniers. Autour de toi paissent tes génisses grasses ; tes garçons de ferme dînent à l'ombre ; la pelouse soulève son manteau blanchâtre aux rayons du soleil ; les arbres, entretenus par tes soins, murmurent religieusement sur la tête blanche de leur vieux maître, tandis que l'écho de nos longues arcades répète avec respect le bruit de ton pas tranquille. O mon Laurent ! j'ai perdu le trésor de ton honneur ; j'ai voué au ridicule et au doute les dernières années de ta noble vie ; tu ne presseras plus sur ta cuirasse un cœur digne du tien ; ce sera une main tremblante qui t'apportera ton repas du soir quand tu rentreras de la chasse.

SCÈNE VII

Chez les Strozzi.
LES QUARANTE STROZZI, *à souper.*

PHILIPPE

Mes enfants, mettons-nous à table.

LES CONVIVES

Pourquoi reste-t-il deux sièges vides ?

PHILIPPE

Pierre et Thomas sont en prison.

LES CONVIVES

Pourquoi ?

PHILIPPE

Parce que Salviati a insulté ma fille, que voilà, à la foire de Montolivet, publiquement, et devant son frère Léon. Pierre et Thomas ont tué Salviati, et Alexandre de Médicis les a fait arrêter pour venger la mort de son ruffian.

LES CONVIVES

Meurent les Médicis !

PHILIPPE

J'ai rassemblé ma famille pour lui raconter mes chagrins, et la prier de me secourir. Soupons, et sortons ensuite l'épée à la main, pour redemander mes deux fils, si vous avez du cœur.

LES CONVIVES

C'est dit ; nous voulons bien.

PHILIPPE

Il est temps que cela finisse, voyez-vous ; on nous tuerait nos enfants et on déshonorerait nos filles. Il est temps que Florence apprenne à ces bâtards ce que c'est que le droit de vie et de mort. Les Huit n'ont pas le droit de condamner mes enfants ; et moi, je n'y survivrais pas, voyez-vous.

LES CONVIVES

N'aie pas peur, Philippe, nous sommes là.

PHILIPPE

Je suis le chef de la famille : comment souffrirais-je qu'on m'insultât ? Nous sommes tout autant que les Médicis, les Rucellaï tout autant, les Aldobrandini, et vingt autres. Pourquoi ceux-là pourraient-ils faire égorger nos enfants plutôt que nous les leurs ? Qu'on allume un tonneau de poudre dans les caves de la citadelle, et voilà la garnison allemande en déroute. Que reste-t-il à ces Médicis ? Là est leur force ; hors de là, ils ne sont rien. Sommes-nous des hommes ? Est-ce à dire qu'on abattra d'un coup de hache les familles de Florence, et qu'on arrachera de la terre natale des racines aussi vieilles qu'elle ? C'est par nous qu'on commence ; c'est à nous de tenir ferme ; notre premier cri d'alarme, comme le coup de sifflet de l'oiseleur, va rabattre sur Florence une armée tout entière d'aigles chassés du nid ; ils ne sont pas loin ; ils tournoient autour de la ville, les yeux fixés sur ses clochers. Nous y planterons les drapeaux noirs de la peste ; ils accourront à ce signal de mort. Ce sont les couleurs de la colère céleste. Ce soir, allons d'abord délivrer nos fils ; demain nous irons tous ensemble, l'épée nue, à la porte de toutes les grandes familles ; il y a à Florence quatre-vingts palais, et de chacun d'eux sortira une troupe pareille à la nôtre quand la liberté y frappera.

LES CONVIVES

Vive la liberté !

PHILIPPE

Je prends Dieu à témoin que c'est la violence qui me force à tirer l'épée ; que je suis resté durant soixante ans bon et paisible citoyen ; que je n'ai jamais fait de mal à qui que ce soit au monde, et que la moitié de ma fortune a été employée à secourir les malheureux.

LES CONVIVES

C'est vrai.

PHILIPPE

C'est une juste vengeance qui me pousse à la révolte, et je me fais rebelle parce [que] Dieu m'a fait père. Je ne suis poussé par aucun motif d'ambition, ni d'intérêt ni d'orgueil. Ma cause est loyale, honorable et sacrée. Emplissez vos coupes, et levez-vous. Notre vengeance est une hostie que nous pouvons briser sans crainte et nous partager devant Dieu. Je bois à la mort des Médicis !

LES CONVIVES, *se lèvent et boivent.*

A la mort des Médicis !

LOUISE, *posant son verre.*

Ah ! je vais mourir.

PHILIPPE

Qu'as-tu, ma fille, mon enfant bien-aimée, qu'as-tu, mon Dieu ! que t'arrive-t-il ! Mon Dieu, mon Dieu, comme tu pâlis ! Parle, qu'as-tu ? parle à ton père. Au secours, au secours ! un médecin ! Vite, vite, il n'est plus temps.

LOUISE

Je vais mourir, je vais mourir.

Elle meurt.

PHILIPPE

Elle s'en va, mes amis, elle s'en va ! Un médecin ! ma fille est empoisonnée !

Il tombe à genoux près de Louise.

UN CONVIVE

Coupez son corset ; faites-lui boire de l'eau tiède ; si c'est du poison, il faut de l'eau tiède.

Les domestiques accourent.

UN AUTRE CONVIVE

Frappez-lui dans les mains ; ouvrez les fenêtres, et frappez-lui dans les mains.

UN AUTRE

Ce n'est peut-être qu'un étourdissement ; elle aura bu avec trop de précipitation.

UN AUTRE

Pauvre enfant ! Comme ses traits sont calmes ! Elle ne peut pas être morte ainsi tout d'un coup.

PHILIPPE

Mon enfant ! es-tu morte, es-tu morte, Louise, ma fille bien-aimée ?

LE PREMIER CONVIVE

Voilà le médecin qui accourt.

Un médecin entre.

LE SECOND CONVIVE

Dépêchez-vous, monsieur ; dites-nous si c'est du poison.

PHILIPPE

C'est un étourdissement, n'est-ce pas ?

LE MÉDECIN

Pauvre jeune fille ! Elle est morte.

Un profond silence règne dans la salle ; Philippe est toujours à genoux auprès de Louise et lui tient les mains.

UN DES CONVIVES

C'est du poison des Médicis. Ne laissons pas Philippe dans l'état où il est. Cette immobilité est effrayante.

UN AUTRE

Je suis sûr de ne pas me tromper. Il y avait autour de la table un domestique qui a appartenu à la femme de Salviati.

UN AUTRE

C'est lui qui a fait le coup, sans aucun doute. Sortons, et arrêtons-le.

Ils sortent.

LE PREMIER CONVIVE

Philippe ne veut pas répondre à ce qu'on lui dit ; il est frappé de la foudre.

UN AUTRE

C'est horrible ! C'est un meurtre inouï !

UN AUTRE

Cela crie vengeance au ciel ; sortons, et allons égorger Alexandre.

UN AUTRE

Oui, sortons ; mort à Alexandre ! C'est lui qui a tout ordonné. Insensés que nous sommes ! ce n'est pas d'hier que date sa haine contre nous. Nous agissons trop tard.

UN AUTRE

Salviati n'en voulait pas à cette pauvre Louise pour son propre compte ; c'est pour le duc qu'il travaillait. Allons, partons, quand on devrait nous tuer jusqu'au dernier.

PHILIPPE *se lève.*

Mes amis, vous enterrerez ma pauvre fille, n'est-ce pas ?

Il met son manteau.

dans mon jardin, derrière les figuiers. Adieu, mes bons amis ; adieu, portez-vous bien.

UN CONVIVE

Où vas-tu, Philippe ?

PHILIPPE

J'en ai assez, voyez-vous ; j'en ai autant que j'en puis porter. J'ai mes deux fils en prison, et voilà ma fille morte. J'en ai assez, je m'en vais d'ici.

UN CONVIVE

Tu t'en vas ? tu t'en vas sans vengeance ?

PHILIPPE

Oui, oui. Ensevelissez seulement ma pauvre fille, mais ne l'enterrez pas ; c'est à moi de l'enterrer ; je le ferai à ma façon, chez de pauvres moines que je connais, et qui viendront la chercher demain. À quoi sert-il de la regarder ? elle est morte ; ainsi cela est inutile. Adieu, mes amis, rentrez chez vous ; portez-vous bien.

UN CONVIVE

Ne le laissez pas sortir, il a perdu la raison.

UN AUTRE

Quelle horreur ! je me sens prêt à m'évanouir dans cette salle.

Il sort.

PHILIPPE

Ne me faites pas violence ; ne m'enfermez pas dans une chambre où est le cadavre de ma fille ; laissez-moi m'en aller.

UN CONVIVE

Venge-toi, Philippe, laisse-nous te venger. Que ta Louise soit notre Lucrèce ! Nous ferons boire à Alexandre le reste de son verre.

UN AUTRE

La nouvelle Lucrèce ! Nous allons jurer sur son corps de mourir pour la liberté ! Rentre chez toi, Philippe, pense à ton pays. Ne rétracte pas tes paroles.

PHILIPPE

Liberté, vengeance, voyez-vous, tout cela est beau ; j'ai deux fils en prison, et voilà ma fille morte. Si je reste ici, tout va mourir autour de moi. L'important, c'est que je m'en aille, et que vous vous teniez tranquilles. Quand ma porte et mes fenêtres seront fermées, on ne pensera plus aux Strozzi. Si elles restent ouvertes, je m'en vais vous voir tomber tous les uns après les autres. Je suis vieux, voyez-vous, il est temps que je ferme ma boutique ; adieu, mes amis, restez tranquilles ; si je n'y suis plus, on ne vous fera rien. Je m'en vais de ce pas à Venise.

UN CONVIVE

Il fait un orage épouvantable ; reste ici cette nuit.

PHILIPPE

N'enterrez pas ma pauvre enfant ; mes vieux moines viendront demain, et ils l'emporteront. Dieu de justice ! Dieu de justice ! que t'ai-je fait ?

Il sort en courant.

ACTE IV

SCÈNE I

Au palais du duc.
Entrent LE DUC *et* LORENZO.

LE DUC

J'aurais voulu être là ; il devait y avoir plus d'une face en colère. Mais je ne conçois pas qui a pu empoisonner cette Louise.

LORENZO

Ni moi non plus ; à moins que ce ne soit vous.

LE DUC

Philippe doit être furieux ! On dit qu'il est parti pour Venise. Dieu merci, me voilà délivré de ce vieillard insupportable. Quant à la chère famille, elle aura la bonté de se tenir tranquille. Sais-tu qu'ils ont failli faire une petite révolution dans leur quartier ? On m'a tué deux Allemands.

LORENZO

Ce qui me fâche le plus, c'est que cet honnête Salviati a une jambe coupée. Avez-vous retrouvé votre cotte de mailles ?

LE DUC

Non, en vérité ; j'en suis plus mécontent que je ne puis le dire.

LORENZO

Méfiez-vous de Giomo ; c'est lui qui vous l'a volée. Que portez-vous à la place ?

LE DUC

Rien ; je ne puis en supporter une autre ; il n'y en a pas d'aussi légère que celle-là.

LORENZO

Cela est fâcheux pour vous.

LE DUC

Tu ne me parles pas de ta tante.

LORENZO

C'est par oubli, car elle vous adore ; ses yeux ont perdu le repos depuis que l'astre de votre amour s'est levé dans son pauvre cœur. De grâce, seigneur, ayez quelque pitié pour elle ; dites quand vous voulez la recevoir, et à quelle heure il lui sera loisible de vous sacrifier le peu de vertu qu'elle a.

LE DUC

Parles-tu sérieusement ?

LORENZO

Aussi sérieusement que la Mort elle-même. Je voudrais voir qu'une tante à moi ne couchât pas avec vous.

LE DUC

Où pourrai-je la voir ?

LORENZO

Dans ma chambre, seigneur ; je ferai mettre des rideaux blancs à mon lit et un pot de réséda sur ma table ; après quoi je coucherai par écrit sur votre calepin que ma tante sera en chemise à minuit précis, afin que vous ne l'oubliiez pas après souper.

LE DUC

Je n'en ai garde. Peste ! Catherine est un morceau de roi. Eh ! dis-moi, habile garçon, tu es vraiment sûr qu'elle viendra ? Comment t'y es-tu pris ?

LORENZO

Je vous dirai cela.

LE DUC

Je m'en vais voir un cheval que je viens d'acheter ; adieu et à ce soir. Viens me prendre après souper ; nous irons ensemble à ta maison ; quant à la Cibo, j'en ai par-dessus les oreilles : hier encore, il a fallu l'avoir sur le dos pendant toute la chasse. Bonsoir, mignon.

Il sort.

LORENZO, *seul.*

Ainsi, c'est convenu. Ce soir je l'emmène chez moi, et demain les républicains verront ce qu'ils ont à faire, car le duc de Florence sera mort. Il faut que j'avertisse Scoronconcolo. Dépêche-toi, soleil, si tu es curieux des nouvelles que cette nuit te dira demain.

Il sort.

SCÈNE II

Une rue.

PIERRE *et* THOMAS STROZZI, *sortant de prison.*

PIERRE

J'étais bien sûr que les Huit me renverraient absous, et toi aussi. Viens, frappons à notre porte, et allons embrasser notre père. Cela est singulier ; les volets sont fermés !

LE PORTIER, *ouvrant.*

Hélas ! seigneur, vous savez les nouvelles.

PIERRE

Quelles nouvelles ? Tu as l'air d'un spectre qui sort d'un tombeau, à la porte de ce palais désert.

LE PORTIER

Est-il possible que vous ne sachiez rien ?

Deux moines arrivent.

THOMAS

Et que pourrions-nous savoir ? Nous sortons de prison. Parle ; qu'est-il arrivé ?

LE PORTIER

Hélas ! mes pauvres seigneurs ! cela est horrible à dire.

LES MOINES, *s'approchant.*

Est-ce ici le palais des Strozzi ?

LE PORTIER

Oui ; que demandez-vous ?

LES MOINES

Nous venons chercher le corps de Louise Strozzi. Voilà l'autorisation de Philippe, afin que vous nous laissiez l'emporter.

PIERRE

Comment dites-vous ? Quel corps demandez-vous ?

LES MOINES

Eloignez-vous, mon enfant, vous portez sur votre visage la ressemblance de Philippe ; il n'y a rien de bon à apprendre ici pour vous.

THOMAS

Comment ? elle est morte ? morte ? ô Dieu du ciel !

Il s'assoit à l'écart.

PIERRE

Je suis plus ferme que vous ne pensez. Qui a tué ma sœur ? car on ne meurt pas à son âge dans l'espace d'une nuit, sans une cause surnaturelle. Qui l'a tuée, que je le tue ? Répondez-moi, ou vous êtes mort vous-même.

LE PORTIER

Hélas ! hélas ! qui peut le dire ? Personne n'en sait rien.

PIERRE

Où est mon père ? Viens, Thomas, point de larmes. Par le ciel, mon cœur se serre comme s'il allait s'ossifier dans mes entrailles, et rester un rocher pour l'éternité.

LES MOINES

Si vous êtes le fils de Philippe, venez avec nous ; nous vous conduirons à lui ; il est depuis hier à notre couvent.

PIERRE

Et je ne saurai pas qui a tué ma sœur ? Ecoutez-moi, prêtres ; si vous êtes l'image de Dieu, vous pouvez recevoir un serment. Par tout ce qu'il y a d'instruments de supplice sous le ciel, par les tortures de l'enfer... Non ; je ne veux pas dire un mot. Dépêchons-nous, que je voie mon père. O Dieu ! ô Dieu ! faites que ce que je soupçonne soit la vérité, afin que je les broie sous mes pieds comme des grains de sable. Venez, venez ; avant que je perde la force, ne me dites pas un mot ; il s'agit là d'une vengeance, voyez-vous, telle que la colère céleste n'en a pas rêvé.

Ils sortent.

SCÈNE III

Une rue.

LORENZO, SCORONCONCOLO.

LORENZO

Rentre chez toi, et ne manque pas de venir à minuit ; tu t'enfermeras dans mon cabinet jusqu'à ce qu'on vienne t'avertir.

SCORONCONCOLO

Oui, Monseigneur.

Il sort.

LORENZO, *seul.*

De quel tigre a rêvé ma mère enceinte de moi ? Quand je pense que j'ai aimé les fleurs, les prairies et les sonnets de Pétrarque, le spectre de ma jeunesse se lève devant moi en frissonnant. O Dieu ! pourquoi ce seul mot, « à ce soir », fait-il pénétrer jusque dans mes os cette joie brûlante comme un fer rouge ? De quelles entrailles fauves, de quels velus embrassements suis-je donc sorti ? Que m'avait fait cet homme ? Quand je pose ma main là, et que je réfléchis, — qui donc m'entendra dire demain : Je l'ai tué, sans me répondre : Pourquoi l'as-tu tué ? Cela est étrange. Il a fait du mal aux autres, mais il m'a fait du bien, du moins à sa manière. Si j'étais resté tranquille au fond de mes solitudes de Cafaggiuolo[36], il ne serait pas venu m'y chercher, et moi, je suis venu le chercher à Florence. Pourquoi cela ? Le spectre de mon père me conduisait-il, comme Oreste, vers un nouvel Egiste ? M'avait-il offensé alors ? Cela est étrange, et cependant pour cette action, j'ai tout quitté ; la seule pensée de ce meurtre a fait tomber en poussière les rêves de ma vie ; je n'ai plus été qu'une ruine, dès que ce meurtre, comme un corbeau sinistre, s'est posé sur ma route et m'a appelé à lui. Que veut dire cela ? Tout à l'heure, en passant sur la place, j'ai entendu deux hommes parler d'une comète. Sont-ce bien les battements d'un cœur humain que je sens là, sous les os de ma poitrine ? Ah ! pourquoi cette idée me vient-elle si souvent depuis quelque temps ? Suis-je le bras de Dieu ? Y a-t-il une nuée au-dessous de ma tête [37] ? Quand j'entrerai dans cette chambre, et que je voudrai tirer mon épée du fourreau, j'ai peur de tirer l'épée flamboyante de l'archange [38], et de tomber en cendres sur ma proie.

Il sort.

SCÈNE IV

Chez le marquis de Cibo.
Entrent LE CARDINAL *et* LA MARQUISE.

LA MARQUISE

Comme vous voudrez, Malaspina.

LE CARDINAL

Oui, comme je voudrai. Pensez-y à deux fois, marquise, avant de vous jouer à moi. Etes-vous une femme comme les autres, et faut-il qu'on ait une chaîne d'or au cou et un mandat à la main pour que vous compreniez qui on est ? Attendez-vous qu'un valet crie à tue-tête en ouvrant une porte devant moi, pour savoir quelle est ma puissance ? Apprenez-le : ce ne sont pas les titres qui font l'homme ; je ne suis ni envoyé du pape ni capitaine de Charles Quint, je suis plus que cela.

LA MARQUISE

Oui, je le sais ; César a vendu son ombre au diable ; cette ombre impériale se promène, affublée d'une robe rouge, sous le nom de Cibo.

LE CARDINAL

Vous êtes la maîtresse d'Alexandre, songez à cela ; et votre secret est entre mes mains.

LA MARQUISE

Faites-en ce qu'il vous plaira ; nous verrons l'usage qu'un confesseur sait faire de sa conscience.

LE CARDINAL

Vous vous trompez ; ce n'est pas par votre confession que je l'ai appris ; je l'ai vu de mes propres yeux : je vous ai vue embrasser le duc. Vous me l'auriez avoué au confessionnal que je pourrais encore en parler sans péché, puisque je l'ai vu hors du confessionnal.

LA MARQUISE

Eh bien, après ?

LE CARDINAL

Pourquoi le duc vous quittait-il d'un pas si nonchalant, et en soupirant comme un écolier quand la cloche sonne ? Vous l'avez rassasié de votre patriotisme, qui, comme une fade boisson, se mêle à tous les mets de votre table ; quels livres avez-vous lus, et quelle sotte duègne était donc votre gouvernante, pour que vous ne sachiez pas que la maîtresse d'un roi parle ordinairement d'autre chose que de patriotisme ?

LA MARQUISE

J'avoue que l'on ne m'a jamais appris bien nettement de quoi devait parler la maîtresse d'un roi ; j'ai négligé de m'instruire sur ce point, comme aussi, peut-être, de manger du riz pour m'engraisser, à la mode turque.

LE CARDINAL

Il ne faut pas une grande science pour garder un amant un peu plus de trois jours.

LA MARQUISE

Qu'un prêtre eût appris cette science à une femme, cela eût été fort simple ; que ne m'avez-vous conseillée ?

LE CARDINAL

Voulez-vous que je vous conseille ? Prenez votre manteau, et allez vous glisser dans l'alcôve du duc. S'il s'attend à des phrases en vous voyant, prouvez-lui que vous savez n'en pas faire à toutes les heures ; soyez pareille à une somnambule, et faites en sorte que s'il s'endort sur ce cœur républicain, ce ne soit pas d'ennui. Etes-vous vierge ? n'y a-t-il plus de vin de Chypre ? n'avez-vous pas au fond de la mémoire quelque joyeuse chanson ? n'avez-vous pas lu l'Arétin ?

LA MARQUISE

O ciel ! j'ai entendu murmurer des mots comme ceux-là à de hideuses vieilles qui grelotent sur le Marché-Neuf. Si vous n'êtes pas un prêtre, êtes-vous un homme ? Etes-vous sûr que le ciel est vide, pour faire ainsi rougir votre pourpre elle-même ?

LE CARDINAL

Il n'y a rien de si vertueux que l'oreille d'une femme dépravée. Feignez ou non de me comprendre, mais souvenez-vous que mon frère est votre mari.

LA MARQUISE

Quel intérêt vous avez à me torturer ainsi, voilà ce que je ne puis comprendre que vaguement. Vous me faites horreur ; que voulez-vous de moi ?

LE CARDINAL

Il y a des secrets qu'une femme ne doit pas savoir, mais qu'elle peut faire prospérer en en sachant les éléments.

LA MARQUISE

Quel fil mystérieux de vos sombres pensées voudriez-vous me faire tenir ? Si vos désirs sont aussi effrayants que vos menaces, parlez ; montrez-moi du moins le cheveu qui suspend l'épée sur ma tête.

LE CARDINAL

Je ne puis parler qu'en termes couverts, par la raison que je ne suis pas sûr de vous. Qu'il vous suffise de savoir que si vous eussiez été une autre femme, vous seriez une reine à l'heure qu'il est. Puisque vous m'appelez l'ombre de César, vous auriez vu qu'elle est assez grande pour intercepter le soleil de Florence. Savez-vous où peut conduire un sourire féminin ? Savez-vous où vont les fortunes dont les racines poussent dans les alcôves ? Alexandre est fils du pape, apprenez-le ; et quand le pape était à Bologne... Mais je me laisse entraîner trop loin.

LA MARQUISE

Prenez garde de vous confesser à votre tour. Si vous êtes frère de mon mari, je suis maîtresse d'Alexandre.

LE CARDINAL

Vous l'avez été, marquise, et bien d'autres aussi.

LA MARQUISE

Je l'ai été, oui, Dieu merci, je l'ai été.

LE CARDINAL

J'étais sûr que vous commenceriez par vos rêves ; il faudra cependant que vous en veniez quelque jour aux miens. Ecoutez-moi, nous nous querellons assez mal à propos ; mais, en vérité, vous prenez tout au sérieux. Réconciliez-vous avec Alexandre, et puisque je vous ai blessée tout à l'heure en vous disant comment, je n'ai que faire de le répéter. Laissez-vous conduire ; dans un an, dans deux ans, vous me remercierez. J'ai travaillé longtemps pour être ce que je suis, et je sais où l'on peut aller. Si j'étais sûr de vous, je vous dirais des choses que Dieu lui-même ne saura jamais.

LA MARQUISE

N'espérez rien, et soyez assuré de mon mépris.

Elle veut sortir.

LE CARDINAL

Un instant ! pas si vite ! N'entendez-vous pas le bruit d'un cheval ? mon frère ne doit-il pas revenir aujourd'hui ou demain ? me connaissez-vous pour un homme qui a deux paroles ? Allez au palais ce soir, ou vous êtes perdue.

LA MARQUISE

Mais enfin, que vous soyez ambitieux, que tous les moyens vous soient bons, je le conçois ; mais parlerez-vous plus clairement ? Voyons, Malaspina, je ne veux pas désespérer tout à fait de ma perversion. Si vous pouvez me convaincre, faites-le, — parlez-moi franchement. Quel est votre but ?

LE CARDINAL

Vous ne désespérez pas de vous laisser convaincre, n'est-il pas vrai ? Me prenez-vous pour un enfant, et croyez-vous qu'il suffise de me frotter les lèvres de miel pour me les desserrer ? Agissez d'abord, je parlerai après. Le jour où, comme femme, vous aurez pris l'empire nécessaire, non pas sur l'esprit d'Alexandre duc de Florence, mais sur le cœur d'Alexandre votre amant, je vous apprendrai le reste, et vous saurez ce que j'attends.

LA MARQUISE

Ainsi donc, quand j'aurai lu l'Arétin pour me donner une première expérience, j'aurai à lire, pour en acquérir une seconde, le livre secret de vos pensées ? Voulez-vous que je vous dise, moi, ce que vous n'osez pas me dire ? Vous servez le pape, jusqu'à ce que l'empereur trouve que vous êtes meilleur valet que le pape lui-même. Vous espérez qu'un jour César vous devra bien réellement, bien complètement, l'esclavage de l'Italie, et ce jour-là, — oh ! ce jour-là, n'est-il pas vrai, celui qui est le roi de la moitié du monde pourrait bien vous donner en récompense le chétif héritage des cieux. Pour gouverner Florence en gouvernant le duc, vous vous feriez femme tout à l'heure, si vous pouviez. Quand la pauvre Ricciarda Cibo aura fait faire deux ou trois coups d'état à Alexandre, on aura bientôt ajouté que Ricciarda Cibo mène le duc, mais qu'elle est menée par son beau-frère ; et, comme vous dites, qui sait jusqu'où les larmes des peuples, devenues un océan, pourraient lancer votre barque ? Est-ce à peu près cela ? Mon imagination ne peut aller aussi loin que la vôtre, sans doute ; mais je crois que c'est à peu près cela.

LE CARDINAL

Allez ce soir chez le duc, ou vous êtes perdue.

LA MARQUISE

Perdue ? et comment ?

LE CARDINAL

Ton mari saura tout.

LA MARQUISE

Faites-le, faites-le ! je me tuerai.

LE CARDINAL

Menace de femme ! Ecoutez, et ne vous jouez pas à moi. Que vous m'ayez compris bien ou mal, allez ce soir chez le duc.

LA MARQUISE

Non.

LE CARDINAL

Voilà votre mari qui entre dans la cour. Par tout ce qu'il y a de sacré au monde, je lui raconte tout, si vous dites non encore une fois.

LA MARQUISE

Non, non, non !

Entre le marquis.

LA MARQUISE

Laurent, pendant que vous étiez à Massa, je me suis livrée à Alexandre. Je me suis livrée, sachant qui il était, et quel rôle misérable j'allais jouer. Mais voilà un prêtre qui veut m'en faire jouer un plus vil encore ; il me propose des horreurs pour m'assurer le titre de maîtresse du duc, et le tourner à son profit.

Elle se jette à genoux.

LE MARQUIS

Etes-vous folle ? Que veut-elle dire, Malaspina ? — Eh bien ! vous voilà comme une statue. Ceci est-il une comédie, cardinal ? Eh bien donc ! que faut-il que j'en pense ?

LE CARDINAL

Ah ! corps du Christ !

Il sort.

LE MARQUIS

Elle est évanouie. Holà ! qu'on apporte du vinaigre.

SCÈNE V

La chambre de Lorenzo.
LORENZO, *deux domestiques.*

LORENZO

Quand vous aurez placé ces fleurs sur la table et celles-ci au pied du lit, vous ferez un bon feu, mais de manière à ce que cette nuit la flamme ne flambe pas, et que les charbons échauffent sans éclairer. Vous me donnerez la clef, et vous irez vous coucher.

Entre Catherine.

CATHERINE

Notre mère est malade ; ne viens-tu pas la voir ? Renzo ?

LORENZO

Ma mère est malade ?

CATHERINE

Hélas ! je ne puis te cacher la vérité. J'ai reçu hier un billet du duc, dans lequel il me disait que tu avais dû me parler d'amour pour lui ; cette lecture a fait bien du mal à Marie.

LORENZO

Cependant je ne t'avais pas parlé de cela. N'as-tu pas pu lui dire que je n'étais pour rien là-dedans ?

CATHERINE

Je le lui ai dit. Pourquoi ta chambre est-elle aujourd'hui si belle, et en si bon état ? je ne croyais pas que l'esprit d'ordre fût ton majordome.

LORENZO

Le duc t'a donc écrit ? Cela est singulier que je ne l'aie point su. Et, dis-moi, que penses-tu de sa lettre ?

CATHERINE

Ce que j'en pense ?

LORENZO

Oui, de la déclaration d'Alexandre. Qu'en pense ce petit cœur innocent ?

CATHERINE

Que veux-tu que j'en pense ?

LORENZO

N'as-tu pas été flattée ? un amour qui fait l'envie de tant de femmes ! un titre si beau à conquérir, la maîtresse de... Va-t'en Catherine, va dire à ma mère que je te suis. Sors d'ici. Laisse-moi !

Catherine sort.

Par le ciel ! quel homme de cire suis-je donc ? Le vice, comme la robe de Déjanire[39], s'est-il si profondément incorporé à mes fibres, que je ne puisse plus répondre de ma langue, et que l'air qui sort de mes lèvres se fasse ruffian malgré moi ? J'allais corrompre Catherine ; je crois que je corromprais ma mère, si mon cerveau le prenait à tâche ; car Dieu sait quelle corde et quel arc les dieux ont tendus dans ma tête, et quelle force ont les flèches qui en partent. Si tous les hommes sont des parcelles d'un foyer immense, assurément l'être inconnu qui m'a pétri a laissé tomber un tison au lieu d'une étincelle dans ce corps faible et chancelant. Je puis délibérer et choisir, mais non revenir sur mes pas quand j'ai choisi. O Dieu ! les jeunes gens à la mode ne se font-ils pas une gloire d'être vicieux, et les enfants qui sortent du collège ont-ils quelque chose de plus pressé que de se pervertir ? Quel bourbier doit donc être l'espèce humaine qui se rue ainsi dans les tavernes avec des lèvres affamées de débauche, quand moi, qui n'ai voulu prendre qu'un masque pareil à leurs visages, et qui ai été aux mauvais lieux avec une résolution inébranlable de rester pur sous mes vêtements souillés, je ne puis ni me retrouver moi-même, ni laver mes mains, même avec du sang ! Pauvre Catherine ! tu mourrais cependant, comme Louise Strozzi, ou tu te laisserais tomber comme tant d'autres dans l'éternel abîme, si je n'étais pas là. O Alexandre ! je ne suis pas dévot ; mais je voudrais, en vérité, que tu fisses ta prière avant de venir ce soir dans cette chambre. Catherine n'est-elle pas vertueuse, irréprochable ? Combien faudrait-il pourtant de paroles pour faire de cette colombe ignorante la proie de ce gladiateur aux poils roux ? Quand je pense que j'ai failli parler ! Que de filles maudites par leurs pères rôdent au coin des bornes ou regardent leur tête rasée dans le miroir cassé d'une cellule, qui ont valu autant que Catherine, et qui ont écouté un ruffian moins habile que moi ! Eh bien ! j'ai commis bien des crimes, et si ma vie est jamais dans la balance d'un juge quelconque, il y aura d'un côté une montagne de sanglots ; mais il y aura peut-être de l'autre une goutte de lait pur tombée du sein de Catherine, et qui aura nourri d'honnêtes enfants.

Il sort.

SCÈNE VI

Une vallée ; un couvent dans le fond.
Entrent PHILIPPE STROZZI *et deux moines ;*
des novices portent le cercueil de Louise ;
ils le posent dans un tombeau.

PHILIPPE

Avant de la mettre dans son dernier lit, laissez-moi l'embrasser. Lorsqu'elle était couchée, c'est ainsi que je me penchais sur elle pour lui donner le baiser du soir. Ses yeux mélancoliques étaient ainsi fermés à demi ; mais ils se rouvraient au premier rayon du soleil, comme deux fleurs d'azur ; elle se levait doucement le sourire sur les lèvres, et elle venait rendre à son vieux père son baiser de la veille. Sa figure céleste rendait délicieux un moment bien triste, le réveil d'un homme fatigué de la vie. Un jour de plus, pensais-je en voyant l'aurore, un sillon de plus dans mon champ ! Mais alors j'apercevais ma fille, la vie m'apparaissait sous la forme de sa beauté, et la clarté du jour était la bienvenue.

On ferme le tombeau.

PIERRE STROZZI, *derrière la scène.*

Par ici, venez par ici.

PHILIPPE

Tu ne te lèveras plus de ta couche ; tu ne poseras pas tes pieds nus sur ce gazon pour revenir trouver ton père. O ma Louise ! il n'y a que Dieu qui ait su qui tu étais, et moi, moi, moi !

PIERRE, *entrant.*

Ils sont cent à Sestino[40], qui arrivent du Piémont. Venez, Philippe, le temps des larmes est passé.

PHILIPPE

Enfant, sais-tu ce que c'est que le temps des larmes ?

PIERRE

Les bannis se sont rassemblés à Sestino ; il est temps de penser à la vengeance ; marchons franchement sur Florence avec notre petite armée. Si nous pouvons arriver à propos pendant la nuit, et surprendre les postes de la citadelle, tout est dit. Par le ciel, j'élèverai à ma sœur un autre mausolée que celui-là.

PHILIPPE

Non pas moi ; allez sans moi, mes amis.

PIERRE

Nous ne pouvons nous passer de vous ; sachez-le, les confédérés comptent sur votre nom ; François Ier[41] lui-même attend de vous un mouvement en faveur de la liberté. Il vous écrit, comme au chef des républicains florentins ; voilà sa lettre.

PHILIPPE *ouvre la lettre.*

Dis à celui qui t'a apporté cette lettre qu'il réponde ceci au roi de France : Le jour où Philippe portera les armes contre son pays, il sera devenu fou.

PIERRE

Quelle est cette nouvelle sentence ?

PHILIPPE

Celle qui me convient.

PIERRE

Ainsi vous perdez la cause des bannis, pour le plaisir de faire une phrase ? Prenez garde, mon père, il ne s'agit pas là d'un passage de Pline [42] ; réfléchissez avant de dire non.

PHILIPPE

Il y a soixante ans que je sais ce que je devais répondre à la lettre du roi de France.

PIERRE

Cela passe toute idée ! vous me forceriez à vous dire de certaines choses. Venez avec nous, mon père, je vous en supplie. Lorsque j'allais chez les Pazzi, ne m'avez-vous pas dit : Emmène-moi ? Cela était-il différent alors ?

PHILIPPE

Très différent. Un père offensé qui sort de sa maison l'épée à la main, avec ses amis, pour aller réclamer justice, est très différent d'un rebelle qui porte les armes contre son pays, en rase campagne et au mépris des lois.

PIERRE

Il s'agissait bien de réclamer justice ! il s'agissait d'assommer Alexandre ! Qu'est-ce qu'il y a de changé aujourd'hui ? Vous n'aimez pas votre pays, ou sans cela vous profiteriez d'une occasion comme celle-ci.

PHILIPPE

Une occasion, mon Dieu, cela, une occasion !

Il frappe le tombeau.

PIERRE

Laissez-vous fléchir.

PHILIPPE

Je n'ai pas une douleur ambitieuse ; laisse-moi seul, j'en ai assez dit.

PIERRE

Vieillard obstiné ! Inexorable faiseur de sentences ! vous serez cause de notre perte.

PHILIPPE

Tais-toi, insolent ! sors d'ici.

PIERRE

Je ne puis dire ce qui se passe en moi. Allez où il vous plaira, nous agirons sans vous cette fois. Eh ! mort de Dieu, il ne sera pas dit que tout soit perdu faute d'un traducteur de latin.

Il sort.

PHILIPPE

Ton jour est venu, Philippe ! tout cela signifie que ton jour est venu.

Il sort.

SCÈNE VII

Le bord de l'Arno ; un quai.
On voit une longue suite de palais.

Entre LORENZO.

Voilà le soleil qui se couche ; je n'ai pas de temps à perdre, et cependant tout ressemble ici à du temps perdu.

Il frappe à une porte.

Holà ! seigneur Alamanno ! holà !

ALAMANNO, *sur sa terrasse.*

Qui est là ? que me voulez-vous ?

LORENZO

Je viens vous avertir que le duc doit être tué cette nuit ; prenez vos mesures pour demain avec vos amis, si vous aimez la liberté.

ALAMANNO

Par qui doit être tué Alexandre ?

LORENZO

Par Lorenzo de Médicis.

ALAMANNO

C'est toi, Renzinaccio ? Eh ! entre donc souper avec de bons vivants qui sont dans mon salon.

LORENZO

Je n'ai pas le temps ; préparez-vous à agir demain.

ALAMANNO

Tu veux tuer le duc, toi ? Allons donc ! tu as un coup de vin dans la tête.

Il sort.

LORENZO, *seul.*

Peut-être que j'ai tort de leur dire que c'est moi qui tuerai Alexandre, car tout le monde refuse de me croire.

Il frappe à une autre porte.

Holà ! seigneur Pazzi, holà !

PAZZI, *sur sa terrasse.*

Qui m'appelle ?

LORENZO

Je viens vous dire que le duc sera tué cette nuit ; tâchez d'agir demain pour la liberté de Florence.

PAZZI

Qui doit tuer le duc ?

LORENZO

Peu importe, agissez toujours, vous et vos amis. Je ne puis vous dire le nom de l'homme.

PAZZI

Tu es fou, drôle, va-t'en au diable.

Il sort.

LORENZO, *seul.*

Il est clair que si je ne dis pas que c'est moi, on me croira encore bien moins.

Il frappe à une porte.

Holà ! seigneur Corsini !

LE PROVÉDITEUR, *sur sa terrasse.*

Qu'est-ce donc ?

LORENZO

Le duc Alexandre sera tué cette nuit.

LE PROVÉDITEUR

Vraiment, Lorenzo ! si tu es gris, va plaisanter ailleurs. Tu m'as blessé bien mal à propos un cheval, au bal des Nasi ; que le diable te confonde !

Il sort.

LORENZO

Pauvre Florence ! pauvre Florence !

Il sort.

SCÈNE VIII

Une plaine.
Entrent PIERRE STROZZI *et* DEUX BANNIS.

PIERRE

Mon père ne veut pas venir. Il m'a été impossible de lui faire entendre raison.

PREMIER BANNI

Je n'annoncerai pas cela à mes camarades. Il y a de quoi les mettre en déroute.

PIERRE

Pourquoi ? Montez à cheval ce soir, et allez bride abattue à Sestino ; j'y serai demain matin. Dites que Philippe a refusé, mais que Pierre ne refuse pas.

PREMIER BANNI

Les confédérés veulent le nom de Philippe : nous ne ferons rien sans cela.

PIERRE

Le nom de famille de Philippe est le même que le mien ; dites que Strozzi viendra, cela suffit.

PREMIER BANNI

On me demandera lequel des Strozzi, et si je ne réponds pas Philippe, rien ne se fera.

PIERRE

Imbécile ! fais ce qu'on te dit, et ne réponds que pour toi-même. Comment sais-tu d'avance que rien ne se fera ?

PREMIER BANNI

Seigneur, il ne faut pas maltraiter les gens.

PIERRE

Allons, monte à cheval, et va à Sestino.

PREMIER BANNI

Ma foi, monsieur, mon cheval est fatigué; j'ai fait douze lieues dans ma nuit. Je n'ai pas envie de le seller à cette heure.

PIERRE

Tu n'es qu'un sot.

A l'autre banni.

Allez-y, vous; vous vous y prendrez mieux.

DEUXIÈME BANNI

Le camarade n'a pas tort pour ce qui regarde Philippe; il est certain que son nom ferait bien pour la cause.

PIERRE

Lâches! manants sans cœur! ce qui fait bien pour la cause, ce sont vos femmes et vos enfants qui meurent de faim, entendez-vous? Le nom de Philippe leur remplira la bouche, mais il ne leur remplira pas le ventre. Quels pourceaux êtes-vous?

DEUXIÈME BANNI

Il est impossible de s'entendre avec un homme aussi grossier; allons-nous-en, camarade.

PIERRE

Va au diable, canaille! et dis à tes confédérés que s'ils ne veulent pas de moi, le roi de France en veut, lui; et qu'ils prennent garde qu'on ne me donne la main haute sur vous tous!

DEUXIÈME BANNI, *à l'autre.*

Viens, camarade, allons souper; je suis, comme toi, excédé de fatigue.

Ils sortent.

SCÈNE IX

Une place ; il est nuit.

Entre LORENZO.

Je lui dirai que c'est un motif de pudeur, et j'emporterai la lumière ; — cela se fait tous les jours ; — une nouvelle mariée, par exemple, exige cela de son mari pour entrer dans la chambre nuptiale ; et Catherine passe pour très vertueuse. — Pauvre fille ! qui l'est sous le soleil, si elle ne l'est pas ! Que ma mère mourût de tout cela, voilà ce qui pourrait arriver.

Ainsi donc voilà qui est fait. Patience ! une heure est une heure, et l'horloge vient de sonner. Si vous y tenez cependant ! Mais non, pourquoi ? Emporte le flambeau si tu veux ; la première fois qu'une femme se donne, cela est tout simple. — Entrez donc, chauffez-vous donc un peu. — Oh ! mon Dieu, oui, pur caprice de jeune fille ; et quel motif de croire à ce meurtre ? Cela pourra les étonner, même Philippe.

Te voilà, toi, face livide ?

La lune paraît.

Si les républicains étaient des hommes, quelle révolution demain dans la ville ! Mais Pierre est un ambitieux ; les Rucellaï seuls valent quelque chose. — Ah ! les mots, les mots, les éternelles paroles ! S'il y a quelqu'un là-haut, il doit bien rire de nous tous ; cela est très comique, très comique, vraiment. — O bavardage humain ! ô grand tueur de corps morts ! grand défonceur de portes ouvertes ! ô hommes sans bras !

Non ! non ! je n'emporterai pas la lumière. — J'irai droit au cœur ; il se verra tuer... Sang du Christ ! on se mettra demain aux fenêtres.

Pourvu qu'il n'ait pas imaginé quelque cuirasse nouvelle, quelque cotte de mailles ! Maudite invention ! Lutter avec Dieu et le diable, cela n'est rien ; mais lutter avec des bouts de ferraille croisés les uns sur les autres par la main sale d'un armurier ! Je passerai le second pour entrer ; il posera son épée, là, — ou là, — oui, sur le canapé. — Quant à l'affaire du baudrier à rouler autour de la garde, cela est aisé ; s'il pouvait lui prendre fantaisie de se coucher, voilà où serait le vrai moyen ; couché, assis, ou debout ? assis plutôt. Je commencerai par sortir ; Scoronconcolo est enfermé dans le cabinet. Alors nous venons, nous venons ; je ne voudrais pourtant pas qu'il tournât le dos. J'irai à lui tout droit. — Allons, la paix, la paix ! l'heure va venir. — Il faut que j'aille dans quelque cabaret ; je ne m'aperçois pas que je prends du froid, et je boirai une bouteille ; — non, je ne veux pas boire. Où diable vais-je donc ? les cabarets sont fermés.

Est-elle bonne fille ? — Oui, vraiment. — En chemise ? — Oh ! non, non, je ne le pense pas. — Pauvre Catherine ! que ma mère mourût de tout cela, ce serait triste. Et quand je lui aurais dit mon projet, qu'aurais-je pu y faire ? Au lieu de la consoler, cela lui aurait fait dire : crime, crime, jusqu'à son dernier soupir.

Je ne sais pourquoi je marche, je tombe de lassitude.

Il s'assoit.

Pauvre Philippe ! une fille belle comme le jour ; une seule fois je me suis assis près d'elle sous le marronnier ; ces petites mains blanches, comme cela travaillait ! Que de journées j'ai passées, moi, assis sous les arbres ! Ah ! quelle tranquillité ! quel horizon à Cafaggiuolo ! Jeannette était jolie, la petite fille du concierge, en faisant sécher sa lessive. Comme elle chassait les chèvres qui venaient marcher sur son linge étendu sur le gazon ! la chèvre blanche revenait toujours, avec ses grandes pattes menues.

Une horloge sonne.

Ah ! ah ! il faut que j'aille là-bas. — Bonsoir, mignon ; eh ! trinque donc avec Giomo. — Bon vin !

cela serait plaisant, qu'il lui vînt à l'idée de me dire : Ta chambre est-elle retirée? entendra-t-on quelque chose du voisinage? Cela serait plaisant; ah! on y a pourvu. Oui, cela serait drôle qu'il lui vînt cette idée.

Je me trompe d'heure; ce n'est que la demie. Quelle est donc cette lumière sous le portique de l'église? on taille, on remue des pierres. Il paraît que ces hommes sont courageux avec les pierres. Comme ils coupent! comme ils enfoncent! Ils font un crucifix; avec quel courage ils le clouent! Je voudrais voir que leur cadavre de marbre les prît tout d'un coup à la gorge.

Eh bien? eh bien? quoi donc? j'ai des envies de danser qui sont incroyables. Je crois, si je m'y laissais aller, que je sauterais comme un moineau sur tous ces gros platras et sur toutes ces poutres. Eh, mignon! eh, mignon! mettez vos gants neufs, un plus bel habit que cela, tra la la! faites-vous beau, la mariée est belle. Mais, je vous le dis à l'oreille, prenez garde à son petit couteau.

Il sort en courant.

SCÈNE X

Chez le duc.

LE DUC, *à souper;* GIOMO. *Entre le cardinal* CIBO.

LE CARDINAL

Altesse, prenez garde à Lorenzo.

LE DUC

Vous voilà, cardinal! asseyez-vous donc, et prenez donc un verre.

LE CARDINAL

Prenez garde à Lorenzo, duc. Il a été demander ce soir à l'évêque de Marzi[43] la permission d'avoir des chevaux de poste cette nuit.

LE DUC

Cela ne se peut pas.

LE CARDINAL

Je le tiens de l'évêque lui-même.

LE DUC

Allons donc ! je vous dis que j'ai de bonnes raisons pour savoir que cela ne se peut pas.

LE CARDINAL

Me faire croire est peut-être impossible ; je remplis mon devoir en vous avertissant.

LE DUC

Quand cela serait vrai, que voyez-vous d'effrayant à cela ? Il va peut-être à Cafaggiuolo.

LE CARDINAL

Ce qu'il y a d'effrayant, monseigneur, c'est qu'en passant sur la place pour venir ici, je l'ai vu de mes yeux sauter sur des poutres et des pierres comme un fou. Je l'ai appelé, et, je suis forcé d'en convenir, son regard m'a fait peur. Soyez certain qu'il mûrit dans sa tête quelque projet pour cette nuit.

LE DUC

Et pourquoi ces projets me seraient-ils dangereux ?

LE CARDINAL

Faut-il tout dire, même quand on parle d'un favori ? Apprenez qu'il a dit ce soir à deux personnes de ma connaissance, publiquement, sur leur terrasse, qu'il vous tuerait cette nuit.

LE DUC

Buvez donc un verre de vin, cardinal. Est-ce que vous ne savez pas que Renzo est ordinairement gris au coucher du soleil ?

Entre sire Maurice.

SIRE MAURICE

Altesse, défiez-vous de Lorenzo. Il a dit à trois de mes amis, ce soir, qu'il voulait vous tuer cette nuit.

LE DUC

Et vous aussi, brave Maurice, vous croyez aux fables ? je vous croyais plus homme que cela.

SIRE MAURICE

Votre Altesse sait si je m'effraie sans raison. Ce que je dis, je puis le prouver.

LE DUC

Asseyez-vous donc, et trinquez avec le cardinal ; vous ne trouverez pas mauvais que j'aille à mes affaires. Eh bien ! mignon, est-il déjà temps ?

Entre Lorenzo.

LORENZO

Il est minuit tout à l'heure.

LE DUC

Qu'on me donne mon pourpoint de zibeline.

LORENZO

Dépêchons-nous, votre belle est peut-être déjà au rendez-vous.

LE DUC

Quels gants faut-il prendre ? ceux de guerre ou ceux d'amour ?

LORENZO

Ceux d'amour, Altesse.

LE DUC

Soit, je veux être un vert galant.

Ils sortent.

SIRE MAURICE

Que dites-vous de cela, cardinal ?

LE CARDINAL

Que la volonté de Dieu se fait malgré les hommes.

Ils sortent.

SCÈNE XI

La chambre de Lorenzo.
Entrent LE DUC *et* LORENZO.

LE DUC

Je suis transi, — il fait vraiment froid.

Il ôte son épée.

Eh bien ! mignon, qu'est-ce que tu fais donc ?

LORENZO

Je roule votre baudrier autour de votre épée, et je la mets sous votre chevet. Il est bon d'avoir toujours une arme sous la main.

Il entortille le baudrier de manière à empêcher l'épée de sortir du fourreau.

LE DUC

Tu sais que je n'aime pas les bavardes, et il m'est revenu que la Catherine était une belle parleuse. Pour éviter les conversations, je vais me mettre au lit. A propos, pourquoi donc as-tu fait demander des chevaux de poste à l'évêque de Marzi ?

LORENZO

Pour aller voir mon frère, qui est très malade, à ce qu'il m'écrit.

LE DUC

Va donc chercher ta tante.

LORENZO

Dans un instant.

Il sort.

LE DUC, *seul.*

Faire la cour à une femme qui vous répond oui, lorsqu'on lui demande oui ou non, cela m'a toujours paru très sot, et tout à fait digne d'un Français. Aujourd'hui surtout, que j'ai soupé comme trois moines, je serais incapable de dire seulement : « Mon cœur, ou mes chères entrailles », à l'infante d'Espagne. Je veux faire semblant de dormir ; ce sera peut-être cavalier, mais ce sera commode.

Il se couche. — Lorenzo rentre l'épée à la main.

LORENZO

Dormez-vous, seigneur ?

Il le frappe.

LE DUC

C'est toi, Renzo ?

LORENZO

Seigneur, n'en doutez pas.

Il le frappe de nouveau. Entre Scoronconcolo.

SCORONCONCOLO

Est-ce fait ?

LORENZO

Regarde, il m'a mordu au doigt. Je garderai jusqu'à la mort cette bague sanglante, inestimable diamant.

SCORONCONCOLO

Ah ! mon Dieu, c'est le duc de Florence !

LORENZO, *s'asseyant sur la fenêtre.*

Que la nuit est belle ! que l'air du ciel est pur ! Respire, respire, cœur navré de joie !

SCORONCONCOLO

Viens, maître, nous en avons trop fait. Sauvons-nous.

LORENZO

Que le vent du soir est doux et embaumé ! comme les fleurs des prairies s'entrouvrent ! O nature magnifique ! ô éternel repos !

SCORONCONCOLO

Le vent va glacer sur votre visage la sueur qui en découle. Venez, seigneur.

LORENZO

Ah ! Dieu de bonté ! quel moment !

SCORONCONCOLO, *à part.*

Son âme se dilate singulièrement. Quant à moi, je prendrai les devants.

Il veut sortir.

LORENZO

Attends ! tire ces rideaux. Maintenant, donne-moi la clef de cette chambre.

SCORONCONCOLO

Pourvu que les voisins n'aient rien entendu !

LORENZO

Ne te souviens-tu pas qu'ils sont habitués à notre tapage ? Viens, partons.

Ils sortent.

ACTE V

SCÈNE I

Au palais du duc.
Entrent VALORI, SIRE MAURICE *et* GUICCIARDINI.
Une foule de courtisans circulent dans la salle et dans les environs.

SIRE MAURICE

Giomo n'est pas revenu encore de son message ; cela devient de plus en plus inquiétant.

GUICCIARDINI

Le voilà qui entre dans la salle.

Entre Giomo.

SIRE MAURICE

Eh bien ! qu'as-tu appris ?

GIOMO

Rien du tout.

Il sort.

GUICCIARDINI

Il ne veut pas répondre ; le cardinal Cibo est enfermé dans le cabinet du duc ; c'est à lui seul que les nouvelles arrivent.

Entre un autre messager.

Eh bien ! le duc est-il retrouvé ? sait-on ce qu'il est devenu ?

LE MESSAGER

Je ne sais pas.

Il entre dans le cabinet.

VALORI

Quel événement épouvantable, messieurs, que cette disparition ! point de nouvelles du duc. Ne disiez-vous pas, sire Maurice, que vous l'avez vu hier au soir ? Il ne paraissait pas malade ?

Rentre Giomo.

GIOMO, *à sire Maurice.*

Je puis vous le dire à l'oreille, le duc est assassiné.

SIRE MAURICE

Assassiné ! par qui ? où l'avez-vous trouvé ?

GIOMO

Où vous nous aviez dit : — dans la chambre de Lorenzo.

SIRE MAURICE

Ah ! sang du diable ! Le cardinal le sait-il ?

GIOMO

Oui, excellence.

SIRE MAURICE

Que décide-t-il ? qu'y a-t-il à faire ? Déjà le peuple se porte en foule vers le palais ; toute cette hideuse affaire a transpiré ; nous sommes morts si elle se confirme ; on nous massacrera.

Des valets portant des tonneaux pleins de vin et de comestibles passent dans le fond.

GUICCIARDINI

Que signifie cela ? va-t-on faire des distributions au peuple ?

Entre un seigneur de la cour.

LE SEIGNEUR

Le duc est-il visible, messieurs ? Voilà un cousin à moi, nouvellement arrivé d'Allemagne, que je désire présenter à Son Altesse ; soyez assez bon pour le voir d'un œil favorable.

GUICCIARDINI

Répondez-lui, seigneur Valori, je ne sais que lui dire.

VALORI

La salle se remplit à tout instant de ces complımenteurs du matin. Ils attendent tranquillement qu'on les admette.

SIRE MAURICE, *à Giomo.*

On l'a enterré là ?

GIOMO

Ma foi, oui, dans la sacristie. Que voulez-vous ? si le peuple apprenait cette mort-là, elle pourrait en causer bien d'autres. Lorsqu'il en sera temps, on lui fera des obsèques publiques. En attendant, nous l'avons emporté dans un tapis.

VALORI

Qu'allons-nous devenir ?

PLUSIEURS SEIGNEURS *s'approchent.*

Nous sera-t-il bientôt permis de présenter nos devoirs à Son Altesse ? qu'en pensez-vous, messieurs ?

Entre LE CARDINAL CIBO

Oui, messieurs, vous pourrez entrer dans une heure ou deux ; le duc a passé la nuit à une mascarade, et il repose dans ce moment.

Des valets suspendent des dominos aux croisées.

LES COURTISANS

Retirons-nous ; le duc est encore couché. Il a passé la nuit au bal.

Les courtisans se retirent. Entrent les Huit.

NICCOLINI

Eh bien ! cardinal, qu'y a-t-il de décidé ?

LE CARDINAL

Primo avulso non deficit alter
Aureus, et simili frondescit virga metallo[44].

Il sort.

NICCOLINI

Voilà qui est admirable ; mais qu'y a-t-il de fait ? Le duc est mort ; il faut en élire un autre, et cela le plus vite possible. Si nous n'avons pas un duc ce soir ou demain, c'en est fait de nous. Le peuple est en ce moment comme l'eau qui va bouillir.

VETTORI

Je propose Octavien de Médicis[45].

CAPPONI

Pourquoi ? il n'est pas le premier par les droits du sang.

ACCIAIUOLI

Si nous prenions le cardinal ?

SIRE MAURICE

Plaisantez-vous ?

RUCCELLAÏ

Pourquoi, en effet, ne prendriez-vous pas le cardinal, vous qui le laissez, au mépris de toutes les lois, se déclarer seul juge en cette affaire ?

VETTORI

C'est un homme capable de la bien diriger.

RUCCELLAÏ

Qu'il se fasse donner l'ordre du pape.

VETTORI

C'est ce qu'il a fait ; le pape a envoyé l'autorisation par un courrier que le cardinal a fait partir dans la nuit.

RUCCELLAÏ

Vous voulez dire par un oiseau, sans doute ; car un courrier commence par prendre le temps d'aller, avant d'avoir celui de revenir. Nous traite-t-on comme des enfants ?

CANIGIANI, *s'approchant.*

Messieurs, si vous m'en croyez, voilà ce que nous ferons : nous élirons duc de Florence mon fils naturel Julien [46].

RUCCELLAÏ

Bravo ! un enfant de cinq ans ! n'a-t-il pas cinq ans, Canigiani ?

GUICCIARDINI, *bas.*

Ne voyez-vous pas le personnage ? c'est le cardinal qui lui met dans la tête cette sotte proposition ; Cibo serait régent, et l'enfant mangerait des gâteaux.

RUCCELLAÏ

Cela est honteux ; je sors de cette salle, si on y tient de pareils discours.

Entre CORSI

Messieurs, le cardinal vient d'écrire à Côme de Médicis [47].

LES HUIT

Sans nous consulter ?

CORSI

Le cardinal a écrit pareillement à Pise, à Arezzo, et à Pistoie, aux commandants militaires. Jacques de Médicis [48] sera demain ici avec le plus de monde possible ; Alexandre Vitelli est déjà dans la forteresse, avec la garnison entière. Quant à Lorenzo, il est parti trois courriers pour le joindre.

RUCCELLAÏ

Qu'il se fasse duc tout de suite, votre cardinal ; cela sera plus tôt fait.

CORSI

Il m'est ordonné de vous prier de mettre aux voix l'élection de Côme de Médicis, sous le titre provisoire de gouverneur de la république florentine.

GIOMO, *à des valets qui traversent la salle.*

Répandez du sable autour de la porte, et n'épargnez pas le vin plus que le reste.

RUCCELLAÏ

Pauvre peuple ! quel badaud on fait de toi !

SIRE MAURICE

Allons, messieurs, aux voix. Voici vos billets.

VETTORI

Côme est en effet le premier en droit après Alexandre ; c'est son plus proche parent.

ACCIAIUOLI

Quel homme est-ce ? je le connais fort peu.

CORSI

C'est le meilleur prince du monde.

GUICCIARDINI

Hé, hé, pas tout à fait cela. Si vous disiez le plus diffus et le plus poli des princes, ce serait plus vrai.

SIRE MAURICE

Vos voix, seigneurs.

RUCCELLAÏ

Je m'oppose à ce vote, formellement, et au nom de tous les citoyens.

VETTORI

Pourquoi ?

RUCCELLAÏ

Il ne faut plus à la république ni princes, ni ducs, ni seigneurs ; voici mon vote.

Il montre son billet blanc.

VETTORI

Votre voix n'est qu'une voix. Nous nous passerons de vous.

RUCCELLAÏ

Adieu donc ; je m'en lave les mains.

GUICCIARDINI, *courant après lui.*

Eh ! mon Dieu, Palla, vous êtes trop violent.

RUCCELLAÏ

Laissez-moi ; j'ai soixante-deux ans passés ; ainsi vous ne pouvez pas me faire grand mal désormais.

Il sort.

NICCOLINI

Vos voix, messieurs.

Il déplie les billets jetés dans un bonnet.

Il y a unanimité. Le courrier est-il parti pour Trebbio[49] ?

CORSI

Oui, Excellence. Côme sera ici dans la matinée de demain, à moins qu'il ne refuse.

VETTORI

Pourquoi refuserait-il ?

NICCOLINI

Ah ! mon Dieu, s'il allait refuser, que deviendrions-nous ? quinze lieues à faire d'ici à Trebbio, pour trouver Côme, et autant pour revenir, ce serait une journée de perdue. Nous aurions dû choisir quelqu'un qui fût plus près de nous.

VETTORI

Que voulez-vous ? notre vote est fait, et il est probable qu'il acceptera. Tout cela est étourdissant.

Ils sortent.

SCÈNE II

A Venise.

PHILIPPE STROZZI, *dans son cabinet.*

J'en étais sûr. — Pierre est en correspondance avec le roi de France ; le voilà à la tête d'une espèce d'armée, et prêt à mettre le bourg à feu et à sang. C'est donc là ce qu'aura fait ce pauvre nom de Strozzi, qu'on a respecté si longtemps ! il aura produit un rebelle et deux ou trois massacres. O ma Louise ! tu dors en paix sous le gazon ; l'oubli du monde entier est autour de toi, comme en toi, au fond de la triste vallée où je t'ai laissée.

On frappe à la porte.

Entrez.

Entre Lorenzo.

LORENZO

Philippe, je t'apporte le plus beau joyau de ta couronne.

PHILIPPE

Qu'est-ce que tu jettes là ? une clef ?

LORENZO

Cette clef ouvre ma chambre, et dans ma chambre est Alexandre de Médicis, mort de la main que voilà.

PHILIPPE

Vraiment ! vraiment ! cela est incroyable.

LORENZO

Crois-le si tu veux. Tu le sauras par d'autres que par moi.

PHILIPPE, *prenant la clef.*

Alexandre est mort ! cela est-il possible ?

LORENZO

Que dirais-tu si les républicains t'offraient d'être duc à sa place ?

PHILIPPE

Je refuserais, mon ami.

LORENZO

Vraiment ! vraiment ! cela est incroyable.

PHILIPPE

Pourquoi ? cela est tout simple pour moi.

LORENZO

Comme pour moi de tuer Alexandre. Pourquoi ne veux-tu pas me croire ?

PHILIPPE

O notre nouveau Brutus ! je te crois et je t'embrasse. La liberté est donc sauvée ! Oui, je te crois, tu es tel que tu me l'as dit. Donne-moi ta main. Le duc est mort ! ah ! il n'y a pas de haine dans ma joie ; il n'y a que l'amour le plus pur, le plus sacré pour la patrie ; j'en prends Dieu à témoin.

LORENZO

Allons, calme-toi ; il n'y a rien de sauvé, que moi, qui ai les reins brisés par les chevaux de l'évêque de Marzi.

PHILIPPE

N'as-tu pas averti nos amis ? n'ont-ils pas l'épée à la main à l'heure qu'il est ?

LORENZO

Je les ai avertis ; j'ai frappé à toutes les portes républicaines avec la constance d'un frère quêteur ; je leur ai dit de frotter leurs épées ; qu'Alexandre serait mort quand ils s'éveilleraient. Je pense qu'à l'heure qu'il est, ils se sont éveillés plus d'une fois, et rendormis à l'avenant. Mais, en vérité, je ne pense pas autre chose.

PHILIPPE

As-tu averti les Pazzi ? l'as-tu dit à Corsini ?

LORENZO

A tout le monde ; je l'aurais dit, je crois, à la lune, tant j'étais sûr de n'être pas écouté.

PHILIPPE

Comment l'entends-tu ?

LORENZO

J'entends qu'ils ont haussé les épaules, et qu'ils sont retournés à leurs dîners, à leurs cornets et à leurs femmes.

PHILIPPE

Tu ne leur as donc pas expliqué l'affaire ?

LORENZO

Que diantre voulez-vous que j'explique ? croyez-vous que j'eusse une heure à perdre avec chacun d'eux ? Je leur ai dit : préparez-vous, et j'ai fait mon coup.

PHILIPPE

Et tu crois que les Pazzi ne font rien ? qu'en sais-tu ? Tu n'as pas de nouvelles depuis ton départ, et il y a plusieurs jours que tu es en route.

LORENZO

Je crois que les Pazzi font quelque chose ; je crois qu'ils font des armes dans leur antichambre, en buvant du vin du Midi de temps à autre, quand ils ont le gosier sec.

PHILIPPE

Tu soutiens ta gageure ; ne m'as-tu pas voulu parier ce que tu me dis là ? sois tranquille ; j'ai meilleure espérance.

LORENZO

Je suis tranquille, plus que je ne puis dire.

PHILIPPE

Pourquoi n'es-tu pas sorti, la tête du duc à la main ? le peuple t'aurait suivi comme son sauveur et son chef.

LORENZO

J'ai laissé le cerf aux chiens; qu'ils fassent eux-mêmes la curée.

PHILIPPE

Tu aurais défié les hommes, si tu ne les méprisais.

LORENZO

Je ne les méprise point; je les connais. Je suis très persuadé qu'il y en a très peu de très méchants, beaucoup de lâches, et un grand nombre d'indifférents. Il y en a aussi de féroces, comme les habitants de Pistoie, qui ont trouvé dans cette affaire une petite occasion d'égorger tous leurs chanceliers en plein midi, au milieu des rues. J'ai appris cela il n'y a pas une heure.

PHILIPPE

Je suis plein de joie et d'espoir; le cœur me bat malgré moi.

LORENZO

Tant mieux pour vous.

PHILIPPE

Puisque tu n'en sais rien, pourquoi en parles-tu ainsi? Assurément tous les hommes ne sont pas capable de grandes choses, mais tous sont sensibles aux grandes choses; nies-tu l'histoire du monde entier? Il faut sans doute une étincelle pour allumer une forêt; mais l'étincelle peut sortir d'un caillou, et la forêt prend feu. C'est ainsi que l'éclair d'une seule épée peut illuminer tout un siècle.

LORENZO

Je ne nie pas l'histoire; mais je n'y étais pas.

PHILIPPE

Laisse-moi t'appeler Brutus; si je suis un rêveur, laisse-moi ce rêve-là. O mes amis, mes compatriotes!

vous pouvez faire un beau lit de mort au vieux Strozzi, si vous voulez !

LORENZO

Pourquoi ouvrez-vous la fenêtre ?

PHILIPPE

Ne vois-tu pas sur cette route un courrier qui arrive à franc étrier ! Mon Brutus ! mon grand Lorenzo ! la liberté est dans le ciel ; je la sens, je la respire.

LORENZO

Philippe ! Philippe ! point de cela ; fermez votre fenêtre ; toutes ces paroles me font mal.

PHILIPPE

Il me semble qu'il y a un attroupement dans la rue ; un crieur lit une proclamation. Holà, Jean ! allez acheter le papier de ce crieur.

LORENZO

O Dieu ! ô Dieu !

PHILIPPE

Tu deviens pâle comme un mort. Qu'as-tu donc ?

LORENZO

N'as-tu rien entendu ?

Un domestique entre apportant la proclamation.

PHILIPPE

Non ; lis donc un peu ce papier, qu'on criait dans la rue.

LORENZO, *lisant.*

« A tout homme, noble ou roturier, qui tuera Lorenzo de Médicis, traître à la patrie, et assassin de son maître, en quelque lieu et de quelque manière que ce soit, sur toute la surface de l'Italie, il est promis par le conseil des Huit à Florence : 1° quatre mille florins d'or sans aucune retenue ; 2° une rente de cent florins d'or par an, pour lui durant sa vie, et ses héritiers en ligne directe après sa mort ; 3° la permission d'exercer toutes les magistratures, de posséder tous les bénéfices et privilèges de l'Etat, malgré sa naissance s'il est roturier ; 4° grâces perpétuelles pour toutes ses fautes, passées et futures, ordinaires et extraordinaires. »

Signé de la main des Huit.

Eh bien ! Philippe, vous ne vouliez pas croire tout à l'heure que j'avais tué Alexandre ? vous voyez bien que je l'ai tué.

PHILIPPE

Silence ! quelqu'un monte l'escalier. Cache-toi dans cette chambre.

Ils sortent.

SCÈNE III

Florence. — Une rue.
Entrent DEUX GENTILSHOMMES.

PREMIER GENTILHOMME

N'est-ce pas le marquis de Cibo qui passe là ? il me semble qu'il donne le bras à sa femme.

Le marquis et la marquise passent.

DEUXIÈME GENTILHOMME

Il paraît que ce bon marquis n'est pas d'une nature vindicative. Qui ne sait pas à Florence que sa femme a été la maîtresse du feu duc ?

PREMIER GENTILHOMME

Ils paraissent bien raccommodés. J'ai cru les voir se serrer la main.

DEUXIÈME GENTILHOMME

La perle des maris, en vérité ! Avaler ainsi une couleuvre aussi longue que l'Arno, cela s'appelle avoir l'estomac bon.

PREMIER GENTILHOMME

Je sais que cela fait parler, — cependant je ne te conseillerais pas d'aller lui en parler à lui-même ; il est de la première force à toutes les armes, et les faiseurs de calembours craignent l'odeur de son jardin.

DEUXIÈME GENTILHOMME

Si c'est un original, il n'y a rien à dire.

Ils sortent.

SCÈNE IV

Une auberge.
Entrent PIERRE STROZZI *et* UN MESSAGER

PIERRE

Ce sont ses propres paroles ?

LE MESSAGER

Oui, Excellence ; les paroles du roi lui-même.

PIERRE

C'est bon.

Le messager sort.

Le roi de France protégeant la liberté de l'Italie, c'est justement comme un voleur protégeant contre un autre voleur une jolie femme en voyage. Il la défend jusqu'à ce qu'il la viole. Quoi qu'il en soit, une route s'ouvre devant moi, sur laquelle il y a plus de bons grains que de poussière. Maudit soit ce Lorenzaccio ; qui s'avise de devenir quelque chose ! Ma vengeance m'a glissé entre les doigts comme un oiseau effarouché ; je ne puis plus rien imaginer ici, qui soit digne de moi. Allons faire une attaque vigoureuse au bourg, et puis laissons là ces femmelettes qui ne pensent qu'au nom de mon père, et qui me toisent toute la journée pour chercher par où je lui ressemble. Je suis né pour autre chose que pour faire un chef de bandits.

Il sort.

SCÈNE V

Une place. — Florence.

L'ORFÈVRE *et* LE MARCHAND DE SOIE, *assis.*

LE MARCHAND

Observez bien ce que je dis ; faites attention à mes paroles. Le feu duc Alexandre a été tué l'an 1536, qui est bien l'année où nous sommes. Suivez-moi toujours. Il a donc été tué l'an 1536 ; voilà qui est fait. Il avait vingt-six ans ; remarquez-vous cela ? Mais ce n'est encore rien ; il avait donc vingt-six ans, bon. Il est mort le 6 du mois ; ah ! ah ! saviez-vous ceci ? n'est-ce pas justement le 6 qu'il est mort ? Ecoutez maintenant. Il est mort à six heures de la nuit. Qu'en pensez-vous, père Mondella ? voilà de l'extraordinaire, ou je ne m'y connais pas. Il est donc mort à six heures de la nuit. Paix ! ne dites rien encore. Il avait six blessures. Eh bien ! cela vous frappe-t-il à présent ? Il avait six blessures, à six heures de la nuit, le 6 du mois, à l'âge de vingt-six ans, l'an 1536. Maintenant un seul mot. Il avait régné six ans [50].

L'ORFÈVRE

Quel galimatias me faites-vous là, voisin ?

LE MARCHAND

Comment ! comment ! vous êtes donc absolument incapable de calculer ? vous ne voyez pas ce qui résulte de ces combinaisons surnaturelles que j'ai l'honneur de vous expliquer ?

L'ORFÈVRE

Non, en vérité ; je ne vois pas ce qui en résulte.

LE MARCHAND

Vous ne le voyez pas ? est-ce possible, voisin, que vous ne le voyiez pas ?

L'ORFÈVRE

Je ne vois pas qu'il en résulte la moindre des choses. — A quoi cela peut-il nous être utile ?

LE MARCHAND

Il en résulte que six Six ont concouru à la mort d'Alexandre. Chut ! ne répétez pas ceci comme venant de moi. Vous savez que je passe pour un homme sage et circonspect ; ne me faites point de tort, au nom de tous les saints ! La chose est plus grave qu'on ne pense ; je vous la dis comme à un ami.

L'ORFÈVRE

Allez vous promener ; je suis un homme vieux, mais pas encore une vieille femme. Le Côme arrive aujourd'hui, voilà ce qui résulte le plus clairement de notre affaire ; il nous est poussé un beau dévideur de paroles dans votre nuit de six Six. Ah ! mort de ma vie ! cela ne fait-il pas honte ? Mes ouvriers, voisin, les derniers de mes ouvriers frappaient avec leurs instruments sur leurs tables, en voyant passer les Huit, et ils leur criaient : « Si vous ne savez ni ne pouvez agir, appelez-nous, qui agirons. »

LE MARCHAND

Il n'y a pas que les vôtres qui aient crié ; c'est un vacarme de paroles dans la ville, comme je n'en ai jamais entendu, même par ouï-dire.

L'ORFÈVRE

On demande les boules ; les uns courent après les soldats, les autres après le vin qu'on distribue, et ils s'en remplissent la bouche et la cervelle, afin de perdre le peu de sens commun et de bonnes paroles qui pourraient leur rester.

LE MARCHAND

Il y en a qui voulaient rétablir le conseil, et élire librement un gonfalonier, comme jadis[51].

L'ORFÈVRE

Il y en a qui voulaient, comme vous dites ; mais il n'y en a pas qui aient agi. Tout vieux que je suis, j'ai été au Marché-Neuf, moi, et j'ai reçu dans la jambe un bon coup de hallebarde, parce que je demandais les boules. Pas une âme n'est venue à mon secours. Les étudiants seuls se sont montrés.

LE MARCHAND

Je le crois bien. Savez-vous ce qu'on dit, voisin ? On dit que le provéditeur, Roberto Corsini, est allé hier soir à l'assemblée des républicains, au palais Salviati.

L'ORFÈVRE

Rien n'est plus vrai ; il a offert de livrer la forteresse aux amis de la liberté, avec les provisions, les clefs, et tout le reste.

LE MARCHAND

Et il l'a fait, voisin ? est-ce qu'il l'a fait ? c'est une trahison de haute justice.

L'ORFÈVRE

Ah bien, oui ! on a braillé, bu du vin sucré, et cassé des carreaux ; mais la proposition de ce brave homme n'a seulement pas été écoutée. Comme on n'osait pas faire ce qu'il voulait, on a dit qu'on doutait de lui, et qu'on le soupçonnait de fausseté dans ses offres. Mille millions de diables ! que j'enrage ! Tenez, voilà les courriers de Trebbio qui arrivent ; Côme n'est pas loin d'ici. Bonsoir, voisin, le sang me démange, il faut que j'aille au palais.

Il sort.

LE MARCHAND

Attendez donc, voisin ; je vais avec vous.

Il sort. Entre un précepteur avec le petit Salviati, et un autre avec le petit Strozzi.

LE PREMIER PRÉCEPTEUR

Sapientissime doctor, comment se porte votre seigneurie ? Le trésor de votre précieuse santé est-il dans une assiette régulière, et votre équilibre se maintient-il convenable par ces tempêtes où nous voilà ?

LE DEUXIÈME PRÉCEPTEUR

C'est chose grave, seigneur docteur, qu'une rencontre aussi érudite et aussi fleurie que la vôtre, sur cette terre soucieuse et lézardée. Souffrez que je presse cette main gigantesque, d'où sont sortis les chefs-d'œuvre de notre langue. Avouez-le, vous avez fait depuis peu un sonnet.

LE PETIT SALVIATI

Canaille de Strozzi que tu es !

LE PETIT STROZZI

Ton père a été rossé, Salviati.

LE PREMIER PRÉCEPTEUR

Ce pauvre ébat de notre muse serait-il allé jusqu'à vous, qui êtes un homme d'art si consciencieux, si large, et si austère ? Des yeux comme les vôtres, qui remuent des horizons si dentelés, si phosphorescents, auraient-ils consenti à s'occuper des fumées peut-être bizarres et osées d'une imagination chatoyante ?

LE DEUXIÈME PRÉCEPTEUR

Oh ! si vous aimez l'art, et si vous nous aimez, dites-nous, de grâce, votre sonnet. La ville ne s'occupe que de votre sonnet.

LE PREMIER PRÉCEPTEUR

Vous serez peut-être étonné que moi, qui ai commencé par chanter la monarchie en quelque sorte, je semble cette fois chanter la république.

LE PETIT SALVIATI

Ne me donne pas de coups de pied, Strozzi.

LE PETIT STROZZI

Tiens, chien de Salviati, en voilà encore deux.

LE PREMIER PRÉCEPTEUR.

Voici les vers.

Chantons la liberté, qui refleurit plus âpre...

LE PETIT SALVIATI

Faites donc finir ce gamin-là, monsieur ; c'est un coupe-jarret. Tous les Strozzi sont des coupe-jarrets.

LE DEUXIÈMRE PRÉCEPTEUR

Allons, petit, tiens-toi tranquille.

LE PREMIER STROZZI

Tu y reviens en sournois ! tiens, canaille, porte cela à ton père, et dis-lui qu'il le mette avec l'estafilade qu'il a reçue de Pierre Strozzi, empoisonneur que tu es ! vous êtes tous des empoisonneurs.

LE PREMIER PRÉCEPTEUR

Veux-tu te taire, polisson !

Il le frappe.

LE PETIT STROZZI

Aye ! aye ! il m'a frappé.

LE PREMIER PRÉCEPTEUR

Chantons la liberté, qui refleurit plus âpre,
Sous des soleils plus mûrs et des cieux plus vermeils.

LE PETIT STROZZI

Aye ! aye ! il m'a écorché l'oreille.

LE DEUXIÈME PRÉCEPTEUR

Vous avez frappé trop fort, mon ami.

Le petit Strozzi rosse le petit Salviati.

LE PREMIER PRÉCEPTEUR

Eh bien ! qu'est-ce à dire ?

LE DEUXIÈME PRÉCEPTEUR

Continuez, je vous en supplie.

LE PREMIER PRÉCEPTEUR

Avec plaisir, mais ces enfants ne cessent pas de se battre.

Les enfants sortent en se battant. Ils les suivent.

SCENE VI

Florence. — Une rue.
Entrent DES ÉTUDIANTS *et* DES SOLDATS.

UN ÉTUDIANT

Puisque les grands seigneurs n'ont que des langues, ayons des bras. Holà, les boules ! les boules [52] ! citoyens de Florence, ne laissons pas élire un duc sans voter.

UN SOLDAT

Vous n'aurez pas les boules ; retirez-vous.

L'ÉTUDIANT

Citoyens, venez ici ; on méconnaît vos droits, on insulte le peuple.

Un grand tumulte.

LES SOLDATS

Gare ! retirez-vous.

UN AUTRE ÉTUDIANT

Nous voulons mourir pour nos droits.

UN SOLDAT

Meurs donc.

Il le frappe.

L'ÉTUDIANT

Venge-moi, Ruberto, et console ma mère.

Il meurt.
Les étudiants attaquent les soldats ; ils sortent en se battant.

SCÈNE VII

Venise. — Le cabinet de Strozzi.
Entrent PHILIPPE *et* LORENZO, *tenant une lettre.*

LORENZO

Voilà une lettre qui m'apprend que ma mère est morte. Venez donc faire un tour de promenade, Philippe.

PHILIPPE

Je vous en supplie, mon ami, ne tentez pas la destinée. Vous allez et venez continuellement, comme si cette proclamation de mort n'existait pas contre vous.

LORENZO

Au moment où j'allais tuer Clément VII, ma tête a été mise à prix à Rome ; il est naturel qu'elle le soit dans toute l'Italie, aujourd'hui que j'ai tué Alexandre ; si je sortais d'Italie, je serais bientôt sonné à son de trompe dans toute l'Europe, et à ma mort, le bon Dieu ne manquera pas de faire placarder ma condamnation éternelle dans tous les carrefours de l'immensité.

PHILIPPE

Votre gaieté est triste comme la nuit ; vous n'êtes pas changé, Lorenzo.

LORENZO

Non, en vérité ; je porte les mêmes habits, je marche toujours sur mes jambes, et je bâille avec ma bouche ; il n'y a de changé en moi qu'une misère : c'est que je suis plus creux et plus vide qu'une statue de fer-blanc.

PHILIPPE

Partons ensemble ; redevenez un homme ; vous avez beaucoup fait, mais vous êtes jeune.

LORENZO

Je suis plus vieux que le bisaïeul de Saturne ; je vous en prie, venez faire un tour de promenade.

PHILIPPE

Votre esprit se torture dans l'inaction ; c'est là votre malheur. Vous avez des travers, mon ami.

LORENZO

J'en conviens ; que les républicains n'aient rien fait à Florence, c'est là un grand travers de ma part. Qu'une centaine de jeunes étudiants, braves et déterminés, se soient fait massacrer en vain ; que Côme, un planteur de choux, ait été élu à l'unanimité ; oh ! je l'avoue, je l'avoue, ce sont là des travers impardonnables, et qui me font le plus grand tort.

PHILIPPE

Ne raisonnons pas sur un événement qui n'est pas achevé. L'important est de sortir d'Italie ; vous n'avez point encore fini sur la terre.

LORENZO

J'étais une machine à meurtre, mais à un meurtre seulement.

PHILIPPE

N'avez-vous pas été heureux autrement que par ce meurtre ? Quand vous ne devriez faire désormais qu'un honnête homme, qu'un artiste, pourquoi voudriez-vous mourir ?

LORENZO

Je ne puis que vous répéter mes propres paroles : Philippe, j'ai été honnête. Peut-être le redeviendrais-je sans l'ennui qui me prend. J'aime encore le vin et les femmes ; c'est assez, il est vrai, pour faire de moi un débauché, mais ce n'est pas assez pour me donner envie de l'être. Sortons, je vous en prie.

PHILIPPE

Tu te feras tuer dans toutes ces promenades.

LORENZO

Cela m'amuse de les voir. La récompense est si grosse qu'elle les rend presque courageux. Hier, un grand gaillard à jambes nues m'a suivi un gros quart d'heure au bord de l'eau, sans pouvoir se déterminer à m'assommer. Le pauvre homme portait une espèce de couteau long comme une broche ; il le regardait d'un air si penaud qu'il me faisait pitié ; c'était peut-être un père de famille qui mourait de faim.

PHILIPPE

O Lorenzo ! Lorenzo ! ton cœur est très malade ; c'était sans doute un honnête homme : pourquoi attribuer à la lâcheté du peuple le respect pour les malheureux ?

LORENZO

Attribuez cela à ce que vous voudrez. Je vais faire un tour au Rialto.

Il sort.

PHILIPPE, *seul.*

Il faut que je le fasse suivre par quelqu'un de mes gens. Holà ! Jean ! Pippo ! holà !

Entre un domestique.

Prenez une épée, vous, et un autre de vos camarades, et tenez-vous à une distance convenable du seigneur Lorenzo, de manière à pouvoir le secourir si on l'attaque.

JEAN

Oui, monseigneur.

Entre Pippo.

PIPPO

Monseigneur, Lorenzo est mort. Un homme était caché derrière la porte, qui l'a frappé par-derrière comme il sortait.

PHILIPPE

Courons vite ; il n'est peut-être que blessé.

PIPPO

Ne voyez-vous pas tout ce monde ? Le peuple s'est jeté sur lui. Dieu de miséricorde ! on le pousse dans la lagune.

PHILIPPE

Quelle horreur ! quelle horreur ! Eh ! quoi ! pas même un tombeau ?

Il sort.

SCÈNE VIII

Florence. — La grande place ; des tribunes publiques sont remplies de monde.

Des gens du peuple courent de tous côtés.

Les boules ! les boules ! Il est duc, duc ; les boules ! Il est duc.

LES SOLDATS

Gare, canaille !

LE CARDINAL CIBO, *sur une estrade, à Côme de Médicis.*

Seigneur, vous êtes duc de Florence. Avant de recevoir de mes mains la couronne que le pape et César m'ont chargé de vous confier, il m'est ordonné de vous faire jurer quatre choses.

COME

Lesquelles, cardinal ?

LE CARDINAL

Faire la justice sans restriction ; ne jamais rien tenter contre l'autorité de Charles Quint ; venger la mort d'Alexandre, et bien traiter le seigneur Jules et la signora Julia, ses enfants naturels.

COME

Comment faut-il que je prononce ce serment ?

LE CARDINAL

Sur l'Evangile.

Il lui présente l'Evangile.

Je le jure à Dieu, et à vous, cardinal. Maintenant donnez-moi la main.

Ils s'avancent vers le peuple. On entend Côme parler dans l'éloignement.

COME

« Très nobles et très puissants seigneurs.

« Le remerciement que je veux faire à vos très illustres et très gracieuses seigneuries, pour le bienfait si haut que je leur dois, n'est pas autre que l'engagement qui m'est bien doux, à moi si jeune comme je suis, d'avoir toujours devant les yeux, en même temps que la crainte de Dieu, l'honnêteté et la justice, et le dessein de n'offenser personne, ni dans les biens, ni dans l'honneur, et quant au gouvernement des affaires, de ne jamais m'écarter du conseil et du jugement des très prudentes et très judicieuses seigneuries auxquelles je m'offre en tout, et recommande bien dévotement. »

LE CHANDELIER

PERSONNAGES

MAÎTRE ANDRÉ, notaire.
JACQUELINE, sa femme.
CLAVAROCHE, officier de dragons[1].
FORTUNIO, clerc.
LANDRY, } clercs.
GUILLAUME, }
Une Servante,
Un Jardinier, etc.

Une petite ville.

ACTE I

SCÈNE I

Une chambre à coucher.
JACQUELINE, *dans son lit.*
Entre MAÎTRE ANDRÉ *en robe de chambre.*

MAÎTRE ANDRÉ

Holà, ma femme ! hé, Jacqueline ! hé, holà, Jacqueline, ma femme ! La peste soit de l'endormie. Hé, hé, ma femme, éveillez-vous ! Holà, holà ! levez-vous, Jacqueline. Comme elle dort ! Holà, holà, holà, hé, hé, hé, ma femme, ma femme, ma femme ! c'est moi, André, votre mari, qui ai à vous parler de choses sérieuses. Hé, hé, pstt, pstt, hem ! brum ! frum ! pstt ! Jacqueline, êtes-vous morte ? Si vous ne vous éveillez tout à l'heure, je vous coiffe du pot à l'eau.

JACQUELINE

Qu'est-ce que c'est, mon bon ami ?

MAÎTRE ANDRÉ

Vertu de ma vie, ce n'est pas malheureux. Finirez-vous de vous tirer les bras ? c'est affaire à vous[2] de dormir. Ecoutez-moi, j'ai à vous parler. Hier au soir, Landry, mon clerc...

JACQUELINE

Hé, mais, bon Dieu, il ne fait pas jour. Devenez-vous fou, maître André, de m'éveiller ainsi sans raison ? de grâce, allez vous recoucher. Est-ce que vous êtes malade ?

MAÎTRE ANDRÉ

Je ne suis ni fou ni malade, et vous éveille à bon escient. J'ai à vous parler maintenant ; songez d'abord à m'écouter, et ensuite à me répondre. Voilà ce qui est arrivé à Landry, mon clerc ; vous le connaissez bien...

JACQUELINE

Quelle heure est-il donc, s'il vous plaît ?

MAÎTRE ANDRÉ

Il est six heures du matin. Faites attention à ce que je vous dis ; il ne s'agit de rien de plaisant, et je n'ai pas sujet de rire. Mon honneur, madame, le vôtre, et notre vie peut-être à tous deux, dépendent de l'explication que je vais avoir avec vous. Landry, mon clerc, a vu cette nuit...

JACQUELINE

Mais, maître André, si vous êtes malade, il fallait m'avertir tantôt. N'est-ce pas à moi, mon cher cœur, de vous soigner et de vous veiller ?

MAÎTRE ANDRÉ

Je me porte bien, vous dis-je ; êtes-vous d'humeur à m'écouter ?

JACQUELINE

Eh ! mon Dieu, vous me faites peur ; est-ce qu'on nous aurait volés ?

MAÎTRE ANDRÉ

Non, on ne nous a pas volés. Mettez-vous là, sur votre séant, et écoutez de vos deux oreilles. Landry, mon clerc, vient de m'éveiller, pour me remettre certain travail qu'il s'était chargé de finir cette nuit. Comme il était dans mon étude...

JACQUELINE

Ah ! sainte Vierge, j'en suis sûre ! vous aurez eu quelque querelle à ce café où vous allez.

MAÎTRE ANDRÉ

Non, non, je n'ai point de querelle, et il ne m'est rien arrivé. Ne voulez-vous pas m'écouter ? Je vous dis que Landry, mon clerc, a vu un homme, cette nuit, se glisser par votre fenêtre.

JACQUELINE

Je devine à votre visage que vous avez perdu au jeu.

MAÎTRE ANDRÉ

Ah ! ça, ma femme, êtes-vous sourde ? Vous avez un amant, madame ; cela est-il clair ? Vous me trompez. Un homme, cette nuit, a escaladé nos murailles. Qu'est-ce que cela signifie ?

JACQUELINE

Faites-moi le plaisir d'ouvrir le volet.

MAÎTRE ANDRÉ

Le voilà ouvert ; vous bâillerez après dîner ; Dieu merci, vous n'y manquez guère. Prenez garde à vous, Jacqueline ! Je suis un homme d'humeur paisible, et qui ai pris grand soin de vous. J'étais l'ami de votre père, et vous êtes ma fille presque autant que ma femme. J'ai résolu, en venant ici, de vous traiter avec douceur ; et vous voyez que je le fais, puisque avant de vous condamner je veux m'en rapporter à vous, et vous donner sujet de vous défendre et de vous expliquer catégoriquement. Si vous refusez, prenez garde. Il y a garnison dans la ville, et vous voyez, Dieu me pardonne, bonne quantité de hussards[3]. Votre silence peut confirmer des doutes que je nourris depuis longtemps.

JACQUELINE

Ah ! maître André, vous ne m'aimez plus. C'est vainement que vous dissimulez, par des paroles bienveillantes la mortelle froideur qui a remplacé tant d'amour. Il n'en eût pas été ainsi jadis ; vous ne parliez pas de ce ton ; ce n'est pas alors sur un mot que vous m'eussiez condamnée sans m'entendre. Deux ans de paix, d'amour et de bonheur, ne se seraient pas, sur un mot, évanouis comme des ombres. Mais quoi ! la jalousie vous pousse ; depuis longtemps la froide indifférence lui a ouvert la porte de votre cœur. De quoi servirait l'évidence, l'innocence même aurait tort devant vous. Vous ne m'aimez plus, puisque vous m'accusez.

MAÎTRE ANDRÉ

Voilà qui est bon, Jacqueline, il ne s'agit pas de cela. Landry, mon clerc, a vu un homme...

JACQUELINE

Eh ! mon Dieu, j'ai bien entendu. Me prenez-vous pour une brute, de me rebattre ainsi la tête ? C'est une fatigue qui n'est pas supportable.

MAÎTRE ANDRÉ

A quoi tient-il que vous ne répondiez ?

JACQUELINE, *pleurant.*

Seigneur, mon Dieu, que je suis malheureuse ! qu'est-ce que je vais devenir ? Je le vois bien, vous avez résolu ma mort ; vous ferez de moi ce qui vous plaira ; vous êtes homme, je suis femme ; la force est de votre côté. Je suis résignée ; je m'y attendais ; vous saisissez le premier prétexte pour justifier votre violence. Je n'ai plus qu'à partir d'ici ; je m'en irai avec ma fille, dans un couvent, dans un désert, s'il est possible ; j'y emporterai avec moi, j'y ensevelirai dans mon cœur le souvenir du temps qui n'est plus.

MAÎTRE ANDRÉ

Ma femme, ma femme, pour l'amour de Dieu et des saints, est-ce que vous vous moquez de moi ?

JACQUELINE

Ah ! ça, tout de bon, maître André, est-ce sérieux ce que vous dites ?

MAÎTRE ANDRÉ

Si ce que je dis est sérieux ? Jour de Dieu ! La patience m'échappe, et je ne sais à quoi il tient que je ne vous mène en justice.

JACQUELINE

Vous, en justice ?

MAÎTRE ANDRÉ

Moi, en justice ; il y a de quoi faire damner un homme d'avoir affaire à une telle mule ; je n'avais jamais ouï dire qu'on pût être aussi entêté.

JACQUELINE, *sautant à bas du lit.*

Vous avez vu un homme entrer par la fenêtre ? L'avez-vous vu, monsieur, oui ou non ?

MAÎTRE ANDRÉ

Je ne l'ai pas vu de mes yeux.

JACQUELINE

Vous ne l'avez pas vu de vos yeux, et vous voulez me mener en justice ?

MAÎTRE ANDRÉ

Oui, par le ciel ! si vous ne répondez.

JACQUELINE

Savez-vous une chose, maître André, que ma grand-mère a apprise de la sienne ? Quand un mari se fie à sa femme, il garde pour lui les mauvais propos, et quand il est sûr de son fait, il n'a que faire de la consulter.

Quand on a des doutes, on les lève ; quand on manque de preuves, on se tait ; et quand on ne peut pas démontrer qu'on a raison, on a tort. Allons, venez ; sortons d'ici.

MAÎTRE ANDRÉ

C'est donc ainsi que vous le prenez ?

JACQUELINE

Oui, c'est ainsi ; marchez, je vous suis.

MAÎTRE ANDRÉ

Et où veux-tu que j'aille à cette heure ?

JACQUELINE

En justice.

MAÎTRE ANDRÉ

Mais, Jacqueline...

JACQUELINE

Marchez, marchez ; quand on menace, il ne faut pas menacer en vain.

MAÎTRE ANDRÉ

Allons, voyons, calme-toi un peu.

JACQUELINE

Non ; vous voulez me mener en justice, et j'y veux aller de ce pas.

MAÎTRE ANDRÉ

Que diras-tu pour ta défense ? dis-le-moi aussi bien maintenant.

JACQUELINE

Non, je ne veux rien dire ici.

MAÎTRE ANDRÉ

Pourquoi ?

JACQUELINE

Parce que je veux aller en justice.

MAÎTRE ANDRÉ

Vous êtes capable de me rendre fou, et il me semble que je rêve. Eternel Dieu, créateur du monde ! je m'en vais faire une maladie. Comment ? quoi ? cela est possible ? J'étais dans mon lit ; je dormais, et je prends les murs à témoin que c'était de toute mon âme. Landry, mon clerc, un enfant de seize ans, qui de sa vie n'a médit de personne, le plus candide garçon du monde, qui venait de passer la nuit à copier un inventaire, voit entrer un homme par la fenêtre ; il me le dit, je prends ma robe de chambre, je viens vous trouver en ami, je vous demande pour toute grâce de m'expliquer ce que cela signifie, et vous me dites des injures ! vous me traitez de furieux, jusqu'à vous élancer du lit et à me saisir à la gorge ! Non, cela passe toute idée ; je serai hors d'état pour huit jours de faire une addition qui ait le sens commun. Jacqueline, ma petite femme ! c'est vous qui me traitez ainsi !

JACQUELINE

Allez, allez, vous êtes un pauvre homme.

MAÎTRE ANDRÉ

Mais enfin, ma chère petite, qu'est-ce que cela te fait de me répondre ? Crois-tu que je puisse penser que tu me trompes réellement ? Hélas ! mon Dieu, un mot te suffit. Pourquoi ne veux-tu pas le dire ? C'était peut-être quelque voleur qui se glissait par notre fenêtre ; ce quartier-ci n'est pas des plus sûrs, et nous ferions bien d'en changer. Tous ces soldats me déplaisent fort, ma toute belle, mon bijou chéri. Quand nous allons à la promenade, au spectacle, au bal, et jusque chez nous, ces gens-là ne nous quittent pas ; je ne saurais te dire un mot de près sans me heurter à leurs épaulettes, et sans qu'un grand sabre crochu ne s'embarrasse dans mes jambes. Qui sait si leur impertinence ne pourrait aller jusqu'à escalader nos fenêtres ? Tu n'en sais rien, je le vois bien ; ce n'est pas toi qui les encourages ; ces vilaines gens sont capables de tout. Allons, voyons, donne la main ; est-ce que tu m'en veux, Jacqueline ?

JACQUELINE

Assurément, je vous en veux. Me menacer d'aller en justice ! Lorsque ma mère le saura, elle vous fera bon visage !

MAÎTRE ANDRÉ

Hé ! mon enfant, ne le lui dis pas. A quoi bon faire part aux autres de nos petites brouilleries ? Ce sont quelques légers nuages qui passent un instant dans le ciel, pour le laisser plus tranquille et plus pur.

JACQUELINE

A la bonne heure ; touchez là.

MAÎTRE ANDRÉ

Est-ce que je ne sais pas que tu m'aimes ? Est-ce que je n'ai pas en toi la plus aveugle confiance ? Est-ce que depuis deux ans tu ne m'as pas donné toutes les preuves de la terre que tu es toute à moi, Jacqueline ? Cette fenêtre, dont parle Landry, ne donne pas tout à fait dans ta chambre ; en traversant le péristyle, on va par là au potager ; je ne serais pas étonné que notre voisin, maître Pierre, ne vînt braconner dans mes espaliers ; va, va, je ferai mettre notre jardinier ce soir en sentinelle, et le piège à loup dans l'allée ; nous rirons demain tous les deux.

JACQUELINE

Je tombe de fatigue, et vous m'avez éveillée bien mal à propos.

MAÎTRE ANDRÉ

Recouche-toi, ma chère petite ; je m'en vais, je te laisse ici. Allons, adieu, n'y pensons plus. Tu le vois, mon enfant, je ne fais pas la moindre recherche dans ton appartement; je n'ai pas ouvert une armoire; je t'en crois sur parole; il me semble que je t'en aime cent fois plus, de t'avoir soupçonnée à tort et de te savoir innocente. Tantôt je réparerai tout cela; nous irons en campagne, et je te ferai un cadeau. Adieu, adieu, je te reverrai.

Il sort.

Jacqueline seule ouvre une armoire; on y aperçoit, accroupi, le capitaine Clavaroche.

CLAVAROCHE, *sortant de l'armoire.*

Ouf!

JACQUELINE

Vite, sortez! mon mari est jaloux; on vous a vu, mais non reconnu; vous ne pouvez revenir ici. Comment étiez-vous là-dedans?

CLAVAROCHE

A merveille.

JACQUELINE

Nous n'avons pas de temps à perdre; qu'allons-nous faire? Il faut nous voir, et échapper à tous les yeux. Quel parti prendre? Le jardinier y sera ce soir; je ne suis pas sûre de ma femme de chambre; d'aller ailleurs, impossible ici; tout est à jour dans une petite ville. Vous êtes couvert de poussière, et il me semble que vous boitez.

CLAVAROCHE

J'ai le genou et la tête brisés; la poignée de mon sabre m'est entrée dans les côtes. Pouah! c'est à croire que je sors d'un moulin.

JACQUELINE

Brûlez mes lettres en rentrant chez vous. Si on les trouvait, je serais perdue; ma mère me mettrait au couvent. Landry, un clerc, vous a vu passer, il me le paiera. Que faire ? quel moyen ? répondez ! Vous êtes pâle comme la mort.

CLAVAROCHE

J'avais une position fausse, quand vous avez poussé le battant, en sorte que je me suis trouvé, une heure durant, comme une curiosité d'histoire naturelle dans un bocal d'esprit-de-vin.

JACQUELINE

Eh bien ! voyons ! que ferons-nous ?

CLAVAROCHE

Bon ! il n'y a rien de si facile.

JACQUELINE

Mais encore ?

CLAVAROCHE

Je n'en sais rien ; mais rien n'est plus aisé. M'en croyez-vous à ma première affaire ? Je suis rompu ; donnez-moi un verre d'eau.

JACQUELINE

Je crois que le meilleur parti serait de nous voir à la ferme.

CLAVAROCHE

Que ces maris, quand ils s'éveillent, sont d'incommodes animaux ! Voilà un uniforme dans un joli état, et je serai beau à la parade ! *(Il boit.)* Avez-vous une brosse ici ? Le diable m'emporte, avec cette poussière, il m'a fallu un courage d'enfer pour m'empêcher d'éternuer.

JACQUELINE

Voilà ma toilette, prenez ce qu'il vous faut.

CLAVAROCHE, *se brossant la tête.*

A quoi bon aller à la ferme ? Votre mari est, à tout prendre, d'assez douce composition. Est-ce que c'est une habitude que ces apparitions nocturnes ?

JACQUELINE

Non, Dieu merci ! J'en suis encore tremblante. Mais songez donc qu'avec les idées qu'il a maintenant dans la tête, tous les soupçons vont tomber sur vous.

CLAVAROCHE

Pourquoi sur moi ?

JACQUELINE

Pourquoi ? Mais... je ne sais... il me semble que cela doit être ; tenez, Clavaroche, la vérité est une chose étrange, elle a quelque chose des spectres ; on la pressent sans la toucher.

CLAVAROCHE, *ajustant son uniforme.*

Bah ! ce sont les grands-parents et les juges de paix qui disent que tout se sait. Ils ont pour cela une bonne raison, c'est que tout ce qui ne se sait pas, s'ignore, et par conséquent n'existe pas. J'ai l'air de dire une bêtise ; réfléchissez, vous verrez que c'est vrai.

JACQUELINE

Tout ce que vous voudrez. Les mains me tremblent, et j'ai une peur qui est pire que le mal.

CLAVAROCHE

Patience ! nous arrangerons cela.

JACQUELINE

Comment ? parlez, voilà le jour.

CLAVAROCHE

Eh ! bon Dieu, quelle tête folle ! Vous êtes jolie comme un ange avec vos grands airs effarés. Voyons un peu, mettez-vous là, et raisonnons de nos affaires. Me voilà presque présentable, et ce désordre réparé. La cruelle armoire que vous avez là ! il ne fait pas bon être de vos nippes.

JACQUELINE

Ne riez donc pas, vous me faites frémir.

CLAVAROCHE

Eh bien ! ma chère, écoutez-moi, je vais vous dire mes principes. Quand on rencontre sur sa route l'espèce de bête malfaisante qui s'appelle un mari jaloux...

JACQUELINE

Ah ! Clavaroche, par égard pour moi !

CLAVAROCHE

Je vous ai choquée ?

Il l'embrasse.

JACQUELINE

Au moins, parlez plus bas.

CLAVAROCHE

Il y a trois moyens certains d'éviter tout inconvénient. Le premier, c'est de se quitter. Mais celui-là nous n'en voulons guère.

JACQUELINE

Vous me ferez mourir de peur.

CLAVAROCHE

Le second, le meilleur incontestablement, c'est de n'y pas prendre garde, et au besoin...

JACQUELINE

Eh bien ?

CLAVAROCHE

Non, celui-là ne vaut rien non plus ; vous avez un mari de plume ; il faut garder l'épée au fourreau. Reste donc alors le troisième ; c'est de trouver *un chandelier*.

JACQUELINE

Un chandelier ? Qu'est-ce que vous voulez dire ?

CLAVAROCHE

Nous appelions ainsi, au régiment, un grand garçon de bonne mine qui est chargé de porter un schall[4] ou un parapluie au besoin ; qui, lorsqu'une femme se lève pour danser, va gravement s'asseoir sur sa chaise, et la suit dans la foule d'un œil mélancolique, en jouant avec son éventail ; qui lui donne la main pour sortir de sa loge, et pose avec fierté sur la console voisine le verre où elle vient de boire ; l'accompagne à la promenade, lui fait la lecture le soir ; bourdonne sans cesse autour d'elle, assiège son oreille d'une pluie de fadaises ; admire-t-on la dame, il se rengorge, et si on l'insulte, il se bat. Un coussin manque à la causeuse ; c'est lui qui court, se précipite, et va le chercher là où il est, car il connaît la maison et les êtres, il fait partie du mobilier, et traverse les corridors sans lumière. Il joue le soir avec les tantes au reversis[5] et au piquet ; comme il circonvient le mari, en politique habile et empressé, il s'est bientôt fait prendre en grippe. Y a-t-il fête quelque part, où la belle ait envie d'aller ? il s'est rasé au point du jour, il est depuis midi sur la place ou sur la chaussée, et il a marqué des chaises avec ses gants. Demandez-lui pourquoi il s'est fait ombre, il n'en sait rien et n'en peut rien dire. Ce n'est pas que parfois la dame ne l'encourage d'un sourire, et ne lui abandonne en valsant le bout de ses doigts qu'il serre avec amour ; il est comme ces grands seigneurs qui ont une charge honoraire, et les entrées aux jours de galas ; mais le cabinet leur est clos ; ce ne sont pas là leurs affaires. En un mot, sa faveur expire là où commencent les véritables ; il a tout ce qu'on voit des femmes, et rien de ce qu'on en désire. Derrière ce mannequin commode se cache le mystère heureux ; il sert de paravent à tout ce qui se passe sous le manteau de la cheminée. Si le mari est jaloux, c'est de lui ; tient-on des propos ? c'est sur son compte ; c'est lui qu'on mettra à la porte, un beau matin que les valets auront entendu marcher la nuit dans l'appartement de madame ; c'est lui qu'on épie en secret ; ses lettres, pleines de respect et de tendresse, sont décachetées par la belle-mère ; il va, il vient, il s'inquiète, on le laisse ramer, c'est son œuvre ; moyennant quoi, l'amant discret et la très innocente amie, couverts d'un voile impénétrable, se rient de lui et des curieux.

JACQUELINE

Je ne puis m'empêcher de rire, malgré le peu d'envie que j'en ai. Et pourquoi à ce personnage ce nom baroque de *chandelier ?*

CLAVAROCHE

Eh ! mais, c'est que c'est lui qui porte la[6]...

JACQUELINE

C'est bon, c'est bon, je vous comprends.

CLAVAROCHE

Voyez, ma chère ; parmi vos amis, n'auriez-vous point quelque bonne âme, capable de remplir ce rôle important, qui, de bonne foi, n'est pas sans douceur ? Cherchez, voyez, pensez à cela. *(Il regarde à sa montre.)* Sept heures ! il faut que je vous quitte. Je suis de semaine[7] d'aujourd'hui.

JACQUELINE

Mais, Clavaroche, en vérité, je ne connais ici personne ; et puis c'est une tromperie dont je n'aurais pas le courage. Quoi ! encourager un jeune homme, l'attirer à soi, le laisser espérer, le rendre peut-être amoureux tout de bon, et se jouer de ce qu'il peut souffrir ? C'est une rouerie que vous me proposez.

CLAVAROCHE

Aimez-vous mieux que je vous perde ? et dans l'embarras où nous sommes, ne voyez-vous pas qu'à tout prix il faut détourner les soupçons ?

JACQUELINE

Pourquoi les faire tomber sur un autre ?

CLAVAROCHE

Hé ! pour qu'ils tombent. Les soupçons, ma chère, les soupçons d'un mari jaloux ne sauraient planer dans l'espace ; ce ne sont pas des hirondelles. Il faut qu'ils se posent tôt ou tard, et le plus sûr est de leur faire un nid.

JACQUELINE

Non, décidément, je ne puis. Ne faudrait-il pas pour cela me compromettre très réellement ?

CLAVAROCHE

Plaisantez-vous ? Est-ce que, le jour des preuves, vous n'êtes pas toujours à même de démontrer votre innocence ? Un amoureux n'est pas un amant.

JACQUELINE

Eh bien !... mais le temps presse. Qui voulez-vous ? Désignez-moi quelqu'un.

CLAVAROCHE, *à la fenêtre.*

Tenez ! voilà, dans votre cour, trois jeunes gens assis au pied d'un arbre ; ce sont les clercs de votre mari. Je vous laisse le choix entre eux ; quand je reviendrai, qu'il y en ait un amoureux fou de vous.

JACQUELINE

Comment cela serait-il possible ? Je ne leur ai jamais dit un mot.

CLAVAROCHE

Est-ce que tu n'es pas fille d'Eve ? Allons, Jacqueline, consentez.

JACQUELINE

N'y comptez pas ; je n'en ferai rien.

CLAVAROCHE

Touchez là ; je vous remercie. Adieu, la très craintive blonde ; vous êtes fine, jeune et jolie, et amoureuse... un peu, n'est-il pas vrai, madame ? A l'ouvrage ! un coup de filet !

JACQUELINE

Vous êtes hardi, Clavaroche.

CLAVAROCHE

Fier et hardi ; fier de vous plaire, et hardi pour vous conserver.

Il sort.

SCÈNE II

Un petit jardin.

FORTUNIO, LANDRY et GUILLAUME, *assis.*

FORTUNIO

Vraiment, cela est singulier, et cette aventure est étrange.

LANDRY

N'allez pas en jaser, au moins ; vous me feriez mettre dehors.

FORTUNIO

Bien étrange et bien admirable. Oui, quel qu'il soit, c'est un homme heureux.

LANDRY

Promettez-moi de n'en rien dire ; maître André me l'a fait jurer.

GUILLAUME

De son prochain, du roi et des femmes, il n'en faut pas souffler le mot.

FORTUNIO

Que de pareilles choses existent, cela me fait bondir le cœur. Vraiment, Landry, tu as vu cela ?

LANDRY

C'est bon ; qu'il n'en soit plus question.

FORTUNIO

Tu as entendu marcher doucement.

LANDRY

A pas de loup, derrière le mur.

FORTUNIO

Craquer doucement la fenêtre.

LANDRY

Comme un grain de sable sous le pied.

FORTUNIO

Puis, sur le mur, l'ombre de l'homme, quand il a franchi la poterne[8].

LANDRY

Comme un spectre, dans son manteau.

FORTUNIO

Et une main derrière le volet.

LANDRY

Tremblante comme la feuille.

FORTUNIO

Une lueur dans la galerie, puis un baiser, puis quelques pas lointains.

LANDRY

Puis le silence, les rideaux qui se tirent, et la lueur qui disparaît.

FORTUNIO

Si j'avais été à ta place, je serais resté jusqu'au jour.

GUILLAUME

Est-ce que tu es amoureux de Jacqueline ? Tu aurais fait là un joli métier !

FORTUNIO

Je jure devant Dieu, Guillaume, qu'en présence de Jacqueline je n'ai jamais levé les yeux. Pas même en songe, je n'oserais l'aimer. Je l'ai rencontrée au bal une fois ; ma main n'a pas touché la sienne, ses lèvres ne m'ont jamais parlé. De ce qu'elle fait ou de ce qu'elle pense, je n'en ai de ma vie rien su, sinon qu'elle se promène ici l'après-midi, et que j'ai soufflé sur nos vitres pour la voir marcher dans l'allée.

GUILLAUME

Si tu n'es pas amoureux d'elle, pourquoi dis-tu que tu serais resté ? Il n'y avait rien de mieux à faire que ce qu'a fait justement Landry : aller conter nettement la chose à maître André, notre patron.

FORTUNIO

Landry a fait comme il lui a plu. Que Roméo possède Juliette ! Je voudrais être l'oiseau matinal qui les avertit du danger.

GUILLAUME

Te voilà bien, avec tes fredaines ! Quel bien cela peut-il te faire que Jacqueline ait un amant ? C'est quelque officier de la garnison.

FORTUNIO

J'aurais voulu être dans l'étude ; j'aurais voulu voir tout cela.

GUILLAUME

Dieu soit béni ! c'est notre libraire qui t'empoisonne avec ses romans. Que te revient-il de ce conte ? d'être Gros-Jean comme devant. N'espères-tu pas, par hasard, que tu pourras avoir ton tour ? Hé ! oui, sans doute, monsieur se figure qu'on pensera quelque jour à lui. Pauvre garçon ! tu ne connais guère nos belles dames de province. Nous autres, avec nos habits noirs, nous ne sommes que du fretin, bon tout au plus pour les couturières. Elles ne tâtent que du pantalon rouge, et une fois qu'elles y ont mordu, qu'importe que la garnison change ? Tous les militaires se ressemblent ; qui en aime un en aime cent. Il n'y a que le revers de l'habit qui change, et qui de jaune devient vert ou blanc. Du reste, ne retrouvent-elles pas la moustache retroussée de même, la même allure de corps-de-garde, le même langage et le même plaisir ? Ils sont tous faits sur un modèle ; à la rigueur elles peuvent s'y tromper.

FORTUNIO

Il n'y a pas à causer avec toi ; tu passes tes fêtes et dimanches à regarder des joueurs de boule.

GUILLAUME

Et toi, tout seul à ta fenêtre, le nez fourré dans tes giroflées. Voyez la belle différence ! Avec tes idées romanesques tu deviendras fou à lier. Allons, rentrons ; à quoi penses-tu ? il est l'heure de travailler.

FORTUNIO

Je voudrais bien avoir été avec Landry cette nuit dans l'étude.

Ils sortent. Entrent Jacqueline et sa servante.

JACQUELINE

Nos prunes seront belles cette année, et nos espaliers ont bonne mine. Viens donc un peu de ce côté-ci, et asseyons-nous sur ce banc.

LA SERVANTE

C'est donc que madame ne craint pas l'air, car il ne fait pas chaud ce matin.

JACQUELINE

En vérité, depuis deux ans que j'habite cette maison, je ne crois pas être venue deux fois dans cette partie du jardin. Regarde donc ce pied de chèvrefeuille. Voilà des treillis bien plantés pour faire grimper les clématites.

LA SERVANTE

Avec cela que madame n'est pas couverte ; elle a voulu descendre en cheveux.

JACQUELINE

Dis-moi, puisque te voilà : qu'est-ce que c'est donc que ces jeunes gens qui sont là dans la salle basse ? Est-ce que je me trompe ? je crois qu'ils nous regardent ; ils étaient tout à l'heure ici.

LA SERVANTE

Madame ne les connaît donc pas ? Ce sont les clercs de maître André.

JACQUELINE

Ah ! est-ce que tu les connais, toi, Madelon ? Tu as l'air de rougir en disant cela.

LA SERVANTE

Moi, madame ! pourquoi donc faire ? Je les connais de les voir tous les jours ; et encore, je dis tous les jours. Je n'en sais rien, si je les connais.

JACQUELINE

Allons, avoue que tu as rougi. Et au fait, pourquoi t'en défendre ? Autant que je puis en juger d'ici, ces garçons ne sont pas si mal. Voyons, lequel préfères-tu ? fais-moi un peu tes confidences. Tu es belle fille,

Madelon ; que ces jeunes gens te fassent la cour, qu'y a-t-il de mal à cela ?

LA SERVANTE

Je ne dis pas qu'il y ait du mal ; ces jeunes gens ne manquent pas de bien, et leurs familles sont honorables. Il y a là un petit blond, les grisettes [9] de la grand-rue ne font pas fi de son coup de chapeau.

JACQUELINE, *s'approchant de la maison.*

Qui ? celui-là avec sa moustache ?

LA SERVANTE

Oh ! que non. C'est M. Landry, un grand flandrin qui ne sait que dire.

JACQUELINE

C'est donc cet autre qui écrit ?

LA SERVANTE

Nenni, nenni ; c'est M. Guillaume, un honnête garçon bien rangé ; mais ses cheveux ne frisent guère, et ça fait pitié le dimanche, quand il veut se mettre à danser.

JACQUELINE

De qui veux-tu donc parler ? je ne crois pas qu'il y en ait d'autres que ceux-là dans l'étude.

LA SERVANTE

Vous ne voyez pas à la fenêtre ce jeune homme propre et bien peigné ? Tenez, le voilà qui se penche ; c'est le petit Fortunio.

JACQUELINE

Oui-dà, je le vois maintenant. Il n'est pas mal tourné, ma foi, avec ses cheveux sur l'oreille, et son petit air innocent. Prenez garde à vous, Madelon, ces anges-là font déchoir les filles. Et il fait la cour aux grisettes, ce monsieur-là avec ses yeux bleus ? Eh bien !

Madelon, il ne faut pas pour cela baisser les vôtres d'un air si renchéri. Vraiment, on peut moins bien choisir. Il sait donc que dire, celui-là, et il a un maître à danser ?

LA SERVANTE

Révérence parler, madame, si je le croyais amoureux ici, ce ne serait pas de si peu de chose. Si vous aviez tourné la tête, quand vous passiez dans le quinconce [10], vous l'auriez vu plus d'une fois, les bras croisés, la plume à l'oreille, vous regarder tant qu'il pouvait.

JACQUELINE

Plaisantez-vous, mademoiselle, et pensez-vous à qui vous parlez ?

LA SERVANTE

Un chien regarde bien un évêque, et il y en a qui disent que l'évêque n'est pas fâché d'être regardé du chien. Il n'est pas si sot, ce garçon, et son père est un riche orfèvre. Je ne crois pas qu'il y ait d'injure à regarder passer les gens.

JACQUELINE

Qui vous a dit que c'est moi qu'il regarde ? Il ne vous a pas, j'imagine, fait de confidences là-dessus.

LA SERVANTE

Quand un garçon tourne la tête, allez, madame, il ne faut guère être femme pour ne pas deviner où les yeux s'en vont. Je n'ai que faire de ses confidences, et on ne m'apprendra que ce que j'en sais.

JACQUELINE

J'ai froid. Allez me chercher un schall, et faites-moi grâce de vos propos.

La servante sort.

JACQUELINE, *seule.*

Si je ne me trompe, c'est le jardinier que j'ai aperçu entre ces arbres. Holà ! Pierre, écoutez.

LE JARDINIER, *entrant.*

Vous m'avez appelé, madame ?

JACQUELINE

Oui, entrez là ; demandez un clerc qui s'appelle Fortunio. Qu'il vienne ici ; j'ai à lui parler.

Le jardinier sort. Un instant après, entre Fortunio.

FORTUNIO

Madame, on se trompe sans doute ; on vient de me dire que vous me demandiez.

JACQUELINE

Asseyez-vous ; on ne se trompe pas. — Vous me voyez, monsieur Fortunio, fort embarrassée, fort en peine. Je ne sais trop comment vous dire ce que j'ai à vous demander, ni pourquoi je m'adresse à vous.

FORTUNIO

Je ne suis que troisième clerc ; s'il s'agit d'une affaire d'importance, Guillaume, notre premier clerc, est là ; souhaitez-vous que je l'appelle ?

JACQUELINE

Mais non. Si c'était une affaire, est-ce que je n'ai pas mon mari ?

FORTUNIO

Puis-je être bon à quelque chose ? Veuillez parler avec confiance. Quoique bien jeune, je mourrais de bon cœur pour vous rendre service.

JACQUELINE

C'est galamment et vaillamment parler ; et cependant, si je ne me trompe, je ne suis pas connue de vous.

FORTUNIO

L'étoile qui brille à l'horizon ne connaît pas les yeux qui la regardent ; mais elle est connue du moindre pâtre qui chemine sur le coteau.

JACQUELINE

C'est un secret que j'ai à vous dire, et j'hésite par deux motifs : d'abord vous pouvez me trahir, et en second lieu, même en me servant, prendre de moi mauvaise opinion.

FORTUNIO

Puis-je me soumettre à quelque épreuve ? Je vous supplie de croire en moi.

JACQUELINE

Mais, comme vous dites, vous êtes bien jeune. Vous-même, vous pouvez croire en vous, et ne pas toujours en répondre.

FORTUNIO

Vous êtes plus belle que je ne suis jeune ; de ce que mon cœur sent, j'en réponds.

JACQUELINE

La nécessité est imprudente. Voyez si personne n'écoute.

FORTUNIO

Personne ; ce jardin est désert, et j'ai fermé la porte de l'étude.

JACQUELINE

Non ! décidément je ne puis parler ; pardonnez-moi cette démarche inutile, et qu'il n'en soit jamais question.

FORTUNIO

Hélas ! madame, je suis bien malheureux ! il en sera comme il vous plaira.

JACQUELINE

C'est que la position où je suis n'a vraiment pas le sens commun. J'aurais besoin, vous l'avouerai-je ? non pas tout à fait d'un ami, et cependant d'une action d'ami. Je ne sais à quoi me résoudre. Je me promenais dans ce jardin, en regardant ces espaliers ; et je vous dis, je ne sais pourquoi, je vous ai vu à cette fenêtre, j'ai eu l'idée de vous faire appeler.

FORTUNIO

Quel que soit le caprice du hasard à qui je dois cette faveur, permettez-moi d'en profiter. Je ne puis que répéter mes paroles ; je mourrais de bon cœur pour vous.

JACQUELINE

Ne me le répétez pas trop ; c'est le moyen de me faire taire.

FORTUNIO

Pourquoi ? c'est le fond de mon cœur.

JACQUELINE

Pourquoi ? pourquoi ? vous n'en savez rien, et je n'y veux seulement pas penser. Non ; ce que j'ai à vous demander ne peut avoir de suite aussi grave, Dieu merci, c'est un rien, une bagatelle. Vous êtes un enfant, n'est-ce pas ? Vous me trouvez peut-être jolie, et vous m'adressez légèrement quelques paroles de galanterie. Je les prends ainsi, c'est tout simple ; tout homme à votre place en pourrait dire autant.

FORTUNIO

Madame, je n'ai jamais menti. Il est bien vrai que je suis un enfant, et qu'on peut douter de mes paroles ; mais telles qu'elles sont, Dieu peut les juger.

JACQUELINE

C'est bon ; vous savez votre rôle, et vous ne vous dédites pas. En voilà assez là-dessus ; prenez donc ce siège, et mettez-vous là.

FORTUNIO

Je le ferai pour vous obéir.

JACQUELINE

Pardonnez-moi une question qui pourra vous sembler étrange. Madeleine, ma femme de chambre, m'a dit que votre père était joaillier. Il doit se trouver en rapport avec les marchands de la ville.

FORTUNIO

Oui, madame ; je puis dire qu'il n'en est guère d'un peu considérable qui ne connaisse notre maison.

JACQUELINE

Par conséquent, vous avez occasion d'aller et de venir dans le quartier marchand, et on connaît votre visage dans les boutiques de la Grand-Rue.

FORTUNIO

Oui, madame, pour vous servir.

JACQUELINE

Une femme de mes amies a un mari avare et jaloux. Elle ne manque pas de fortune, mais elle ne peut en disposer. Ses plaisirs, ses goûts, sa parure, ses caprices, si vous voulez, quelle femme vit sans caprice ? tout est réglé et contrôlé. Ce n'est pas qu'au bout de l'année, elle ne se trouve en position de faire face à de grosses dépenses. Mais chaque mois, presque chaque semaine, il lui faut compter, disputer, calculer tout ce qu'elle achète. Vous comprenez que la morale, tous les sermons d'économie possibles, toutes les raisons des avares, ne font pas faute aux échéances ; enfin, avec beaucoup d'aisance, elle mène la vie la plus gênée. Elle est plus pauvre que son tiroir, et son argent ne lui sert de rien. Qui dit toilette en parlant des femmes, dit un grand mot, vous le savez. Il a donc fallu, à tout prix, user de quelque stratagème. Les mémoires des fournisseurs ne portent que ces dépenses banales que le mari appelle « de première nécessité » ; ces choses-là se paient au grand jour ; mais à certaines époques convenues, certains autres mémoires secrets font mention de quelques bagatelles que la femme appelle à son tour « de seconde nécessité », qui est la vraie, et que les esprits mal faits pourraient nommer du superflu. Moyennant quoi, tout s'arrange à merveille ; chacun y peut trouver son compte, et le mari, sûr de ses quittances, ne se connaît pas assez en chiffons pour deviner qu'il n'a pas payé tout ce qu'il voit sur l'épaule de sa femme.

FORTUNIO

Je ne vois pas grand mal à cela.

JACQUELINE

Maintenant donc, voilà ce qui arrive ; le mari, un peu soupçonneux, a fini par s'apercevoir, non du chiffon de trop, mais de l'argent de moins. Il a menacé ses domestiques, frappé sur sa cassette et grondé ses marchands. La pauvre femme abandonnée n'y a pas perdu un louis ; mais elle se trouve, comme un nouveau Tantale [11], dévorée du matin au soir de la soif des chiffons. Plus de confidents, plus de mémoires secrets, plus de dépenses ignorées. Cette soif pourtant la tourmente ; à tout hasard elle cherche à l'apaiser. Il faudrait qu'un jeune homme adroit, discret surtout, et d'assez haut rang dans la ville pour n'éveiller aucun soupçon, voulût aller visiter les boutiques, et y acheter, comme pour lui-même, ce dont elle peut et veut avoir besoin. Il faudrait qu'il eût, tout d'abord, facile accès dans la maison ; qu'il pût entrer et sortir avec assurance ; qu'il eût bon goût, cela est clair, et qu'il sût choisir à propos. Peut-être serait-ce un heureux hasard s'il se trouvait par là, dans la ville, quelque jolie et coquette fille, à qui on sût qu'il fît la cour. N'êtes-vous pas dans ce cas, je suppose ? ce hasard-là justifierait tout. Ce serait alors pour la belle que les emplettes seraient censées se faire. Voilà ce qu'il faudrait trouver.

FORTUNIO

Dites à votre amie que je m'offre à elle ; je la servirai de mon mieux.

JACQUELINE

Mais si cela se trouvait ainsi, vous comprenez, n'est-il pas vrai, que pour avoir, dans la maison, le libre accès dont je vous parle, le confident devrait s'y montrer autre part qu'à la salle basse ? Vous comprenez qu'il faudrait que sa place fût à la table et au salon ? vous comprenez que la discrétion est une vertu trop difficile pour qu'on lui manque de reconnaissance ? mais qu'en outre du bon vouloir, le savoir-faire n'y gâterait rien. Il faudrait qu'un soir, je suppose, comme ce soir, s'il faisait beau, il sût trouver la porte entr'ouverte et apporter un bijou furtif comme un hardi contrebandier. Il faudrait qu'un air de mystère ne trahît jamais son adresse ; qu'il fût prudent, leste et avisé ; qu'il se souvînt d'un proverbe espagnol qui mène loin ceux qui le savent : Aux audacieux, Dieu prête la main.

FORTUNIO

Je vous en supplie, servez-vous de moi.

JACQUELINE

Toutes ces conditions remplies, pour peu qu'on fût sûr du silence, on pourrait dire au confident le nom de sa nouvelle amie. Il recevrait alors sans scrupule, adroitement comme une jeune soubrette, une bourse dont il saurait l'emploi. Preste ! j'aperçois Madeleine qui vient m'apporter mon manteau. Discrétion et prudence, adieu. L'amie, c'est moi ; le confident, c'est vous ; la bourse est là au pied de la chaise.

Elle sort.
Guillaume et Landry, sur le pas de la porte.

GUILLAUME

Holà ! Fortunio ; maître André est là qui t'appelle.

LANDRY

Il y a de l'ouvrage sur ton bureau. Que fais-tu là hors de l'étude ?

FORTUNIO

Hein ? plaît-il ? que me voulez-vous ?

GUILLAUME

Nous te disons que le patron te demande.

LANDRY

Arrive ici ; on a besoin de toi. A quoi songe donc ce rêveur ?

FORTUNIO

En vérité, cela est singulier, et cette aventure est étrange.

Ils sortent.

ACTE II

SCÈNE I

Un salon.

CLAVAROCHE, *devant une glace.*

En conscience, ces belles dames, si on les aimait tout de bon, ce serait une pauvre affaire, et le métier des bonnes fortunes est, à tout prendre, un ruineux travail. Tantôt c'est au plus bel endroit [12] qu'un valet qui gratte à la porte vous oblige à vous esquiver. La femme qui se perd pour vous ne se livre que d'une oreille, et au milieu du plus doux transport on vous pousse dans une armoire. Tantôt c'est lorsqu'on est chez soi, étendu sur un canapé et fatigué de la manœuvre, qu'un messager envoyé à la hâte vient vous faire ressouvenir qu'on vous adore à une lieue de distance. Vite, un barbier, le valet de chambre ! On court, on vole ; il n'est plus temps ; le mari est rentré, la pluie tombe ; il faut faire le pied de grue, une heure durant. Avisez-vous d'être malade ou seulement de mauvaise humeur ! Point ; le soleil, le froid, la tempête, l'incertitude, le danger, cela est fait pour rendre gaillard. La difficulté est en possession, depuis qu'il y a des proverbes, du privilège d'augmenter le plaisir, et le vent de bise se fâcherait si, en vous coupant le visage, il ne croyait vous donner du cœur. En vérité, on représente l'amour avec des ailes et un carquois ; on ferait mieux de nous le peindre comme un chasseur de canards sauvages, avec une veste imperméable et une perruque de laine frisée pour lui garantir l'occiput. Quelles sottes bêtes que les hommes, de se refuser leurs franches-lippées[13] pour courir après quoi, de grâce ? après l'ombre de leur orgueil ! Mais la garnison dure six mois ; on ne peut pas toujours aller au café ; les comédiens de province ennuient ; on se regarde dans un miroir, et on ne veut pas être beau pour rien. Jacqueline a la taille fine ; c'est ainsi qu'on prend patience, et qu'on s'accommode de tout sans trop faire le difficile.

Entre Jacqueline.

Eh bien ! ma chère, qu'avez-vous fait ? Avez-vous suivi mes conseils, et sommes-nous hors de danger ?

JACQUELINE

Oui.

CLAVAROCHE

Comment vous y êtes-vous prise ? vous allez me conter cela. Est-ce un des clercs de maître André qui s'est chargé de notre salut ?

JACQUELINE

Oui.

CLAVAROCHE

Vous êtes une femme incomparable, et on n'a pas plus d'esprit que vous. Vous avez fait venir, n'est-ce pas, le bon jeune homme à votre boudoir ? Je le vois d'ici, les mains jointes, tournant son chapeau dans ses doigts. Mais quel conte lui avez-vous fait pour réussir en si peu de temps ?

JACQUELINE

Le premier venu ; je n'en sais rien.

CLAVAROCHE

Voyez un peu ce que c'est que de nous, et quels pauvres diables nous sommes quand il vous plaît de nous endiabler ! Et notre mari, comment voit-il la chose ? La foudre qui nous menaçait sent-elle déjà l'aiguille aimantée ? commence-t-elle à se détourner ?

JACQUELINE

Oui.

CLAVAROCHE

Parbleu ! nous nous divertirons, et je me fais une vraie fête d'examiner cette comédie, d'en observer les ressorts et les gestes, et d'y jouer moi-même mon rôle. Et l'humble esclave, je vous prie, depuis que je vous ai quittée, est-il déjà amoureux de vous ? Je parierais que je l'ai rencontré comme je montais. Un visage affairé et une encolure à cela. Est-il déjà installé dans sa charge ? s'acquitte-t-il des soins indispensables avec quelque facilité ? porte-t-il déjà vos couleurs [14] ? met-il l'écran devant le feu ? a-t-il hasardé quelques mots d'amour craintif et de respectueuse tendresse ? êtes-vous contente de lui ?

JACQUELINE

Oui.

CLAVAROCHE

Et comme à-compte sur ses futurs services, ces beaux yeux pleins d'une flamme noire lui ont-ils déjà laissé deviner qu'il est permis de soupirer pour eux ? a-t-il déjà obtenu quelque grâce ? Voyons, franchement, où en êtes-vous ? Avez-vous croisé le regard ? avez-vous engagé le fer ? C'est bien le moins qu'on l'encourage pour le service qu'il nous rend.

JACQUELINE

Oui.

CLAVAROCHE

Qu'avez-vous donc ? Vous êtes rêveuse, et vous répondez à demi.

JACQUELINE

J'ai fait ce que vous m'avez dit.

CLAVAROCHE

En avez-vous quelque regret ?

JACQUELINE

Non.

CLAVAROCHE

Mais vous avez l'air soucieux, et quelque chose vous inquiète.

JACQUELINE

Non.

CLAVAROCHE

Verriez-vous quelque sérieux dans une pareille plaisanterie ? Laissez donc, tout cela n'est rien.

JACQUELINE

Si l'on savait ce qui s'est passé, pourquoi le monde me donnerait-il tort, et à vous, peut-être, raison ?

CLAVAROCHE

Bon ! c'est un jeu, c'est une misère ; ne m'aimez-vous pas, Jacqueline ?

JACQUELINE

Oui.

CLAVAROCHE

Eh bien donc ! qui peut vous fâcher ? N'est-ce donc pas pour sauver notre amour que vous avez fait tout cela ?

JACQUELINE

Oui.

CLAVAROCHE

Je vous avoue que cela m'amuse, et que je n'y regarde pas de si près.

JACQUELINE

Silence ! l'heure du dîner approche, et voici maître André qui vient.

CLAVAROCHE

Est-ce notre homme qui est avec lui ?

JACQUELINE

C'est lui. Mon mari l'a prié, et il reste ce soir ici.

Entrent maître André et Fortunio.

MAÎTRE ANDRÉ

Non ! je ne veux pas d'aujourd'hui entendre parler d'une affaire. Je veux qu'on s'évertue à danser, et qu'il ne soit question que de rire. Je suis ravi, je nage dans la joie, et je n'entends qu'à bien dîner.

CLAVAROCHE

Peste ! vous êtes en belle humeur, maître André, à ce que je vois.

MAÎTRE ANDRÉ

Il faut que je vous dise à tous ce qui m'est arrivé hier. J'ai soupçonné injustement ma femme ; j'ai fait mettre le piège à loup devant la porte de mon jardin, j'y ai trouvé mon chat ce matin ; c'est bien fait, je l'ai mérité. Mais je veux rendre justice à Jacqueline, et que vous appreniez de moi que notre paix est faite, et qu'elle m'a pardonné.

JACQUELINE

C'est bon, je n'ai pas de rancune, obligez-moi de n'en plus parler.

MAÎTRE ANDRÉ

Non, je veux que tout le monde le sache. Je l'ai dit partout dans la ville, et j'ai rapporté dans ma poche un petit Napoléon en sucre ; je veux le mettre sur ma cheminée en signe de réconciliation, et toutes les fois que je le regarderai, j'en aimerai cent fois plus ma femme. Ce sera pour me garantir de toute défiance à l'avenir.

CLAVAROCHE

Voilà agir en digne mari ; je reconnais là maître André.

MAÎTRE ANDRÉ

Capitaine, je vous salue. Voulez-vous dîner avec nous ? Nous avons aujourd'hui au logis une façon de petite fête, et vous êtes le bien venu.

CLAVAROCHE

C'est trop d'honneur que vous me faites.

MAÎTRE ANDRÉ

Je vous présente un nouvel hôte ; c'est un de mes clercs, capitaine. Hé ! hé ! *cedant arma togæ* [15]. Ce n'est pas pour vous faire injure ; le petit drôle a de l'esprit ; il vient faire la cour à ma femme.

CLAVAROCHE

Monsieur, peut-on vous demander votre nom ? Je suis ravi de faire votre connaissance.

Fortunio salue.

MAÎTRE ANDRÉ

Fortunio. C'est un nom heureux. A vous dire vrai, voilà tantôt un an qu'il travaillait à mon étude, et je ne m'étais pas aperçu de tout le mérite qu'il a. Je crois même que, sans Jacqueline, je n'y aurais jamais songé. Son écriture n'est pas très nette, et il me fait des accolades qui ne sont pas exemptes de reproche ; mais ma femme a besoin de lui pour quelques petites affaires, et elle se loue fort de son zèle. C'est leur secret ; nous autres maris, nous ne mettons point le nez là. Un hôte aimable, dans une petite ville, n'est pas une chose de peu de prix ; aussi Dieu veuille qu'il s'y plaise ! nous le recevrons de notre mieux.

FORTUNIO

Je ferai tout pour m'en rendre digne.

MAÎTRE ANDRÉ, *à Clavaroche.*

Mon travail, comme vous le savez, me retient chez moi la semaine. Je ne suis pas fâché que Jacqueline s'amuse sans moi comme elle l'entend. Il lui fallait quelquefois un bras pour se promener par la ville ; le médecin veut qu'elle marche, et le grand air lui fait du bien. Ce garçon-là sait les nouvelles, il lit fort bien à haute voix ; il est, d'ailleurs, de bonne famille, et ses parents l'ont bien élevé ; c'est un cavalier pour ma femme, et je vous demande votre amitié pour lui.

CLAVAROCHE

Mon amitié, digne maître André, est tout entière à son service ; c'est une chose qui vous est acquise, et dont vous pouvez disposer.

FORTUNIO

Monsieur le capitaine est bien honnête, et je ne sais comment le remercier.

CLAVAROCHE

Touchez là ! l'honneur est pour moi, si vous me comptez pour un ami.

MAÎTRE ANDRÉ

Allons ! voilà qui est à merveille. Vive la joie ! La nappe nous attend ; donnez la main à Jacqueline, et venez goûter de mon vin.

CLAVAROCHE, *bas à Jacqueline.*

Maître André ne me paraît pas envisager tout à fait les choses comme je m'y étais attendu.

JACQUELINE, *bas.*

Sa confiance ou sa jalousie dépendent d'un mot et du vent qui souffle.

CLAVAROCHE, *de même.*

Mais ce n'est pas là ce qu'il nous faut. Si cela prend cette tournure, nous n'avons que faire de votre clerc.

JACQUELINE, *de même.*

J'ai fait ce que vous m'avez dit.

Ils sortent.

SCÈNE II

A l'étude.
GUILLAUME *et* LANDRY, *travaillant.*

GUILLAUME

Il me semble que Fortunio n'est pas resté longtemps à l'étude.

LANDRY

Il y a gala ce soir à la maison, et maître André l'a invité.

GUILLAUME

Oui ; de façon que l'ouvrage nous reste. J'ai la main droite paralysée.

LANDRY

Il n'est pourtant que troisième clerc ; on aurait pu nous inviter aussi.

GUILLAUME

Après tout, c'est un bon garçon ; il n'y a pas grand mal à cela.

LANDRY

Non. Il n'y en aurait pas non plus, si on nous eût mis de la noce.

GUILLAUME

Hum ! hum ! quelle odeur de cuisine ! On fait un bruit là-haut, c'est à ne pas s'entendre.

LANDRY

Je crois qu'on danse ; j'ai vu des violons.

GUILLAUME

Au diable les paperasses ! je n'en ferai pas davantage aujourd'hui.

LANDRY

Sais-tu une chose ? j'ai quelque idée qu'il se passe du mystère ici.

GUILLAUME

Bah ! comment cela ?

LANDRY

Oui, oui, tout n'est pas clair ; et si je voulais un peu jaser...

GUILLAUME

N'aie pas peur, je n'en dirai rien.

LANDRY

Tu te souviens que j'ai vu l'autre jour un homme escalader la fenêtre : qui c'était, on n'en a rien su. Mais aujourd'hui, pas plus tard que ce soir, j'ai vu quelque chose, moi qui te parle, et ce que c'était, je le sais bien.

GUILLAUME

Qu'est-ce que c'était ? conte-moi cela.

LANDRY

J'ai vu Jacqueline, entre chien et loup, ouvrir la porte du jardin. Un homme était derrière elle, qui s'est glissé contre le mur, et qui lui a baisé la main ; après quoi, il a pris le large, et j'ai entendu qu'il disait : Ne craignez rien, je reviendrai tantôt.

GUILLAUME

Vraiment ! cela n'est pas possible.

LANDRY

Je l'ai vu comme je te vois.

GUILLAUME

Ma foi ! s'il en était ainsi, je sais ce que je ferais à ta place. J'en avertirais maître André, comme l'autre fois, ni plus ni moins.

LANDRY

Cela demande réflexion. Avec un homme comme maître André, il y a des chances à courir. Il change d'avis tous les matins.

GUILLAUME

Entends-tu le carillon qu'ils font ? Paf, les portes ! clip-clap, les assiettes, les plats, les fourchettes, les bouteilles ! Il me semble que j'entends chanter.

LANDRY

Oui, c'est la voix de maître André lui-même. Pauvre bonhomme ! on se rit bien de lui.

GUILLAUME

Viens donc un peu sur la promenade ; nous jaserons tout à notre aise. Ma foi ! quand le patron s'amuse, c'est bien le moins que les clercs se reposent.

Ils sortent.

SCÈNE III

La salle à manger.
MAÎTRE ANDRÉ, CLAVAROCHE,
FORTUNIO *et* JACQUELINE, *à table.*
On est au dessert.

CLAVAROCHE

Allons, monsieur Fortunio, servez donc à boire à madame.

FORTUNIO

De tout mon cœur, monsieur le capitaine, et je bois à votre santé.

CLAVAROCHE

Fi donc ! vous n'êtes pas galant. A la santé de votre voisine.

MAÎTRE ANDRÉ

Eh ! oui, à la santé de ma femme. Je suis enchanté, capitaine, que vous trouviez ce vin de votre goût.

Il chante.

Amis, buvons, buvons sans cesse...

CLAVAROCHE

Cette chanson-là est trop vieille. Chantez donc, monsieur Fortunio.

FORTUNIO

Si madame veut l'ordonner.

MAÎTRE ANDRÉ

Hé ! hé ! le garçon sait son monde.

JACQUELINE

Eh bien ! chantez, je vous en prie.

CLAVAROCHE

Un instant. Avant de chanter, mangez un peu de ce biscuit ; cela vous ouvrira la voix, et vous donnera du montant [16].

MAÎTRE ANDRÉ

Le capitaine a le mot pour rire.

FORTUNIO

Je vous remercie, cela m'étoufferait.

CLAVAROCHE

Bon, bon. Demandez à madame de vous en donner un morceau. Je suis sûr que de sa blanche main cela vous paraîtra léger. *(Regardant sous la table.)* O ciel ! que vois-je ? vos pieds sur le carreau ! Souffrez, madame, qu'on apporte un coussin.

FORTUNIO, *se levant.*

En voilà un sous cette chaise.

Il le place sous les pieds de Jacqueline.

CLAVAROCHE

A la bonne heure, monsieur Fortunio ; je pensais que vous m'eussiez laissé faire. Un jeune homme qui fait sa cour ne doit pas permettre qu'on le prévienne.

MAÎTRE ANDRÉ

Oh ! oh ! le garçon ira loin ; il n'y a qu'à lui dire un mot.

CLAVAROCHE

Maintenant donc, chantez, s'il vous plaît ; nous écoutons de toutes nos oreilles.

FORTUNIO

Je n'ose devant des connaisseurs. Je ne sais pas de chanson de table.

CLAVAROCHE

Puisque madame l'a ordonné, vous ne pouvez vous en dispenser.

FORTUNIO

Je ferai donc comme je pourrai.

CLAVAROCHE

N'avez-vous pas encore, monsieur Fortunio, adressé de vers à madame ? Voyez, l'occasion se présente.

MAÎTRE ANDRÉ

Silence ! silence ! Laissez-le chanter.

CLAVAROCHE

Une chanson d'amour surtout. N'est-il pas vrai, monsieur Fortunio ? Pas autre chose, je vous en conjure. Madame, priez-le, s'il vous plaît, qu'il nous chante une chanson d'amour. Ou ne saurait vivre sans cela.

JACQUELINE

Je vous en prie, Fortunio.

FORTUNIO *chante*

Si vous croyez que je vais dire
Qui j'ose aimer,
Je ne saurais pour un empire
Vous la nommer.

Nous allons chanter à la ronde,
Si vous voulez,
Que je l'adore, et qu'elle est blonde
Comme les blés.

Je fais ce que sa fantaisie
Veut m'ordonner,
Et je puis, s'il lui faut ma vie,
La lui donner.

Du mal qu'une amour ignorée
Nous fait souffrir,
J'en porte l'âme déchirée
Jusqu'à mourir.

Mais j'aime trop pour que je die
Qui j'ose aimer,
Et je veux mourir pour ma mie,
Sans la nommer.

MAÎTRE ANDRÉ

En vérité, le petit gaillard est amoureux comme il le dit ; il en a les larmes aux yeux. Allons ! garçon, bois pour te remettre. C'est quelque grisette de la ville qui t'aura fait ce méchant cadeau-là ?

CLAVAROCHE

Je ne crois pas à monsieur Fortunio l'ambition si roturière ; sa chanson vaut mieux qu'une grisette. Qu'en dit madame, et quel est son avis ?

JACQUELINE

Très bien. Donnez-moi le bras, et allons prendre le café.

CLAVAROCHE

Vite ! monsieur Fortunio, offrez votre bras à madame.

JACQUELINE *prend le bras de Fortunio ; bas, en sortant.*

Avez-vous fait ma commission ?

FORTUNIO

Oui, madame ; tout est dans l'étude.

JACQUELINE

Allez m'attendre dans ma chambre, je vous y rejoins dans un instant.

Ils sortent.

SCÈNE IV

La chambre de Jacqueline.

Entre Fortunio.

FORTUNIO

Est-il un homme plus heureux que moi ? J'en suis certain, Jacqueline m'aime, et à tous les signes qu'elle m'en donne, il n'y a pas à s'y tromper. Déjà me voilà bien reçu, fêté, choyé dans la maison. Elle m'a fait mettre à table à côté d'elle ; si elle sort, je l'accompagnerai. Quelle douceur, quelle voix, quel sourire ! Quand son regard se fixe sur moi, je ne sais ce qui me passe par le corps ; j'ai une joie qui me prend à la gorge ; je lui sauterais au cou si je ne me retenais. Non, plus j'y pense, plus je réfléchis, les moindres signes, les plus légères faveurs, tout est certain ; elle m'aime, elle m'aime, et je serais un sot fieffé si je feignais de ne pas le voir. Lorsque j'ai chanté tout à l'heure, comme j'ai vu briller ses yeux ! Allons, ne perdons pas de temps. Déposons ici cette boîte qui renferme quelques bijoux ; c'est une commission secrète, et Jacqueline, sûrement, ne tardera pas à venir.

Entre Jacqueline.

JACQUELINE

Etes-vous là, Fortunio ?

FORTUNIO

Oui. Voilà votre écrin, madame, et ce que vous avez demandé.

JACQUELINE

Vous êtes homme de parole, et je suis contente de vous.

FORTUNIO

Comment vous dire ce que j'éprouve ? Un regard de vos yeux a changé mon sort, et je ne vis que pour vous servir.

JACQUELINE

Vous nous avez chanté, à table, une jolie chanson, tout à l'heure. Pour qui est-ce donc qu'elle est faite ? Me la voulez-vous donner par écrit ?

FORTUNIO

Elle est faite pour vous, madame ; je meurs d'amour, et ma vie est à vous.

Il se jette à genoux.

JACQUELINE

Vraiment ! Je croyais que votre refrain défendait de dire qu'on aime.

FORTUNIO

Ah ! Jacqueline, ayez pitié de moi ; ce n'est pas d'hier que je souffre. Depuis deux ans, à travers ces charmilles, je suis la trace de vos pas. Depuis deux ans, sans que jamais peut-être vous ayez su mon existence, vous n'êtes pas sortie ou rentrée, votre ombre tremblante et légère n'a pas paru derrière vos rideaux, vous n'avez pas ouvert votre fenêtre, vous n'avez pas remué dans l'air, que je ne fusse là, que je ne vous aie vue ; je ne pouvais approcher de vous, mais votre beauté, grâce à Dieu, m'appartenait comme le soleil à tous ; je la cherchais, je la respirais, je vivais de l'ombre de votre vie. Vous passiez le matin sur le seuil de la porte, la nuit j'y revenais pleurer. Quelques mots, tombés de vos lèvres, avaient pu venir jusqu'à moi, je les répétais tout un jour. Vous cultiviez les fleurs, ma chambre en était pleine. Vous chantiez le soir au piano, je savais par cœur vos romances. Tout ce que vous aimiez, je l'aimais ; je m'enivrais de ce qui avait passé sur votre bouche et dans votre cœur. Hélas ! je vois que vous souriez. Dieu sait que ma douleur est vraie, et que je vous aime à en mourir.

JACQUELINE

Je ne souris pas de vous entendre dire qu'il y a deux ans que vous m'aimez, mais je souris de ce que je pense qu'il y aura deux jours demain.

FORTUNIO

Que je vous perde, si la vérité ne m'est aussi chère que mon amour ! que je vous perde, s'il n'y a deux ans que je n'existe que pour vous !

JACQUELINE

Levez-vous donc ; si on venait, qu'est-ce qu'on penserait de moi ?

FORTUNIO

Non ! je ne me lèverai pas, je ne quitterai pas cette place, que vous ne croyiez à mes paroles. Si vous repoussez mon amour, du moins n'en douterez-vous pas.

JACQUELINE

Est-ce une entreprise que vous faites ?

FORTUNIO

Une entreprise pleine de crainte, pleine de misère et d'espérance. Je ne sais si je vis ou si je meurs ; comment j'ai osé vous parler, je n'en sais rien. Ma raison est perdue ; j'aime, je souffre ; il faut que vous le sachiez, que vous le voyiez, que vous me plaigniez.

JACQUELINE

Ne va-t-il pas rester là une heure, ce méchant enfant obstiné ? Allons, levez-vous, je le veux.

FORTUNIO, *se levant.*

Vous croyez donc à mon amour ?

JACQUELINE

Non, je n'y crois pas ; cela m'arrange de n'y pas croire.

FORTUNIO

C'est impossible ! vous n'en pouvez douter.

JACQUELINE

Bah ! on ne se prend pas si vite à trois mots de galanterie.

FORTUNIO

De grâce ! jetez les yeux sur moi. Qui m'aurait appris à tromper ? Je suis un enfant né d'hier, et je n'ai jamais aimé personne, si ce n'est vous qui l'ignoriez.

JACQUELINE

Vous faites la cour aux grisettes, je le sais comme si je l'avais vu.

FORTUNIO

Vous vous moquez. Qui a pu vous le dire ?

JACQUELINE

Oui, oui, vous allez à la danse et aux dîners sur le gazon.

FORTUNIO

Avec mes amis, le dimanche. Quel mal y a-t-il à cela ?

JACQUELINE

Je vous l'ai déjà dit hier ; cela se conçoit ; vous êtes jeune, et à l'âge où le cœur est riche, on n'a pas les lèvres avares.

FORTUNIO

Que faut-il faire pour vous convaincre ? Je vous en prie, dites-le-moi.

JACQUELINE

Vous demandez un joli conseil. Eh bien ! il faudrait le prouver.

FORTUNIO

Seigneur mon Dieu, je n'ai que des larmes. Les larmes prouvent-elles qu'on aime ? Quoi ! me voilà à genoux devant vous ; mon cœur à chaque battement voudrait s'élancer sur vos lèvres ; ce qui m'a jeté à vos pieds, c'est une douleur qui m'écrase, que je combats depuis deux ans, que je ne peux plus contenir, et vous restez froide et incrédule ? Je ne puis faire passer en vous une étincelle du feu qui me dévore ? Vous niez même ce que je souffre, quand je suis prêt à mourir devant vous ? Ah ! c'est plus cruel qu'un refus ! c'est plus affreux que le mépris ! L'indifférence elle-même peut croire, et je n'ai pas mérité cela.

JACQUELINE

Debout ! on vient. Je vous crois, je vous aime ; sortez par le petit escalier ; revenez en bas, j'y serai.

Elle sort.

FORTUNIO, *seul.*

Elle m'aime ! Jacqueline m'aime ! elle s'éloigne, elle me quitte ainsi ! Non, je ne puis descendre encore. Silence ! on approche ; quelqu'un l'a arrêtée ; on vient ici. Vite, sortons ! *(Il lève la tapisserie.)* Ah ! la porte est fermée en dehors, je ne puis sortir ; comment faire ? Si je descends par l'autre côté, je vais rencontrer ceux qui viennent.

CLAVAROCHE, *en dehors.*

Venez donc, venez donc un peu !

FORTUNIO

C'est le capitaine qui monte avec elle. Cachons-nous vite, et attendons ; il ne faut pas qu'on me voie ici. *(Il se cache dans le fond de l'alcôve.)*

Entrent Clavaroche et Jacqueline.

CLAVAROCHE, *se jetant sur un sofa.*

Parbleu, madame, je vous cherchais partout ; que faisiez-vous donc toute seule ?

JACQUELINE, *à part.*

Dieu soit loué, Fortunio est parti.

CLAVAROCHE

Vous me laissez dans un tête-à-tête qui n'est vraiment pas supportable. Qu'ai-je à faire avec maître André, je vous prie ? Et justement vous nous laissez ensemble, quand le vin joyeux de l'époux doit me rendre plus précieux l'aimable entretien de la femme.

FORTUNIO, *caché.*

C'est singulier ; que veut dire ceci ?

JACQUELINE

J'étais montée pour une emplette. C'est une chaîne qu'on vient de m'apporter.

CLAVAROCHE, *ouvrant l'écrin qui est sur la table.*

Voyons un peu. Sont-ce des anneaux ? Et dites-moi, qu'en voulez-vous faire ? Est-ce que vous faites un cadeau ?

JACQUELINE

Vous savez bien que c'est notre fable.

CLAVAROCHE

Mais, en conscience, c'est de l'or. Si vous comptez tous les matins user du même stratagème, notre jeu finira bientôt par ne pas valoir... A propos ! que ce dîner m'a amusé, et quelle curieuse figure a notre jeune initié !

FORTUNIO, *caché.*

Initié ! à quel mystère ? Est-ce de moi qu'il veut parler ?

CLAVAROCHE

La chaîne est belle ; c'est un bijou de prix. Vous avez eu là une singulière idée.

FORTUNIO, *caché.*

Ah ! il paraît qu'il est aussi dans la confidence de Jacqueline.

CLAVAROCHE

Comme il tremblait, le pauvre garçon, lorsqu'il a soulevé son verre ! Qu'il m'a réjoui avec ses coussins, et qu'il faisait plaisir à voir !

FORTUNIO, *de même.*

Assurément, c'est de moi qu'il parle, et il s'agit du dîner de tantôt.

CLAVAROCHE

Vous rendrez cela, je suppose, au bijoutier qui l'a fourni.

FORTUNIO, *de même.*

Rendre la chaîne ! et pourquoi donc ?

CLAVAROCHE

Sa chanson surtout m'a ravi, et maître André l'a bien remarqué ; il en avait, Dieu me pardonne, la larme à l'œil pour tout de bon.

FORTUNIO, *de même.*

Je n'ose croire ni comprendre encore. Est-ce un rêve ? Suis-je éveillé ? Qu'est-ce donc que ce Clavaroche ?

CLAVAROCHE

Du reste, il devient inutile de pousser les choses plus loin. A quoi bon un tiers incommode ; si les soupçons ne reviennent plus ? Ces maris ne manquent jamais d'adorer les amoureux de leurs femmes. Voyez ce qui est arrivé ! Du moment qu'on se fie à vous, il faut souffler sur le chandelier.

JACQUELINE

Qui peut savoir ce qui arrivera ? Avec ce caractère-là, il n'y a jamais rien de sûr, et il faut garder sous la main de quoi se tirer d'embarras.

FORTUNIO, *caché.*

Qu'ils fassent de moi leur jouet, ce ne peut être sans motif. Toutes ces paroles sont des énigmes.

CLAVAROCHE

Je suis d'avis de le congédier.

JACQUELINE

Comme vous voudrez. Dans tout cela, ce n'est pas moi que je consulte. Quand le mal serait nécessaire, croyez-vous qu'il serait de mon choix ? Mais qui sait si demain, ce soir, dans une heure, ne viendra pas une bourrasque ? Il ne faut pas compter sur le calme avec trop de sécurité.

CLAVAROCHE

Tu crois ?

FORTUNIO, *caché.*

Sang du Christ ! il est son amant.

CLAVAROCHE

Faites-en, du reste, ce que vous voudrez. Sans évincer tout à fait le jeune homme, on peut le tenir en haleine, mais d'un peu loin, et le mettre aux lisières[17]. Si les soupçons de maître André lui revenaient jamais en tête, eh bien ! alors, on aurait à portée votre M. Fortunio, pour les détourner de nouveau. Je le tiens pour poisson d'eau vive ; il est friand de l'hameçon.

JACQUELINE

Il me semble qu'on a remué.

CLAVAROCHE

Oui, j'ai cru entendre un soupir.

JACQUELINE

C'est probablement Madeleine ; elle range dans le cabinet.

ACTE III

SCÈNE I

Le jardin.
Entrent JACQUELINE *et la servante.*

LA SERVANTE

Madame, un danger vous menace. Comme j'étais tout à l'heure dans la salle, je viens d'entendre maître André qui causait avec un de ses clercs. Autant que j'ai pu deviner, il s'agissait d'une embuscade, qui doit avoir lieu cette nuit.

JACQUELINE

Une embuscade ? en quel lieu ? pour quoi faire ?

LA SERVANTE

Dans l'étude ; le clerc affirmait que la nuit dernière il vous avait vue, vous, madame, et un homme avec vous dans le jardin. Maître André jurait ses grands dieux qu'il voulait vous surprendre, et qu'il vous ferait un procès.

JACQUELINE

Tu ne te trompes pas, Madelon ?

LA SERVANTE

Madame fera ce qu'elle voudra. Je n'ai pas l'honneur de ses confidences ; cela n'empêche pas qu'on ne rende un service ; j'ai mon ouvrage qui m'attend.

JACQUELINE

C'est bien, et vous pouvez compter que je ne serai pas ingrate. Avez-vous vu Fortunio ce matin ? où est-il ? j'ai à lui parler.

LA SERVANTE

Il n'est pas venu à l'étude ; le jardinier, à ce que je crois, l'a aperçu. Mais on est en peine de lui, et on le cherchait tout à l'heure de tous les côtés du jardin. Tenez, voilà M. Guillaume, le premier clerc, qui le cherche encore ; le voyez-vous passer là-bas ?

GUILLAUME, *au fond du théâtre.*

Holà ! Fortunio ! Fortunio ! holà ! où es-tu ?

JACQUELINE

Va, Madelon, tâche de le trouver.

Madelon sort. Entre Clavaroche.

CLAVAROCHE

Que diantre se passe-t-il donc ici ? comment ! moi qui ai quelques droits, je pense, à l'amitié de maître André, il me rencontre et ne me salue pas ; les clercs me regardent de travers, et je ne sais si le chien lui-même ne voulait me prendre aux talons. Qu'est-il advenu, je vous prie ? et à quel propos maltraite-t-on les gens ?

JACQUELINE

Nous n'avons pas sujet de rire ; ce que j'avais prévu arrive, et sérieusement cette fois ; nous n'en sommes plus aux paroles, mais à l'action.

CLAVAROCHE

A l'action ? que voulez-vous dire ?

JACQUELINE

Que ces maudits clercs font le métier d'espions, qu'on nous a vus, que maître André le sait, qu'il veut se cacher dans l'étude, et que nous courons les plus grands dangers.

CLAVAROCHE

N'est-ce que cela qui vous inquiète ?

JACQUELINE

Assurément ; que voulez-vous de pire ? Qu'aujourd'hui nous leur échappions ; puisque nous sommes avertis, ce n'est pas là le difficile ; mais du moment que maître André agit sans rien dire, nous avons tout à craindre de lui.

CLAVAROCHE

Vraiment, c'est là toute l'affaire, et il n'y a pas plus de mal que cela ?

JACQUELINE

Etes-vous fou ? Comment est-il possible que vous en plaisantiez ?

CLAVAROCHE

C'est qu'il n'y a rien de si simple que de nous tirer d'embarras. Maître André, dites-vous, est furieux ? eh bien ! qu'il crie ; quel inconvénient ? Il veut se mettre en embuscade ? qu'il s'y mette, il n'y a rien de mieux. Les clercs sont-ils de la partie ? qu'ils en soient avec toute la ville, si cela les peut divertir. Ils veulent surprendre la belle Jacqueline et son très humble serviteur ? hé ! qu'ils surprennent ; je ne m'y oppose pas. Que voyez-vous là qui nous gêne ?

JACQUELINE

Je ne comprends rien à ce que vous dites.

CLAVAROCHE

Faites-moi venir Fortunio. Où est-il fourré, ce monsieur ? Comment, nous sommes en péril, et le drôle nous abandonne ! Allons ! vite, avertissez-le.

JACQUELINE

J'y ai pensé ; on ne sait où il est, et il n'a pas paru ce matin.

CLAVAROCHE

Bon ! cela est impossible ; il est par là quelque part dans vos jupes ; vous l'avez oublié dans une armoire, et votre servante l'aura par mégarde accroché au portemanteau.

JACQUELINE

Mais encore, en quelle façon peut-il nous être utile ? J'ai demandé où il était, sans trop savoir pourquoi moi-même ; je ne vois pas, en y réfléchissant, à quoi il peut nous être bon.

CLAVAROCHE

Hé ! ne voyez-vous pas que je m'apprête à lui faire le plus grand sacrifice ? Il ne s'agit pas d'autre chose que de lui céder pour ce soir tous les privilèges de l'amour.

JACQUELINE

Pour ce soir ? et dans quel dessein ?

CLAVAROCHE

Dans le dessein positif et formel que ce digne maître André ne passe pas inutilement une nuit à la belle étoile. Ne voudriez-vous pas que ces pauvres clercs qui se vont donner bien du mal ne trouvent personne au logis ? Fi donc ! nous ne pouvons permettre que ces honnêtes gens restent les mains vides ; il faut leur dépêcher quelqu'un.

JACQUELINE

Cela ne sera pas ; trouvez autre chose ; vous avez là une idée horrible et je ne puis y consentir.

CLAVAROCHE

Pourquoi horrible ? Rien n'est plus innocent. Vous écrivez un mot à Fortunio, si vous ne pouvez le trouver vous-même ; car le moindre mot en ce monde vaut mieux que le plus gros écrit. Vous le faites venir ce soir, sous prétexte d'un rendez-vous. Le voilà entré ; les clercs le surprennent, et maître André le prend au collet. Que voulez-vous qu'il lui arrive ? Vous descendez là-dessus en cornette, et demandez pourquoi on fait du bruit, le plus naturellement du monde. On vous l'explique. Maître André en fureur vous demande à son tour pourquoi son jeune clerc se glisse dans son jardin. Vous rougissez d'abord quelque peu, puis vous avouez sincèrement tout ce qu'il vous plaira d'avouer : que ce garçon visite vos marchands, qu'il vous apporte en secret des bijoux, en un mot, la vérité pure. Qu'y a-t-il là de si effrayant ?

JACQUELINE

On ne me croira pas. La belle apparence que je donne des rendez-vous pour payer des mémoires !

CLAVAROCHE

On croit toujours ce qui est vrai. La vérité a un accent impossible à méconnaître et les cœurs bien nés ne s'y trompent jamais. N'est-ce donc pas, en effet, à vos commissions que vous employez ce jeune homme ?

JACQUELINE

Oui.

CLAVAROCHE

Eh bien donc ! puisque vous le faites, vous le direz, et on le verra bien. Qu'il ait les preuves dans sa poche, un écrin, comme hier, la première chose venue, cela suffira. Songez donc que si nous n'employons ce moyen, nous en avons pour une année entière. Maître André s'embusque aujourd'hui, il se rembusquera demain, et ainsi de suite jusqu'à ce qu'il nous surprenne. Moins il trouvera, plus il cherchera ; mais qu'il trouve une fois pour toutes, et nous en voilà délivrés.

JACQUELINE

C'est impossible ! il n'y faut pas songer.

CLAVAROCHE

Un rendez-vous dans un jardin n'est pas, d'ailleurs, un si gros péché. A la rigueur, si vous craignez l'air, vous n'avez qu'à ne pas descendre. On ne trouvera que le jeune homme, et il s'en tirera toujours. Il serait plaisant qu'une femme ne puisse prouver qu'elle est innocente quand elle l'est. Allons, vos tablettes, et prenez-moi le crayon que voici.

JACQUELINE

Vous n'y pensez pas, Clavaroche ; c'est un guet-à-pens que vous faites là.

CLAVAROCHE, *lui présentant un crayon et du papier.*

Écrivez donc, je vous en prie : « A minuit, ce soir, au jardin. »

JACQUELINE

C'est envoyer cet enfant dans un piège, c'est le livrer à l'ennemi.

CLAVAROCHE

Ne signez pas, c'est inutile. *(Il prend le papier.)* Franchement, ma chère, la nuit sera fraîche, et vous ferez mieux de rester chez vous Laissez ce jeune homme se promener seul, et profiter du temps qu'il fait. Je crois, comme vous, qu'on aurait peine à croire que c'est pour vos marchands qu'il vient. Vous ferez mieux, si on vous interroge, de dire que vous ignorez tout, et que vous n'êtes pour rien dans l'affaire.

JACQUELINE

Ce mot d'écrit sera un témoin.

CLAVAROCHE

Fi donc ! nous autres gens de cœur, pensez-vous que nous allions montrer à un mari de l'écriture de sa femme ? Que pourrions-nous, d'ailleurs, y gagner ? en serions-nous donc moins coupables de ce qu'un crime serait partagé ? D'ailleurs, vous voyez bien que votre main tremblait un peu sans doute, et que ces caractères sont presque déguisés ? Allons, je vais donner cette lettre au jardinier, Fortunio l'aura tout de suite. Venez ; les vautours ont leur proie, et l'oiseau de Vénus, la pâle tourterelle, peut dormir en paix sur son nid.

Ils sortent.

SCÈNE II

Une charmille.

FORTUNIO, *seul, assis sur l'herbe.*

Rendre un jeune homme amoureux de soi, uniquement pour détourner sur lui les soupçons tombés sur un autre ; lui laisser croire qu'on l'aime, le lui dire au besoin ; troubler peut-être bien des nuits tranquilles ; remplir de doute et d'espérance un cœur jeune et prêt à souffrir ; jeter une pierre dans un lac qui n'avait jamais eu encore une seule ride à sa surface ; exposer un homme aux soupçons, à tous les dangers de l'amour heureux, et cependant ne lui rien accorder ; rester immobile et inanimée dans une œuvre de vie et de mort ; tromper, mentir, mentir du fond du cœur ; faire de son corps un appât ; jouer avec tout ce qu'il y a de sacré sous le ciel, comme un voleur avec des dés pipés ; voilà ce qui fait sourire une femme ! voilà ce qu'elle fait d'un petit air distrait.

Il se lève.

C'est ton premier pas, Fortunio, dans l'apprentissage du monde. Pense, réfléchis, compare, examine ;

ne te presse pas de juger. Cette femme-là a un amant qu'elle aime ; on la soupçonne, on la tourmente, on la menace ; elle est effrayée, elle va perdre l'homme qui remplit sa vie, qui est pour elle plus que le monde entier. Son mari se lève en sursaut, averti par un espion ; il la réveille, il veut la traîner à la barre d'un tribunal. Sa famille va la renier, une ville entière va la maudire ; elle est perdue et déshonorée, et cependant elle aime et ne peut cesser d'aimer. A tout prix il faut qu'elle sauve l'unique objet de ses inquiétudes, de ses angoisses et de ses douleurs ; il faut qu'elle aime pour continuer de vivre, et qu'elle trompe pour aimer. Elle se penche à sa fenêtre, elle voit un jeune homme au bas ; qui est-ce ? elle ne le connaît point, elle n'a jamais rencontré son visage ; est-il bon ou méchant, discret ou perfide, sensible ou insouciant ? Elle n'en sait rien ; elle a besoin de lui, elle l'appelle, elle lui fait signe, elle ajoute une fleur à sa parure, elle parle ; elle a mis sur une carte le bonheur de sa vie, et elle le joue à rouge ou noir. Si elle s'était aussi bien adressée à Guillaume qu'à moi, que serait-il arrivé de cela ? Guillaume est un garçon honnête, mais qui ne s'est jamais aperçu que son cœur lui servît à autre chose qu'à respirer. Guillaume aurait été ravi d'aller dîner chez son patron, d'être à côté de Jacqueline à table, tout comme j'en ai été ravi moi-même ; mais il n'en aurait pas vu davantage ; il ne serait devenu amoureux que de la cave de maître André ; il ne se serait point jeté à genoux ; il n'aurait point écouté aux portes ; c'eût été pour lui tout profit. Quel mal y eût-il eu alors qu'on se servît de lui à son insu, pour détourner les soupçons d'un mari ? Aucun. Il eût paisiblement rempli l'office qu'on lui eût demandé ; il eût vécu heureux, tranquille, dix ans sans s'en apercevoir. Jacqueline aussi eût été heureuse, tranquille, dix ans sans lui en dire un mot. Elle lui aurait fait des coquetteries, et il y aurait répondu ; mais rien n'eût tiré à conséquence. Tout se serait passé à merveille, et personne ne pourrait se plaindre, le jour où la vérité viendrait.

Il se rassoit.

Pourquoi s'est-elle adressée à moi ? Savait-elle donc que je l'aimais ? Pourquoi à moi plutôt qu'à Guillaume ? Est-ce hasard ? est-ce calcul ? Peut-être, au fond, se doutait-elle que je n'étais pas indifférent ; m'avait-elle vu à cette fenêtre ? S'était-elle jamais retournée le soir, quand je l'observais dans le jardin ? Mais si elle savait que je l'aimais, pourquoi alors ? Parce que cet amour rendait son projet plus facile, et que j'allais, dès le premier mot, me prendre au piège qu'elle me tendait. Mon amour n'était qu'une chance favorable ; elle n'y a vu qu'une occasion.

Est-ce bien sûr ? N'y a-t-il rien autre chose ? Quoi ! elle voit que je vais souffrir, et elle ne pense qu'à en profiter ! Quoi ! elle me trouve sur ses traces, l'amour dans le cœur, le désir dans les yeux, jeune et ardent, prêt à mourir pour elle, et lorsque, me voyant à ses pieds, elle me sourit et me dit qu'elle m'aime, c'est un calcul, et rien de plus ! Rien, rien de vrai dans ce sourire, dans cette main qui m'effleure la main, dans ce son de voix qui m'enivre ? O Dieu juste ! s'il en est ainsi, à quel monstre ai-je donc affaire, et dans quel abîme suis-je tombé ?

Il se lève.

Non ! tant d'horreur n'est pas possible ! Non, une femme ne saurait être une statue malfaisante, à la fois vivante et glacée ! Non, quand je le verrais de mes yeux, quand je l'entendrais de sa bouche, je ne croirais pas à un pareil métier. Non, quand elle me souriait, elle ne m'aimait pas pour cela, mais elle souriait de voir que je l'aimais. Quand elle me tendait la main, elle ne me donnait pas son cœur, mais elle laissait le mien se donner. Quand elle me disait : Je vous aime, elle voulait dire, aimez-moi. Non, Jacqueline n'est pas méchante ; il n'y a là ni calcul, ni froideur. Elle ment, elle trompe, elle est femme ; elle est coquette, railleuse, joyeuse, audacieuse, mais non infâme, non insensible. Ah ! insensé ! tu l'aimes ! tu l'aimes ! tu pries, tu pleures, et elle se rit de toi !

Entre Madelon.

MADELON

Ah ! Dieu merci, je vous trouve enfin ; madame vous demande ; elle est dans sa chambre. Vencz vite, elle vous attend.

FORTUNIO

Sais-tu ce qu'elle a à me dire ? Je ne saurais y aller maintenant.

MADELON

Vous avez donc affaire aux arbres ? Elle est bien inquiète, allez ; toute la maison est en colère.

LE JARDINIER, *entrant.*

Vous voilà donc, monsieur, on vous cherche partout ; voilà un mot d'écrit pour vous, que notre maîtresse m'a donné tantôt.

FORTUNIO, *lisant.*

« A minuit ce soir au jardin. » *(Haut.)* C'est de la part de Jacqueline ?

LE JARDINIER

Oui, monsieur ; y a-t-il réponse ?

GUILLAUME, *entrant.*

Que fais-tu donc, Fortunio ? on te demande dans l'étude.

FORTUNIO

J'y vais, j'y vais. *(Bas à Madelon.)* Qu'est-ce que tu disais tout à l'heure ? Quelle inquiétude a ta maîtresse ?

MADELON, *bas.*

C'est un secret ; maître André s'est fâché.

FORTUNIO, *de même.*

Il s'est fâché ? Pour quelle raison ?

MADELON, *de même.*

Il s'est mis en tête que madame recevait quelqu'un en secret. Vous n'en direz rien, n'est-ce pas ? Il veut se cacher cette nuit dans l'étude ; c'est moi qui ai découvert cela, et si je vous le dis, dam ! c'est que je pense que vous n'y êtes pas indifférent.

FORTUNIO

Pourquoi se cacher dans l'étude ?

MADELON

Pour tout surprendre et faire son procès.

FORTUNIO

En vérité ! est-ce possible ?

LE JARDINIER

Y a-t-il réponse, monsieur ?

FORTUNIO

J'y vais moi-même ; allons, partons.

Ils sortent.

SCÈNE III

Une chambre.

JACQUELINE, *seule.*

Non, cela ne se fera pas. Qui sait ce qu'un homme comme maître André, une fois poussé à la violence, peut inventer pour se venger ? Je n'enverrai pas ce jeune homme à un péril aussi affreux. Ce Clavaroche est sans pitié ; tout est pour lui champ de bataille, et il n'a d'entrailles pour rien. A quoi bon exposer Fortunio, lorsqu'il n'y a rien de si simple que de n'exposer ni soi ni personne ? Je veux croire que tout soupçon s'évanouirait par ce moyen ; mais le moyen lui-même est un mal, et je ne veux pas l'employer. Non, cela me coûte et me déplaît ; je ne veux pas que ce garçon soit maltraité ; puisqu'il dit qu'il m'aime, eh bien ! soit. Je ne rends pas le mal pour le bien.

Entre Fortunio.

On a dû vous remettre un billet de ma part ; l'avez-vous lu ?

FORTUNIO

On me l'a remis, et je l'ai lu ; vous pouvez disposer de moi.

JACQUELINE

C'est inutile, j'ai changé d'avis, déchirez-le, et n'en parlons jamais.

FORTUNIO

Puis-je vous servir en quelque autre chose ?

JACQUELINE, *à part.*

C'est singulier, il n'insiste pas. (*Haut.*) Mais non ; je n'ai pas besoin de vous. Je vous avais demandé votre chanson.

FORTUNIO

La voilà. Sont-ce tous vos ordres ?

JACQUELINE

Oui ; je crois qu'oui. Qu'avez-vous donc ? Vous êtes pâle, ce me semble.

FORTUNIO

Si ma présence vous est inutile, permettez-moi de me retirer.

JACQUELINE

Je l'aime beaucoup, cette chanson ; elle a un petit air naïf qui va avec votre coiffure, et elle est bien faite par vous.

FORTUNIO

Vous avez beaucoup d'indulgence.

JACQUELINE

Oui, voyez-vous, j'avais eu d'abord l'idée de vous faire venir ; mais j'ai réfléchi, c'est une folie ; je vous ai trop vite écouté. Mettez-vous donc au piano, et chantez-moi votre romance.

FORTUNIO

Excusez-moi, je ne saurais maintenant.

JACQUELINE

Et pourquoi donc ? Etes-vous souffrant, ou si c'est un méchant caprice ? J'ai presque envie de vouloir que vous chantiez, bon gré mal gré. Est-ce que je n'ai pas quelque droit de seigneur sur cette feuille de papier-là ? *(Elle place la chanson sur le piano.)*

FORTUNIO

Ce n'est pas mauvaise volonté ; je ne puis rester plus longtemps, et maître André a besoin de moi.

JACQUELINE

Il me plaît assez que vous soyez grondé ; asseyez-vous là et chantez.

FORTUNIO

Si vous l'exigez, j'obéis.

Il s'assied.

JACQUELINE

Eh bien ! à quoi pensez-vous donc ? Est-ce que vous attendez qu'on vienne ?

FORTUNIO

Je souffre ; ne me retenez pas.

JACQUELINE

Chantez d'abord, nous verrons ensuite si vous souffrez et si je vous retiens. Chantez, vous dis-je, je le veux. Vous ne chantez pas ? Eh bien ! que fait-il donc ? Allons, voyons, si vous chantez, je vous donnerai le bout de ma mitaine.

FORTUNIO

Tenez, Jacqueline, écoutez-moi. Vous auriez mieux fait de me le dire, et j'aurais consenti à tout.

JACQUELINE

Qu'est-ce que vous dites ? de quoi parlez-vous ?

FORTUNIO

Oui, vous auriez mieux fait de me le dire ; oui, devant Dieu, j'aurais tout fait pour vous.

JACQUELINE

Tout fait pour moi ? Qu'entendez-vous par là ?

FORTUNIO

Ah ! Jacqueline ! Jacqueline ! il faut que vous l'aimiez beaucoup ; il doit vous en coûter de mentir et de railler ainsi sans pitié.

JACQUELINE

Moi ? je vous raille ? Qui vous l'a dit ?

FORTUNIO

Je vous en supplie, ne mentez pas davantage ; en voilà assez ; je sais tout.

JACQUELINE

Mais enfin, qu'est-ce que vous savez ?

FORTUNIO

J'étais hier dans votre chambre lorsque Clavaroche était là.

JACQUELINE

Est-ce possible ? Vous étiez dans l'alcôve ?

FORTUNIO

Oui, j'y étais ; au nom du ciel, ne dites pas un mot là-dessus.

Un silence.

JACQUELINE

Puisque vous savez tout, monsieur, il ne me reste maintenant qu'à vous prier de garder le silence. Je sens assez mes torts envers vous pour ne pas même vouloir tenter de les affaiblir à vos yeux. Ce que la nécessité commande, et ce à quoi elle peut entraîner, un autre que vous le comprendrait peut-être, et pourrait, sinon pardonner, du moins excuser ma conduite. Mais vous êtes, malheureusement, une partie trop intéressée pour en juger avec indulgence. Je suis résignée et j'attends.

FORTUNIO

N'ayez aucune espèce de crainte. Si je fais rien qui puisse vous nuire, je me coupe cette main-là.

JACQUELINE

Il me suffit de votre parole, et je n'ai pas droit d'en douter. Je dois même dire que, si vous l'oubliiez, j'aurais encore moins le droit de m'en plaindre. Mon imprudence doit porter sa peine. C'est sans vous connaître, monsieur, que je me suis adressée à vous. Si cette circonstance rend ma faute moindre, elle rendait mon danger plus grand. Puisque je m'y suis exposée, traitez-moi donc comme vous l'entendrez. Quelques paroles échangées hier voudraient peut-être une explication. Ne pouvant tout justifier, j'aime mieux me taire sur tout. Laissez-moi croire que votre orgueil est la seule personne offensée. Si cela est, que ces deux jours s'oublient ; plus tard, nous en reparlerons.

FORTUNIO

Jamais ; c'est le souhait de mon cœur.

JACQUELINE

Comme vous voudrez ; je dois obéir. Si cependant je ne dois plus vous voir, j'aurais un mot à ajouter. De vous à moi, je suis sans crainte, puisque vous me promettez le silence. Mais il existe une autre personne dont la présence dans cette maison peut avoir des suites fâcheuses.

FORTUNIO

Je n'ai rien à dire à ce sujet.

JACQUELINE

Je vous demande de m'écouter. Un éclat entre vous et lui, vous le sentez, est fait pour me perdre. Je ferai tout pour le prévenir. Quoi que vous puissiez exiger, je m'y soumettrai sans murmure. Ne me quittez pas sans y réfléchir ; dictez vous-même les conditions. Faut-il que la personne dont je parle s'éloigne d'ici pendant quelque temps ? Faut-il qu'elle s'excuse près de vous ? Ce que vous jugerez convenable, sera reçu par moi comme une grâce, et par elle comme un devoir. Le souvenir de quelques plaisanteries m'oblige à vous interroger sur ce point. Que décidez-vous ? répondez.

FORTUNIO

Je n'exige rien. Vous l'aimez ; soyez en paix, tant qu'il vous aimera.

JACQUELINE

Je vous remercie de ces deux promesses. Si vous veniez à vous en repentir, je vous répète que toute condition sera reçue, imposée par vous. Comptez sur ma reconnaissance. Puis-je dès à présent réparer autrement mes torts ? Est-il en ma disposition quelque moyen de vous obliger ? Quand vous ne devriez pas me croire, je vous avoue que je ferais tout au monde pour vous laisser de moi un souvenir moins désavantageux. Que puis-je faire ? je suis à vos ordres.

FORTUNIO

Rien. Adieu, madame. Soyez sans crainte ; vous n'aurez jamais à vous plaindre de moi.

Il va pour sortir, et prend sa romance.

JACQUELINE

Ah ! Fortunio, laissez-moi cela.

FORTUNIO

Et qu'en ferez-vous, cruelle que vous êtes ? Vous me parlez depuis un quart d'heure, et rien du cœur ne vous sort des lèvres. Il s'agit bien de vos excuses, de sacrifices et de réparations ! il s'agit bien de votre Clavaroche et de sa sotte vanité ! il s'agit bien de mon orgueil ! Vous croyez donc l'avoir blessé ? vous croyez donc que ce qui m'afflige, c'est d'avoir été pris pour dupe et plaisanté à ce dîner ? Je ne m'en souviens seulement pas. Quand je vous dis que je vous aime, vous croyez donc que je n'en sens rien ? Quand je vous parle de deux ans de souffrances, vous croyez donc que je fais comme vous ? Eh quoi ! vous me brisez le cœur, vous prétendez vous en repentir, et c'est ainsi que vous me quittez ! La nécessité, dites-vous, vous a fait commettre une faute, et vous en avez du regret ; vous rougissez, vous détournez la tête ; ce que je souffre vous fait pitié ; vous me voyez, vous comprenez votre œuvre ; et la blessure que vous m'avez faite, voilà comme vous la guérissez ! Ah ! elle est au cœur, Jacqueline, et vous n'aviez qu'à tendre la main. Je vous le jure, si vous l'aviez voulu, quelque honteux qu'il soit de le dire, quand vous en souririez vous-même, j'étais capable de consentir à tout. Ô Dieu ! la force m'abandonne ; je ne peux pas sortir d'ici.

Il s'appuie sur un meuble.

JACQUELINE

Pauvre enfant ! je suis bien coupable. Tenez, respirez ce flacon.

FORTUNIO

Ah ! gardez-les, gardez-les pour lui, ces soins dont je ne suis pas digne ; ce n'est pas pour moi qu'ils sont faits. Je n'ai pas l'esprit inventif, je ne suis ni heureux ni habile ; je ne saurais, à l'occasion, forger un profond stratagème. Insensé ! j'ai cru être aimé ! oui, parce que vous m'aviez souri, parce que votre main tremblait dans la mienne, parce que vos yeux semblaient chercher mes yeux, et m'inviter comme deux anges à un festin de joie et de vie ; parce que vos lèvres s'étaient ouvertes, et qu'un vain son en était sorti ; oui, je l'avoue, j'avais fait un rêve, j'avais cru qu'on aimait ainsi. Quelle misère ! Est-ce à une parade que votre sourire m'avait félicité de la beauté de mon cheval ? Est-ce le soleil, dardant sur mon casque, qui vous avait ébloui les yeux ? Je sortais d'une salle obscure, d'où je suivais depuis deux ans vos promenades dans une allée ; j'étais un pauvre dernier clerc qui s'ingérait de pleurer[18] en silence. C'était bien là ce qu'on pouvait aimer !

JACQUELINE

Pauvre enfant !

FORTUNIO

Oui, pauvre enfant ! dites-le encore, car je ne sais si je rêve ou si je veille, et, malgré tout, si vous ne m'aimez pas. Depuis hier, je suis assis à terre, je me frappe le cœur et le front ; je me rappelle ce que mes yeux ont vu, ce que mes oreilles ont entendu, et je me demande si c'est possible. A l'heure qu'il est, vous me le dites, je le sens, j'en souffre, j'en meurs, et je n'y crois ni ne le comprends. Que vous avais-je fait, Jacqueline ? Comment se peut-il que, sans aucun motif, sans avoir pour moi ni amour ni haine, sans me connaître, sans m'avoir jamais vu ; comment se peut-il que vous que tout le monde aime, que j'ai vue faire la charité et arroser ces fleurs que voilà, qui êtes bonne, qui croyez en Dieu, à qui jamais... Ah ! je vous accuse, vous que j'aime plus que ma vie ! Ô ciel ! vous ai-je fait un reproche ? Jacqueline, pardonnez-moi.

JACQUELINE

Calmez-vous ; venez ; calmez-vous.

FORTUNIO

Et à quoi suis-je bon, grand Dieu, sinon à vous donner ma vie ? sinon au plus chétif usage que vous voudrez faire de moi ? sinon à vous suivre, à vous préserver, à écarter de vos pieds une épine ? J'ose me plaindre, et vous m'aviez choisi ! ma place était à votre table, j'allais compter dans votre existence. Vous alliez dire à la nature entière, à ces jardins, à ces prairies, de me sourire comme vous ; votre belle et radieuse image commençait à marcher devant moi, et je la suivais ; j'allais vivre ; est-ce que je vous perds, Jacqueline ? est-ce que j'ai fait quelque chose pour que vous me chassiez ? pourquoi donc ne voulez-vous pas faire encore semblant de m'aimer ?

Il tombe sans connaissance.

JACQUELINE, *courant à lui.*

Seigneur, mon Dieu, qu'est-ce que j'ai fait ? Fortunio, revenez à vous.

FORTUNIO

Qui êtes-vous ? laissez-moi partir.

JACQUELINE

Appuyez-vous ; venez à la fenêtre ; de grâce, appuyez-vous sur moi ; posez ce bras sur mon épaule, je vous en supplie, Fortunio.

FORTUNIO

Ce n'est rien ; me voilà remis.

JACQUELINE

Comme il est pâle, et comme son cœur bat ! voulez-vous vous mouiller les tempes ! Prenez ce coussin, prenez ce mouchoir ; vous suis-je tellement odieuse que vous me refusiez cela ?

FORTUNIO

Je me sens mieux, je vous remercie.

JACQUELINE

Comme ces mains-là sont glacées ! où allez-vous ? vous ne pouvez sortir. Attendez du moins un instant. Puisque je vous fais tant souffrir, laissez-moi du moins vous soigner.

FORTUNIO

C'est inutile, il faut que je descende. Pardonnez-moi ce que j'ai pu vous dire ; je n'étais pas maître de mes paroles.

JACQUELINE

Que voulez-vous que je vous pardonne ? Hélas ! c'est vous qui ne pardonnez pas. Mais qui vous presse ? pourquoi me quitter ? vos regards cherchent quelque chose. Ne me reconnaissez-vous pas ? Restez en repos, je vous conjure. Pour l'amour de moi, Fortunio, vous ne pouvez sortir encore.

FORTUNIO

Non ! adieu ; je ne puis rester.

JACQUELINE

Ah ! je vous ai fait bien du mal !

FORTUNIO

On me demandait quand je suis monté ; adieu, madame, comptez sur moi.

JACQUELINE

Vous reverrai-je ?

FORTUNIO

Si vous voulez.

JACQUELINE

Monterez-vous ce soir au salon ?

FORTUNIO

Si cela vous plaît.

JACQUELINE

Vous partez donc ? encore un instant !

FORTUNIO

Adieu ! adieu ! je ne puis rester.

Il sort.

JACQUELINE, *appelle.*

Fortunio ! écoutez-moi !

FORTUNIO, *rentrant.*

Que me voulez-vous, Jacqueline ?

JACQUELINE

Ecoutez-moi, il faut que je vous parle. Je ne veux pas vous demander pardon ; je ne veux revenir sur rien ; je ne veux pas me justifier. Vous êtes bon, brave et sincère ; j'ai été fausse et déloyale ; je ne peux pas vous quitter ainsi.

FORTUNIO

Je vous pardonne de tout mon cœur.

JACQUELINE

Non, vous souffrez, le mal est fait. Où allez-vous ? que voulez-vous faire ? comment se peut-il, sachant tout, que vous soyez revenu ici ?

FORTUNIO

Vous m'aviez fait demander.

JACQUELINE

Mais vous veniez pour me dire que je vous verrais à ce rendez-vous. Est-ce que vous y seriez venu ?

FORTUNIO

Oui, si c'était pour vous rendre service, et je vous avoue que je le croyais.

JACQUELINE

Pourquoi pour me rendre service ?

FORTUNIO

Madelon m'a dit quelques mots...

JACQUELINE

Vous le saviez, malheureux, et vous veniez à ce jardin !

FORTUNIO

Le premier mot que je vous ai dit de ma vie, c'est que je mourrais de bon cœur pour vous, et le second, c'est que je ne mentais jamais.

JACQUELINE

Vous le saviez et vous veniez ! Songez-vous à ce que vous dites ? Il s'agissait d'un guet-à-pens.

FORTUNIO

Je savais tout.

JACQUELINE

Il s'agissait d'être surpris, d'être tué peut-être, traîné en prison ; que sais-je ? c'est horrible à dire.

FORTUNIO

Je savais tout.

JACQUELINE

Vous saviez tout ? vous saviez tout ? Vous étiez caché là, hier, dans cette alcôve, derrière ce rideau. Vous écoutiez, n'est-il pas vrai ? vous saviez encore tout, n'est-ce pas ?

FORTUNIO

Oui.

JACQUELINE

Vous saviez que je mens, que je trompe, que je vous raille, et que je vous tue ? vous saviez que j'aime Clavaroche, et qu'il me fait faire tout ce qu'il veut ? que je joue une comédie ? que là, hier, je vous ai pris pour dupe ? que je suis lâche et méprisable ? que je vous expose à la mort par plaisir ? vous saviez tout, vous en étiez sûr ? Eh bien ! eh bien !... qu'est-ce que vous savez maintenant ?

FORTUNIO

Mais, Jacqueline, je crois... je sais...

JACQUELINE

Sais-tu que je t'aime, enfant que tu es ? qu'il faut que tu me pardonnes ou que je meure, et que je te le demande à genoux ?

SCÈNE DERNIÈRE

La salle à manger.
MAÎTRE ANDRÉ, CLAVAROCHE,
FORTUNIO *et* JACQUELINE, *à table.*

MAÎTRE ANDRÉ

Grâces au ciel, nous voilà tous joyeux, tous réunis, et tous amis. Si je doute jamais de ma femme, puisse mon vin m'empoisonner !

JACQUELINE

Donnez-moi donc à boire, monsieur Fortunio.

CLAVAROCHE, *bas.*

Je vous répète que votre clerc m'ennuie ; faites-moi la grâce de le renvoyer.

JACQUELINE, *bas.*

Je fais ce que vous m'avez dit.

MAÎTRE ANDRÉ

Quand je pense qu'hier j'ai passé la nuit dans l'étude à me morfondre sur un maudit soupçon, je ne sais de quel nom m'appeler.

JACQUELINE

Monsieur Fortunio, donnez-moi donc ce coussin.

CLAVAROCHE, *bas.*

Me croyez-vous un autre maître André ? Si votre clerc ne sort de la maison, j'en sortirai tantôt moi-même.

JACQUELINE

Je fais ce que vous m'avez dit.

MAÎTRE ANDRÉ

Mais je l'ai conté à tout le monde ; il faut que justice se fasse ici-bas. Toute la ville saura qui je suis ; et désormais, pour pénitence, je ne douterai de quoi que ce soit.

JACQUELINE

Monsieur Fortunio, je bois à vos amours.

CLAVAROCHE, *bas.*

En voilà assez, Jacqueline, et je comprends ce que cela signifie. Ce n'est pas là ce que je vous ai dit.

MAÎTRE ANDRÉ

Oui ! aux amours de Fortunio !

Il chante.

Amis, buvons, buvons sans cesse.

FORTUNIO

Cette chanson-là est bien vieille ; chantez donc, monsieur Clavaroche !

IL NE FAUT JURER DE RIEN

PROVERBE

PERSONNAGES

VAN BUCK, négociant.

VALENTIN VAN BUCK, son neveu.

UN ABBÉ.

UN MAÎTRE DE DANSE.

UN AUBERGISTE.

UN GARÇON.

LA BARONNE DE MANTES.

CÉCILE, sa fille.

La scène est à Paris.

ACTE I

SCÈNE I

La chambre de Valentin.
VALENTIN *assis. Entre* VAN BUCK.

VAN BUCK

Monsieur mon neveu, je vous souhaite le bonjour.

VALENTIN

Monsieur mon oncle, votre serviteur.

VAN BUCK

Restez assis ; j'ai à vous parler.

VALENTIN

Asseyez-vous ; j'ai donc à vous entendre. Veuillez vous mettre dans la bergère, et poser là votre chapeau.

VAN BUCK, *s'asseyant.*

Monsieur mon neveu, la plus longue patience et la plus robuste obstination doivent, l'une et l'autre, finir tôt ou tard. Ce qu'on tolère devient intolérable, incorrigible ce qu'on ne corrige pas ; et qui vingt fois a jeté la perche à un fou qui veut se noyer, peut être forcé un jour ou l'autre de l'abandonner ou de périr avec lui.

VALENTIN

Oh ! oh ! voilà qui est débuter, et vous avez là des métaphores qui se sont levées de grand matin.

VAN BUCK

Monsieur, veuillez garder le silence, et ne pas vous permettre de me plaisanter. C'est vainement que les plus sages conseils, depuis trois ans, tentent de mordre sur vous. Une insouciance ou une fureur aveugle, des résolutions sans effet, mille prétextes inventés à plaisir, une maudite condescendance, tout ce que j'ai pu ou puis faire encore (mais, par ma barbe ! je ne ferai plus rien !)... Où me menez-vous à votre suite ? Vous êtes aussi entêté...

VALENTIN

Mon oncle Van Buck, vous êtes en colère.

VAN BUCK

Non, monsieur, n'interrompez pas. Vous êtes aussi obstiné que je me suis, pour mon malheur, montré crédule et patient. Est-il croyable, je vous le demande, qu'un jeune homme de vingt-cinq ans passe son temps comme vous le faites ? De quoi servent mes remontrances, et quand prendrez-vous un état ? Vous êtes pauvre, puisqu'au bout du compte vous n'avez de fortune que la mienne ; mais, finalement, je ne suis pas moribond, et je digère encore vertement. Que comptez-vous faire d'ici à ma mort ?

VALENTIN

Mon oncle Van Buck, vous êtes en colère, et vous allez vous oublier.

VAN BUCK

Non, monsieur, je sais ce que je fais ; si je suis le seul de la famille qui se soit mis dans le commerce, c'est grâce à moi, ne l'oubliez pas, que les débris d'une fortune détruite ont pu encore se relever. Il vous sied bien de sourire quand je parle ; si je n'avais pas vendu du guingan[1] à Anvers, vous seriez maintenant à l'hôpital, avec votre robe de chambre à fleurs. Mais, Dieu merci, vos chiennes de bouillottes[2]...

VALENTIN

Mon oncle Van Buck, voilà le trivial ; vous changez de ton ; vous vous oubliez ; vous aviez mieux commencé que cela.

VAN BUCK

Sacrebleu ! tu te moques de moi. Je ne suis bon apparemment qu'à payer tes lettres de change ? J'en ai reçu une ce matin : soixante louis ! Te railles-tu des gens ? il te sied bien de faire le fashionable[3] (que le diable soit des mots anglais !) quand tu ne peux pas payer ton tailleur ! C'est autre chose de descendre d'un beau cheval pour retrouver au fond d'un hôtel une bonne famille opulente, ou de sauter à bas d'un carrosse de louage pour grimper deux ou trois étages. Avec tes gilets de satin, tu demandes, en rentrant du bal, ta chandelle à ton portier, et il regimbe quand il n'a pas eu ses étrennes. Dieu sait si tu les lui donnes tous les ans ! Lancé dans un monde plus riche que toi, tu puises chez tes amis le dédain de toi-même ; tu portes ta barbe en pointe et tes cheveux sur les épaules, comme si tu n'avais pas seulement de quoi acheter un ruban pour te faire une queue. Tu écrivailles dans les gazettes, tu es capable de te faire saint-simonien[4] quand tu n'auras plus ni sou ni maille, et cela viendra, je t'en réponds. Va, va, un écrivain public est plus estimable que toi. Je finirai par te couper les vivres, et tu mourras dans un grenier.

VALENTIN

Mon bon oncle Van Buck, je vous respecte et je vous aime. Faites-moi la grâce de m'écouter. Vous avez payé ce matin une lettre de change à mon intention. Quand vous êtes venu, j'étais à la fenêtre, et je vous ai vu arriver ; vous méditiez un sermon juste aussi long qu'il y a d'ici chez vous. Epargnez, de grâce, vos paroles. Ce que vous pensez, je le sais ; ce que vous dites, vous ne le pensez pas toujours ; ce que vous faites, je vous en remercie. Que j'aie des dettes et que je ne sois bon à rien, cela se peut ; qu'y voulez-vous faire ? Vous avez soixante mille livres de rente...

VAN BUCK

Cinquante.

VALENTIN

Soixante, mon oncle ; vous n'avez pas d'enfants, et vous êtes plein de bonté pour moi. Si j'en profite, où est le mal ? Avec soixante bonnes mille livres de rente...

VAN BUCK

Cinquante, cinquante ; pas un denier de plus.

VALENTIN

Soixante ; vous me l'avez dit vous-même.

VAN BUCK

Jamais. Où as-tu pris cela ?

VALENTIN

Mettons cinquante. Vous êtes jeune, gaillard encore, et bon vivant. Croyez-vous que cela me fâche, et que j'aie soif de votre bien ? Vous ne me faites pas tant d'injure, et vous savez que les mauvaises têtes n'ont pas toujours les plus mauvais cœurs. Vous me querellez de ma robe de chambre : vous en avez porté bien d'autres. Ma barbe en pointe ne veut pas dire que je sois un saint-simonien : je respecte trop l'héritage. Vous vous plaignez de mes gilets ; voulez-vous qu'on sorte en chemise ? Vous me dites que je suis pauvre, et que mes amis ne le sont pas ; tant mieux pour eux, ce n'est pas ma faute. Vous imaginez qu'ils me gâtent et que leur exemple me rend dédaigneux : je ne le suis que de ce qui m'ennuie, et puisque vous payez mes dettes, vous voyez bien que je n'emprunte pas. Vous me reprochez d'aller en fiacre : c'est que je n'ai pas de voiture. Je prends, dites-vous, en rentrant, ma chandelle chez mon portier : c'est pour ne pas monter sans lumière ; à quoi bon se casser le cou ? Vous voudriez me voir un état : faites-moi nommer premier ministre, et vous verrez comme je ferai mon chemin. Mais quand je serai surnuméraire dans l'entresol d'un avoué, je vous demande ce que j'y apprendrai, sinon que tout est vanité. Vous dites que je joue à la bouillotte : c'est que j'y gagne quand j'ai brelan ; mais soyez sûr que je n'y perds pas plus tôt que je me repens de ma sottise. Ce serait, dites-vous, autre chose, si je descendais d'un beau cheval, pour entrer dans un bon hôtel : je le crois bien ; vous en parlez à votre aise. Vous ajoutez que vous êtes fier, quoique vous ayez vendu du guingan ; et plût à Dieu que j'en vendisse ! ce serait la preuve que je pourrais en acheter. Pour ma noblesse, elle m'est aussi chère qu'elle peut vous l'être à vous-même ; mais c'est pourquoi je ne m'attèle pas, ni plus que moi les chevaux de pur sang. Tenez, mon oncle, ou je me trompe, ou vous n'avez pas déjeuné. Vous êtes resté le cœur à jeun sur cette maudite lettre de change ; avalons-la de compagnie, je vais demander le chocolat.

Il sonne. On sert à déjeuner.

VAN BUCK

Quel déjeuner ! Le diable m'emporte ! tu vis comme un prince.

VALENTIN

Eh ! que voulez-vous ? quand on meurt de faim, il faut bien tâcher de se distraire.

Ils s'attablent.

VAN BUCK

Je suis sûr que, parce que je me mets là, tu te figures que je te pardonne.

VALENTIN

Moi ? pas du tout. Ce qui me chagrine, lorsque vous êtes irrité, c'est qu'il vous échappe malgré vous des expressions d'arrière-boutique. Oui, sans le savoir, vous vous écartez de cette fleur de politesse qui vous distingue particulièrement ; mais quand ce n'est pas devant témoins, vous comprenez que je ne vais pas le dire.

VAN BUCK

C'est bon, c'est bon, il ne m'échappe rien. Mais brisons là, et parlons d'autre chose ; tu devrais bien te marier.

VALENTIN

Seigneur, mon Dieu ! qu'est-ce que vous dites ?

VAN BUCK

Donne-moi à boire. Je dis que tu prends de l'âge, et que tu devrais te marier.

VALENTIN

Mais, mon oncle, qu'est-ce que je vous ai fait ?

VAN BUCK

Tu m'as fait des lettres de change. Mais quand tu ne m'aurais rien fait, qu'a donc le mariage de si effroyable ? Voyons, parlons sérieusement. Tu serais, parbleu, bien à plaindre quand on te mettrait ce soir dans les bras une jolie fille bien élevée, avec cinquante mille écus sur ta table pour t'égayer demain matin au réveil. Voyez un peu le grand malheur, et comme il y a de quoi faire l'ombrageux ! Tu as des dettes, je te les paierais ; une fois marié, tu te rangeras. Mademoiselle de Mantes a tout ce qu'il faut...

VALENTIN

Mademoiselle de Mantes ! Vous plaisantez ?

VAN BUCK

Puisque son nom m'est échappé, je ne plaisante pas C'est d'elle qu'il s'agit, et si tu veux...

VALENTIN

Et si elle veut. C'est comme dit la chanson :

> Je sais bien qu'il ne tiendrait qu'à moi
> De l'épouser, si elle voulait.

VAN BUCK

Non ; c'est de toi que cela dépend. Tu es agréé ; tu lui plais.

VALENTIN

Je ne l'ai jamais vue de ma vie.

VAN BUCK

Cela ne fait rien ; je te dis que tu lui plais.

VALENTIN

En vérité ?

VAN BUCK

Je t'en donne ma parole.

VALENTIN

Eh bien donc ! elle me déplaît.

VAN BUCK

Pourquoi ?

VALENTIN

Par la même raison que je lui plais.

VAN BUCK

Cela n'a pas le sens commun, de dire que les gens nous déplaisent, quand nous ne les connaissons pas.

VALENTIN

Comme de dire qu'ils nous plaisent. Je vous en prie, ne parlons plus de cela.

VAN BUCK

Mais, mon ami, en y réfléchissant (donne-moi à boire), il faut faire une fin.

VALENTIN

Assurément, il faut mourir une fois dans sa vie.

VAN BUCK

J'entends qu'il faut prendre un parti, et se caser. Que deviendras-tu ? Je t'en avertis, un jour ou l'autre, je te laisserai là malgré moi. Je n'entends pas que tu me ruines, et si tu veux être mon héritier, encore faut-il que tu puisses m'attendre. Ton mariage me coûterait, c'est vrai, mais une fois pour toutes, et moins en somme que tes folies. Enfin, j'aime mieux me débarrasser de toi ; pense à cela : veux-tu une jolie femme, tes dettes payées et vivre en repos ?

VALENTIN

Puisque vous y tenez, mon oncle, et que vous parlez sérieusement, sérieusement je vais vous répondre ; prenez du pâté, et écoutez-moi.

VAN BUCK

Voyons, quel est ton sentiment ?

VALENTIN

Sans vouloir remonter bien haut, ni vous lasser par trop de préambules, je commencerai par l'Antiquité. Est-il besoin de vous rappeler la manière dont fut traité un homme qui ne l'avait mérité en rien, qui toute sa vie fut d'humeur douce, jusqu'à reprendre, même après sa faute, celle qui l'avait si outrageusement trompé ? Frère d'ailleurs d'un puissant monarque, et couronné bien mal à propos...

VAN BUCK

De qui diantre me parles-tu ?

VALENTIN

De Ménélas [5], mon oncle.

VAN BUCK

Que le diable t'emporte et moi avec ! Je suis bien sot de t'écouter.

VALENTIN

Pourquoi ? Il me semble tout simple…

VAN BUCK

Maudit gamin ! cervelle fêlée ! il n'y a pas moyen de te faire dire un mot qui ait le sens commun. *(Il se lève.)* Allons ! finissons ! en voilà assez. Aujourd'hui la jeunesse ne respecte rien.

VALENTIN

Mon oncle Van Buck, vous allez vous mettre en colère.

VAN BUCK

Non, monsieur ; mais, en vérité, c'est une chose inconcevable. Imagine-t-on qu'un homme de mon âge serve de jouet à un bambin ? Me prends-tu pour ton camarade, et faudra-t-il te répéter…

VALENTIN

Comment ! mon oncle, est-il possible que vous n'ayez jamais lu Homère ?

VAN BUCK, *se rasseyant.*

Eh bien ! quand je l'aurais lu ?

VALENTIN

Vous me parlez de mariage ; il est tout simple que je vous cite le plus grand mari de l'Antiquité.

VAN BUCK

Je me soucie bien de tes proverbes. Veux-tu répondre sérieusement ?

VALENTIN

Soit ; trinquons à cœur ouvert ; je ne serai compris de vous que si vous voulez bien ne pas m'interrompre. Je ne vous ai pas cité Ménélas pour faire parade de ma science, mais pour ne pas nommer beaucoup d'honnêtes gens ; faut-il m'expliquer sans réserve ?

VAN BUCK

Oui, sur-le-champ, ou je m'en vais.

VALENTIN

J'avais seize ans, et je sortais du collège, quand une belle dame de notre connaissance me distingua pour la première fois. A cet âge-là, peut-on savoir ce qui est innocent ou criminel ? J'étais un soir chez ma maîtresse, au coin du feu, son mari en tiers. Le mari se lève et dit qu'il va sortir. A ce mot, un regard rapide, échangé entre ma belle et moi, me fait bondir le cœur de joie. Nous allions être seuls ! Je me retourne, et vois le pauvre homme mettant ses gants. Ils étaient en daim de couleur verdâtre, trop larges, et décousus au pouce. Tandis qu'il y enfonçait ses mains, debout au milieu de la chambre, un imperceptible sourire passa sur le coin des lèvres de la femme, et dessina comme une ombre légère les deux fossettes de ses joues. L'œil d'un amant voit seul de tels sourires, car on les sent plus qu'on ne les voit. Celui-ci m'alla jusqu'à l'âme, et je l'avalai comme un sorbet. Mais, par une bizarrerie étrange, le souvenir de ce moment de délices se lia invinciblement dans ma tête à celui de deux grosses mains rouges se débattant dans des gants verdâtres ; et je ne sais ce que ces mains, dans leur opération confiante, avaient de triste et de piteux, mais je n'y ai jamais pensé depuis sans que le féminin sourire ne vînt me chatouiller le coin des lèvres, et j'ai juré que jamais femme au monde ne me ganterait de ces gants-là.

VAN BUCK

C'est-à-dire qu'en franc libertin, tu doutes de la vertu des femmes, et que tu as peur que les autres ne te rendent le mal que tu leur as fait.

VALENTIN

Vous l'avez dit ; j'ai peur du diable, et je ne veux pas être ganté.

VAN BUCK

Bah ! c'est une idée de jeune homme.

VALENTIN

Comme il vous plaira, c'est la mienne ; dans une trentaine d'années, si j'y suis, ce sera une idée de vieillard, car je ne me marierai jamais.

VAN BUCK

Prétends-tu que toutes les femmes soient fausses, et que tous les maris soient trompés ?

VALENTIN

Je ne prétends rien, et je n'en sais rien. Je prétends, quand je vais dans la rue, ne pas me jeter sous les roues des voitures ; quand je dîne, ne pas manger de merlan ; quand j'ai soif, ne pas boire dans un verre cassé, et, quand je vois une femme, ne pas l'épouser ; et encore je ne suis pas sûr de n'être ni écrasé, ni étranglé, ni brèche-dent, ni...

VAN BUCK

Fi donc ! mademoiselle de Mantes est sage et bien élevée ; c'est une bonne petite fille.

VALENTIN

A Dieu ne plaise que j'en dise du mal ! Elle est sans doute la meilleure du monde. Elle est bien élevée, dites-vous ? Quelle éducation a-t-elle reçue ? La conduit-on au bal, au spectacle, aux courses de chevaux ? Sort-elle seule en fiacre, le matin, à midi, pour revenir à six heures ? A-t-elle une femme de chambre adroite, un escalier dérobé ? A-t-elle vu *La Tour de Nesle*[6], et lit-elle les romans de M. de Balzac ? La mène-t-on, après un bon dîner, les soirs d'été, quand le vent est au sud, voir lutter aux Champs-Elysées dix ou douze gaillards nus, aux épaules carrées ? A-t-elle pour maître un beau valseur, grave et frisé, au jarret prussien, qui lui serre les doigts quand elle a bu du punch ? Reçoit-elle des visites en tête-à-tête, l'après-midi, sur un sopha élastique, sous le demi-jour d'un rideau rose ? A-t-elle à sa porte un verrou doré, qu'on pousse du petit doigt en tournant la tête, et sur lequel retombe mollement une tapisserie sourde et muette ? Met-elle son gant dans son verre[7] lorsqu'on commence à passer le champagne ? Fait-elle semblant d'aller au bal de l'Opéra, pour s'éclipser un quart d'heure, courir chez Musard[8], et revenir bâiller ? Lui a-t-on appris, quand Rubini[9] chante, à ne montrer que le blanc de ses yeux, comme une colombe amoureuse ? Passe-t-elle l'été à la campagne chez une amie pleine d'expérience, qui en répond à sa famille, et qui, le soir, la laisse au piano, pour se promener sous les charmilles, en chuchotant avec un hussard ? Va-t-elle aux eaux ? A-t-elle des migraines ?

VAN BUCK

Jour de Dieu ! qu'est-ce que tu dis là !

VALENTIN

C'est que si elle ne sait rien de tout cela, on ne lui a pas appris grand-chose ; car, dès qu'elle sera femme, elle le saura, et alors qui peut rien prévoir ?

VAN BUCK

Tu as de singulières idées sur l'éducation des femmes. Voudrais-tu pas qu'on les suivît ?

VALENTIN

Non ; mais je voudrais qu'une jeune fille fût une herbe dans un bois, et non une plante dans une caisse.

Allons, mon oncle, venez aux Tuileries, et ne parlons plus de tout cela.

VAN BUCK

Tu refuses mademoiselle de Mantes ?

VALENTIN

Pas plus qu'une autre, mais ni plus ni moins.

VAN BUCK

Tu me feras damner ; tu es incorrigible. J'avais les plus belles espérances ; cette fille-là sera très riche un jour ; tu me ruineras, et tu iras au diable ; voilà tout ce qui arrivera. Qu'est-ce que c'est ? Qu'est-ce que tu veux ?

VALENTIN

Vous donner votre canne et votre chapeau, pour prendre l'air, si cela vous convient.

VAN BUCK

Je me soucie bien de prendre l'air ! Je te déshérite, si tu refuses de te marier.

VALENTIN

Vous me déshéritez, mon oncle ?

VAN BUCK

Oui, par le ciel ! j'en fais serment ! Je serai aussi obstiné que toi, et nous verrons qui des deux cédera.

VALENTIN

Vous me déshéritez par écrit, ou seulement de vive voix ?

VAN BUCK

Par écrit, insolent que tu es !

VALENTIN

Et à qui laisserez-vous votre bien ? Vous fonderez donc un prix de vertu, ou un concours de grammaire latine ?

VAN BUCK

Plutôt que de me laisser ruiner par toi, je me ruinerai tout seul et à mon plaisir.

VALENTIN

Il n'y a plus de loterie[10] ni de jeu ; vous ne pourrez jamais tout boire.

VAN BUCK

Je quitterai Paris ; je retournerai à Anvers ; je me marierai moi-même, s'il le faut, et je te ferai six cousins germains.

VALENTIN

Et moi, je m'en irai à Alger ; je me ferai trompette de dragons, j'épouserai une Ethiopienne, et je vous ferai vingt-quatre petits-neveux, noirs comme de l'encre, et bêtes comme des pots.

VAN BUCK

Jour de ma vie ! si je prends ma canne...

VALENTIN

Tout beau, mon oncle ! prenez garde, en frappant, de casser votre bâton de vieillesse.

VAN BUCK, *l'embrassant.*

Ah ! malheureux ! Tu abuses de moi !

VALENTIN

Ecoutez-moi ; le mariage me répugne ; mais pour vous, mon bon oncle, je me déciderai à tout. Quelque bizarre que puisse vous sembler ce que je vais vous proposer, promettez-moi d'y souscrire sans réserve, et, de mon côté, j'engage ma parole.

VAN BUCK

De quoi s'agit-il ? Dépêche-toi.

VALENTIN

Promettez d'abord, je parlerai ensuite.

VAN BUCK

Je ne le puis pas sans rien savoir.

VALENTIN

Il le faut, mon oncle ; c'est indispensable.

VAN BUCK

Eh bien ! soit, je te le promets.

VALENTIN

Si vous voulez que j'épouse mademoiselle de Mantes, il n'y a pour cela qu'un moyen, c'est de me donner la certitude qu'elle ne me mettra jamais aux mains la paire de gants dont nous parlions.

VAN BUCK

Et que veux-tu que j'en sache ?

VALENTIN

Il y a pour cela des probabilités qu'on peut calculer aisément. Convenez-vous que si j'avais l'assurance qu'on peut la séduire en huit jours, j'aurais grand tort de l'épouser ?

VAN BUCK

Certainement. Quelle apparence ?...

VALENTIN

Je ne vous demande pas un plus long délai. La baronne ne m'a jamais vu, non plus que la fille ; vous allez faire atteler, et vous irez leur faire visite. Vous leur direz qu'à votre grand regret, votre neveu reste garçon ; j'arriverai au château une heure après vous, et vous aurez soin de ne pas me reconnaître ; voilà tout ce que je vous demande, le reste ne regarde que moi.

VAN BUCK

Mais tu m'effraies. Qu'est-ce que tu veux faire ? A quel titre te présenter ?

VALENTIN

C'est mon affaire ; ne me reconnaissez pas, voilà tout ce dont je vous charge. Je passerai huit jours au château ; j'ai besoin d'air, et cela me fera du bien. Vous y resterez si vous voulez.

VAN BUCK

Deviens-tu fou ? et que prétends-tu faire ? Séduire une jeune fille en huit jours ? Faire le galant sous un nom supposé ? La belle trouvaille ! Il n'y a pas de conte de fées où ces niaiseries ne soient rebattues. Me prends-tu pour un oncle du Gymnase [11] ?

VALENTIN

Il est deux heures, allons-nous-en chez vous.

Ils sortent.

SCÈNE II

Au château.

LA BARONNE, CÉCILE, UN ABBÉ, UN MAÎTRE DE DANSE

(La baronne, assise, cause avec l'abbé en faisant de la tapisserie. Cécile prend sa leçon de danse.)

LA BARONNE

C'est une chose assez singulière que je ne trouve pas mon peloton bleu.

L'ABBÉ

Vous le teniez il y a un quart d'heure ; il aura roulé quelque part.

LE MAÎTRE DE DANSE

Si mademoiselle veut faire encore la poule[12], nous nous reposerons après cela.

CÉCILE

Je veux apprendre la valse à deux temps.

LE MAÎTRE DE DANSE

Madame la baronne s'y oppose. Ayez la bonté de tourner la tête, et de me faire des oppositions[13].

L'ABBÉ

Que pensez-vous, madame, du dernier sermon ? ne l'avez-vous pas entendu ?

LA BARONNE

C'est vert et rose, sur fond noir, pareil au petit meuble d'en haut.

L'ABBÉ

Plaît-il ?

LA BARONNE

Ah ! pardon, je n'y étais pas.

L'ABBÉ

J'ai cru vous y apercevoir.

LA BARONNE

Où donc ?

L'ABBÉ

A Saint-Roch[14], dimanche dernier.

LA BARONNE

Mais oui, très bien. Tout le monde pleurait ; le baron ne faisait que se moucher. Je m'en suis allée à la moitié, parce que ma voisine avait des odeurs, et que je suis dans ce moment-ci entre les bras des homéopathes[15].

LE MAÎTRE DE DANSE

Mademoiselle, j'ai beau vous le dire, vous ne faites pas d'oppositions. Détournez donc légèrement la tête, et arrondissez-moi les bras.

CÉCILE

Mais, monsieur, quand on veut ne pas tomber, il faut bien regarder devant soi.

LE MAÎTRE DE DANSE

Fi donc ! C'est une chose horrible. Tenez, voyez ; y a-t-il rien de plus simple ? Regardez-moi ; est-ce que je tombe ? Vous allez à droite, vous regardez à gauche ; vous allez à gauche, vous regardez à droite ; il n'y a rien de plus naturel.

LA BARONNE

C'est une chose inconcevable que je ne trouve pas mon peloton bleu.

CÉCILE

Maman, pourquoi ne voulez-vous donc pas que j'apprenne la valse à deux temps ?

LA BARONNE

Parce que c'est indécent. Avez-vous lu *Jocelyn*[16] ?

L'ABBÉ

Oui, madame, il y a de beaux vers ; mais le fond, je vous l'avouerai...

LA BARONNE

Le fond est noir ; tout le petit meuble l'est ; vous verrez cela sur du palissandre.

CÉCILE

Mais, maman, miss Clary valse bien, et mesdemoiselles de Raimbaut aussi.

LA BARONNE

Miss Clary est anglaise, mademoiselle. Je suis sûre, l'abbé, que vous vous êtes assis dessus.

L'ABBÉ

Moi, madame ! sur miss Clary !

LA BARONNE

Eh ! c'est mon peloton, le voilà. Non, c'est du rouge ; où est-il passé ?

L'ABBÉ

Je trouve la scène de l'évêque fort belle ; il y a certainement du génie, beaucoup de talent, et de la facilité.

CÉCILE

Mais, maman, de ce qu'on est anglaise, pourquoi est-ce décent de valser ?

LA BARONNE

Il y a aussi un roman que j'ai lu, qu'on m'a envoyé de chez Mongie[17]. Je ne sais plus le nom, ni de qui c'était. L'avez-vous lu ? C'est assez bien écrit.

L'ABBÉ

Oui, madame. Il semble qu'on ouvre la grille. Attendez-vous quelque visite ?

LA BARONNE

Ah ! c'est vrai ; Cécile, écoutez.

LE MAÎTRE DE DANSE

Madame la baronne veut vous parler, mademoiselle.

L'ABBÉ

Je ne vois pas entrer de voiture ; ce sont des chevaux qui vont sortir.

CÉCILE, *s'approchant.*

Vous m'avez appelée, maman ?

LA BARONNE

Non. Ah ! oui. Il va venir quelqu'un ; baissez-vous donc que je vous parle à l'oreille. C'est un parti. Etes-vous coiffée ?

CÉCILE

Un parti ?

LA BARONNE

Oui, très convenable. — Vingt-cinq à trente ans, ou plus jeune ; non, je n'en sais rien ; très bien ; allez danser.

CÉCILE

Mais, maman, je voulais vous dire...

LA BARONNE

C'est incroyable où est allé ce peloton. Je n'en ai qu'un de bleu, et il faut qu'il s'envole.

Entre Van Buck.

VAN BUCK

Madame la Baronne, je vous souhaite le bonjour. Mon neveu n'a pu venir avec moi ; il m'a chargé de vous présenter ses regrets, et d'excuser son manque de parole.

LA BARONNE

Ah, bah ! vraiment ? il ne vient pas ? Voilà ma fille qui prend sa leçon ; permettez-vous qu'elle continue ? Je l'ai fait descendre, parce que c'est trop petit chez elle.

VAN BUCK

J'espère bien ne déranger personne. Si mon écervelé de neveu...

LA BARONNE

Vous ne voulez pas boire quelque chose ? Asseyez-vous donc. Comment allez-vous ?

VAN BUCK

Mon neveu, madame, est bien fâché...

LA BARONNE

Ecoutez donc que je vous dise. L'abbé, vous nous restez, pas vrai ? Eh bien ! Cécile, qu'est-ce qui t'arrive ?

LE MAÎTRE DE DANSE

Mademoiselle est lasse, madame.

LA BARONNE

Chansons ! si elle était au bal, et qu'il fût quatre heures du matin, elle ne serait pas lasse, c'est clair comme le jour. Dites-moi donc, vous : *(bas à Van Buck)* est-ce que c'est manqué ?

VAN BUCK

J'en ai peur ; et s'il faut tout dire...

LA BARONNE

Ah, bah ! il refuse ? Eh bien ! c'est joli.

VAN BUCK

Mon dieu, madame, n'allez pas croire qu'il y ait là de ma faute en rien. Je vous jure bien par l'âme de mon père...

LA BARONNE

Enfin il refuse, pas vrai ? C'est manqué ?

VAN BUCK

Mais, madame, si je pouvais, sans mentir...

LA BARONNE

On entend un grand tumulte au dehors.

Qu'est-ce que c'est ? regardez donc, l'abbé.

L'ABBÉ

Madame, c'est une voiture versée devant la porte du château. On apporte ici un jeune homme qui semble privé de sentiment.

LA BARONNE

Ah ! mon Dieu, un mort qui m'arrive ! Qu'on arrange vite la chambre verte. Venez, Van Buck, donnez-moi le bras.

Ils sortent.

ACTE II

SCÈNE I

Une allée sous une charmille.
Entrent VAN BUCK *et* VALENTIN,
qui a le bras en écharpe.

VAN BUCK

Est-il possible, malheureux garçon, que tu te sois réellement démis le bras ?

VALENTIN

Il n'y a rien de plus possible ; c'est même probable, et, qui pis est, assez douloureusement réel.

VAN BUCK

Je ne sais lequel, dans cette affaire, est le plus à blâmer de nous deux. Vit-on jamais pareille extravagance !

VALENTIN

Il fallait bien trouver un prétexte pour m'introduire convenablement. Quelle raison voulez-vous qu'on ait de se présenter ainsi incognito à une famille respectable ? J'avais donné un louis à mon postillon en lui demandant sa parole de me verser devant le château. C'est un honnête homme, il n'y a rien à lui dire, et son argent est parfaitement gagné ; il a mis sa roue dans le fossé avec une constance héroïque. Je me suis démis le bras, c'est ma faute ; mais j'ai versé, et je ne me plains pas. Au contraire, j'en suis bien aise ; cela donne aux choses un air de vérité qui intéresse en ma faveur.

VAN BUCK

Que vas-tu faire ? et quel est ton dessein ?

VALENTIN

Je ne viens pas du tout ici pour épouser mademoiselle de Mantes, mais uniquement pour vous prouver que j'aurais tort de l'épouser. Mon plan est fait, ma batterie pointée ; et, jusqu'ici, tout va à merveille. Vous avez tenu votre promesse comme Régulus ou Hernani[18]. Vous ne m'avez pas appelé mon neveu, c'est le principal et le plus difficile ; me voilà reçu, hébergé, couché dans une belle chambre verte, de la fleur d'orange sur ma table, et des rideaux blancs à mon lit. C'est une justice à rendre à votre baronne, elle m'a aussi bien recueilli que mon postillon m'a versé. Maintenant, il s'agit de savoir si tout le reste ira à l'avenant. Je compte d'abord faire ma déclaration, secondement écrire un billet...

VAN BUCK

C'est inutile, je ne souffrirai pas que cette mauvaise plaisanterie s'achève.

VALENTIN

Vous dédire ! comme vous voudrez ; je me dédis aussi sur-le-champ.

VAN BUCK

Mais, mon neveu...

VALENTIN

Dites un mot, je reprends la poste et retourne à Paris ; plus de parole, plus de mariage ; vous me déshériterez si vous voulez.

VAN BUCK

C'est un guêpier incompréhensible, et il est inouï que je sois fourré là. Mais enfin, voyons, explique-toi !

VALENTIN

Songez, mon oncle, à notre traité. Vous m'avez dit et accordé que, s'il était prouvé que ma future devait me ganter de certains gants, je serais un fou d'en faire ma femme. Par conséquent, l'épreuve étant admise, vous trouverez bon, juste et convenable qu'elle soit aussi complète que possible. Ce que je dirai, sera bien dit ; ce que j'essaierai, bien essayé, et ce que je pourrai faire, bien fait ; vous ne me chercherez pas chicane, et j'ai carte blanche en tous cas.

VAN BUCK

Mais, monsieur, il y a pourtant de certaines bornes, de certaines choses — Je vous prie de remarquer que si vous allez vous prévaloir — Miséricorde ! comme tu y vas !

VALENTIN

Si notre future est telle que vous la croyez et que vous me l'avez représentée, il n'y a pas le moindre danger, et elle ne peut que s'en trouver plus digne. Figurez-vous que je suis le premier venu ; je suis amoureux de mademoiselle de Mantes, vertueuse épouse de Valentin Van Buck ; songez comme la jeunesse du jour est entreprenante et hardie ! que ne fait-on pas, d'ailleurs, quand on aime ? Quelles escalades, quelles lettres de quatre pages, quels torrents de larmes, quels cornets de dragées ! Devant quoi recule un amant ? De quoi peut-on lui demander compte ? Quel mal fait-il, et de quoi s'offenser ? il aime, ô mon oncle Van Buck ! Rappelez-vous le temps où vous aimiez.

VAN BUCK

De tout temps j'ai été décent, et j'espère que vous le serez, sinon je dis tout à la baronne.

VALENTIN

Je ne compte rien faire qui puisse choquer personne. Je compte d'abord faire ma déclaration ; secondement, écrire plusieurs billets ; troisièmement, gagner la fille de chambre ; quatrièmement, rôder dans les petits coins ; cinquièmement, prendre l'empreinte des serrures avec de la cire à cacheter ; sixièmement, faire une échelle de cordes, et couper les vitres avec ma bague ; septièmement, me mettre à genou par terre en récitant *La Nouvelle Héloïse*[19] ; et huitièmement, si je ne réussis pas, m'aller noyer dans la pièce d'eau ; mais je vous jure d'être décent, et de ne pas dire un seul gros mot, ni rien qui blesse les convenances.

VAN BUCK

Tu es un roué et un impudent ; je ne souffrirai rien de pareil.

VALENTIN

Mais pensez donc que tout ce que je vous dis là, dans quatre ans d'ici un autre le fera, si j'épouse mademoiselle de Mantes ; et comment voulez-vous que je sache de quelle résistance elle est capable, si je ne l'ai d'abord essayé moi-même ? Un autre tentera bien plus encore, et aura devant lui un bien autre délai ; en ne demandant que huit jours, j'ai fait un acte de grande humilité.

VAN BUCK

C'est un piège que tu m'as tendu ; jamais je n'ai prévu cela.

VALENTIN

Et que pensiez-vous donc prévoir, quand vous avez accepté la gageure ?

VAN BUCK

Mais, mon ami, je pensais, je croyais — je croyais que tu allais faire ta cour... mais poliment... à cette jeune personne, comme par exemple, de lui... de lui dire... Ou si par hasard... et encore je n'en sais rien... Mais que diable ! tu es effrayant.

VALENTIN

Tenez ! voilà la blanche Cécile qui nous arrive à petit pas. Entendez-vous craquer le bois sec ? La mère tapisse avec son abbé. Vite, fourrez-vous dans la charmille. Vous serez témoin de la première escarmouche, et vous m'en direz votre avis.

VAN BUCK

Tu l'épouseras si elle te reçoit mal ?

Il se cache dans la charmille.

VALENTIN

Laissez-moi faire, et ne bougez pas. Je suis ravi de vous avoir pour spectateur, et l'ennemi détourne l'allée. Puisque vous m'avez appelé fou, je veux vous montrer qu'en fait d'extravagances, les plus fortes sont les meilleures. Vous allez voir, avec un peu d'adresse, ce que rapportent les blessures honorables reçues pour plaire à la beauté. Considérez cette démarche pensive, et faites-moi la grâce de me dire si ce bras estropié ne me sied pas. Eh ! que voulez-vous ? C'est qu'on est pâle ; il n'y a au monde que cela :

Un jeune malade à pas lents[20]...

Surtout, pas de bruit ; voici l'instant critique ; respectez la foi des serments. Je vais m'asseoir au pied d'un arbre, comme un pasteur des temps passés.

Entre Cécile un livre à la main.

VALENTIN

Déjà levée, mademoiselle, et seule à cette heure dans le bois ?

CÉCILE

C'est vous, monsieur ? je ne vous reconnaissais pas. Comment se porte votre foulure ?

VALENTIN, *à part.*

Foulure ! Voilà un vilain mot. *(Haut.)* C'est trop de grâce que vous me faites, et il y a de certaines blessures qu'on ne sent jamais qu'à demi.

CÉCILE

Vous a-t-on servi à déjeuner ?

VALENTIN

Vous êtes trop bonne ; de toutes les vertus de votre sexe, l'hospitalité est la moins commune, et on ne la trouve nulle part aussi douce, aussi précieuse que chez vous ; et si l'intérêt qu'on m'y témoigne...

CÉCILE

Je vais dire qu'on vous monte un bouillon.

Elle sort.

VAN BUCK, *entrant.*

Tu l'épouseras ! tu l'épouseras ! Avoue qu'elle a été parfaite. Quelle naïveté ! quelle pudeur divine ! On ne peut pas faire un meilleur choix.

VALENTIN

Un moment, mon oncle, un moment ; vous allez bien vite en besogne.

VAN BUCK

Pourquoi pas ? Il n'en faut pas plus ; tu vois clairement à qui tu as affaire, et ce sera toujours de même. Que tu seras heureux avec cette femme-là ! Allons tout dire à la baronne ; je me charge de l'apaiser.

VALENTIN

Bouillon ! Comment une jeune fille peut-elle prononcer ce mot-là ? Elle me déplaît ; elle est laide et sotte. Adieu, mon oncle, je retourne à Paris.

VAN BUCK

Plaisantez-vous ? où est votre parole ? Est-ce ainsi qu'on se joue de moi ? Que signifient ces yeux baissés, et cette contenance défaite ? Est-ce à dire que vous me prenez pour un libertin de votre espèce, et que vous vous servez de ma folle complaisance, comme d'un manteau pour vos méchants desseins ? N'est-ce donc vraiment qu'une séduction que vous venez tenter ici sous le masque de cette épreuve ! Jour de Dieu ! si je le croyais !...

VALENTIN

Elle me déplaît, ce n'est pas ma faute, et je n'en ai pas répondu.

VAN BUCK

En quoi peut-elle vous déplaire ? Elle est jolie, ou je ne m'y connais pas. Elle a les yeux longs et bien fendus, des cheveux superbes, une taille passable. Elle est parfaitement bien élevée ; elle sait l'anglais et l'italien ; elle aura trente mille livres de rente, et en attendant une très belle dot. Quel reproche pouvez-vous lui faire, et pour quelle raison n'en voulez-vous pas ?

VALENTIN

Il n'y a jamais de raison à donner pourquoi les gens plaisent ou déplaisent. Il est certain qu'elle me déplaît, elle, sa foulure et son bouillon.

VAN BUCK

C'est votre amour-propre qui souffre. Si je n'avais pas été là, vous seriez venu me faire cent contes sur votre premier entretien, et vous targuer de belles espérances. Vous vous étiez imaginé faire sa conquête en un clin d'œil, et c'est là où le bât vous blesse. Elle vous plaisait hier au soir, quand vous ne l'aviez encore qu'entrevue, et qu'elle s'empressait avec sa mère à vous soigner de votre sot accident. Maintenant, vous la trouvez laide, parce qu'elle a fait à peine attention à vous. Je vous connais mieux que vous ne pensez, et je ne céderai pas si vite. Je vous défends de vous en aller.

VALENTIN

Comme vous voudrez ; je ne veux pas d'elle ; je vous répète que je la trouve laide, et elle a un air niais qui est révoltant. Ses yeux sont grands, c'est vrai, mais ils ne veulent rien dire ; ses cheveux sont beaux, mais elle a le front plat ; quant à la taille, c'est peut-être ce qu'elle a de mieux, quoique vous ne la trouviez que passable. Je la félicite de savoir l'italien, elle y a peut-être plus d'esprit qu'en français ; pour ce qui est de sa dot, qu'elle la garde ; je n'en veux pas plus que de son bouillon.

VAN BUCK

A-t-on idée d'une pareille tête, et peut-on s'attendre à rien de semblable ? Va, va, ce que je te disais hier n'est que la pure vérité. Tu n'es capable que de rêver des balivernes, et je ne veux plus m'occuper de toi. Epouse une blanchisseuse si tu veux. Puisque tu refuses ta fortune, lorsque tu l'as entre les mains, que le hasard décide du reste ; cherche-le au fond de tes cornets. Dieu m'est témoin que ma patience a été telle depuis trois ans que nul autre peut-être à ma place...

VALENTIN

Est-ce que je me trompe ? Regardez donc, mon oncle. Il me semble qu'elle revient par ici. Oui, je l'aperçois entre les arbres ; elle va repasser dans le taillis.

VAN BUCK

Où donc ? quoi ? qu'est-ce que tu dis ?

VALENTIN

Ne voyez-vous pas une robe blanche derrière ces touffes de lilas ? Je ne me trompe pas ; c'est bien elle. Vite, mon oncle, rentrez dans la charmille, qu'on ne nous surprenne pas ensemble.

VAN BUCK

A quoi bon, puisqu'elle te déplaît ?

VALENTIN

Il n'importe, je veux l'aborder, pour que vous ne puissiez pas dire que je l'ai jugée trop légèrement.

VAN BUCK

Tu l'épouseras si elle persévère ?

Il se cache de nouveau.

VALENTIN

Chut ! pas de bruit ; la voici qui arrive.

CÉCILE, *entrant.*

Monsieur, ma mère m'a chargée de vous demander si vous comptiez partir aujourd'hui.

VALENTIN

Oui, mademoiselle, c'est mon intention, et j'ai demandé des chevaux.

CÉCILE

C'est qu'on fait un whist[21] au salon, et que ma mère vous serait bien obligée si vous vouliez faire le quatrième.

VALENTIN

J'en suis fâché, mais je ne sais pas jouer.

CÉCILE

Et si vous vouliez rester à dîner, nous avons un faisan truffé.

VALENTIN

Je vous remercie ; je n'en mange pas.

CÉCILE

Après-dîner, il nous vient du monde, et nous danserons la mazourke[22].

VALENTIN

Excusez-moi, je ne danse jamais.

CÉCILE

C'est bien dommage. Adieu, monsieur.

Elle sort.

VAN BUCK, *rentrant.*

Ah ça ! voyons, l'épouseras-tu ? Qu'est-ce que tout cela signifie ? Tu dis que tu as demandé des chevaux ; est-ce que c'est vrai ? ou si tu te moques de moi ?

VALENTIN

Vous aviez raison, elle est agréable ; je la trouve mieux que la première fois ; elle a un petit signe au coin de la bouche que je n'avais pas remarqué.

VAN BUCK

Où vas-tu ? Qu'est-ce qui t'arrive ? Veux-tu me répondre sérieusement ?

VALENTIN

Je ne vais nulle part, je me promène avec vous. Est-ce que vous la trouvez mal faite ?

VAN BUCK

Moi ? Dieu m'en garde ! je la trouve complète en tout.

VALENTIN

Il me semble qu'il est bien matin pour jouer au whist ; y jouez-vous, mon oncle ? Vous devriez rentrer au château.

VAN BUCK

Certainement, je devrais y rentrer ; j'attends que vous daigniez me répondre. Restez-vous ici, oui ou non ?

VALENTIN

Si je reste, c'est pour notre gageure ; je n'en voudrais pas avoir le démenti ; mais ne comptez sur rien jusqu'à tantôt ; mon bras malade me met au supplice.

CÉCILE

C'est bien dommage. Adieu, monsieur.

Elle sort.

VAN BUCK, *rentrant.*

Ah ça ! voyons, l'épouseras-tu ? Qu'est-ce que tout cela signifie ? Tu dis que tu as demandé des chevaux ; est-ce que c'est vrai ? ou si tu te moques de moi ?

VALENTIN

Vous aviez raison, elle est agréable ; je la trouve mieux que la première fois ; elle a un petit signe au coin de la bouche que je n'avais pas remarqué.

VAN BUCK

Où vas-tu ? Qu'est-ce qui t'arrive ? Veux-tu me répondre sérieusement ?

VALENTIN

Je ne vais nulle part, je me promène avec vous. Est-ce que vous la trouvez mal faite ?

VAN BUCK

Moi ? Dieu m'en garde ! je la trouve complète en tout.

VALENTIN

Il me semble qu'il est bien matin pour jouer au whist ; y jouez-vous, mon oncle ? Vous devriez rentrer au château.

VAN BUCK

Certainement, je devrais y rentrer ; j'attends que vous daigniez me répondre. Restez-vous ici, oui ou non ?

VALENTIN

Si je reste, c'est pour notre gageure ; je n'en voudrais pas avoir le démenti ; mais ne comptez sur rien jusqu'à tantôt ; mon bras malade me met au supplice.

VALENTIN

Il n'importe, je veux l'aborder, pour que vous ne puissiez pas dire que je l'ai jugée trop légèrement.

VAN BUCK

Tu l'épouseras si elle persévère ?

Il se cache de nouveau.

VALENTIN

Chut ! pas de bruit ; la voici qui arrive.

CÉCILE, *entrant.*

Monsieur, ma mère m'a chargée de vous demander si vous comptiez partir aujourd'hui.

VALENTIN

Oui, mademoiselle, c'est mon intention, et j'ai demandé des chevaux.

CÉCILE

C'est qu'on fait un whist[21] au salon, et que ma mère vous serait bien obligée si vous vouliez faire le quatrième.

VALENTIN

J'en suis fâché, mais je ne sais pas jouer.

CÉCILE

Et si vous vouliez rester à dîner, nous avons un faisan truffé.

VALENTIN

Je vous remercie ; je n'en mange pas.

CÉCILE

Après-dîner, il nous vient du monde, et nous danserons la mazourke[22].

VALENTIN

Excusez-moi, je ne danse jamais.

VAN BUCK

Elle tourne autour de la plate-bande, et la charmille est circulaire. Il n'y a rien là que de très convenable.

VALENTIN

Ah ! coquette fille ! c'est autour du feu qu'elle tourne, comme un papillon ébloui. Je veux jeter cette pièce à pile ou face, pour savoir si je l'aimerai.

VAN BUCK

Tâche donc qu'elle t'aime auparavant ; le reste est le moins difficile.

VALENTIN

Soit ; regardons-la bien tous les deux. Elle va passer entre ces deux touffes d'arbres. Si elle tourne la tête de notre côté, je l'aime, sinon, je m'en vais à Paris.

VAN BUCK

Gageons qu'elle ne se retourne pas.

VALENTIN

Oh ! que si ; ne la perdons pas de vue.

VAN BUCK

Tu as raison. — Non, pas encore ; elle paraît lire attentivement.

VALENTIN

Je suis sûr qu'elle va se retourner.

VAN BUCK

Non ; elle avance ; la touffe d'arbres approche. Je suis convaincu qu'elle n'en fera rien.

VALENTIN

Elle doit pourtant nous voir ; rien ne nous cache ; je vous dis qu'elle se retournera.

VAN BUCK

Rentrons ; tu te reposeras.

VALENTIN

Oui, j'ai envie de prendre ce bouillon qui est là-haut ; il faut que j'écrive ; je vous reverrai à dîner.

VAN BUCK

Ecrire ! J'espère que ce n'est pas à elle que tu écriras.

VALENTIN

Si je lui écris, c'est pour notre gageure. Vous savez que c'est convenu.

VAN BUCK

Je m'y oppose formellement, à moins que tu me montres ta lettre.

VALENTIN

Tant que vous voudrez ; je vous dis et je vous répète qu'elle me plaît médiocrement.

VAN BUCK

Quelle nécessité de lui écrire ? Pourquoi ne lui as-tu pas fait tout à l'heure ta déclaration de vive voix, comme tu te l'étais promis ?

VALENTIN

Pourquoi ?

VAN BUCK

Sans doute ; qu'est-ce qui t'en empêchait ? Tu avais le plus beau courage du monde.

VALENTIN

C'est que mon bras me faisait souffrir. Tenez, la voilà qui repasse une troisième fois ; la voyez-vous là-bas, dans l'allée ?

VAN BUCK

Elle a passé, tu as perdu.

VALENTIN

Je vais lui écrire, ou que le ciel m'écrase ! Il faut que je sache à quoi m'en tenir. C'est incroyable qu'une petite fille traite les gens aussi légèrement. Pure hypocrisie ! pur manège ! Je vais lui dépêcher un billet en règle ; je lui dirai que je meurs d'amour pour elle, que je me suis cassé le bras pour la voir, que si elle me repousse, je me brûle la cervelle, et que si elle veut de moi, je l'enlève demain matin. Venez, rentrons, je veux écrire devant vous.

VAN BUCK

Tout beau, mon neveu, quelle mouche vous pique ? Vous nous ferez quelque mauvais tour ici.

VALENTIN

Croyez-vous donc que deux mots en l'air puissent signifier quelque chose ? Que lui ai-je dit que d'indifférent, et que m'a-t-elle dit elle-même ? Il est tout simple qu'elle ne se retourne pas. Elle ne sait rien, et je n'ai rien su lui dire. Je ne suis qu'un sot, si vous voulez ; il est possible que je me pique d'orgueil et que mon amour-propre soit en jeu. Belle ou laide, peu m'importe ; je veux voir clair dans son âme. Il y a là-dessous quelque ruse, quelque parti pris que nous ignorons ; laissez-moi faire, tout s'éclaircira.

VAN BUCK

Le diable m'emporte, tu parles en amoureux. Est-ce que tu le serais, par hasard ?

VALENTIN

Non ; je vous ai dit qu'elle me déplaît. Faut-il vous rebattre cent fois la même chose ? dépêchons-nous, rentrons au château.

VAN BUCK

Je vous ai dit que je ne veux pas de lettre, et surtout de celle dont vous parlez.

VALENTIN

Venez toujours, nous nous déciderons.

Ils sortent.

SCÈNE II

Le salon.
LA BARONNE *et* L'ABBÉ,
devant une table de jeu préparée.

LA BARONNE

Vous direz ce que vous voudrez, c'est désolant de jouer avec un mort. Je déteste la campagne à cause de cela.

L'ABBÉ

Mais où est donc M. Van Buck ? est-ce qu'il n'est pas encore descendu ?

LA BARONNE

Je l'ai vu tout à l'heure dans le parc avec ce monsieur de la chaise[23], qui, par parenthèse, n'est guère poli de ne pas vouloir nous rester à dîner.

L'ABBÉ

S'il a des affaires pressées...

LA BARONNE

Bah ! des affaires, tout le monde en a. La belle excuse ! Si on ne pensait jamais qu'aux affaires, on ne serait jamais à rien. Tenez, l'abbé, jouons au piquet[24] ; je me sens d'une humeur massacrante.

L'ABBÉ, *mêlant les cartes.*

Il est certain que les jeunes gens du jour ne se piquent pas d'être polis.

LA BARONNE

Polis ! je crois bien. Est-ce qu'ils s'en doutent ? Et qu'est-ce que c'est que d'être poli ? Mon cocher est poli. De mon temps, l'abbé, on était galant.

L'ABBÉ

C'était le bon, madame la baronne, et plût au ciel que j'y fusse né !

LA BARONNE

J'aurais voulu voir que mon frère, qui était à Monsieur[25], tombât de carrosse à la porte d'un château, et qu'on l'y eût gardé à coucher. Il aurait plutôt perdu sa fortune que de refuser de faire un quatrième. Tenez, ne parlons plus de ces choses-là. C'est à vous de prendre ; vous n'en laissez pas ?

L'ABBÉ

Je n'ai pas un as ; voilà M. Van Buck.

Entre Van Buck.

LA BARONNE

Continuons ; c'est à vous de parler.

VAN BUCK, *bas à la baronne.*

Madame, j'ai deux mots à vous dire qui sont de la dernière importance.

LA BARONNE

Eh bien ! après le marqué.

L'ABBÉ

Cinq cartes, valant quarante et cinq.

LA BARONNE

Cela ne vaut pas. *(A Van Buck.)* Qu'est-ce donc ?

VAN BUCK

Je vous supplie de m'accorder un moment ; je ne puis parler devant un tiers, et ce que j'ai à vous dire ne souffre aucun retard.

LA BARONNE *se lève.*

Vous me faites peur ; de quoi s'agit-il ?

VAN BUCK

Madame, c'est une grave affaire, et vous allez peut-être vous fâcher contre moi. La nécessité me force de manquer à une promesse que mon imprudence m'a fait accorder. Le jeune homme à qui vous avez donné l'hospitalité cette nuit, est mon neveu.

LA BARONNE

Ah ! bah ! quelle idée !

VAN BUCK

Il désirait approcher de vous sans être connu ; je n'ai pas cru mal faire en me prêtant à une fantaisie qui, en pareil cas, n'est pas nouvelle.

LA BARONNE

Ah ! mon Dieu ! j'en ai vu bien d'autres !

VAN BUCK

Mais je dois vous avertir qu'à l'heure qu'il est, il vient d'écrire à mademoiselle de Mantes, et dans les termes les moins retenus. Ni mes menaces, ni mes prières, n'ont pu le dissuader de sa folie ; et un de vos gens, je le dis à regret, s'est chargé de remettre le billet à son adresse. Il s'agit d'une déclaration d'amour, et, je dois ajouter, des plus extravagantes.

LA BARONNE

Vraiment ! eh bien ! ce n'est pas si mal. Il a de la tête, votre petit bonhomme.

VAN BUCK

Jour de Dieu ! je vous en réponds ! ce n'est pas d'hier que j'en sais quelque chose. Enfin, madame, c'est à vous d'aviser aux moyens de détourner les suites de cette affaire. Vous êtes chez vous ; et, quant à moi, je vous avouerai que je suffoque, et que les jambes vont me manquer. Ouf !

Il tombe dans une chaise.

LA BARONNE

Ah ! ciel ! qu'est-ce que vous avez donc ? Vous êtes pâle comme un linge ! Vite ! racontez-moi tout ce qui s'est passé, et faites-moi confidence entière.

VAN BUCK

Je vous ai tout dit ; je n'ai rien à ajouter.

LA BARONNE

Ah ! bah ! ce n'est que ça ? Soyez donc sans crainte ; si votre neveu a écrit à Cécile, la petite me montrera le billet.

VAN BUCK

En êtes-vous sûre, baronne ? Cela est dangereux.

LA BARONNE

Belle question ! Où en serions-nous si une fille ne montrait pas à sa mère une lettre qu'on lui écrit ?

VAN BUCK

Hum ! je n'en mettrais pas ma main au feu.

LA BARONNE

Qu'est-ce à dire, monsieur Van Buck ? Savez-vous à qui vous parlez ? Dans quel monde avez-vous vécu pour élever un pareil doute ? Je ne sais pas trop comme on fait aujourd'hui, ni de quel train va votre bourgeoisie ; mais, vertu de ma vie, en voilà assez ; j'aperçois justement ma fille, et vous verrez qu'elle m'apporte sa lettre. Venez, l'abbé, continuons.

Elle se remet en jeu. — Entre Cécile, qui va à la fenêtre, prend son ouvrage et s'assoit à l'écart.

L'ABBÉ

Quarante-cinq ne valent pas ?

LA BARONNE

Non, vous n'avez rien ; quatorze d'as, six et quinze, c'est quatre-vingt-quinze. A vous de jouer.

L'ABBÉ

Trèfle. Je crois que je suis capot[26].

VAN BUCK, *bas à la baronne.*

Je ne vois pas que mademoiselle Cécile vous fasse encore des confidences.

LA BARONNE, *bas à Van Buck.*

Vous ne savez ce que vous dites ; c'est l'abbé qui la gêne ; je suis sûre d'elle comme de moi. Je fais repic[27]. Cent dix-sept de reste. A vous de faire.

UN DOMESTIQUE, *entrant.*

Monsieur l'abbé, on vous demande ; c'est le sacristain et le bedeau du village.

L'ABBÉ

Qu'est-ce qu'ils me veulent ? je suis occupé.

LA BARONNE

Donnez vos cartes à Van Buck ; il jouera ce coup-ci pour vous.

L'abbé sort. Van Buck prend sa place.

LA BARONNE

C'est vous qui faites, et j'ai coupé. Vous êtes marqué[28] selon toute apparence. Qu'est-ce que vous avez donc dans les doigts ?

VAN BUCK, *bas.*

Je vous confesse que je ne suis pas tranquille ; votre fille ne dit mot, et je ne vois pas mon neveu.

LA BARONNE

Je vous dis que j'en réponds ; c'est vous qui la gênez ; je la vois d'ici qui me fait des signes.

VAN BUCK

Vous croyez ? moi, je ne vois rien.

LA BARONNE

Cécile, venez donc un peu ici ; vous vous tenez à une lieue. *(Cécile approche son fauteuil.)* Est-ce que vous n'avez rien à me dire, ma chère ?

CÉCILE

Moi ? non, maman.

LA BARONNE

Ah ! bah ! Je n'ai que quatre cartes, Van Buck. Le point est à vous ; j'ai trois valets.

VAN BUCK

Voulez-vous que je vous laisse seules ?

LA BARONNE

Non ; restez donc, ça ne fait rien. Cécile, tu peux parler devant monsieur.

CÉCILE

Moi, maman ? Je n'ai rien de secret a dire.

LA BARONNE

Vous n'avez pas à me parler ?

CÉCILE

Non, maman.

LA BARONNE

C'est inconcevable ; qu'est-ce que vous venez donc me conter, Van Buck ?

VAN BUCK

Madame, j'ai dit la vérité.

LA BARONNE

Ça ne se peut pas : Cécile n'a rien à me dire ; il est clair qu'elle n'a rien reçu.

VAN BUCK, *se levant.*

Eh ! morbleu, je l'ai vu de mes yeux.

LA BARONNE, *se levant aussi.*

Ma fille, qu'est-ce que cela signifie ? levez-vous droite, et regardez-moi. Qu'est-ce que vous avez dans vos poches ?

CÉCILE, *pleurant.*

Mais, maman, ce n'est pas ma faute ; c'est ce monsieur qui m'a écrit.

LA BARONNE

Voyons cela. *(Cécile donne la lettre.)* Je suis curieuse de lire de son style, à ce monsieur, comme vous l'appelez. *(Elle lit.)*

« Mademoiselle, je meurs d'amour pour vous. Je vous ai vue l'hiver passé, et, vous sachant à la campagne, j'ai résolu de vous revoir ou de mourir. J'ai donné un louis à mon postillon... »

Ne voudrait-il pas qu'on le lui rende ? Nous avons bien affaire de le savoir !

« à mon postillon, pour me verser devant votre porte. Je vous ai rencontrée deux fois ce matin, et je n'ai rien pu vous dire, tant votre présence m'a troublé. Cependant, la crainte de vous perdre, et l'obligation de quitter le château... »

J'aime beaucoup ça. Qu'est-ce qui le priait de partir ? C'est lui qui me refuse de rester à dîner.

« me déterminent à vous demander de m'accorder un rendez-vous. Je sais que je n'ai aucun titre à votre confiance... »

La belle remarque, et faite à propos.

« mais l'amour peut tout excuser ; ce soir, à neuf heures, pendant le bal, je serai caché dans le bois ; tout le monde ici me croira parti, car je sortirai du château en voiture avant dîner, mais seulement pour faire quatre pas et descendre. »

Quatre pas ! quatre pas ! l'avenue est longue ; dirait-on pas qu'il n'y a qu'à enjamber ?

« et descendre. Si dans la soirée vous pouvez vous échapper, je vous attends ; sinon, je me brûle la cervelle. »

Bien.

« la cervelle. Je ne crois pas que votre mère... »

Ah ! que votre mère ! voyons un peu cela.

« fasse grande attention à vous. Elle a une tête de gir... »

Monsieur Van Buck, qu'est-ce que cela signifie ?

VAN BUCK

Je n'ai pas entendu, madame.

LA BARONNE

Lisez vous-même, et faites-moi le plaisir de dire à votre neveu qu'il sorte de ma maison tout à l'heure, et qu'il n'y mette jamais les pieds.

VAN BUCK

Il y a *girouette ;* c'est positif ; je ne m'en étais pas aperçu. Il m'avait cependant lu sa lettre avant que de la cacheter.

LA BARONNE

Il vous avait lu cette lettre, et vous l'avez laissé la donner à mes gens ! Allez, vous êtes un vieux sot, et je ne vous reverrai de ma vie.

Elle sort. On entend le bruit d'une voiture.

VAN BUCK

Qu'est-ce que c'est ? mon neveu qui part sans moi ? Eh ! comment veut-il que je m'en aille ? J'ai renvoyé mes chevaux. Il faut que je coure après lui.

Il sort en courant.

CÉCILE, *seule.*

C'est singulier ; pourquoi m'écrit-il, quand tout le monde veut bien qu'il m'épouse ?

ACTE III

SCÈNE I

Un chemin.
Entrent VAN BUCK *et* VALENTIN,
qui frappe à une auberge.

VALENTIN

Holà ! hé ! y a-t-il quelqu'un ici capable de me faire une commission ?

UN GARÇON, *sortant.*

Oui, monsieur, si ce n'est pas trop loin ; car vous voyez qu'il pleut à verse.

VAN BUCK

Je m'y oppose de toute mon autorité, et au nom des lois du royaume.

VALENTIN

Connaissez-vous le château de Mantes, ici près ?

LE GARÇON

Que oui, monsieur, nous y allons tous les jours. C'est à main gauche ; on le voit d'ici.

VAN BUCK

Mon ami, je vous défends d'y aller, si vous avez quelque notion du bien et du mal.

VALENTIN

Il y a deux louis à gagner pour vous. Voilà une lettre pour Mlle de Mantes, que vous remettrez à sa femme de chambre, et non à d'autres, et en secret. Dépêchez-vous et revenez.

LE GARÇON

Oh ! monsieur, n'ayez pas peur.

VAN BUCK

Voilà quatre louis si vous refusez.

LE GARÇON

Oh ! monseigneur, il n'y a pas de danger.

VALENTIN

En voilà dix ; et si vous n'y allez pas, je vous casse ma canne sur le dos.

LE GARÇON

Oh ! mon prince, soyez tranquille ; je serai bientôt revenu.

Il sort.

VALENTIN

Maintenant, mon oncle, mettons-nous à l'abri ; et si vous m'en croyez, buvons un verre de bière. Cette course à pied doit vous avoir fatigué.

Ils s'assoient sur un banc.

VAN BUCK

Sois-en certain, je ne te quitterai pas ; j'en jure par l'âme de feu mon frère et par la lumière du soleil. Tant que mes pieds pourront me porter, tant que ma tête sera sur mes épaules, je m'opposerai à cette action infâme et à ses horribles conséquences.

VALENTIN

Soyez-en sûr, je n'en démordrai pas; j'en jure par ma juste colère et par la nuit qui me protégera. Tant que j'aurai du papier et de l'encre, et qu'il me restera un louis dans ma poche, je poursuivrai et achèverai mon dessein, quelque chose qui puisse en arriver.

VAN BUCK

N'as-tu donc plus ni foi ni vergogne, et se peut-il que tu sois mon sang? Quoi! ni le respect pour l'innocence, ni le sentiment du convenable, ni la certitude de me donner la fièvre, rien n'est capable de te toucher!

VALENTIN

N'avez-vous donc ni orgueil ni honte, et se peut-il que vous soyez mon oncle? Quoi! ni l'insulte que l'on nous fait, ni la manière dont on nous chasse, ni les injures qu'on vous a dit à votre barbe, rien n'est capable de vous donner du cœur!

VAN BUCK

Encore si tu étais amoureux! si je pouvais croire que tant d'extravagances partent d'un motif qui eût quelque chose d'humain! Mais non, tu n'es qu'un Lovelace[29], tu ne respires que trahisons, et la plus exécrable vengeance est ta seule soif et ton seul amour.

VALENTIN

Encore si je vous voyais pester! si je pouvais me dire qu'au fond de l'âme vous envoyez cette baronne et son monde à tous les diables! Mais non, vous ne craignez que la pluie, vous ne pensez qu'au mauvais temps qu'il fait, et le soin de vos bas chinés est votre seule peur et votre seul tourment.

VAN BUCK

Ah ! qu'on a bien raison de dire qu'une première faute mène à un précipice ! Qui m'eût pu prédire ce matin, lorsque le barbier m'a rasé, et que j'ai mis mon habit neuf, que je serais ce soir dans une grange, crotté et trempé jusqu'aux os ! Quoi ! c'est moi ! Dieu juste ! à mon âge ! Il faut que je quitte ma chaise de poste où nous étions si bien installés, il faut que je coure à la suite d'un fou, à travers champs, en rase campagne ! Il faut que je me traîne à ses talons, comme un confident de tragédie, et le résultat de tant de sueurs sera le déshonneur de mon nom !

VALENTIN

C'est au contraire par la retraite que nous pourrions nous déshonorer, et non par une glorieuse campagne dont nous ne sortirons que vainqueurs. Rougissez, mon oncle Van Buck, mais que ce soit d'une noble indignation. Vous me traitez de Lovelace ; oui, par le ciel ! ce nom me convient. Comme à lui, on me ferme une porte surmontée de fières armoiries ; comme lui, une famille odieuse croit m'abattre par un affront ; comme lui, comme l'épervier, j'erre et je tournoie aux environs ; mais, comme lui, je saisirai ma proie, et comme Clarisse [30], la sublime bégueule, ma bien-aimée m'appartiendra.

VAN BUCK

Ah ! ciel ! que ne suis-je à Anvers, assis devant mon comptoir, sur mon fauteuil de cuir, et dépliant mon taffetas ! Que mon frère n'est-il mort garçon, au lieu de se marier à quarante ans passés ! Ou plutôt que ne suis-je mort moi-même, le premier jour que la baronne de Mantes m'a invité à déjeuner !

VALENTIN

Ne regrettez que le moment où, par une fatale faiblesse, vous avez révélé à cette femme le secret de notre traité. C'est vous qui avez causé le mal ; cessez de m'injurier, moi qui le réparerai. Doutez-vous que cette petite fille, qui cache si bien les billets doux dans les poches de son tablier, ne fût venue au rendez-vous donné ? Oui, à coup sûr elle y serait venue ; donc elle viendra encore mieux cette fois. Par mon patron ! je me fais une fête de la voir descendre en peignoir, en cornette et en petits souliers, de cette grande caserne de briques rouillées ! Je ne l'aime pas, mais je l'aimerais, que la vengeance serait la plus forte, et tuerait l'amour dans mon cœur. Je jure qu'elle sera ma maîtresse, mais qu'elle ne sera jamais ma femme ; il n'y a maintenant ni épreuve, ni promesse, ni alternative ; je veux qu'on se souvienne à jamais dans cette famille du jour où l'on m'en a chassé.

L'AUBERGISTE, *sortant de la maison.*

Messieurs, le soleil commence à baisser ; est-ce que vous ne me ferez pas l'honneur de dîner chez moi ?

VALENTIN

Si fait ; apportez-nous la carte, et faites-nous allumer du feu. Dès que votre garçon sera revenu, vous lui direz qu'il me donne réponse. Allons, mon oncle, un peu de fermeté ; venez et commandez le dîner.

VAN BUCK

Ils auront du vin détestable ; je connais le pays ; c'est un vinaigre affreux.

L'AUBERGISTE

Pardonnez-moi ; nous avons du champagne, du chambertin[31], et tout ce que vous pouvez désirer.

VAN BUCK

En vérité ? dans un trou pareil ? c'est impossible ; vous nous en imposez.

L'AUBERGISTE

C'est ici que descendent les messageries, et vous verrez si nous manquons de rien.

VAN-BUCK

Allons ! tâchons donc de dîner ; je sens que ma mort est prochaine, et que dans peu je ne dînerai plus.

Ils sortent.

SCÈNE II

Au château. Un salon.
Entrent LA BARONNE *et* L'ABBÉ.

LA BARONNE

Dieu soit loué, ma fille est enfermée. Je crois que j'en ferai une maladie.

L'ABBÉ

Madame, s'il m'est permis de vous donner un conseil, je vous dirai que j'ai grandement peur. Je crois avoir vu en traversant la cour un homme en blouse, et d'assez mauvaise mine, qui avait une lettre à la main.

LA BARONNE

Le verrou est mis ; il n'y a rien à craindre. Aidez-moi un peu à ce bal ; je n'ai pas la force de m'en occuper.

L'ABBÉ

Dans une circonstance aussi grave, ne pourriez-vous retarder vos projets ?

LA BARONNE

Etes-vous fou ? Vous verrez que j'aurai fait venir tout le faubourg Saint-Germain de Paris, pour le remercier et le mettre à la porte ? Réfléchissez donc à ce que vous dites.

L'ABBÉ

Je croyais qu'en telle occasion, on aurait pu sans blesser personne...

LA BARONNE

Et au milieu de ça, je n'ai pas de bougies ! Voyez donc un peu si Dupré est là.

L'ABBÉ

Je pense qu'il s'occupe des sirops.

LA BARONNE

Vous avez raison ; ces maudits sirops, voilà encore de quoi mourir. Il y a huit jours que j'ai écrit moi-même, et ils ne sont arrivés qu'il y a une heure. Je vous demande si on va boire ça.

L'ABBÉ

Cet homme en blouse, madame la baronne, est quelque émissaire, n'en doutez pas. Il m'a semblé, autant que je me le rappelle, qu'une de vos femmes causait avec lui. Ce jeune homme d'hier est mauvaise tête, et il faut songer que la manière assez verte dont vous vous en êtes délivrée...

LA BARONNE

Bah ! des Van Buck ? des marchands de toile ? qu'est-ce que vous voulez donc que ça fasse ? Quand ils crieraient, est-ce qu'ils ont voix ? Il faut que je démeuble le petit salon ; jamais je n'aurai de quoi asseoir mon monde.

L'ABBÉ

Est-ce dans sa chambre, madame, que votre fille est enfermée ?

LA BARONNE

Dix et dix font vingt ; les Raimbaut sont quatre ; vingt, trente. Qu'est-ce que vous dites, l'abbé ?

L'ABBÉ

Je demande, madame la baronne, si c'est dans sa belle chambre jaune que mademoiselle Cécile est enfermée ?

LA BARONNE

Non ; c'est là, dans la bibliothèque ; c'est encore mieux ; je l'ai sous la main. Je ne sais ce qu'elle fait, ni si on l'habille, et voilà la migraine qui me prend.

L'ABBÉ

Désirez-vous que je l'entretienne ?

LA BARONNE

Je vous dis que le verrou est mis ; ce qui est fait est fait ; nous n'y pouvons rien.

L'ABBÉ

Je pense que c'était sa femme de chambre qui causait avec ce lourdaud. Veuillez me croire, je vous en supplie ; il s'agit là de quelque anguille sous roche, qu'il importe de ne pas négliger.

LA BARONNE

Décidément, il faut que j'aille à l'office ; c'est la dernière fois que je reçois ici.

Elle sort.

L'ABBÉ, *seul.*

Il me semble que j'entends du bruit dans la pièce attenante à ce salon. Ne serait-ce point la jeune fille ? Hélas ! ceci est inconsidéré !

CÉCILE, *en dehors.*

Monsieur l'abbé, voulez-vous m'ouvrir ?

L'ABBÉ

Mademoiselle, je ne le puis pas sans autorisation préalable.

CÉCILE, *de même.*

La clé est là, sous le coussin de la causeuse ; vous n'avez qu'à la prendre, et vous m'ouvrirez.

L'ABBÉ, *prenant la clé.*

Vous avez raison, mademoiselle, la clé s'y trouve effectivement ; mais je ne puis m'en servir d'aucune façon, bien contrairement à mon vouloir.

CÉCILE, *de même.*

Ah ! mon Dieu ! je me trouve mal !

L'ABBÉ

Grand Dieu ! rappelez vos esprits. Je vais quérir madame la baronne. Est-il possible qu'un accident funeste vous ait frappée si subitement ? Au nom du ciel ! mademoiselle, répondez-moi, que ressentez-vous ?

CÉCILE, *de même.*

Je me trouve mal ! je me trouve mal !

L'ABBÉ

Je ne puis laisser expirer ainsi une si charmante personne. Ma foi ! je prends sur moi d'ouvrir ; on en dira ce qu'on voudra.

Il ouvre la porte.

CÉCILE

Ma foi, l'abbé, je prend sur moi de m'en aller ; on en dira ce qu'on voudra.

Elle sort en courant.

SCÈNE III

Un petit bois.
Entrent VAN BUCK *et* VALENTIN.

VALENTIN

La lune se lève et l'orage passe. Voyez ces perles sur les feuilles ; comme ce vent tiède les fait rouler ! A peine si le sable garde l'empreinte de nos pas ; le gravier sec a déjà bu la pluie.

VAN BUCK

Pour une auberge de hasard, nous n'avons pas trop mal dîné. J'avais besoin de ce fagot flambant ; mes vieilles jambes sont ragaillardies. Eh bien ! garçon, arrivons-nous ?

VALENTIN

Voici le terme de notre promenade ; mais si vous m'en croyez, à présent, vous pousserez jusqu'à cette ferme dont les fenêtres brillent là-bas. Vous vous mettrez au coin du feu, et vous nous commanderez un grand bol de vin chaud, avec du sucre et de la cannelle.

VAN BUCK

Ne te feras-tu pas trop attendre ? Combien de temps vas-tu rester ici ? Songe du moins à toutes tes promesses, et à être prêt en même temps que les chevaux.

VALENTIN

Je vous jure de n'entreprendre ni plus ni moins que ce dont nous sommes convenus. Voyez, mon oncle, comme je vous cède, et comme, en tout, je fais vos volontés. Au fait, dîner porte conseil, et je sens bien que la colère est quelquefois mauvais ami. Capitulation de part et d'autre. Vous me permettez un quart d'heure d'amourette, et je renonce à toute espèce de vengeance. La petite retournera chez elle, nous à Paris, et tout sera dit. Quant à la détestée baronne, je lui pardonne en l'oubliant.

VAN BUCK

C'est à merveille ! Et n'aie pas de crainte que tu manques de femme pour cela. Il n'est pas dit qu'une vieille folle fera tort à d'honnêtes gens, qui ont amassé un bien considérable, et qui ne sont point mal tournés. Vrai Dieu ! il fait beau clair de lune ; cela me rappelle mon jeune temps.

VALENTIN

Ce billet doux que je viens de recevoir, n'est pas si niais, savez-vous ? cette petite fille a de l'esprit, et même quelque chose de mieux ; oui, il y a du cœur dans ces trois lignes, je ne sais quoi de tendre et de hardi, de virginal et de brave en même temps ; le rendez-vous qu'elle m'assigne est, du reste, comme son billet. Regardez ce bosquet, ce ciel, ce coin de verdure dans un lieu si sauvage. Ah ! que le cœur est un grand maître ! On n'invente rien de ce qu'il trouve, et c'est lui seul qui choisit tout.

VAN BUCK

Je me souviens qu'étant à La Haye, j'eus une équipée de ce genre. C'était, ma foi, un beau brin de fille ; elle avait cinq pieds et quelques pouces, et une vraie moisson d'appas. Quelles Vénus que ces Flamandes ! On ne sait ce que c'est qu'une femme à présent ; dans toutes vos beautés parisiennes, il y a moitié chair et moitié coton.

VALENTIN

Il me semble que j'aperçois des lueurs qui errent là-bas dans la forêt. Qu'est-ce que cela voudrait dire ? Nous traquerait-on à l'heure qu'il est ?

VAN BUCK

C'est sans doute le bal qu'on prépare ; il y a fête ce soir au château.

VALENTIN

Séparons-nous pour plus de sûreté ; dans une demi-heure, à la ferme.

VAN BUCK

C'est dit ; bonne chance, garçon ; tu me conteras ton affaire, et nous en ferons quelque chanson ; c'était notre ancienne manière ; pas de fredaine qui ne fît un couplet.

Il chante.

Eh ! vraiment, oui, mademoiselle,
Eh ! vraiment oui, nous serons trois.

Valentin sort. On voit des hommes qui portent des torches, rôder à travers la forêt. Entrent la baronne et l'abbé.

LA BARONNE

C'est clair comme le jour ; elle est folle. C'est un vertige qui lui a pris.

L'ABBÉ

Elle me crie : « Je me trouve mal ; » vous concevez ma position.

VAN BUCK, *chantant*

Il est donc bien vrai,
Charmante Colette,
Il est donc bien vrai
Que pour votre fête,
Colin vous a fait...
Présent d'un bouquet.

LA BARONNE

Et justement, dans ce moment-là, je vois arriver une voiture. Je n'ai eu que le temps d'appeler Dupré. Dupré n'y était pas. On entre, on descend. C'étaient la marquise de Valangoujard et le baron de Villebouzin.

L'ABBÉ

Quand j'ai entendu ce premier cri, j'ai hésité ; mais que voulez-vous faire ? Je la voyais là, sans connaissance, étendue à terre ; elle criait à tue-tête, et j'avais la clé dans ma main.

VAN BUCK, *chantant.*

Quand il vous l'offrit,
Charmante brunette,
Quand il vous l'offrit,

Petite Colette,
On dit qu'il vous prit...
Un frisson subit.

LA BARONNE

Conçoit-on ça ? je vous le demande. Ma fille qui se sauve à travers champ, et trente voitures qui entrent ensemble. Je ne survivrai jamais à un pareil moment.

L'ABBÉ

Encore si j'avais eu le temps, je l'aurais peut-être retenue par son schall[32]... ou du moins... enfin, par mes prières, par mes justes observations.

VAN BUCK

Dites à présent,
Charmante bergère,
Dites à présent
Que vous n'aimez guère,
Qu'un amant constant...
Vous fasse un présent.

LA BARONNE

C'est vous, Van Buck ? Ah ! mon cher ami, nous sommes perdus ; qu'est-ce que ça veut dire ? Ma fille est folle, elle court les champs ! Avez-vous idée d'une chose pareille ? J'ai quarante personnes chez moi ; me voilà à pied par le temps qu'il fait. Vous ne l'avez pas vue dans le bois ? Elle s'est sauvée, c'est comme en rêve ; elle était coiffée et poudrée d'un côté, c'est sa fille de chambre qui me l'a dit. Elle est partie en souliers de satin blanc ; elle a renversé l'abbé qui était là, et lui a passé sur le corps. J'en vais mourir ! Mes gens ne trouvent rien ; et il n'y a pas à dire, il faut que je rentre. Ce n'est pas votre neveu, par hasard, qui nous jouerait un tour pareil ? Je vous ai brusqué, n'en parlons plus. Tenez, aidez-moi et faisons la paix. Vous êtes mon vieil ami, pas vrai ? Je suis mère, Van Buck. Ah ! cruelle fortune ! cruel hasard ! que t'ai-je donc fait ?

Elle se met à pleurer.

VAN BUCK

Est-il possible, madame la baronne ! vous, seule à pieds ! Vous, cherchant votre fille ! Grand Dieu ! vous pleurez ! Ah ! malheureux que je suis !

VALENTIN

Je ne sais ; qu'importe ? Ce n'est pas pour nous.

L'ABBÉ

Sauriez-vous quelque chose, monsieur ? De grâce, prêtez-nous vos lumières.

VAN BUCK

Venez, baronne ; prenez mon bras, et Dieu veuille que nous les trouvions ! Je vous dirai tout ; soyez sans crainte. Mon neveu est homme d'honneur, et tout peut encore se réparer.

LA BARONNE

Ah ! bah ! C'était un rendez-vous ? Voyez-vous la petite masque[33]. A qui se fier désormais ?

Ils sortent.

SCÈNE IV

Une clairière dans le bois.
Entrent CÉCILE *et* VALENTIN.

VALENTIN

Qui est là ? Cécile, est-ce vous ?

CÉCILE

C'est moi. Que veulent dire ces torches et ces clartés dans la forêt ?

VALENTIN

Je ne sais ; qu'importe ? Ce n'est pas pour nous.

CÉCILE

Venez là, où la lune éclaire; là, où vous voyez ce rocher.

VALENTIN

Non, venez là où il fait sombre; là, sous l'ombre de ces bouleaux. Il est possible qu'on vous cherche, et il faut échapper aux yeux.

CÉCILE

Je ne verrais pas votre visage; venez, Valentin, obéissez.

VALENTIN

Où tu voudras, charmante fille; où tu iras, je te suivrai. Ne m'ôte pas cette main tremblante, laisse mes lèvres la rassurer.

CÉCILE

Je n'ai pas pu venir plus vite. Y a-t-il longtemps que vous m'attendez?

VALENTIN

Depuis que la lune est dans le ciel; regarde cette lettre trempée de larmes; c'est le billet que tu m'as écrit.

CÉCILE

Menteur! C'est le vent et la pluie qui ont pleuré sur ce papier.

VALENTIN

Non, ma Cécile, c'est la joie et l'amour, c'est le bonheur et le désir. Qui t'inquiète? Pourquoi ces regards? que cherches-tu autour de toi?

CÉCILE

C'est singulier; je ne me reconnais pas; où est votre oncle? Je croyais le voir ici

VALENTIN

Mon oncle est gris de chambertin ; ta mère est loin et tout est tranquille. Ce lieu est celui que tu as choisi, et que ta lettre m'indiquait.

CÉCILE

Votre oncle est gris ? Pourquoi, ce matin, se cachait-il dans la charmille ?

VALENTIN

Ce matin ? où donc ? que veux-tu dire ? Je me promenais seul dans le jardin.

CÉCILE

Ce matin, quand je vous ai parlé, votre oncle était derrière un arbre. Est-ce que vous ne le saviez pas ? Je l'ai vu en détournant l'allée

VALENTIN

Il faut que tu te sois trompée ; je ne me suis aperçu de rien.

CÉCILE

Oh ! je l'ai bien vu ; il écartait les branches ; c'était peut-être pour nous épier.

VALENTIN

Quelle folie ! tu as fait un rêve. N'en parlons plus. Donne-moi un baiser.

CÉCILE

Oui, mon ami, et de tout mon cœur ; asseyez-vous là près de moi. Pourquoi donc, dans votre lettre d'hier, avez-vous dit du mal de ma mère ?

VALENTIN

Pardonne-moi ; c'est un moment de délire, et je n'étais pas maître de moi

CÉCILE

Elle m'a demandé cette lettre, et je n'osais la lui montrer. Je savais ce qui allait arriver ; mais qui est-ce donc qui l'avait avertie ? Elle n'a pourtant rien pu deviner ; la lettre était là, dans ma poche.

VALENTIN

Pauvre enfant ! On t'a maltraitée ; c'est ta femme de chambre qui t'aura trahie. A qui se fier en pareil cas ?

CÉCILE

Oh ! non ; ma femme de chambre est sûre ; il n'y avait que faire de lui donner de l'argent. Mais en manquant de respect pour ma mère, vous deviez penser que vous en manquiez pour moi.

VALENTIN

N'en parlons plus, puisque tu me pardonnes. Ne gâtons pas un si précieux moment. Oh ! ma Cécile, que tu es belle, et quel bonheur repose en toi ! Par quels serments, par quels trésors puis-je payer tes douces caresses ? Ah ! la vie n'y suffirait pas. Viens sur mon cœur ; que le tien le sente battre, et que ce beau ciel les emporte à Dieu !

CÉCILE

Oui, Valentin, mon cœur est sincère. Sentez mes cheveux, comme ils sont doux ; j'ai de l'iris de ce côté-là, mais je n'ai pas pris le temps d'en mettre de l'autre. Pourquoi donc, pour venir chez nous, avez-vous caché votre nom ?

VALENTIN

Je ne puis le dire ; c'est un caprice, une gageure que j'avais faite.

CÉCILE

Une gageure ! Avec qui donc ?

VALENTIN

Je n'en sais plus rien. Qu'importent ces folies ?

CÉCILE

Avec votre oncle, peut-être : n'est-ce pas ?

VALENTIN

Oui. Je t'aimais, et je voulais te connaître, et que personne ne fût entre nous.

CÉCILE

Vous avez raison. A votre place, j'aurais voulu faire comme vous.

VALENTIN

Pourquoi es-tu si curieuse, et à quoi bon toutes ces questions ? Ne m'aimes-tu pas, ma belle Cécile ? Réponds-moi oui, et que tout soit oublié.

CÉCILE

Oui, cher, oui, Cécile vous aime, et elle voudrait être plus digne d'être aimée ; mais c'est assez qu'elle le soit pour vous. Mettez vos deux mains dans les miennes. Pourquoi donc m'avez-vous refusé tantôt quand je vous ai prié à dîner ?

VALENTIN

Je voulais partir : j'avais affaire ce soir.

CÉCILE

Pas grande affaire, ni bien loin, il me semble ; car vous êtes descendu au bout de l'avenue.

VALENTIN

Tu m'as vu ! Comment le sais-tu ?

CÉCILE

Oh ! je guettais. Pourquoi m'avez-vous dit que vous ne dansiez pas la mazourke ? je vous l'ai vu danser l'autre hiver.

VALENTIN

Où donc ? Je ne m'en souviens pas.

CÉCILE

Chez madame de Gesvres, au bal déguisé. Comment ne vous en souvenez-vous pas ? Vous me disiez dans votre lettre d'hier que vous m'aviez vue cet hiver ; c'était là.

VALENTIN

Tu as raison ; je m'en souviens. Regarde comme cette nuit est pure ! Comme ce vent soulève sur tes épaules cette gaze avare qui les entoure ! Prête l'oreille ; c'est la voix de la nuit ; c'est le chant de l'oiseau qui invite au bonheur. Derrière cette roche élevée, nul regard ne peut nous découvrir. Tout dort, excepté ce qui s'aime. Laisse ma main écarter ce voile, et mes deux bras le remplacer.

CÉCILE

Oui, mon ami. Puissé-je vous sembler belle ! Mais ne m'ôtez pas votre main ; je sens que mon cœur est dans la mienne, et qu'il va au vôtre par là. Pourquoi donc vouliez-vous partir, et faire semblant d'aller à Paris ?

VALENTIN

Il le fallait ; c'était pour mon oncle. Osais-je, d'ailleurs, prévoir que tu viendrais à ce rendez-vous ? Oh ! que je tremblais en écrivant cette lettre, et que j'ai souffert en t'attendant !

CÉCILE

Pourquoi ne serais-je pas venue, puisque je sais que vous m'épouserez ? (*Valentin se lève et fait quelques pas.*) Qu'avez-vous donc ? qui vous chagrine ? Venez vous rasseoir près de moi.

VALENTIN

Ce n'est rien ; j'ai cru, — j'ai cru entendre, — j'ai cru voir quelqu'un de ce côté.

CÉCILE

Nous sommes seuls ; soyez sans crainte. Venez donc. Faut-il me lever ? Ai-je dit quelque chose qui vous ait blessé ? Votre visage n'est plus le même. Est-ce parce que j'ai gardé mon schall, quoique vous vouliez que je l'ôtasse ? C'est qu'il fait froid ; je suis en toilette de bal. Regardez donc mes souliers de satin. Qu'est-ce que cette pauvre Henriette va penser ? Mais qu'avez-vous ? Vous ne répondez pas ; vous êtes triste. Qu'ai-je donc pu vous dire ? C'est par ma faute, je le vois.

VALENTIN

Non, je vous le jure, vous vous trompez ; c'est une pensée involontaire qui vient de me traverser l'esprit.

CÉCILE

Vous me disiez « tu », tout à l'heure, et même, je crois, un peu légèrement. Quelle est donc cette mauvaise pensée qui vous a frappé tout à coup ? Vous ai-je déplu ? Je serais bien à plaindre. Il me semble pourtant que je n'ai rien dit de mal. Mais si vous aimez mieux marcher, je ne veux pas rester assise. *(Elle se lève.)* Donnez-moi le bras, et promenons-nous. Savez-vous une chose ? Ce matin, je vous avais fait monter dans votre chambre, un bon bouillon qu'Henriette avait fait. Quand je vous ai rencontré, je vous l'ai dit ; j'ai cru que vous ne vouliez pas le prendre, et que cela vous déplaisait. J'ai repassé trois fois dans l'allée ; m'avez-vous vue ? Alors vous êtes monté. Je suis allée me mettre devant le parterre, et je vous ai vu par votre croisée ; vous teniez la tasse à deux mains, et vous avez bu tout d'un trait. Est-ce vrai ? l'avez-vous trouvé bon ?

VALENTIN

Oui, chère enfant ! le meilleur du monde, bon comme ton cœur et comme toi.

CÉCILE

Ah ! quand nous serons mari et femme, je vous soignerai mieux que cela. Mais dites-moi, qu'est-ce que cela veut dire de s'aller jeter dans un fossé ? risquer de se tuer, et pourquoi faire ? Vous saviez bien être reçu chez nous. Que vous ayez voulu arriver tout seul, je le comprends ; mais à quoi bon le reste ? Est-ce que vous aimez les romans ?

VALENTIN

Quelquefois ; allons donc nous rasseoir.

Ils se rassoient.

CÉCILE

Je vous avoue qu'ils ne me plaisent guère ; ceux que j'ai lus ne signifient rien. Il me semble que ce ne sont que des mensonges, et que tout s'y invente à plaisir. On n'y parle que de séductions, de ruses, d'intrigues, de mille choses impossibles. Il n'y a que les sites qui m'en plaisent ; j'en aime les paysages et non les tableaux. Tenez, par exemple, ce soir, quand j'ai reçu votre lettre et que j'ai vu qu'il s'agissait d'un rendez-vous dans le bois, c'est vrai que j'ai cédé à une envie d'y venir, qui tient bien un peu du roman. Mais c'est que j'y ai trouvé aussi un peu de réel à mon avantage. Si ma mère le sait, et elle le saura, vous comprenez qu'il faut qu'on nous marie. Que votre oncle soit brouillé ou non avec elle, il faudra bien se raccommoder. J'étais honteuse d'être enfermée ; et, au fait, pourquoi l'ai-je été ? L'abbé est venu, j'ai fait la morte ; il m'a ouvert, et je me suis sauvée ; voilà ma ruse ; je vous la donne pour ce qu'elle vaut.

VALENTIN, *à part.*

Suis-je un renard pris à son piège, ou un fou qui revient à la raison ?

CÉCILE

Eh bien ! vous ne me répondez pas. Est-ce que cette tristesse va durer toujours ?

VALENTIN

Vous me paraissez savante pour votre âge, et en même temps, aussi étourdie que moi, qui le suis comme le premier coup de matines[34].

CÉCILE

Pour étourdie, j'en dois convenir ici ; mais, mon ami, c'est que je vous aime. Vous le dirai-je ? je savais que vous m'aimiez, et ce n'est pas d'hier que je m'en doutais. Je ne vous ai vu que trois fois à ce bal, mais j'ai du cœur, et je m'en souviens. Vous avez valsé avec mademoiselle de Gesvres, et en passant contre la porte, son épingle à l'italienne a rencontré le panneau, et ses cheveux se sont déroulés sur elle. Vous en souvenez-vous maintenant ? Ingrat ! Le premier mot de votre lettre disait que vous vous en souveniez. Aussi comme le cœur m'a battu ! Tenez ; croyez-moi, c'est là ce qui prouve qu'on aime, et c'est pour cela que je suis ici.

VALENTIN, *à part.*

Ou j'ai sous le bras le plus rusé démon que l'enfer ait jamais vomi, ou la voix qui me parle est celle d'un ange, et elle m'ouvre le chemin des cieux.

CÉCILE

Pour savante, c'est une autre affaire ; mais je veux répondre, puisque vous ne dites rien. Voyons, savez-vous ce que c'est que cela ?

VALENTIN

Quoi ? cette étoile à droite de cet arbre ?

CÉCILE

Non, celle-là qui se montre à peine, et qui brille comme une larme.

VALENTIN

Vous avez lu madame de Staël[35] ?

CÉCILE

Oui, et le mot de larme me plaît, je ne sais pourquoi, comme les étoiles. Un beau ciel pur me donne envie de pleurer.

VALENTIN

Et à moi envie de t'aimer, de te le dire, et de vivre pour toi. Cécile, sais-tu à qui tu parles, et quel est l'homme qui ose t'embrasser ?

CÉCILE

Dites-moi donc le nom de mon étoile. Vous n'en êtes pas quitte à si bon marché.

VALENTIN

Eh bien ! c'est Vénus, l'astre de l'amour, la plus belle perle de l'Océan des nuits.

CÉCILE

Non pas ; c'en est une plus chaste, et bien plus digne de respect ; vous apprendrez à l'aimer un jour, quand vous vivrez dans les métairies, et que vous aurez des pauvres à vous ; admirez-la, et gardez-vous de sourire ; c'est Cérès, déesse du pain.

VALENTIN

Tendre enfant ! je devine ton cœur ; tu fais la charité, n'est-ce pas ?

CÉCILE

C'est ma mère qui me l'a appris ; il n'y a pas de meilleure femme au monde.

VALENTIN

Vraiment ? je ne l'aurais pas cru.

CÉCILE

Ah ! mon ami, ni vous, ni bien d'autres, vous ne vous doutez de ce qu'elle vaut. Qui a vu ma mère un quart d'heure, croit la juger sur quelques mots au hasard. Elle passe le jour à jouer aux cartes, et le soir à faire du tapis ; elle ne quitterait pas son piquet pour un prince ; mais que Dupré vienne, et qu'il lui parle bas, vous la verrez se lever de table, si c'est un mendiant qui attend. Que de fois nous sommes allées ensemble, en robe de soie, comme je suis là, courir les sentiers de la vallée, portant la soupe et le bouilli, des souliers, du linge, à de pauvres gens ! Que de fois j'ai vu, à l'église, les yeux des malheureux s'humecter de pleurs lorsque ma mère les regardait ! Allez, elle a droit d'être fière, et je l'ai été d'elle quelquefois.

VALENTIN

Tu regardes toujours ta larme céleste, et moi aussi, mais dans tes yeux bleus.

CÉCILE

Que le ciel est grand ! que ce monde est heureux ! que la nature est calme et bienfaisante !

VALENTIN

Veux-tu aussi que je te fasse de la science et que je te parle astronomie ? Dis-moi, dans cette poussière de mondes, y en a-t-il un qui ne sache sa route, qui n'ait reçu sa mission avec la vie, et qui ne doive mourir en l'accomplissant ? Pourquoi ce ciel immense n'est-il pas immobile ? Dis-moi ; s'il y a jamais eu un moment où tout fut créé, en vertu de quelle force ont-ils commencé à se mouvoir, ces mondes qui ne s'arrêteront jamais ?

CÉCILE

Par l'éternelle pensée.

VALENTIN

Par l'éternel amour. La main qui les suspend dans l'espace n'a écrit qu'un mot en lettre de feu. Ils vivent parce qu'ils se cherchent, et les soleils tomberaient en poussière, si l'un d'entre eux cessait d'aimer.

CÉCILE

Ah ! toute la vie est là.

VALENTIN

Oui, toute la vie — depuis l'Océan qui se soulève sous les pâles baisers de Diane, jusqu'au scarabée qui s'endort jaloux dans sa fleur chérie. Demande aux forêts et aux pierres ce qu'elles diraient si elles pouvaient parler ? Elles ont l'amour dans le cœur et ne peuvent l'exprimer. Je t'aime ! voilà ce que je sais, ma chère ; voilà ce que cette fleur te dira, elle qui choisit dans le sein de la terre les sucs qui doivent la nourrir ; elle qui écarte et repousse les éléments impurs qui pourraient ternir sa fraîcheur ! Elle sait qu'il faut qu'elle soit belle au jour, et qu'elle meure dans sa robe de noce devant le soleil qui l'a créée. J'en sais moins qu'elle en astronomie ; donne-moi ta main, tu en sais plus en amour.

CÉCILE

J'espère, du moins, que ma robe de noce ne sera pas mortellement belle. Il me semble qu'on rôde autour de nous.

VALENTIN

Non, tout se tait. N'as-tu pas peur ? Es-tu venue ici sans trembler ?

CÉCILE

Pourquoi ? De quoi aurais-je peur ? Est-ce de vou ou de la nuit ?

VALENTIN

Pourquoi pas de moi ? qui te rassure ? Je suis jeune, tu es belle, et nous sommes seuls.

CÉCILE

Eh bien ! quel mal y a-t-il à cela ?

VALENTIN

C'est vrai, il n'y a aucun mal ; écoute-moi, et laisse-moi me mettre à genoux.

CÉCILE

Qu'avez-vous donc ? vous frissonnez

VALENTIN

Je frissonne de crainte et de joie, car je vais t'ouvrir le fond de mon cœur. Je suis un fou de la plus méchante espèce, quoique, dans ce que je vais t'avouer, il n'y ait qu'à hausser les épaules. Je n'ai fait que jouer, boire et fumer depuis que j'ai mes dents de sagesse. Tu m'as dit que les romans te choquent ; j'en ai beaucoup lu, et des plus mauvais. Il y en a un qu'on nomme Clarisse Harlowe[36] ; je te le donnerai à lire quand tu seras ma femme. Le héros aime une belle fille comme toi, ma chère, et il veut l'épouser ; mais auparavant il veut l'éprouver. Il l'enlève et l'emmène à Londres, après quoi comme elle résiste, Bedfort arrive... c'est-à-dire, Tomlinson, un capitaine... je veux dire Morden... non, je me trompe... Enfin, pour abréger... Lovelace est un sot, et moi aussi, d'avoir voulu suivre son exemple... Dieu soit loué ! tu ne m'as pas compris... je t'aime, je t'épouse, il n'y a de vrai au monde que de déraisonner d'amour.

Entrent Van Buck, la baronne, l'abbé, et plusieurs domestiques qui les éclairent.

LA BARONNE

Je ne crois pas un mot de ce que vous dites. Il est trop jeune pour une noirceur pareille.

VAN BUCK

Hélas ! madame, c'est la vérité.

LA BARONNE

Séduire ma fille ! tromper un enfant ! déshonorer une famille entière ! Chansons ! Je vous dis que c'est une sornette ; on ne fait plus de ces choses-là. Tenez, les voilà qui s'embrassent. Bonsoir, mon gendre ; où diable vous fourrez-vous ?

L'ABBÉ

Il est fâcheux que nos recherches soient couronnées d'un si tardif succès ; toute la compagnie va être partie.

VAN BUCK

Ah ça ! mon neveu, j'espère bien qu'avec votre sotte gageure...

VALENTIN

Mon oncle, il ne faut jurer de rien, et encore moins défier personne.

NOTES

LES CAPRICES DE MARIANNE

1. *Spadassin :* tueur à gages.

2. *Poterne :* porte dérobée (généralement dans un édifice fortifié).

3. *Eldorado :* contrée fabuleuse d'Amérique, regorgeant d'or, popularisée par les conquistadores espagnols ; ici, pays chimérique, où règnent l'abondance et la douceur de vivre.

4. *Mascarade :* troupe de gens déguisés et masqués.

5. *Batte d'Arlequin :* sabre de bois qui est l'attribut traditionnel d'Arlequin, personnage de la commedia dell'arte.

6. *Brodequins :* chaussures légères, lacées, couvrant le pied et le bas de la jambe, que portaient notamment les acteurs comiques de l'Antiquité.

7. *Jalousie :* fenêtre garnie d'un treillis de bois ou de fer et qui permet de voir sans être vu.

8. *Perle de Cléopâtre :* Pline l'Ancien raconte, dans son *Histoire naturelle,* que Cléopâtre, reine d'Egypte, avait fait avec Antoine le pari de dépenser au cours d'un seul repas dix millions de sesterces ; pendant le festin, elle fit dissoudre une perle de très grande valeur dans du vinaigre et absorba le breuvage.

9. *Sigisbé :* chevalier servant d'une dame.

10. *Pharaon :* jeu de hasard et d'argent qui se joue avec des cartes ; le banquier y joue seul contre tous les autres joueurs.

11. *Vêpres :* heures de l'office divin chantées en principe le soir, mais anticipées le plus souvent dans les paroisses au début de l'après-midi.

12. *Lisière :* cordons attachés à la robe d'un petit enfant pour le soutenir dans sa marche.

13. *Galatée :* divinité marine de la mythologie grecque, qui aima le berger Acis et fut aimée du cyclope Polyphème ; son nom évoque la blancheur du marbre et sa légende inspira largement peintres et sculpteurs.

14. *Lacryma-christi :* vin doux réputé provenant des vignes cultivées au pied du Vésuve.

15. *Godelureau chéri :* jeune galant, qui fait le joli cœur auprès des dames.

16. *Passe-dix :* jeu de hasard à trois dés, qui se joue avec une table à deux cases : manque (de 3 à 10) et passe (de 11 à 18).

17. *Bégueule :* femme d'une pruderie affectée, dont la vertu s'effarouche d'un rien.

18. *En poste :* très rapidement.

19. *Tabagies :* estaminet où l'on allait fumer du tabac.

20. *Un Adonis, un Sylvain :* dans la mythologie grecque, Adonis, jeune homme d'une grande beauté, aimé d'Aphrodite, symbolise le renouveau de la nature. Dans la mythologie latine, Sylvain est une divinité champêtre, souvent confondu avec Pan ou Priape, qui préside aux bocages.

21. *Pistole :* monnaie d'or, battue en Espagne et en Italie, ayant même poids que le louis et valant onze livres ; symbolise ici le pouvoir de l'argent dans les entreprises amoureuses.

ON NE BADINE PAS AVEC L'AMOUR

1. *Nonnain :* religieuse ; ancien cas régime de nonne, le mot nonnain, synonyme de nonne, s'emploie généralement par plaisanterie ou par mépris ; Pluche n'entre pas dans de telles nuances de langage.

2. *A quatre boules blanches :* témoignage complet de satisfaction (boule rouge : passable ; boule noire : échec).

3. *Droit canon :* ou droit canonique ; ensemble des règles par lesquelles se gouverne l'Eglise catholique.

4. *Onction et componction :* l'onction est une douceur dans les manières qui dénote de la dévotion ; la componction une gravité recueillie qui affecte particulièrement ceux qui s'adonnent aux pratiques dévotes ; ces deux mots ont ici une valeur ironique.

5. *Receveur :* officier royal chargé de percevoir les recettes provenant du domaine royal et de l'impôt.

6. « *Ita edepol* » *:* oui, par Pollux (formule romaine du serment réservée aux hommes).

7. *Affilés :* aiguisés, affûtés.

8. « *Mon cœur soupire* », « *Vive Henri IV* » : « Mon cœur soupire » est le premier vers de la romance chantée par Chérubin au deuxième acte des *Noces de Figaro* (1786) de Mozart (paroles françaises de Castil-Blaze) ; « Vive Henri IV » est chanté par le meunier Michau dans *La Partie de chasse de Henri IV* (1774) de Charles Collé.

9. *Solécismes :* fautes de syntaxe.

10. *Bénédicité :* premier mot d'une prière en latin que les catholiques disent avant le repas.

11. *Hic jacet lepus :* c'est là que gît le lièvre (expression latine passée en proverbe) ; là est le nœud de l'affaire.

12. *Pairesse du parlement :* femme d'un pair ; sous l'Ancien Régime, le pair est seigneur d'une terre érigée en pairie et, à ce titre, membre de droit du parlement.

13. *Locanda :* auberge (en italien).

14. *Le prêtre qui me bénira :* allusion aux divers rites de la cérémonie d'entrée en religion.

15. *Bélître :* homme de rien, sot (langue classique).

16. *Toute portée :* se dit de quelqu'un qui n'a pas à se déplacer pour faire quelque chose (langue classique) ; ici : « je suis arrivée ».

17. *Pauvres d'esprit :* allusion à la première des Béatitudes du discours évangélique dit « sermon sur la montagne » : « Heureux les pauvres en esprit, car le Royaume des Cieux est à eux » (Matthieu, 5,3).

LORENZACCIO

1. *Montolivet :* Musset commet ici une erreur topographique due à une lecture hâtive ou carrément à une traduction fautive de sa source fondamentale, l'*Histoire de Florence* de Benedetto Varchi. Varchi donne les indications suivantes : « Chaque année, tous les vendredis de mars, la Sainte Eglise romaine accorde pardon et indulgence plénière à quiconque visite l'église de San Miniato, bâtie par la comtesse Mathilde, et habitée alors par les moines de Montolivet. » Varchi ajoute que ce pèlerinage se doublait d'une foire où les artisans dressaient leurs boutiques en plein air et vendaient leurs marchandises. Musset commente librement ce texte dans la note explicative dont il assortit la scène V du premier acte, prend l'ordre religieux des Olivétains pour une indication topographique et situe tout simplement l'église de San Miniato al Monte en un lieu dit Montolivet.

2. *L'empereur Charles* . Charles Quint, empereur d'Allemagne et roi d'Espagne (1500-1558).

3. *Une moitié de Médicis :* Alexandre était fils bâtard de Laurent, duc d'Urbin, ou plus probablement du cardinal Jules de Médicis, qui devint pape en 1523 sous le nom de Clément VII.

4. *Capitulation :* assiégée, en 1529, par les armées impériales et pontificales, Florence défendit énergiquement sa liberté. Elle capitula le 12 août 1530, après onze mois de siège. Le traité de capitulation prévoyait que Charles Quint fixerait, dans un délai de quatre mois, la forme de gouvernement sous réserve du maintien de la liberté des citoyens. Cette clause ne fut pas respectée.

5. *Provéditeur :* officier public exerçant, au nom du prince, des responsabilités de contrôle sur un secteur déterminé : ici la forteresse.

6. *Massa :* petite ville de Toscane, à une centaine de kilomètres au nord-ouest de Florence. Ricciarda Malaspina, fille unique d'Alberico Malaspina, avait, en épousant Lorenzo Cibo, transporté dans la famille Cibo le marquisat de Massa-Carrara.

7. *Malaspina :* le cardinal Cibo n'est pas un Malaspina, c'est Ricciarda Cibo et elle seule qui porte ce nom. Mais imagine-t-on un dramaturge laissant échapper ce nom superbe, qui claque, à l'occasion, comme une insulte ?

8. *Hippolyte de Médicis :* fils naturel de Julien de Médicis et neveu du pape Clément VII (1509-1535). Hippolyte complota contre son cousin qui le fit empoisonner en 1535.

9. *Baccio :* Bartolommeo ou Baccio Valori fut commissaire apostolique, c'est-à-dire représentant du pape auprès du Prince d'Orange qui commandait les troupes de Charles Quint au siège de Florence. C'est lui qui dicta, au nom du pape, les termes de la capitulation du 12 août 1530 qui rétablissait les Médicis au gouvernement de Florence. Mal récompensé de ses services (on lui refusa le chapeau de cardinal), Valori changea de camp et complota contre les Médicis. Il fut arrêté et exécuté en 1538. Bon prince, Musset lui donne allègrement le chapeau de cardinal que l'histoire lui a refusé.

10. *Paul III :* Alexandre Farnèse (1468-1549), élu pape sous le nom de Paul III (1534-1549).

11. *Clément VII :* Jules de Médicis (1478-1534), élu pape sous le nom de Clément VII (1524-1534).

12. *Pierre Farnèse :* fils bâtard du pape Paul III et pour lequel celui-ci eut toutes les faiblesses. Varchi dit de Pierre Farnèse qu'il courait par les terres de l'Eglise, « commettant le crime de pédérastie avec tous les jeunes gens qu'il trouvait à son goût ». Le jeune et chaste évêque de Fano, âgé de vingt-quatre ans, fut l'une de ses victimes : il en mourut. Toutefois cet événement eut lieu en 1538, soit après l'assassinat du duc Alexandre. Musset n'a pas voulu

abandonner l'information (sibylline) pour si peu : ce n'est pas la vérité historique qui l'intéresse ici, mais la dramatisation du trait.

13. *Les amis de mon cousin :* Lorenzo, fils aîné de Pierre-François de Médicis et de Marie Soderini, appartenait à la branche cadette de la famille des Médicis; Alexandre, lui, descendait de la branche aînée, mais il était bâtard.

14. *Cellini :* sculpteur, orfèvre et médailliste florentin (1500-1571). Musset songeait à donner à Benvenuto Cellini un rôle actif dans son drame : la scène dite « de la médaille », inspirée de ses *Mémoires*, a même été entièrement rédigée, mais n'a pas trouvé sa place dans le manuscrit définitif de la pièce. Cellini se bornera à poser en silhouette de cabaret.

15. *Bologne :* le pape Clément VII et l'empereur Charles Quint eurent à Bologne une entrevue solennelle à l'issue de laquelle fut signé un traité d'alliance (23 décembre 1529). On voit que la chronologie historique n'est pas un souci majeur pour Musset; mais quelle importance, puisque la vérité politique captée par la pièce n'a pas à en pâtir !

16. *Palais des Pazzi :* Musset a probablement emprunté ce détail aux *Mémoires* de Cellini, mais il a mal lu ou mal interprété le texte du sculpteur florentin qui dit clairement : « je trouvai le duc au Palais des Pazzi, qu'habitaient alors la femme et les filles du seigneur Lorenzo Cibo ».

17. *Prieur de Capoue :* Léon Strozzi occupait alors dans l'ordre souverain et militaire des Hospitaliers de Saint-Jean de Jérusalem (en termes abrégés, l'ordre de Malte) la dignité de Grand Prieur de Capoue, l'une des subdivisions administratives de l'ordre. Il n'était pas prêtre, mais chevalier et, comme tel, avait prononcé les trois vœux monastiques. Musset a fait de Léon un prêtre, doux et humble de cœur, dans un souci légitime de contraste dramaturgique avec son frère Pierre, auquel il donne la rugosité du bretteur ambitieux et violent.

18. *Père de la Patrie :* titre décerné à Cosme l'Ancien (1389-1464), pour avoir fait des distributions de blé aux Florentins pendant une disette. Son frère Laurent était le trisaïeul de Lorenzaccio.

19. *Buonarotti :* Michelangelo Buonarotti, dit Michel-Ange (1475-1564), architecte, sculpteur, peintre, ingénieur et poète, a partagé sa vie entre le service des Médicis à Florence et le service des papes à Rome. Au moment historique où est censé avoir lieu ce dialogue, Michel-Ange est occupé à peindre, pour le compte du pape Paul III, le *Jugement dernier* sur le mur du fond de la chappelle Sixtine.

La comparaison-confrontation entre Raphaël et Michel-Ange est un lieu commun de l'histoire de l'art, pratiqué déjà du vivant des intéressés.

20. *Campo-Santo :* sans doute le Campo Santo de Pise, célèbre cimetière monumental dont les murs portent les traces de fresques

vénérables que Musset, dans l'avant-propos du *Spectacle dans un fauteuil, prose,* évoque en ces termes : « le voyageur les salue avec un profond respect, quand on lui dit que Raphaël est venu travailler et s'inspirer devant elles ».

21. *Raphaël :* Raffaello Santi ou Sanzio, dit Raphaël (1483-1520), peintre et architecte, après quelques années passées à Florence (1504-1509), exerça à Rome (1509-1520) l'essentiel de son activité créatrice. Une chronologie historique un peu rigoureuse interdit donc à Tebaldeo d'avoir été l'élève de Raphaël. Mais Musset pouvait-il, pour une raison aussi prosaïque, se passer de célébrer dignement la mémoire d'un peintre qu'il adorait et dont, selon son frère, il eût avec bonheur préparé les couleurs et taillé les crayons ?

22. *Mazzafirra :* la Mazzafirra n'est pas une invention de Musset. C'est le nom de la maîtresse du peintre Cristofano Allori (1577-1621), que celui-ci, las de ses infidélités, peignit sous les traits de Judith tenant la tête d'Holopherne dans un tableau célèbre exposé actuellement au Palais Pitti de Florence. Le sujet passionnait tant Musset qu'il songea à en faire un drame en vers dont il nous reste quelques répliques.

Ce n'est pas de la maîtresse d'Allori qu'il s'agit ici, bien entendu, — la chronologie s'y oppose absolument, — mais d'un nom de courtisane qu'il emprunte pour son volume sonore et son éclat.

23. *Tarquin le fils :* Sextus Tarquin, fils de Tarquin le Superbe, septième et dernier roi de Rome (v. 534-v. 509 av. J.-C.). D'après la légende, devenu amoureux fou, il abusa de Lucrèce, femme de Tarquin Collatin qui était le neveu de Tarquin le Superbe. Outragée, celle-ci se tua d'un coup de poignard en présence de son père et de son mari. A la suite de ce suicide, Lucius Junius Brutus, autre neveu de Tarquin le Superbe, souleva le peuple et fit décréter l'abolition de la royauté et l'exil de la famille royale.

24. *Dents d'Ugolin :* allusion à un passage de la *Divine Comédie* de Dante, dans lequel le poète représente Ugolin, tyran de Pise au XIIIe siècle, croquant bestialement le crâne de son ennemi politique, Ruggieri Degli Ubaldini, archevêque de Pise.

25. *Les Huit :* les « Huits de guardia e balia » étaient à Florence les juges criminels suprêmes. Renouvelé tous les six mois, ce tribunal avait aussi à connaître des crimes politiques. Leur chancelier, — à cette époque sire Maurice de Milan, — avait la garde des sceaux et des archives.

26. *Gabriel :* l'ange des révélations divines dans la Bible. C'est notamment lui qui annoncera à Marie la naissance de Jésus (Luc, I, 26).

27. *Niobé :* fille de Tantale et épouse d'Amphion, roi de Thèbes. Fière de sa fécondité (six garçons et six filles), elle se moqua de Léto qui n'avait que deux enfants, Apollon et Artémis. Ceux-ci vengèrent leur mère en massacrant les enfants de Niobé. Pendant neuf jours,

Niobé pleura sur leurs corps. Emu de pitié, Zeus la changea, le dixième jour, en rocher. Mais ses yeux continuèrent de pleurer en une source intarissable.

28. *Brutus :* l'histoire romaine distingue deux Brutus : Brutus l'Ancien (Lucius Junius), qui simula la folie auprès de Tarquin le Superbe pour endormir sa méfiance, avant de soulever le peuple contre lui et d'abolir la royauté (v. 509 av. J.-C.) ; et Brutus le Jeune (Marcus Junius) qui, avec Cassius, assassina César en 44 av. J.-C. Musset renvoie tantôt à l'un, tantôt à l'autre, selon le contexte et les opportunités du sens.

29. *Bâton d'or couvert d'écorce :* allusion à un passage de Tite-Live (I, LVI, 9), où l'historien raconte qu'emmené à Delphes par les Tarquins, Brutus apporta comme présent à Apollon « un bâton d'or caché dans un bâton de cornouiller creusé tout exprès, — image énigmatique de son esprit ».

30. *Léviathans :* monstre aquatique à plusieurs têtes, cité à de nombreuses reprises dans la Bible. Il personnifie les puissances du mal.

31. *Harmodius et Aristogiton :* assassins du tyran Hipparque, fils de Pisistrate, coupable d'avoir outragé la sœur de l'un d'eux. Le complot fut mis à exécution durant la procession des panathénées (514 av. J.-C.). Harmodius fut tué sur-le-champ. Aristogiton, arrêté, mourut sous la torture. La tradition les considéra comme des martyrs de la liberté et on leur éleva des statues commémoratives.

32. *Erostrate :* Ephésien obscur qui voulut immortaliser son nom par un coup d'éclat ; il incendia en 356 av. J.-C. le temple d'Artémis à Ephèse, considéré comme une des sept merveilles du monde.

33. *Comtesse de Cibo :* dans toutes les éditions de la pièce Musset a maintenu sans broncher cette anomalie. Sans doute s'agit-il d'une scène écrite au début de sa campagne rédactionnelle, en un temps où — les premiers plans de la pièce en témoignent — il croyait la marquise Cibo comtesse, avant de lui restituer son marquisat historique.

34. *Le doge de Venise épouse l'Adriatique :* allusion à la cérémonie dite des « épousailles de la mer » qui, durant sept siècles, — jusqu'en 1797, — fut célébrée le jour de l'Ascension. Le doge, montant « Bucentaure », sa galère dorée, allait jeter au large un anneau, gage de son empire sur la mer.

35. *César est mon beau-père :* Alexandre de Médicis avait épousé en février 1536 Marguerite d'Autriche, fille naturelle de Charles Quint.

36. *Cafaggiuolo :* au nord de Florence, sur la route de Bologne, Cafaggiuolo ou Cafaggiolo est le siège de la plus ancienne des villas appartenant à la famille Médicis. Rénovée par Michelozzo en 1451, elle fut la demeure favorite de Cosme l'Ancien. Lorenzino y passa son enfance.

37. *Une nuée au-dessus de ma tête :* souvenir d'un épisode de l'Ancien Testament relatant la marche du peuple de Dieu vers la Terre promise : « Yahvé les précédait le jour sous la forme d'une colonne de nuée pour leur indiquer la route » (Exode, XIII, 21).

38. *L'épée flamboyante de l'archange :* Musset semble associer ici deux souvenirs bibliques : la flamme du glaive fulgurant que Yahvé a postée devant le jardin d'Eden après en avoir chassé Adam et Eve (Genèse, 3, 24) et la lutte de l'archange Michel contre le Dragon (Apocalypse, 12, 7).

39. *La robe de Déjanire :* tunique teinte d'une drogue composée du sang échappé de la blessure mortelle faite au centaure Nessus par Héraklès. La prenant par erreur pour un philtre d'amour, Déjanire, femme d'Héraklès, jalouse d'Iole dont son mari était tombé amoureux, teignit une tunique de la drogue et l'envoya à Héraklès pour réveiller en lui l'amour conjugal. Sitôt qu'il l'eut revêtue, Héraklès fut consumé d'un feu inextinguible; incapable de résister à la souffrance, il s'immola par le feu sur le mont Oeta. Déjanire se tua de désespoir.

40. *Sestino :* petit bourg toscan proche d'Arezzo, au sud-est de Florence.

41. *François Ier :* tous ces faits sont historiques et traduits directement de Varchi. Mais la chronologie est inexacte : la lettre du roi de France fut envoyée après le meurtre du duc.

42. *Pline :* Pline l'Ancien (23-79 ap. J.-C.), naturaliste et écrivain latin, auteur d'une *Histoire naturelle* en trente-sept livres. Varchi nous apprend que Philippe Strozzi avait entrepris de corriger les livres de l'*Histoire naturelle,* en collaboration avec Bernard de Pise.

43. *L'évêque de Marzi :* Angelo Marzi, évêque d'Assise, était apparenté aux Médicis. Il résidait à Florence en qualité d'homme de confiance du duc Alexandre. Il avait, entre autres fonctions, la haute main sur les services des postes et des courriers.

44. Ces deux vers sont tirés de l'*Enéide* de Virgile (VI, v. 143-144). Musset, dans une note qui figure seulement sur le manuscrit de la pièce, en donne la traduction suivante : « Le premier rameau d'or arraché se remplace par un autre, et une nouvelle branche du même métal pousse aussitôt. »

45. *Octavien de Médicis :* parent éloigné des Médicis. Varchi dit de lui qu'il avait refusé la succession d'Alexandre sous prétexte qu'il ne descendait ni de Cosme l'Ancien ni de son frère Laurent.

46. *Mon fils naturel Julien :* cette rédaction aberrante, présente dans toutes les éditions de la pièce, résulte d'une erreur de traduction de Musset. Varchi est parfaitement clair à ce sujet : c'est le fils naturel du duc Alexandre, non celui de Canigiani qu'il s'agit de faire duc. Musset commet un contresens sur l'attribution du possessif « suo ». Il traduit « Giulo » par Julien, ce qui est assez approximatif.

Il rétablira la vérité dans la dernière scène de la pièce : « bien traiter le seigneur Jules et la signora Julia, ses enfants naturels » (V, 8).

47. *Côme de Médicis :* fils du condottiere Jean des Bandes noires et de Maria Salviati, Cosme de Médicis (1519-1574) appartient à la branche cadette des Médicis, comme son cousin Lorenzino. Elu duc de Florence, le 9 janvier 1537, sous le titre de Cosme Ier, il sera couronné grand-duc de Toscane par le pape Pie V en 1569.

48. *Jacques de Médicis :* Jacques de Médicis était un condottiere qui, selon Varchi, se trouvait à Arezzo ; quant à Alexandre Vitelli, capitaine de la garde et homme de confiance du duc, il était absent de Florence au moment de l'assassinat ; on le rappela d'urgence.

49. *Trebbio :* villa médicéenne située au nord de Florence (non loin de Cafaggiolo), où le futur grand-duc Cosme Ier passa son enfance.

50. *L'an 1536 :* Musset cite ici Varchi à peu près textuellement. Il est à noter que le chroniqueur florentin utilise l'ancien calendrier selon lequel l'année nouvelle commence à Pâques. Le 6 janvier 1536 est en réalité pour nous le 6 janvier 1537.

51. *Un gonfalonier, comme jadis :* le gonfalonier de justice est, à l'origine, un magistrat élu chargé de porter l'étendard de la commune et de commander la force armée citadine ; perdant ses pouvoirs militaires, il fut, jusqu'en 1532, le chef du gouvernement civil de la république florentine.

52. *Les boules :* Musset fait ici une nouvelle erreur de traduction. Chez Varchi, « les boules », représentent un cri en l'honneur des Médicis dont les armes étaient d'or à cinq ou six besants de gueules. On appelait « Palleschi » les partisans des Médicis, du mot « palle » traduit improprement en français par « boules ». Induit en erreur par une lecture hâtive du texte italien, Musset a cru qu'il s'agissait de boules à voter et que le cri des étudiants était un appel au suffrage populaire. S'apercevant de son erreur, il supprimera de son texte toutes les allusions aux boules à partir de 1853.

LE CHANDELIER

1. *Officier de dragons :* officier d'un corps de cavalerie de ligne destiné à servir à pied et à cheval ; l'uniforme des dragons comportait le casque à plumet écarlate et à crinière, l'habit vert, la culotte de peau et le manteau blanc.

2. *C'est affaire à vous :* c'est bien le moment de dormir (tournure familière et vieillie, employée ironiquement).

3. *Hussards :* soldats d'un corps de cavalerie légère d'origine hongroise spécialisée dans les missions de reconnaissance et de

poursuite ; leurs mœurs rudes et hardies ont donné naissance à l'expression figurée « à la hussarde ».

4. *Schall :* orthographe courante à l'époque de « châle ».

5. *Reversis :* jeu de cartes, joué à quatre personnes, où celui qui fait le moins de levées et le moins de points gagne la partie.

6. *C'est lui qui porte la... :* ... chandelle ; tenir la chandelle, c'est servir de tiers complaisant dans une aventure galante entre un homme et une femme.

7. *Je suis de semaine :* je suis de service durant la semaine qui commence aujourd'hui.

8. *Poterne :* porte dérobée.

9. *Les grisettes :* jeunes ouvrières coquettes qui se laissent courtiser facilement.

10. *Quinconce :* promenade dont les arbres sont disposés en quinconce ; le quinconce est formé d'un assemblage d'objets disposés par cinq : quatre en carré, un au milieu.

11. *Tantale :* roi légendaire de Phrygie (ou de Lydie) puni cruellement par les dieux pour avoir dérobé le nectar et l'ambroisie afin de les faire goûter à ses amis mortels ; son supplice aux Enfers consistait en une faim et une soif éternelles : plongé dans une eau limpide sous des arbres chargés de fruits, il voyait sans cesse l'eau se retirer de sa bouche et les branches échapper à sa prise.

12. *Au plus bel endroit :* au meilleur moment.

13. *Franches-lippées :* bons repas qui ne coûtent rien (expression vieillie).

14. *Vos couleurs :* souvenir des tournois de chevalerie au cours desquels le chevalier portait la couleur préférée de sa dame.

15. *« Cedant arma togæ » :* « que les armes cèdent le pas à la toge ! » ; formule célèbre de Cicéron faisant l'éloge de son consulat ; l'expression est passée en proverbe, quand on veut affirmer la nécessaire suprématie du pouvoir civil sur la puissance militaire.

16. *Montant :* du charme, de l'entrain

17. *Lisières :* mettre aux lisières, c'est exercer sur quelqu'un une tutelle, comme on tient un enfant par les « lisières » (bandes d'étoffe) quand il commence à marcher.

18. *S'ingérait de pleurer :* se mêlait de pleurer (expression vieillie)

IL NE FAUT JURER DE RIEN

1. *Guingan :* étoffe de coton employée en confection.

2. *Bouillottes :* jeu de cartes (et de hasard) en vogue à partir du Directoire ; se joue à quatre ; s'apparente quelque peu au poker actuel.

3. *Fashionable :* élégant, raffiné, au goût du jour (anglicisme à la mode).

4. *Saint-simonien :* adepte des thèses du comte Claude Henri de Saint-Simon, philosophe et économiste français (1760-1825), théoricien d'une nouvelle société ; les saint-simoniens s'inspirent de ses théories pour constituer une doctrine et une école saint-simonienne.

5. *Ménélas :* roi de Sparte, frère d'Agamemnon et mari d'Hélène dont l'enlèvement par Pâris provoqua la guerre de Troie.

6. « *La Tour de Nesle* » *:* mélodrame d'Alexandre Dumas et Félix Gaillardet, dont la première à Paris eut lieu le 29 mai 1832 au théâtre de la Porte-Saint-Martin.

7. *Son gant dans son verre :* pratique élégante très en vogue environ 1830, et éphémère comme toutes les modes ; Flaubert y fait allusion dans le chapitre de *Madame Bovary* consacré au bal à la Vaubyessard : « Madame Bovary remarqua que plusieurs dames n'avaient pas mis leurs gants dans leur verre. »

8. *Musard :* Philippe Musard (1793-1859), musicien et chef d'orchestre à succès des bals publics.

9. *Rubini :* célèbre ténor italien (1795-1854), qui chanta à Paris entre 1825 et 1843 le grand répertoire du bel canto (Rossini, Bellini, Donizetti).

10. *Loterie :* la loterie royale, abolie par un arrêté du 21 mai 1836.

11. *Gymnase :* théâtre parisien, inauguré le 23 décembre 1820, boulevard Bonne-Nouvelle, et spécialisé dans le vaudeville.

12. *La poule :* une des figures du quadrille français.

13. *Oppositions :* figure de danse dans laquelle on tourne la tête à l'opposé de la direction des jambes.

14. *Saint-Roch :* église parisienne de style jésuite commencée en 1653 et achevé en 1740 ; située rue Saint-Honoré, au cœur d'un quartier élégant, elle fut l'église à la mode durant tout le XVIIIe siècle ; l'éloquence de la chaire, traditionnelle en ce lieu, continuait d'y susciter des rassemblements mondains.

15. *Homéopathes :* l'homéopathie ou « traitement du semblable par le semblable » fut mise au point par le médecin d'origine

allemande Christian Hahnemann (1755-1843) qui s'installa à Paris en 1835 et y popularisa avec succès cette médecine nouvelle.

16. « *Jocelyn* » : poème épique, en neuf époques, de Lamartine, paru en février 1836.

17. *Mongie :* libraire et éditeur en renom, qui publia notamment les premières œuvres de Stendhal.

18. *Regulus ou Hernani :* Marcus Atilius Regulus, homme politique et général romain, s'illustra au cours de la première guerre punique par le respect de ses engagements ; fait prisonnier par les Carthaginois, il fut envoyé à Rome, sur parole, pour négocier un échange de prisonniers ; ayant dissuadé le Sénat d'accepter les conditions de Carthage, il revint à Carthage par respect pour la parole donnée et fut torturé à mort en 250 av. J.-C.

Hernani est le héros-titre du célèbre drame de Victor Hugo ; lié par serment à Ruy Gomez, auquel il a promis de se tuer à un signal convenu, il tient parole le soir même de ses noces.

19. « *La Nouvelle Héloïse* » : fameux roman épistolaire de J.-J. Rousseau publié en 1761 et dont l'influence se prolongea de façon durable au-delà du XVIIIe siècle.

20. « *Un jeune malade à pas lents...* » : sixième vers de *La Chute des feuilles*, élégie du poète Charles Millevoye (1782-1816).

21. *Whist :* jeu de cartes d'origine anglaise, introduit en France à l'époque classique, très en vogue au XIXe siècle, détrôné de nos jours par le bridge auquel il s'apparente.

22. *Mazourke :* la mazurka est une danse à trois temps d'origine polonaise, qui s'apparente à la valse et à la polka.

23. *Chaise :* chaise de poste, voiture légère pour déplacement rapide.

24. *Piquet :* jeu de cartes qui se joue à deux, avec un jeu de trente-deux cartes, dont l'as est la plus forte et le sept est la plus faible.

25. *Monsieur :* l'aîné des frères du roi.

26. *Capot :* joueur qui n'a réussi aucune levée.

27. *Repic :* le repic ou quatre-vingt-dix a lieu quand un des joueurs a trente points en main avant de jeter sa première carte et sans que l'adversaire puisse rien compter ; au lieu de trente, on compte quatre-vingt-dix.

28. *Marqué :* en terme de piquet, « marquer » quelqu'un, c'est avoir sur lui l'avantage en points.

29. *Lovelace :* héros de *Clarisse Harlowe* (1748), célèbre roman de l'écrivain anglais Samuel Richardson (1689-1761) ; type du séducteur charmant et cynique.

30. *Clarisse :* héroïne-titre du roman de Richardson cité à la note précédente et dont le titre original est : *Clarissa or the History of a Young Lady ;* elle incarne la vertu séduite par la ruse.

31. *Chambertin :* un des grands vins rouges de Bourgogne, produit par le vignoble de Chambertin (commune de Gevrey-Chambertin, dans le département de la Côte-d'Or).

32. *Schall :* orthographe courante à l'époque du châle, pièce très en vogue du costume féminin au XIXe siècle ; c'est à partir du Directoire que les châles, importés par la compagnie des Indes, devinrent l'objet d'un engouement qui dura plus d'un demi-siècle.

33. *Masque :* fille effrontée (langue classique).

34. *Matines :* première partie de l'office divin chantée par les moines avant le lever du jour ; « étourdi comme le premier coup de matines » : locution proverbiale tirée de ce qu'on est surpris dans son sommeil, quand sonne le premier coup de cloche annonçant l'office.

35. *Mme de Staël :* Germaine de Staël (1766-1817) eut, tant par ses écrits théoriques que par ses romans, une influence décisive sur le romantisme français. Un seul texte suffira ici à suggérer la convergence : « Il faut, pour concevoir la vraie grandeur de la poésie lyrique, errer par la rêverie dans les régions éthérées, oublier le bruit de la terre en écoutant l'harmonie céleste, et considérer l'univers entier comme un symbole des émotions de l'âme. » (*De l'Allemagne*, II, 10). Dans les propos de Cécile, l'orchestration est moins savante, mais la mélodie n'est pas très différente.

36. *Clarisse Harlowe :* le roman de Richardson avait été traduit pour la première fois en français par l'abbé Prévost en 1751. Valentin en évoque quelques personnages : Bedford est un ami de Lovelace ; Tomlinson est un personnage imaginaire dont Lovelace se sert pour vaincre les scrupules de Clarisse ; Morden est un cousin de Clarisse, qui tue Lovelace en duel à la fin du roman.

NOTE BIBLIOGRAPHIQUE

I. *Textes*

A. de MUSSET, *Comédies et Proverbes*, Charpentier, 1840.

A. de MUSSET, *Comédies et Proverbes*, p.p. P. et F. Gastinel, Belles Lettres, 1934-1957, 4 vol. (reproduit le texte de 1840).

A. de MUSSET, *Théâtre complet*, p.p. M. Allem et Paul-Courant, « Bibliothèque de la Pléiade », Gallimard, 1958 (reproduit le texte de 1853).

A. de MUSSET, *Textes dramatiques inédits*, p.p. J. Richer, Nizet, 1953.

P DIMOFF, *La Genèse de « Lorenzaccio »*, Droz, 1936 ; Didier, 1964 (édition critique et nombreux documents).

A. de MUSSET, *Les Caprices de Marianne*, coll. « Mises en scène », Seuil, 1952 (mise en scène et commentaires de Gaston Baty).

A. de MUSSET, *Lorenzaccio*, p.p. B. Masson, coll. « Lettres françaises », Imprimerie nationale, 1978 (reproduit le texte du manuscrit autographe ; nombreuses illustrations).

Correspondance d'Alfred de Musset, t. 1, p.p. M. Cordroc'h, R. Pierrot et L. Chotard, P.U.F., 1985 (la plus récente et la meilleure).

II. *Études*

Charles AFFRON, *A Stage for Poets ; Studies in the theatre of Hugo and Musset*, Princeton, 1971 (perspective comparatiste).

Maurice ALLEM, *Alfred de Musset*, Arthaud, 1948 (la meilleure biographie du poète).

Ruth AMOSSY et Elisheva ROSEN, *Carnaval et comédie dans « Les Caprices de Marianne » de Musset*, Minard, 1977 (étude structurale inspirée de Northrop Frye).

Pierre CASTEX, *Les Caprices de Marianne*, SEDES, 1978 ; *On ne badine pas avec l'amour*, SEDES, 1979 (présentation, édition et commentaire des deux pièces).

Rosalba GASPARRO, *Il Valzer degli automi ; due « pièces » di Alf. de Musset*, Palermo, 1984 (perspective sémiotique).

Pierre GASTINEL, *Le Romantisme d'Alfred de Musset*, Hachette, 1933 (classique, mais vieilli).

Henri GUILLEMIN, *La Liaison Musset-Sand*, Gallimard, 1972 (polémique, mais brillant).

Léon LAFOSCADE, *Le Théâtre d'Alfred de Musset*, Hachette, 1901 ; Nizet, 1966 (presque centenaire, mais pas une ride).

Henri LEFEBVRE, *Musset*, L'Arche, 1955 (daté, mais stimulant).

Bernard MASSON, *Lorenzaccio ou la difficulté d'être*, Minard, 1962 (3e édition : 1976).

Bernard MASSON, *Musset et le théâtre intérieur ; Nouvelles recherches sur Lorenzaccio*, A. Colin, 1974 (étudie, notamment, les principales mises en scène de 1896 à 1970).

Bernard MASSON, *Théâtre et langage ; essai sur le dialogue dans les comédies de Musset*, Minard, 1977 (le langage considéré comme l'instrument privilégié du théâtre).

J.-Cl. MERLANT, *Le Moment de « Lorenzaccio » dans le destin de Musset*, Athènes, 1955 (important, en dépit de conjectures aventureuses).

Jean POMMIER, *Variétés sur Alfred de Musset et son théâtre*, Nizet, 1944.

Jean POMMIER, *Autour du drame de Venise ; G. Sand et Musset au lendemain de « Lorenzaccio »*, Nizet, 1958 (Pommier, infatigable découvreur).

David SICES, *Theater of solitude ; the drama of A. de Musset*, Hanover, 1974 (recueil d'articles).

Frederick TONGE, *L'Art du dialogue dans les comédies en prose d'Alfred de Musset*, Nizet, 1967 (étude stylistique).

Philippe VAN TIEGHEM, *Musset, l'homme et l'œuvre*, Boivin, 1944 ; Hatier, 1969 (classique ; toujours vaillant).

CHRONOLOGIE DE LA VIE ET DES ŒUVRES D'ALFRED DE MUSSET

1801 (10 juillet) : Mariage à Paris de Victor-Donatien de Musset-Pathay avec Edmée-Claudette Guyot-Desherbiers.

1802 (25 juillet) : Naissance de Louise-Jenny de Musset, décédée le 9 novembre 1805.

1804 (7 novembre) : Naissance de *Paul*-Edme de Musset, le futur biographe et le plus fidèle compagnon de son frère cadet.

1810 (11 décembre) : Naissance de Louis-Charles-*Alfred* de Musset, à Paris, 33, rue des Noyers.

1814 (6 novembre) : Naissance d'Oscar de Musset, décédé en 1818.

1819 (octobre) : Alfred entre en sixième au collège royal Henri-IV.
1er novembre : Naissance de Charlotte-Amélie-*Hermine* de Musset.

1824 : Alfred se lie d'amitié, au collège Henri-IV, avec le duc de Chartres, fils aîné du futur roi Louis-Philippe.
16 septembre : *A ma mère,* chanson. Ces vers d'un poète de 13 ans sont les plus anciens que nous ayons conservés.

1827 (17 août) : A la distribution des prix du collège Henri-IV, Musset, élève de philosophie, reçoit le 1er prix de dissertation latine et le 2e prix de dissertation française ; il obtient également le prix de dissertation latine au Concours général des collèges, qui couronne ses études secondaires. Il passe ses vacances chez son oncle à la mode de Bretagne, le marquis de Musset-Cogners, au château de Cogners, dans la Sarthe.
23 septembre : S'interrogeant sur son avenir, il écrit, du

château de Cogners, à son condisciple et ami Paul Foucher, — qui est aussi le beau-frère de Victor Hugo, — une lettre dont quelques lignes sont restées célèbres : « Je ne voudrais pas écrire, ou je voudrais être Shakespeare ou Schiller ; je ne fais donc rien ! »

L'ambition, on le voit, ne manque ni d'allure ni d'entrain.

Automne : Musset suit à la Faculté de médecine des cours d'anatomie, qui lui donnent vite la nausée ; il tâte aussi du droit, qui l'ennuie, du dessin et de la musique, qui lui plaisent davantage.

1828 (31 août) : Musset éprouve, pour la première fois, le plaisir de se voir imprimé : *Un rêve,* ballade signée de ses seules initiales, paraît dans *Le Provincial,* recueil périodique imprimé à Dijon.

4 octobre : *L'Anglais mangeur d'opium,* traduit de l'anglais par A. D. M. et publié chez Mame et Delaunay-Vallée, est enregistré à la *Bibliographie de la France* ; c'est une très libre adaptation de l'ouvrage de Thomas De Quincey, *Confessions of an English Opium Eater.*

Automne : Musset fait, à dix-huit ans, une entrée remarquée dans les milieux littéraires parisiens. Présenté à Victor Hugo par Paul Foucher, il fréquente le Cénacle de la rue Notre-Dame-des-Champs, où il fait, entre autres, la connaissance de Vigny, de Sainte-Beuve, de Mérimée, qui resteront des amis fidèles.

Il est reçu également chez Charles Nodier, dans sa « boutique » de l'Arsenal, où se rassemble tout ce que Paris compte alors de talents nouveaux et de génies naissants.

1829 (avril) : Sur la recommandation de son père, qui ne désespère pas de le voir gagner sa vie, Musset occupe un emploi dans une entreprise de chauffage militaire. Il démissionne assez vite, n'ayant manifestement pas la vocation. Paul de Musset note que cette démission suit de peu la publication des *Contes d'Espagne et d'Italie.*

24 décembre : M. de Musset-Pathay, convaincu de la vocation littéraire de son fils, organise, dans son appartement de la rue de Grenelle, une soirée littéraire au cours de laquelle Alfred lit à quelques amis écrivains, — Mérimée, Vigny, Guttinguer, les frères Deschamps, entre autres, — des poèmes choisis dans son recueil des *Contes d'Espagne et d'Italie* qui doit sortir sous peu en librairie. Selon Paul de Musset, *Mardoche,* « qui cassait les vitres », eut « les honneurs de la soirée ».

Fin décembre, les *Contes d'Espagne et d'Italie* paraissent chez Urbain Canel, datés de 1830.

1830 (1er semestre) : désireux de vivre de sa plume, Musset cherche du côté du théâtre une production plus lucrative que la poésie. Il écrit, d'après Walter Scott, une « bluette fantastique » (l'expression est de son frère Paul) qu'il destine au Théâtre des Nouveautés : *La Quittance du diable*. Pour une raison mal connue (la révolution de Juillet ?), la pièce est retirée (par son auteur ?) et mise au placard.
Juillet : La *Revue de Paris* publie *Les Secrètes Pensées de Rafaël, gentilhomme français*.
Octobre : La même revue publie *Les Vœux stériles*.
27 octobre : Début d'une collaboration suivie de Musset au *Temps* (jusqu'au 6 juin 1831) ; des chroniques hebdomadaires paraissent du 10 janvier au 30 mai 1831 sous un titre générique : *Revue fantastique*.
1er décembre : Première représentation, à l'Odéon, de *La Nuit vénitienne* ou *Les Noces de Laurette*. La pièce est sifflée et chahutée, peut-être victime d'une cabale. Le 2 décembre, deuxième représentation, sans plus de succès. La pièce est retirée de l'affiche et Musset dit « adieu à la ménagerie, et pour longtemps ». Le texte de la pièce paraît dans la livraison de décembre de la *Revue de Paris*.

1832 (8 avril) : Mort brutale de Victor-Donatien de Musset-Pathay, victime de l'épidémie de choléra qui s'est abattue sur Paris. L'événement est considérable et l'onde de choc en sera sensible dans maintes œuvres à venir du poète. Le décès met en péril la survie matérielle de la famille Musset et place l'enfant du siècle en face de son destin d'adulte.
Fin décembre : *Un spectacle dans un fauteuil, poésie*, paraît chez l'éditeur Renduel, daté de 1833. Musset y fait la part belle au théâtre, puisque *Namouna, Conte oriental*, est précédé de deux « poèmes dramatiques », *La Coupe et les lèvres* et *A quoi rêvent les jeunes filles*. En dépit d'un accueil assez frais, l'auteur décide de vivre désormais de sa plume.

1833 (15 mars) : Musset fait son entrée à la *Revue des Deux Mondes* avec le compte rendu, — non signé, — d'un opéra, *Gustave III*, livret de Scribe, musique d'Auber. Buloz, directeur de la revue, s'attache la collaboration de Musset par contrat.
1er avril : *André del Sarto*, drame en trois actes et en prose, paraît dans la *Revue des Deux Mondes*.

15 mai : La même revue publie *Les Caprices de Marianne*, comédie en deux actes et en prose.
Juin : George Sand dîne chez Florestan Bonnaire, l'un des associés de Buloz, avec quelques collaborateurs réguliers de la *Revue des Deux Mondes*. Ce dîner a lieu sans doute le 19 juin. Une tradition invérifiable veut que ce soit au cours de ce dîner que Musset ait fait la connaissance de George Sand.
24 juin : Un premier échange de correspondance rapproche les deux écrivains.
26 juillet : Musset, dans un billet resté célèbre, se déclare à George Sand : « Mon cher George, j'ai quelque chose de bête et de ridicule à vous dire [...]. Je suis amoureux de vous. »
Dans le même billet, il est question du départ de George Sand pour l'Italie.
29 juillet : Il ressort du recoupement de plusieurs témoignages que c'est au matin de ce jour-là que Georges Sand devient la maîtresse de Musset.
Du 5 au 13 août, Sand et Musset font un séjour à Fontainebleau, à l'hôtel Britannique. Il est possible que ce soit au cours de ce séjour qu'ait eu lieu la crise nerveuse, avec phénomène d'autoscopie, dont Musset a été victime lors d'une excursion dans les rochers de Franchart.
Du retour de Fontainebleau au départ pour l'Italie, Musset compose *Fantasio* et *Lorenzaccio*.
15 août : *Rolla* paraît dans la *Revue des Deux Mondes*.
1er septembre : La même revue publie *Un mot sur l'art moderne*.
12 décembre : Musset et Sand quittent Paris pour l'Italie, par la malle-poste.
15-17 décembre : A Lyon, ils empruntent la voie fluviale, et, de Lyon à Marseille, ont Stendhal pour compagnon de voyage.
17-20 décembre : Halte de trois jours à Marseille; les amants descendent à l'hôtel Beauvau, où ils occupent la chambre de Paganini.
20 décembre : Embarquement pour Gênes à bord du *Sully*.
21-31 décembre : Voyage en Italie, par Gênes, Livourne, Pise, Florence (le 28), Bologne (le 29), Ferrare, Rovigo, Mestre; arrivée à Venise le 31 décembre.

1834 (1er janvier) : Musset et Sand sont à l'Albergo reale Danieli, Riva dei Schiavoni, à Venise. A Paris, *Fantasio*, comédie en deux actes et en prose, paraît dans la *Revue des Deux Mondes*.

4 février : L'état de santé de Musset, précaire depuis quelques jours, s'aggrave subitement et George Sand, craignant « pour sa raison plus que pour sa vie », écrit au docteur Pagello, qui l'a soignée avec succès vers la mi-janvier, pour requérir ses soins auprès du « signor français de l'Auberge royale ».

13 février : « Alfred est sauvé », écrit George Sand à Buloz. Pagello, dont le dévouement et les soins ont fait merveille, fait une cour assidue à la belle étrangère, qui deviendra sa maîtresse avant la fin du mois et le rétablissement complet du malade.

Fin février : Alfred Tattet, qui voyage en Italie, vient rendre une amicale visite à Musset et à George Sand ; il demeurera une quinzaine de jours à Venise en leur compagnie.

13 mars : Sand et Musset quittent l'hôtel Danieli et vont occuper un appartement sis calle delle Rasse.

29 mars : Musset, convalescent, quitte Venise pour la France, accompagné jusqu'à Mestre par George et Pagello.

10 avril : Musset est de retour à Paris, après une halte bienfaisante à Genève (4 avril).

1er juillet : *On ne badine pas avec l'amour,* proverbe en trois actes et en prose, paraît dans la *Revue des Deux Mondes.*

10 juillet : Dans une lettre adressée à George Sand, Musset note : « J'ai commencé le roman dont je t'ai parlé [*La Confession d'un enfant du siècle*]. A propos de cela, si tu as par hasard conservé les lettres que je t'ai écrites depuis mon départ, fais-moi le plaisir de les rapporter... »

14 août : Partie de Venise, en compagnie de Pagello, le 24 juillet, George Sand est de retour à Paris. Elle revoit Musset le 17.

23 août : *Un spectacle dans un fauteuil, prose* (2 volumes édités par la librairie de la *Revue des Deux Mondes,* Paris, et Baillière, Londres) est enregistré à la *Bibliographie de la France.* Le premier volume contient *Lorenzaccio,* dont c'est l'édition originale, et *Les Caprices de Marianne* ; le second regroupe, dans l'ordre, *André del Sarto, Fantasio, On ne badine pas avec l'amour* et *La Nuit vénitienne.*

25 août : Musset part pour Bade ; George Sand est partie, la veille, pour Nohant.

13 octobre : Musset est de retour à Paris ; George Sand l'a

précédé de quelques jours (6 ou 7 octobre). Musset implore une proche rencontre.

23-25 octobre : Tandis que Pagello, désemparé, quitte Paris pour Venise (23 octobre), Musset et Sand reprennent le « lien fatal » qui ne leur apporte que souffrances et déconvenues.

7 décembre : Soucieuse d'oublier quelque temps « l'affreux cauchemar » (c'est le terme qu'elle emploiera, le 15 décembre, dans une lettre à Sainte-Beuve), George Sand quitte Paris pour Nohant. Elle y demeurera jusqu'à la fin de l'année.

31 décembre : Elle quitte Nohant pour Paris, à la fois résolue et pleine d'appréhension.

1835 (janvier) : Elle renoue le « lien fatal » avec Musset et se demande sans cesse : « Notre vie est-elle possible ensemble ? » (lettre à Musset, début janvier).

6 mars : Elle prend l'initiative qui s'impose et s'enfuit à Nohant : « Gardez-moi le secret sur cette nouvelle tentative de séparation et aidez-moi à réussir cette fois » (lettre à Buloz, 6 mars). La réussite est, cette fois, au bout du chemin.

Du 1er juin au 1er décembre, la *Revue des Deux Mondes* brille des mille feux du meilleur Musset : *Lucie* (1er juin), *La Nuit de Mai* (15 juin), *La Quenouille de Barberine*, comédie en deux actes et en prose (1er août), *La Loi sur la Presse* (1er septembre), *Fragment d'un livre à publier* (chapitre II de la 1re partie de *La Confession d'un enfant du siècle*) (15 septembre), *Le Chandelier*, comédie en trois actes et en prose (1er novembre), *La Nuit de Décembre* (1er décembre).

1836 (1er février) : *La Confession d'un enfant du siècle*, publiée chez F. Bonnaire en 2 volumes, paraît en librairie.

Du 1er mars au 15 octobre : Musset fournit régulièrement la *Revue des Deux Mondes* en textes de prose et de vers : *Lettre à M. de Lamartine* (1er mars), *Salon de 1836* (15 avril), *Il ne faut jurer de rien*, proverbe en 3 actes et en prose (1er juillet), *La Nuit d'Août* (15 août), les deux premières lettres de *Dupuis et Cotonet* (15 septembre et 1er décembre), *A la Malibran*, stances (15 octobre).

1837 (printemps) : Musset fait la connaissance, chez Mme Jaubert, d'Aimée-Irène d'Alton, riche et jolie cousine de son hôtesse. Cette liaison, qui durera deux ans, engendrera des lettres d'amour et des poèmes de circonstance. Aimée

d'Alton proposera même le mariage à son amant au début de 1838, mais en vain. C'est son frère Paul qui l'épousera, le 23 mai 1861.
Du 15 mars au 1er novembre, Musset fournit surtout de prose la *Revue des Deux Mondes* : deux nouvelles lettres de *Dupuis et Cotonet* (15 mars et 15 mai), *Un caprice,* proverbe en un acte (15 juin), *Emmeline,* nouvelle (1er août), *La Nuit d'Octobre* (15 octobre), *Les Deux Maîtresses,* nouvelle (1er novembre).
8 décembre : *Un caprice,* traduit en russe, est joué à Saint-Pétersbourg, six mois seulement après sa publication en revue.

1838 (du 15 janvier au 1er décembre) : Musset, pressé par Buloz qui lui demande des nouvelles pour sa revue, fournit régulièrement sa copie.
19 octobre : Musset est nommé conservateur de la Bibliothèque du ministère de l'Intérieur, avec un traitement annuel de trois mille francs.

1839 : La puissance créatrice de Musset s'essouffle et ne tient plus la cadence souhaitée par Buloz.
29 mai : Musset, à la sortie d'une représentation de *Tancrède* au Théâtre-Français, rencontre Rachel qui l'emmène souper chez elle avec quelques amis. Ce souper fera l'objet d'une longue lettre à Mme Jaubert connue sous le nom d'*Un souper chez Mlle Rachel,* qui ne sera publié qu'en 1859

1840 : Pour Musset, à l'orée de la trentaine, voici venue l'heure des bilans. Chez l'éditeur Charpentier, il entreprend de réunir en volumes son œuvre poétique et son œuvre théâtrale. Sous le titre *Poésies complètes,* il rassemble, en trois sections précédées d'un sonnet au lecteur, *Contes d'Espagne et d'Italie* suivis de *Poésies diverses, Un spectacle dans un fauteuil, Poésies nouvelles*. A l'enseigne des *Comédies et Proverbes,* il joint aux six pièces du *Spectacle dans un fauteuil* de 1834 les quatre pièces parues dans la *Revue des Deux Mondes* de 1835 à 1837.

1843 : La santé de Musset se délabre et sa fécondité s'en ressent.
4 décembre : *Un caprice* est joué par Mme Allan au Théâtre Michel de Saint-Pétersbourg (6 représentations pour la saison 1843-1844).

1845 : Musset encore malade en début d'année (fluxion de poitrine) ; il ira en convalescence à Mirecourt chez son oncle Guyot-Desherbiers.
24 avril : Il est fait chevalier de la Légion d'honneur.
1er novembre : *Il faut qu'une porte soit ouverte ou fermée*, proverbe en un acte, paraît dans la *Revue des Deux Mondes*.

1847 : Un heureux hasard remet les choses en mouvement : *Un caprice* est représenté pour la première fois à Paris, le 27 novembre, sur la scène de la Comédie-Française ; Mme Allan y tenait le rôle de Mme de Léry.

1848 (6 janvier) : Première candidature (malheureuse) à l'Académie française (fauteuil de Ballanche) : Musset obtient 2 voix ; on lui préfère Jean Vatout.
7 avril : *Il faut qu'une porte soit ouverte ou fermée* est représenté pour la première fois à la Comédie-Française (rebaptisée Théâtre de la République). Mme Allan était la Marquise, Brindeau, le Comte.
5 mai : Musset est révoqué de ses fonctions de bibliothécaire au ministère de l'Intérieur ; cette mesure arbitraire soulève de vives protestations dans les journaux.
22 juin : *Il ne faut jurer de rien* est représenté pour la première fois à la Comédie-Française, dans une version largement remaniée pour complaire aux habitudes scénographiques en cours. En dépit de circonstances politiques défavorables (les « journées de juin »), le succès fut au rendez-vous.
10 août : *Le Chandelier* est joué pour la première fois au Théâtre historique, dans une version remaniée pour la circonstance ; la pièce y eut vingt et une représentations.
21 novembre : *André del Sarto* est représenté pour la première fois à la Comédie-Française, avec quelques retouches. Malgré une excellente distribution, le succès ne vint pas : la pièce n'eut que cinq représentations.

1849 : La carrière d'auteur de théâtre continue. *Louison*, comédie en deux actes et en vers, est créée à la Comédie-Française le 22 février. C'est la première pièce écrite directement pour la scène, depuis *La Quittance du Diable*, qui ne fut pas jouée, et *La Nuit vénitienne*, qui fut jouée, mais sifflée.
Mai : Musset a composé, d'après Carmontelle, un court proverbe en prose, *On ne saurait penser à tout*, pour une soirée de bienfaisance donnée au salon Pleyel avec le

concours des Comédiens-Français (3 mai). La pièce est ensuite créée sur la scène du Théâtre-Français le 30 mai, avec Mme Allan dans le rôle de la comtesse de Vernon. Elle est alors publiée en feuilleton dans *L'Ordre,* du 6 au 10 juin.

1850 (16 février) : *Poésies nouvelles (1840-1849),* éditées chez Charpentier et annoncée à la *Bibliographie de la France,* enrichissent la troisième partie des *Poésies complètes* parues en 1840 chez le même éditeur. C'est, pour le poète, le bilan de la quarantaine.
17 mars : Deuxième candidature malheureuse de Musset à l'Académie française. L'élection est blanche, les suffrages se dispersant entre Nisard (16 voix), Montalembert (12 voix) et Musset (5 voix).
29 juin : Reprise à la Comédie-Française du *Chandelier,* dans une version remaniée par l'auteur pour la circonstance. On retrouve dans la distribution quelques « habitués » du théâtre de Musset : Mme Allan dans le rôle de Jacqueline, Brindeau en Clavaroche ; Delaunay brillera dans le rôle de Fortunio.
21 octobre : Reprise à l'Odéon d'*André del Sarto,* dans une version en deux actes remaniée par l'auteur selon les indications de la censure.
22 octobre-6 novembre : *Carmosine,* comédie en trois actes et en prose, paraît en feuilleton dans *Le Constitutionnel.*

1851 (14 juin) : Première représentation des *Caprices de Marianne* à la Comédie-Française. Pour complaire aux exigences de la censure, Musset avait profondément remanié le texte primitif. Brindeau et Delaunay étaient respectivement Octave et Coelio. Madeleine Brohan, dans l'éclat de ses dix-huit ans, faisait du rôle de Marianne une création mémorable : chaque soir, paraît-il, Musset tenait lui-même le pied de l'échelle par où Marianne montait au balcon. Le succès fut grand et l'accueil de la presse très favorable.
30 octobre : Première représentation de *Bettine,* comédie en un acte et en prose, au Théâtre du Gymnase. Le texte en parut dans la *Revue des Deux Mondes* du 1er novembre.

1852 (12 février) : Musset est élu à l'Académie française au fauteuil du baron Emmanuel Dupaty.
27 mai : Séance publique tenue par l'Académie française pour la réception d'Alfred de Musset. On y entend l'éloge de Dupaty par Musset et la réponse de Désiré Nisard.

Louise Colet, alors très connue « dans les régions académiques », se fait présenter Musset après la cérémonie ; il lui rend visite peu après ; c'est le point de départ d'une brève liaison.
10 juillet : Une nouvelle édition des *Premières Poésies (1829-1835)*, publiée chez Charpentier, est enregistrée à la *Bibliographie de la France*.

1853 (18 mars) : Musset est nommé bibliothécaire du ministère de l'Instruction publique ; il doit cette distinction à Hippolyte Fortoul, ministre en exercice, qui admirait depuis vingt ans le talent de Musset et qui entendait réparer l'injuste révocation dont ce dernier avait été victime en 1848.
23 juillet : *Comédies et Proverbes*, « seule édition complète revue et corrigée par l'auteur », est enregistrée à la *Bibliographie de la France* ; elle compte deux volumes ; aux dix pièces de l'édition de 1840 s'ajoutent cinq autres : *Il faut qu'une porte soit ouverte ou fermée*, *Louison*, *On ne saurait penser à tout*, *Carmosine* et *Bettine*.

1854 (18 mars) : *Contes*, première édition collective publiée chez Charpentier, est enregistrée à la *Bibliographie de la France*.

1855 : Musset écrit, à la demande de Fortoul et en vue d'une éventuelle représentation à la cour, *L'Ane et le Ruisseau*, comédie en un acte et en prose. Il en fait une lecture aux Tuileries, en présence de l'Empereur, dans le salon de l'Impératrice.

1856 (22 février) : Musset assiste aux obsèques de Mme Allan, décédée subitement.
3 novembre : Mort d'Alfred Tattet, son ami intime ; ce deuil lui porte un nouveau coup.

1857 (31 mars) : Musset brave le mauvais temps et la maladie pour se rendre à l'Académie française porter sa voix à son ami Emile Augier.
Avril : Il participe à un dîner chez le prince Napoléon : c'est sa dernière sortie en ville.
2 mai, 3 heures du matin : Mort de Musset, à son domicile, 6, rue du Mont-Thabor ; ses derniers mots sont shakespeariens : « Dormir !... enfin, je vais dormir. »
4 mai : Obsèques à Saint-Roch ; inhumation au Père-Lachaise. C'est Vitet qui prononce le discours au nom de l'Académie française.

1859 : Les amants de Venise entrent, non sans remous, dans la légende : George Sand publie *Elle et Lui* dans la *Revue des Deux Mondes* (15 janvier-1er mars) ; Paul de Musset commence la publication de *Lui et Elle* dans *Le Magasin de Librairie* (10 avril) ; Louise Colet publie *Lui* à la Librairie nouvelle (décembre).

1861 (23 mai) : Paul de Musset épouse Aimée d'Alton.
18 novembre : *On ne badine pas avec l'amour,* comédie en trois actes et en prose, est représentée pour la première fois sur la scène du Théâtre-Français. Le texte avait été remanié pour la scène par Paul de Musset.

1865 (18 août *Fantasio,* comédie en trois actes et en prose, est représentee pour la première fois sur la scène du Théâtre-Français. Le texte en avait été remanié pour la scène par Paul de Musset.
Les *Œuvres complètes de Alfred de Musset,* « édition dédiée aux Amis du poète », sont publiées par les soins de Paul de Musset chez Charpentier, en dix volumes.

1876 (6 mai) : Première représentation de *L'Ane et le Ruisseau* au Conservatoire national de musique.

1877 : Paul de Musset publie sa *Biographie de Alfred de Musset,* chez Charpentier.

1880 (17 mai) : Mort de Paul de Musset.

1881 (30 novembre) : Mort de Mme Paul de Musset, née Aimée d'Alton.

1896 : Belle et grande année Musset à tous égards.
Des inédits sortent de l'ombre : *Le Roman par lettres* paraît dans *Le Gaulois* (17-20 juillet) ; *Le Poète déchu,* qu'on ne connaît jusque-là que par courts fragments, fait l'objet d'une édition subreptice établie par M. Clouard et tirée à 18 exemplaires ; *La Quittance du Diable* fait l'objet du même traitement, à 22 exemplaires.
3 décembre : Première représentation de *Lorenzaccio* au Théâtre de la Renaissance. Le texte avait été adapté, amputé et parfois récrit par Armand d'Artois. A Sarah Bernhardt revenait l'honneur de créer le rôle-titre. Le succès fut grand : 85 représentations.
La légende des « amants de Venise » continue à s'étoffer ; les gloses s'accumulent ; en cette fin de siècle, la moisson est abondante : Dr A. Cabanès, « Un roman vécu à trois personnages » (*Revue hebdomadaire,* 1er août 1896) ; R. Barbiera, « Il romanzo Sand-Musset-Pagello » (*L'Illus-*

trazione italiana, 15-29 novembre 1896) ; P. Mariéton, *Une histoire d'amour* (Havard, 1897) ; Ch. de Spoelberch de Lovenjoul, *La Véritable Histoire de « Elle et Lui »* (Calmann-Lévy, 1897).

Cette « véritable histoire » continue de s'écrire. Mais à chacun sa vérité.

TABLE

Introduction 7

LES CAPRICES DE MARIANNE 37
ON NE BADINE PAS AVEC L'AMOUR 89
LORENZACCIO 167
LE CHANDELIER 353
IL NE FAUT JURER DE RIEN 435

Notes 509
Bibliographie 523
Chronologie 525

DERNIÈRES PARUTIONS

ARISTOTE
Petits Traités d'histoire naturelle (979)
Physique (887)

AVERROÈS
L'Intelligence et la pensée (974)
L'Islam et la raison (1132)

BERKELEY
Trois Dialogues entre Hylas et Philonous (990)

BOÈCE
Traités théologiques (876)

DÉMOSTHÈNE
Les Philippiques, suivi de **ESCHINE**, Contre Ctésiphon (1061)

DESCARTES
Discours de la méthode (1091)

EURIPIDE
Théâtre complet I. Andromaque, Hécube, Les Troyennes, Le Cyclope (856)

GALIEN
Traités philosophiques et logiques (876)

GOLDONI
Le Café. Les Amoureux (1109)

HEGEL
Principes de la philosophie du droit (664)

HERDER
Histoire et cultures (1056)

HIPPOCRATE
L'Art de la médecine (838)

HUME
Essais esthétiques (1096)

IDRÎSÎ
La Première Géographie de l'Occident (1069)

JAMES
Daisy Miller (bilingue) (1146)
L'Espèce particulière et autres nouvelles (996)
Le Tollé (1150)

KANT
Critique de la faculté de juger (1088)
Critique de la raison pure (1142)

LAFORGUE
Les Complaintes (897)

LEOPOLD
Almanach d'un comté des sables (1060)

LONG & SEDLEY
Les Philosophes hellénistiques (641-643, 3 vol. sous coffret 1147)

LORRIS
Le Roman de la Rose (bilingue) (1003)

MARX & ENGELS
Manifeste du parti communiste (1002)

MONTAIGNE
Apologie de Raymond Sebond (1054)

MUSSET
Poésies nouvelles (1067)

NIETZSCHE
Par-delà bien et mal (1057)

PLATON
Alcibiade (988)
Apologie de Socrate. Criton (848)
Le Banquet (987)

PONGE
Comment une figue de paroles et pourquoi (901)

POUCHKINE
Boris Godounov. Théâtre complet (1055)

PROUST
Écrits sur l'art (1053)

RODENBACH
Bruges-la-Morte (1011)

ROUSSEAU
Dialogues. Le Lévite d'Éphraïm (1021)
Du contrat social (1058)

MME DE STAËL
Delphine (1099-1100)

TITE-LIVE
Histoire romaine. Les Progrès de l'hégémonie romaine (1005-1035)

TRAKL
Poèmes I et II (bilingue) (1104-1105)

THOMAS D'AQUIN
Somme contre les Gentils (1045-1048, 4 vol. sous coffret 1049)

MIGUEL TORGA
La Création du monde (1042)

WILDE
Le Portrait de Mr. W.H. (1007)

GF-CORPUS

L'Auteur (3058)
La Loi (3056)
Le Mal (3057)
La Religion (3040)
Le Temps (3006)
Le Travail (3025)

GF-DOSSIER

BALZAC
Eugénie Grandet (1110)

BEAUMARCHAIS
Le Mariage de Figaro (977)

CHATEAUBRIAND
Mémoires d'outre-tombe, livres I à V (906)

COLLODI
Les Aventures de Pinocchio (bilingue) (1087)

CORNEILLE
Horace (1117)
L'Illusion comique (951)
La Place Royale (1116)
Trois Discours sur le poème dramatique (1025)

DIDEROT
Jacques le Fataliste (904)
Lettre sur les aveugles. Lettre sur les sourds et muets (1081)
Paradoxe sur le comédien (1131)

ESCHYLE
L'Orestie (1125)
Les Perses (1127)

FLAUBERT
Bouvard et Pécuchet (1063)
Salammbô (1112)

FONTENELLE
Entretiens sur la pluralité des mondes (1024)

FURETIÈRE
Le Roman bourgeois (1073)

GOGOL
Nouvelles de Pétersbourg (1018)

HOMÈRE
L'Iliade (1124)

HUGO
Les Châtiments (1017)
Hernani (968)
Ruy Blas (908)

JAMES
Le Tour d'écrou (bilingue) (1034)

LAFORGUE
Moralités légendaires (1108)

LESAGE
Turcaret (982)

LORRAIN
Monsieur de Phocas (1111)

MARIVAUX
La Double Inconstance (952)
Les Fausses Confidences (978)
L'Île des esclaves (1064)
Le Jeu de l'amour et du hasard (976)

MAUPASSANT
Bel-Ami (1071)

MOLIÈRE
Dom Juan (903)
Le Misanthrope (981)
Tartuffe (995)

MONTAIGNE
Sans commencement et sans fin. Extraits des *Essais* (980)

MUSSET
Les Caprices de Marianne (971)
Lorenzaccio (1026)
On ne badine pas avec l'amour (907)

LE MYTHE DE TRISTAN ET ISEUT (1133)

PLAUTE
Amphitryon (bilingue) (1015)

RACINE
Bérénice (902)
Iphigénie (1022)
Phèdre (1027)
Les Plaideurs (999)

ROTROU
Le Véritable Saint Genest (1052)

ROUSSEAU
Les Rêveries du promeneur solitaire (905)

SÉNÈQUE
Médée (992)

SHAKESPEARE
Henry V (bilingue) (1120)

SOPHOCLE
Antigone (1023)

STENDHAL
La Chartreuse de Parme (1119)

WILDE
L'Importance d'être constant (bilingue) (1074)

ZOLA
L'Assommoir (1085)
Au Bonheur des Dames (1086)
Germinal (1072)
Nana (1106)

GF Flammarion

021807/1-IV-2002. — **Bussière Camedan Imprimeries,** St-Amand (Cher).
N° d'édition : FG48612. — Septembre 1988. — Printed in France.